Jeremy Treat une o que muitos separaram: a cruz de Cristo e o reino de Deus. Por muito tempo, muitas tribos teológicas *ou* pregaram uma mensagem sobre a cruz dirigida a indivíduos e optaram por negligenciar o tema do reino, *ou* embarcaram em uma campanha frenética de trabalho para o reino a partir da visão de Jesus sobre o tema, esforçando-se, posteriormente, para tratar da cruz de forma significativa. Treat mostra que essa divisão é estranha aos textos bíblicos e ao testemunho da igreja histórica. Em um venerável banquete de exegese bíblica, teologia bíblica e reflexões sistemáticas, Treat mostra que o reino de Deus e a redenção de Deus são ambos desdobramentos da cruz de nosso Senhor crucificado. Treat traz sanidade e sensibilidade para um tema polêmico que nem deveria ser polêmico; ele é judicioso, equilibrado, informativo e convincente!

Michael F. Bird é professor palestrante de teologia no Ridley Melbourne Mission and Ministry College, Austrália

Em *O Rei crucificado*, Jeremy Treat nos oferece um começo útil em direção à reintegração daquilo que nunca deveria ter sido separado: não apenas o reino de Deus e a obra expiatória de Cristo, mas também a teologia bíblica e a reflexão teológica.

Daniel J. Treier é professor Blanchard de teologia no Wheaton College, Illinois

O Rei crucificado contribui para a atual revivificação da doutrina da expiação, explorando como a cruz e o reino são realidades necessárias e mutuamente interpretativas. A cruz, Treat argumenta, é a irrupção do reino escatológico de Deus no presente ao mesmo tempo que resume a natureza do reinado servidor divino e humano.

Essa é uma obra prazerosa de teologia bíblica e sistemática, repleta de implicações para a compreensão da igreja acerca da cruz de Cristo como o fundamento de sua existência e seu objetivo.

Adam Johnson é professor assistente de teologia no Torrey Honors Institute, Biola University

Jesus veio proclamando o reino de Deus, mas logo morreu na cruz. A primeira grande virtude de *O Rei crucificado* é que a obra aborda corajosamente esse grande enigma no coração do Novo Testamento, esclarecendo de que modo aquilo que aconteceu com Jesus, longe de contradizer sua mensagem, serviu, antes, para confirmá-la e explicá-la. O segundo ponto forte do livro é que ele reconcilia duas visões sobre a morte de Jesus na cruz que, por muito tempo, foram consideradas como rivais em vez de parceiras: a substituição penal e as teorias de expiação do *Christus Victor*. O terceiro ponto forte é que essa obra reconcilia a história da redenção (teologia bíblica) com sua lógica (teologia sistemática). Três pontos de tensão, três propostas de resolução: bem-aventurados os pacificadores!

Kevin J. Vanhoozer, professor pesquisador de teologia sistemática, Trinity Evangelical Divinity School

Ao ler o livro de Jeremy Treat, senti que testemunhei um lindo casamento onde a atmosfera é perfeita, os visuais são perfeitos e a noiva e o noivo são perfeitos um para o outro. Pastores e teólogos muitas vezes conseguem dar a impressão de que o reino de Deus e a cruz do Messias estão divorciados ou separados. O estudo de Treat sobre o reino e a cruz revela o casamento emocionante entre dois dos conceitos centrais das Escrituras.

Com uma boa escrita e um pensamento claro sobre a variedade do panorama geral, Treat produz uma dissertação substancial, agradável e bem-acabada que deixa os leitores enriquecidos e satisfeitos. Com base no que sua obra apresenta, o autor terá uma voz importante nas conversas teológicas da próxima geração de estudiosos cristãos.

Jason Hood, St. Margaret's Anglican Church,
Moshi, Tanzania

O REI CRUCIFICADO

VITÓRIA POR MEIO DO SACRIFÍCIO

JEREMY R. TREAT

Dados Internacionais de Catalogação na Publicação (CIP)
(eDOC BRASIL, Belo Horizonte/MG)

T784r Treat, Jeremy R.
  O rei crucificado: vitória por meio do sacrifício / Jeremy R. Treat; tradutor Breno Nunes de Oliveira Seabra. – São José dos Campos, SP: Editora Fiel, 2022.
  480 p. : 16 x 23 cm

  Inclui bibliografia
  Título original: The crucified King: atonement and kingdom in Biblical and systematic theology
  ISBN 978-65-5723-173-9

  1. Bíblia – Crítica e interpretação. 2. Jesus Cristo – Crucificação. 3. Expiação – Ensino bíblico. I. Seabra, Breno Nunes de Oliveira. II. Título.

  CDD 232.3

Elaborado por Maurício Amormino Júnior – CRB6/2422

O REI CRUCIFICADO:
Vitória por meio do sacrifício

Traduzido do original em inglês
The crucified King: atonement and kingdom in Biblical and systematic theology

Copyright © 2014 por Jeremy R. Treat
Todos os direitos reservados.

■

Originalmente publicado em inglês por Zondervan, 3900 Sparks Dr. SE, Grand Rapids, Michigan 49546, USA.

Copyright © 2022 Editora Fiel
Primeira edição em português: 2022

Todos os direitos em língua portuguesa reservados por Editora Fiel da Missão Evangélica Literária

PROIBIDA A REPRODUÇÃO DESTE LIVRO POR QUAISQUER MEIOS, SEM A PERMISSÃO ESCRITA DOS EDITORES, SALVO EM BREVES CITAÇÕES, COM INDICAÇÃO DA FONTE.

■

Diretor: Tiago J. Santos Filho
Supervisor Editorial: Vinicius Musselman
Editor: Rafael Nogueira Bello
Coordenação Editorial: Gisele Lemes
Tradução: Breno Nunes de Oliveira Seabra
Revisão: Gustavo Nogueira Bonifácio
Diagramação: Rubner Durais
Capa: Rubner Durais
ISBN impresso: 978-65-5723-173-9

Caixa Postal 1601
CEP: 12230-971
São José dos Campos, SP
PABX: (12) 3919-9999
www.editorafiel.com.br

Para minha esposa, Tiffany

Certamente, a palavra da cruz é loucura para os que se perdem,
mas para nós, que somos salvos, poder de Deus.
1 Coríntios 1.18

SUMÁRIO

Prefácio por Michael Horton 21
Agradecimentos 25
Abreviações 27

Introdução: o reino e a cruz 33

TEOLOGIA BÍBLICA

1. Vitória por meio do sacrifício no Antigo Testamento 75
2. O servo sofredor e seu contexto no reino em Isaías............................99
3. O rei crucificado no evangelho de Marcos...129
4. O sangue da cruz e o reino de Cristo 169
5. Resumo: o reino estabelecido pela cruz..195

TEOLOGIA SISTEMÁTICA

6. Cristo: o rei na cruz 223
7. Expiação: particularidade expansiva 263
8. Expiação: reconciliando *Christus Victor* e substituição penal 295
9. Reino: o reinado cruciforme de Deus..351
10. Conclusão: a coroa de espinhos..383

Bibliografia 393
Índice de passagens bíblicas 454
Índice remissivo 465
Índice onomástico..487

SUMÁRIO DETALHADO

Prefácio por Michael Horton
Agradecimentos
Abreviações

INTRODUÇÃO: O REINO E A CRUZ
O reino *ou* a cruz?
História da interpretação
Teologia bíblica e sistemática
O reino *e* a cruz
Definindo termos-chave
    O reino de Deus
        O projeto do reino na criação
        O reinado de Deus
        Por meio de seus reis-servos
        Sobre a criação
    A vinda do reino na redenção
    As implicações do reino
        Vitória sobre o mal
        Perdão dos pecados
        Novo êxodo
    O tempo do reino
Expiação
    Resultados e meios
    Amplo e estreito
    Vertical e horizontal
    Expansiva e particular
Conclusão

TEOLOGIA BÍBLICA

1. VITÓRIA POR MEIO DO SACRIFÍCIO NO ANTIGO TESTAMENTO
A importância do Antigo Testamento
Criação
Queda
O *protoevangelium*
Abraão
Aliança
José e Judá
Êxodo
Davi
Templo
O justo sofredor dos Salmos
Isaías
Zacarias

2. O SERVO SOFREDOR E SEU CONTEXTO NO REINO EM ISAÍAS
O Servo Sofredor e o Rei Messiânico (Is 1–39)
    Identificando o servo e o rei
        Um resumo dos argumentos que identificam o servo e o rei
        A exaltação régia do servo (Is 52.13-15)
        "Alto e sublime" (Is 6.1 e 52.13)
        A reversão do endurecimento (Is 6.9-10 e 52.15)
        Distinções entre o servo e o rei
    O desenvolvimento da missão do servo real
O Servo Sofredor e o novo êxodo do reinado de Deus (Is 40–55)
    O novo êxodo e o reinado de Deus
    Grande e ainda maior libertação (Is 40–48 e 49–55)
    A antecipação da salvação (Is 51.1–52.12)

A proclamação da salvação: o cântico do Servo Sofredor (Is 52.13–53.12)
O convite para a salvação (Is 54.1-17)
O Servo Sofredor e a nova criação (Is 56–66)
Resumo: o Rei-servo e o reino de servos

3. O REI CRUCIFICADO NO EVANGELHO DE MARCOS
O reino à sombra da cruz (Mc 1.1–8.26)
   O começo do evangelho
   Oposição ao reino
   O mistério do reino
O reino redefinido pela cruz (Mc 8.27–10.52)
   A primeira predição da Paixão e da ressurreição
   A segunda predição da Paixão e da ressurreição
   A terceira predição da Paixão e da ressurreição
O reino estabelecido pela cruz (Mc 11.1–16.8)
   Aproximando-se da cruz
   O cumprimento das Escrituras
   A crucificação do Rei
O reino por meio da cruz

4. O SANGUE DA CRUZ E O REINO DE CRISTO
Colossenses 1.15-20
   O reino do Filho e a reconciliação pela cruz (Cl 1.12-14 e 1.15-20)
   O sangue da cruz e o reino das trevas (Cl 1.15-20 e 2.13-15)
      O significado de Colossenses 2.13-15
      Reconciliando todas as coisas e derrotando todos os principados e potestades
   Resumo

Apocalipse 5.5-10
    O sangue e o reino (Ap 1.5b-6)
    O Leão e o Cordeiro (Ap 5.5-10)
    O sangue de Cristo e a derrota de Satanás (Ap 12.10-11)
    Resumo

5. RESUMO: O REINO ESTABELECIDO PELA CRUZ

A interação reino-cruz no Antigo e Novo Testamentos
    A história de vitória por meio do sacrifício
    A aliança e a interação reino-cruz
    O Templo e a interação reino-cruz
As promessas do reino cumpridas na cruz
    Vitória sobre o mal
    O novo êxodo
    Perdão dos pecados
        A ira de Deus e a vinda do reino de Deus
        O perdão dos pecados e a vinda do reino de Deus
    Conclusão
Os papéis distintos e inseparáveis do reino e da cruz
    O reino é *télico*
    A cruz é central
    Resumo
A "grande troca" efetua a "grande transição"
O reino de Deus estabelecido pela cruz de Cristo
O significado de "estabelecer"
A cruz dentro do espectro mais amplo da obra de Cristo
    O reino e a cruz são mutuamente interpretativos
    Reinando por meio do serviço
    A história do Cristo crucificado (Hb 2.5-10)
    A sabedoria do Cristo crucificado (1Co 1.18–2.5)

TEOLOGIA SISTEMÁTICA

6. CRISTO: O REI NA CRUZ

A realeza de Cristo na cruz
    Jesus, o Rei
    Cruz e ressurreição
    Jesus está reinando na cruz

Os dois estados de Cristo: humilhação e exaltação
    Uma breve história da doutrina dos dois estados de Cristo
    Exaltação na humilhação e por meio dela
        Exaltação na humilhação: integrando os dois estados
            Exaltação antes da ressurreição
            Humilhação depois da cruz
            A sobreposição da humilhação e da exaltação em Cristo
            A majestosa glória da cruz
        Exaltação por meio da humilhação: mantendo a progressão mais ampla
            Revelação da glória previamente possuída
            Exaltado como um ser humano "para nós"/"por nós"
    Conclusão
    O tríplice ofício de Cristo: Profeta, Sacerdote e Rei
        Calvino sobre o *munus triplex* e a realeza de Cristo na cruz
        Teologia liberal do século 19
        Teologia reformada do século 19
        O resgate da realeza de Cristo no século 20
        Conclusão

7. EXPIAÇÃO: PARTICULARIDADE EXPANSIVA

Christus Victor ou substituição penal

Particularidade expansiva: evitando o reducionismo e o relativismo
    Reducionismo
        O problema do reducionismo
        Reducionismo e história revisionista
    Relativismo
        A tendência do relativismo
        O perigo do relativismo
    Particularidade expansiva
        Integração
        Ordem
        Classificação
    O problema: *Christus Victor* versus substituição penal
        Christus Victor versus substituição penal
        Tanto Christus Victor quanto substituição penal
        Conclusão

8. EXPIAÇÃO: RECONCILIANDO *CHRISTUS VICTOR* E SUBSTITUIÇÃO PENAL
Qual é o problema?
    O pecado e seus efeitos
    Inimizade com Deus e escravidão a Satanás
        Qual é o problema principal?
        A comunidade e o cosmo
        Violadores e vítimas
        Escravidão a Satanás como resultado da inimizade com Deus
Quem é Satanás?
    O Tentador
    O Enganador

O Acusador
Aquele que traz a morte
Gênesis 3
Como Cristo vence Satanás?
Um remédio adequado: *Christus Victor* por meio da substituição penal
Hebreus 2.5-18
Colossenses 2.13-15
Apocalipse 12.9-11
1 João 3.4-9
Resumo: *Christus Victor* por meio da substituição penal
Contra-ataque: as obras de Satanás e os caminhos de Jesus
Satanás, o Tentador — Jesus, aquele que obedece
Satanás, o Enganador — Jesus, a Testemunha fiel e verdadeira
Satanás, o Acusador — Jesus, o Propiciador
Satanás, aquele que traz a morte — Jesus, o Doador da vida
O armamento para a batalha (Ef 6.10-20)
Humanidade vitoriosa
A vitória de Cristo e os cristãos
Quando a vitória de Cristo acontece decisivamente?
Encarnação
Vida
Ressurreição
Ascensão
A centralidade da cruz na expiação
Por que Cristo vence Satanás?
Além da retórica
Conclusão

9. REINADO: O REINO CRUCIFORME DE DEUS
O reino cruciforme de Deus
    A teologia da cruz de Lutero
    A natureza cruciforme do reino
Jürgen Moltmann: Um reino cruciforme sem rei?
    O reino de Deus segundo Moltmann
    A natureza cruciforme do reino segundo Moltmann
    Reino cruciforme sem rei?
    Uma avaliação do pensamento de Moltmann
        Os pontos fortes de Moltmann
        Os pontos fracos de Moltmann
O Rei compassivo e justo
    O Rei compassivo
    O Rei justo
    A realeza trinitária de Deus
Seguindo o Rei ao tomar a cruz
Conclusão

10. CONCLUSÃO: COROA DE ESPINHOS
A história da redenção
A lógica da redenção
A coroa de espinhos

Bibliografia
Índice de passagens bíblicas
Índice remissivo
Índice onomástico

PREFÁCIO

Qual é o significado da morte de Cristo para nós? É difícil imaginar uma pergunta mais relevante para nosso destino pessoal, para nossa identidade e missão como igreja e para as esperanças que temos quanto ao futuro de todo o cosmo. Como este livro nos mostra, com cuidado e meticulosidade, reino e expiação eram fundamentais para a identidade de nosso Senhor. Desde o início de seu ministério, Jesus se viu como aquele que traria o reino do fim dos tempos, com a cruz como seu destino. Sua principal *mensagem* era o reino e sua principal *missão* era ir ao Gólgota. Certamente, esse fato duplo, defendido meticulosamente nesta obra, deve nos levar a pensar sobre o reino e a expiação de forma conjunta. Quando fazemos isso, descobrimos que muitos dos falsos dilemas que atormentam esse e outros tópicos da teologia desaparecem.

É claro que as respostas à minha pergunta inicial variaram muito ao longo da história. Na igreja antiga, essa variedade tinha mais que ver com um reconhecimento das implicações abrangentes do anúncio final de nosso Senhor na cruz: "Está consumado", do que com um reflexo de "teologias" opostas orbitando em torno de um dogma central. Muitos enfatizaram a expiação como a vitória de Cristo sobre os poderes da morte, do inferno e de Satanás. Outros são conhecidos por enfatizar sua estreita conexão com a encarnação: a recapitulação (literalmente, "liderança reassumida") da raça de Adão, "em Cristo". Outros ainda contemplaram as feridas de Cristo "por nós" como uma morte de substituição na qual nossa culpa é transferida para Cristo e sua justiça ou retidão se torna nossa. No entanto, somente depois de séculos de refinamento, categorização e (especialmente na era moderna) dissertações de doutorado e monografias acadêmicas essas posições foram premidas de modo organizado em "teorias da expiação" mutuamente exclusivas. Contrastes exagerados são traçados entre antioquinos e alexandrinos, bem como entre orientais e ocidentais, não obstante teologias serem muito menos óbvias nos escritos antigos. Na verdade, os escritores antigos misturavam metáforas e ênfases em quase todas as páginas.

Tampouco há base para a repetida generalização de que os reformadores do século 16 simplesmente adotaram a teoria da satisfação de Anselmo e empurraram para a periferia outras ênfases clássicas. Lutero e Calvino, por exemplo, transitaram tranquilamente entre o que hoje chamamos de *Christus Victor*, recapitulação e substituição penal. Para eles, Cristo é Senhor, e isso só é concebível porque nosso Senhor lidou decisivamente com a morte em sua raiz: em outras palavras, lidou com a maldição da dívida que torna a morte uma sentença e não uma parte natural do ciclo da vida.

Desde então, muitos eventos históricos subsequentes ocorreram, de modo a nos conduzir a uma série de falsos dilemas:

- Antigo Testamento (reino, guerra santa, sacrifícios penais) versus Novo Testamento (comunidade pacífica, não violência e amor)
- Jesus (reino) versus Paulo (expiação/justificação)
- Teologia bíblica versus teologia sistemática
- Categorias forenses versus categorias relacionais, ontológico-participacionistas e políticas

Entre outros que poderia listar.

Encorajados pelo ideal de *"resourcement"*[1] ("de volta à fonte"), vários teólogos evangélicos mais jovens[2] redescobriram a integridade da convicção cristã. Resistindo aos dogmas centrais, eles buscam compreender a relação das partes com o todo. No entanto, não estou ciente de nenhum trabalho que tenha se proposto a tecer os fios quebrados dos temas específicos do reino e da expiação, colocando-os juntos novamente. Jeremy Treat alcançou exatamente isso em *O Rei crucificado*. Na minha opinião, pelo menos, trata-se do trabalho de um estudioso habilidoso.

Uma coisa é clamar pela integração entre a teologia bíblica e a teologia sistemática (entre outras coisas); outra bastante diferente é realmente realizar essa integração. Treat argumenta persuasivamente que as ferramentas heurísticas — como "os estados de humilhação e exaltação" — tornaram-se muito herméticas. Os tratamentos dos ofícios real e sacerdotal de Cristo também têm sido frequentemente isolados um do outro. Entretanto, Jesus Cristo abraçou sua cruz como um monarca segura um cetro. Em vez de esperar até a Páscoa para celebrar a conquista de Cristo, Treat não apenas argumenta em favor de sua posição, mas se deleita com a dignidade real do primeiro imperador universal cujo trono era uma cruz. Os argumentos são profundos e amplamente embasados; as conclusões variam de provocativas a exultantes.

---

1 Movimento teológico americano de retorno às fontes originais da igreja (N. do R).

2 Muito provavelmente, o prefaciador se refere aqui ao movimento teológico que ficou conhecido como Younger Evangelicals. Esse termo foi cunhado por Robert E. Webber em seu livro *The Younger Evangelicals: facing the challenges of the new world* (Grand Rapids, MI: Baker Books, 2002). O livro explora as características e o pensamento de uma série de novos líderes, pastores e teólogos evangélicos, expondo suas ênfases específicas e distinguindo suas crenças e práticas daquelas predominantes em gerações anteriores de evangélicos (N. do T.).

Ao mesmo tempo, Treat não foge de reducionismos de longa data apenas para cair no seu próprio tipo de reducionismo. Sem a ressurreição e a ascensão, a obra de Cristo não está completa. Em certa medida, Cristo considera sua própria glória como incompleta até que seu corpo seja ressuscitado com ele e todo o cosmo participe de seu sábado eterno. No entanto, para os olhos da fé, a glória de Cristo já brilha em sua cruz.

Eu recomendo o autor não apenas pelo trabalho seminal que está no coração do próprio evangelho, mas também por nos oferecer um modelo para uma visão mais abrangente da exploração teológica. Sem dúvida, debruçar-se sobre seus argumentos nos levará a reorganizar alguns móveis em nosso mobiliário intelectual, e, ao longo do caminho, provocará pausas para respirar fundo, contemplar a vista e elevar nossos corações ao céu em louvor ao nosso gracioso Rei.

Michael Horton

AGRADECIMENTOS

O propósito da teologia cristã é ajudar a igreja a falar e viver de acordo com o evangelho. Então, começo agradecendo a Deus pelas boas-novas do que ele realizou em seu Filho pelo poder do Espírito. Além disso, a teologia é, por definição, uma tarefa comunitária — somos reconciliados com Deus e nos tornamos uma comunidade. A natureza relacional da teologia é tanto um incentivo para um pensamento mais apurado quanto talvez a maior alegria da tarefa. Esse é o caso deste livro, que é, em grande parte, o resultado de excelente orientação, *feedbacks* e amizade.

Gostaria de agradecer ao meu orientador de doutorado, Kevin Vanhoozer, por me moldar como teólogo e gentilmente me guiar ao longo deste projeto. Doug Moo ofereceu comentários perspicazes durante todo o processo de escrita e tem sido um grande incentivo na tentativa de unir teologia bíblica e teologia sistemática. Também sou grato a outros acadêmicos que tiveram a gentileza de ler partes do livro e oferecer sugestões: Mike Horton, Hans Boersma, Dan Treier, Adam Johnson, Stephen Dempster, Richard Schultz e Nick Perrin. A comunidade de doutorado no Wheaton College tem sido incrivelmente útil, em especial aqueles que reservaram tempo especificamente para auxiliar em meu projeto: Hank Voss, Matthew Patton, Ben Ribbens, Daniel Owens, Stephanie Lowry, Amy Hughes, Jordan Barrett, Mike Kibbe e Jon Hoglund.

Agradeço em especial aos meus pais, Mike e Joyce Treat, por me direcionarem fielmente para Cristo e por me darem apoio infindável em todas as fases da minha vida. Também sou eternamente grato ao pastor Dave Parker e às pessoas gentis da Eastside Christian Fellowship, que me elevaram e me enviaram.

Por fim, dedico este livro à minha linda esposa, Tiffany. Seu apoio e encorajamento ao longo deste processo foram notáveis e, ainda assim, são apenas um pequeno reflexo de seu profundo amor por Deus e seu compromisso comigo. Sou grato pelo importante papel que você desempenhou neste livro, mas muito mais pela alegria que é ser seu marido, criar nossas filhas, Ashlyn, Lauryn e Evelyn, e seguir a Cristo juntos.

Jeremy R. Treat
26 de Fevereiro, 2014

ABREVIAÇÕES

AB	Anchor Bible
ABCS	Africa Bible Commentary Series
ACCS	Ancient Christian Commentary on Scripture
ACNT	Augsburg Commentary on the New Testament
ANF	*The Ante-Nicene Fathers*. Organização de A. Roberts; J. Donaldson (Buffalo, 1885–1896. Reprint, Grand Rapids, 1975).
ASTI	*Annual of the Swedish Theological Institute*
AThR	*Anglican Theological Review*
AYBC	Anchor Yale Bible Commentaries
BBR	*Bulletin for Biblical Research*
BDB	Brown, F.; Driver, S. R.; Briggs, C. A. *A Hebrew and English lexicon of the Old Testament* (Oxford, 1907).
BECNT	Baker Exegetical Commentary on the New Testament
BETL	Bibliotheca Ephemeridum Theologicarum Lovaniensium
BLT	*Brethren Life and Thought*
BNTC	Black's New Testament Commentaries
BSac	*Bibliotheca sacra*
BST	The Bible Speaks Today
BTCB	Brazos Theological Commentary on the Bible
CBQ	*Catholic Biblical Quarterly*
CCP	Cambridge Companions to Philosophy
CIT	Current Issues in Theology

CJT	*Canadian Journal of Theology*
CTJ	*Calvin Theological Journey*
CTQ	*Concordia Theological Quarterly*
CurTM	*Currents in Theology and Mission*
DEM	*Dictionary of the Ecumenical Movement*. Organização de Nicolas Lossky (Grand Rapids, 1991).
DLNT	*Dictionary of the later New Testament and its developments*. Organização de R. P. Martin; P. H. Davids (Downers Grove, 1997).
DOTHB	*Dictionary of the Old Testament: historical books*. Organização de Bill T. Arnold; H. G. M. Williamson (Downers Grove, 2005).
DTIB	*Dictionary for the theological interpretation of the Bible*. Organização de Kevin Vanhoozer (Grand Rapids, 2005).
EBC	*Expositor's Bible Commentary*
EdF	Erträge der Forschung
EDT	*Evangelical dictionary of theology*. Organização de Walter Elwell (Grand Rapids, 1989).
ERT	*Evangelical Review of Theology*
EuroJTh	*European Journal of Theology*
EvQ	*Evangelical Quarterly*
FB	Forschung zur Bibel
FET	The Foundations of Evangelical Theology
FRLANT	Forschungen zur Religion und Literatur des Alten und Neuen Testaments
GDT	*Global dictionary of theology*. Organização de William A. Dyrness; Veli-Matti Kärkkäinen (Downers Grove, 2008).

HeyJ	*Heythrop Journal*
IBC	Interpretation: A Bible Commentary for Teaching and Preaching
ICC	International Critical Commentary
IDB	*The interpreter's dictionary of the Bible*. Organização de G. A. Buttrick (Nashville, 1962). 4 vols.
IJST	*International Journal of Systematic Theology*
JBL	*Journal of Biblical Literature*
JETS	*Journal of the Evangelical Theological Society*
JJS	*Journal of Jewish Studies*
JR	*Journal of Religion*
JSNT	*Journal for the Study of the New Testament*
JSOT	*Journal for the Study of the Old Testament*
JSOTSup	Journal for the Study of the Old Testament: Supplement Series
JTS	*Journal of Theological Studies*
KKHS	Kurzgefasster Kommentar zu den Heiligen Schriften, Alten und Neuen Testaments, sowie zu den Apokryphen
LCC	Library of Christian Classics (Philadelphia, 1953–)
LW	*Luther's works* (Philadelphia, 1955–1986).
MB	Le Monde de la Bible
MQR	*Mennonite Quarterly Review*
MSJ	*The Master's Seminary Journal*
NAC	New American Commentary
NCB	New Century Bible
NDBT	*New dictionary of Biblical theology*. Organização de T. Desmond Alexander; Brian Rosner (Downers Grove, 2000).

NIBC	New International Biblical Commentary
NIBCOT	New International Biblical Commentary on the Old Testament
NICNT	New International Commentary on the New Testament
NICOT	New International Commentary on the Old Testament
NIDOTTE	*New International Dictionary of Old Testament Theology and Exegesis*. Organização de W. A. VanGemeren (Grand Rapids, 1997). 5 vols.
NIGTC	New International Greek Testament Commentary
NIVAC	NIV Application Commentary
NovT	*Novum Testamentum*
NovTSup	Novum Testamentum Supplements
NPNF[1]	Nicene and Post-Nicene Fathers, Series 1. Organização de Philip Schaff (New York, 1886–1890. Reprint, Peabody, MA 1994).
NPNF[2]	Nicene and Post-Nicene Fathers, Series 2. Organização de Philip Schaff; Henry Wace (New York, 1890. Reprint, Peabody, MA, 1994).
NSBT	New Studies in Biblical Theology
NTP	New Testament Profiles
NTS	*New Testament Studies*
OECS	The Oxford Early Christian Studies
OTL	Old Testament Library
OWC	Oxford World Classics
PBTM	Paternoster Biblical and Theological Monographs
PiNTC	Pillar New Testament Commentary
ProEccl	*Pro ecclesia*

PSB	*Princeton Seminary Bulletin*
PTM	Paternoster Theological Monographs
PTMS	Princeton Theological Monograph Series
RTR	*Reformed Theological Review*
SBET	*Scottish Bulletin of Evangelical Theology*
SBJT	*Southern Baptist Journal of Theology*
SBLDS	Society of Biblical Literature Dissertation Series
SHS	Scripture and Hermeneutics Series
SJT	*Scottish Journal of Theology*
SNTSMS	Society for New Testament Studies Monograph Series
TDNT	*Theological dictionary of the New Testament*. Organização de G. Kittel; G. Friedrich. Tradução de G. W. Bromiley (Grand Rapids, 1964–1976). 10 vols.
TDOT	*Theological dictionary of the Old Testament*. Organização de G. J. Botterweck; H. Ringgren. Tradução de J. T. Willis; G. W. Bromiley; D. E. Green (Grand Rapids, 1974–2006). 8 vols.
THS	Tyndale House Studies
TJ	*Trinity Journal*
TNTC	Tyndale New Testament Commentaries
TS	*Theological Studies*
TSR	Texts and Studies in Religion
TWOT	*Theological Wordbook of the Old Testament*. Organização de R. L. Harris; G. L. Archer Jr. (Chicago, 1980). 2 vols.
TynBul	Tyndale Bulletin
WA	Luthers Werke: Kritische Gesamtausgabe (Weimar: 1883–)

WBC	Word Biblical Commentary
WSA	*Works of Saint Augustine*. Organização de John E. Rotelle (Brooklyn: 1990–2009).
WTJ	*Westminster Theological Journal*
WUNT	Wissenschaftliche Untersuchungen zum Neuen Testament
ZEB	*Zondervan Encyclopedia of the Bible*
ZECNT	Zondervan Exegetical Commentary on the New Testament

INTRODUÇÃO
O REINO E A CRUZ

Perspectivas sobre a expiação foram oferecidas de toda parte do mundo, mas a voz do homem mais próximo da cruz de Cristo raramente foi ouvida. "E acrescentou: Jesus, lembra-te de mim quando vieres no teu reino" (Lc 23.42). Como esse ladrão pode ver um criminoso espancado, ensanguentado e crucificado como alguém que governa um reino? Talvez ele tenha ficado confuso com o título "Rei dos Judeus" na cruz de Jesus ou com a coroa de espinhos em sua cabeça. Ou talvez, como indica a resposta de Jesus, esse homem tenha visto corretamente o reino de Deus no Cristo *crucificado*.

Este livro busca fornecer uma resposta para a seguinte pergunta básica: Qual é a relação bíblica e teológica entre a vinda do reino de Deus e a morte expiatória de Cristo na cruz? Como veremos, a resposta está, em última análise, em Jesus, o Rei crucificado, conforme devidamente entendido dentro da história e da lógica da redenção.

O REINO *OU* A CRUZ?

Sob a superfície dessa questão teórica reside o problema da separação do reino e da cruz na igreja, bem como na academia.[1] Alguns defendem o reino e outros se apegam à cruz, geralmente um

---
1 Usarei de forma geral os termos "reino e cruz" como abreviação para a vinda do reino de Deus e a morte expiatória de Cristo na cruz. As definições provisórias para cada um são fornecidas no final deste capítulo.

excluindo o outro.² Tomos são escritos sobre o reino com quase nenhuma menção à cruz de Cristo,³ e volumes sobre a cruz ignoram a mensagem de Jesus sobre o reino.⁴ Além disso, enquanto alguns ignoram passivamente qualquer conexão entre reino e cruz, outros intencionalmente colocam um contra o outro.⁵ Por que se desenvolveu tal rachadura entre dois dos temas mais importantes das Escrituras? Há pelo menos seis razões.

Primeiro, e mais importante, a divisão entre o reino e a cruz é, em grande parte, o resultado de debates reacionários entre aqueles que enfatizam o reino e aqueles que colocam o foco na cruz. O auge desses debates foi a colisão entre o Movimento do Evangelho Social do início do século 20 e a resposta conservadora que se seguiu. Walter Rauschenbusch, baseando-se no liberalismo alemão do século 19, defendia o reino de Deus excluindo, mas, ao fazê-lo,

---

2 Para resumos que demonstram essa divisão contemporânea na igreja, veja N. T. Wright, *After you believe: why Christian character matters* (New York: HarperOne, 2010), p. 110–18 [edição em português: *Eu creio. E agora? Por que o caráter cristão é importante* (Viçosa, MG: Ultimato, 2012)]; Jim Belcher, *Deep church: a third way beyond emerging and traditional* (Downers Grove, IL: InterVarsity Press, 2009), p. 105–22; Dallas Willard, *The Divine conspiracy: rediscovering our hidden life in God* (San Francisco: HarperSanFrancisco, 1998), p. 42–55 [edição em português: *A conspiração divina: redescobrindo nossa vida oculta em Deus* (Rio de Janeiro: Thomas Nelson Brasil, 2021)].

3 George Eldon Ladd, por exemplo, em seu trabalho altamente influente (e, em geral, bastante útil) sobre o reino de Deus, não menciona a expiação nenhuma vez e apenas duas vezes se refere brevemente à morte de Cristo (*The presence of the future: the eschatology of Biblical realism* [Grand Rapids: Eerdmans, 1974], p. 157, 324 [edição em português: *A presença do futuro: a escatologia do realismo bíblico* (São Paulo: Shedd Publicações, 2021)]).

4 James Denney, por exemplo, em sua clássica obra sobre a expiação, menciona o reino apenas em duas páginas (*The atonement and the modern mind* [London: Hodder & Stoughton, 1903], p. 12, 115).

5 Kathryn Tanner, *Christ the key*, CIT (Cambridge: Cambridge University Press, 2010), p. 251; J. Denny Weaver, "Narrative *Christus Victor*", in: John Sanders, org., *Atonement and violence: a theological conversation* (Nashville: Abingdon, 2006), p. 12; David Brondos, "Why was Jesus crucified? Theology, history and the story of redemption", *SJT* 54 (2001): 496–99.

excluía a expiação substitutiva.⁶ A avaliação de H. Richard Niebuhr acerca desse tipo de teologia é apropriada: "Um Deus sem ira trouxe homens sem pecado para um reino sem julgamento por intermédio das ministrações de um Cristo sem cruz".⁷ Os conservadores reagiram bruscamente reivindicando a centralidade da cruz, muitas vezes relegando o reino apenas ao futuro ou ignorando-o completamente,⁸ e, desse modo, estabelecendo a característica definidora da história dessa discussão: o reducionismo pendular. O resultado é uma falsa dicotomia — ou o reino sem a cruz ou a cruz sem o reino — que mutila o evangelho.⁹

Segundo, a fragmentação da Escritura que ocorreu desde o Iluminismo contribuiu grandemente para a separação entre o reino e a cruz.¹⁰ Se a Bíblia não é um todo unificado, então não há necessidade de integrar as ideias aparentemente incompatíveis de que Deus reina e de que o Filho de Deus morre. Além disso, essa

---

6 Walter Rauschenbusch, *A theology for the social gospel* (New York: Macmillan, 1917) [edição em português: *Uma teologia para o evangelho social* (Vitória: Editora Unida; São Paulo: Aste, 2019)]; veja especialmente o capítulo 19: "The social gospel and the atonement". Walter Rauschenbusch estava construindo sobre o trabalho de Friedrich Schleiermacher (*The Christian faith* [Edinburgh: T&T Clark, 1986], p. 459–60) e Albrecht Ritschl (*The Christian doctrine of justification and reconciliation: the positive development of the doctrine* [Clifton, NJ: Reference Books, 1966], p. 556–63).

7 H. Richard Niebuhr, *The kingdom of God in America* (New York: Harper & Row, 1937), p. 197.

8 Para uma pesquisa histórica acerca desses debates, veja Russell Moore, *The kingdom of Christ: the new evangelical perspective* (Wheaton, IL: Crossway, 2004), p. 27.

9 O reino e a cruz estão, é claro, ligados biblicamente pela proclamação do evangelho, que é definido tanto como a vinda do reino de Deus (Mt 4.23) quanto como a morte e ressurreição de Cristo (1Co 15.3-4). Os debates sobre a definição do evangelho são complexos, e entrar neles exigiria mais espaço do que o disponível. Para uma excelente abordagem que defende o reino e a cruz como essenciais para o evangelho, veja Simon Gathercole, "The gospel of Paul and the gospel of the kingdom", in: Chris Green, org., *God's power to save* (Downers Grove, IL: InterVarsity Press, 2006), p. 138–54.

10 Segundo Hans Frei, historiadores e críticos bíblicos dos séculos 17 e 18 provocaram "o eclipse da narrativa bíblica", resultando em uma visão fragmentada das Escrituras (*The eclipse of Biblical narrative: a study in eighteenth and nineteenth century hermeneutics* [New Haven, CT: Yale University Press, 1974]). Para a história dessa fragmentação na erudição bíblica, veja Michael C. Legaspi, *The death of Scripture and the rise of Biblical studies* (New York: Oxford University Press, 2010), p. 3–26.

fragmentação se aplica não apenas à Escritura como um todo, mas também a livros individuais da Bíblia. Em Isaías, o Rei Messiânico e o Servo Sofredor não precisam ser relacionados, pois pertencem a tradições diferentes e não relacionadas.[11] No evangelho de Marcos, o ministério do reino de Jesus não precisa ser congruente com a narrativa da Paixão, pois são simplesmente fontes diferentes que foram reunidas.[12] Claramente, uma visão tão desintegrada das Escrituras desencorajará a integração de seus temas.

Terceiro, a divisão reino-cruz é ampliada pelo "grande abismo" entre estudos bíblicos e teologia sistemática.[13] Em termos gerais, a teologia sistemática deu grande atenção à doutrina da expiação, mas ignorou amplamente o reino de Deus.[14] O campo dos estudos bíblicos, em contrapartida, é dominado pelo tema do reino de Deus e, no entanto, concede pouca atenção à doutrina da expiação.[15] Uma resposta holística à divisão entre reino e cruz,

---

11 Sobre a história da bifurcação e eventual trifurcação do livro de Isaías, veja Marvin Sweeney, "On the road to Duhm: Isaiah in the nineteenth-century dritical scholarship", in: Claire Mathews McGinnis; Patricia Tull, orgs., *"As those who are taught": the interpretation of Isaiah from the LXX to the SBL* (Atlanta: SBL, 2006), p. 243–62.

12 Rudolf Bultmann, *The history of the synoptic tradition*, tradução de John Marsh (New York: Harper & Row, 1963), p. 262–84.

13 Kevin Vanhoozer, "Interpreting Scripture between the rock of Biblical studies and the hard place of systematic theology: the state of the evangelical (dis)union", in: Richard Lints, org., *Renewing the evangelical mission* (Grand Rapids: Eerdmans, 2013).

14 Russell Moore observou, por exemplo, que o reino de Deus é tratado em apenas duas páginas de toda a teologia sistemática de Wayne Grudem (*Systematic theology: an introduction to Biblical doctrine* [Grand Rapids: Zondervan, 1995] [edição em português: *Teologia sistemática*. 2. ed. (São Paulo: Vida Nova, 2011)]), ambas em sua discussão da doutrina da igreja (Russell Moore, *The kingdom of Christ: the new evangelical perspective* [Wheaton, IL: Crossway, 2004]). Há, é claro, exceções a essa generalização. Por exemplo, o teólogo sistemático Jürgen Moltmann escreveu extensivamente sobre o reino de Deus (*The Trinity and the kingdom: the doctrine of God* [New York: Harper & Row, 1981] [edição em português: *Trindade e reino de Deus: uma contribuição para a teologia*, tradução de Ivo Martinazzo (Petrópolis, RJ: Vozes, 2000)]).

15 Robert Yarbrough expressa uma "séria apreensão" em relação à tendência da teologia bíblica de enfatizar o reino a ponto de negligenciar a cruz ("The practice and promise of Biblical theology: a

portanto, preencherá essa lacuna entre estudos bíblicos e teologia sistemática, incorporando perspectivas de ambas as disciplinas para as duas doutrinas.

Quarto, o reino e a cruz não foram integrados porque os Evangelhos (os livros do cânon onde o tema do reino é mais explícito) foram amplamente ignorados como fonte para a teologia. N. T. Wright ridicularizou esse ponto dizendo que, como resultado da leitura errada dos Evangelhos, "Jesus como aquele que traz o reino foi excluído da proclamação dogmática da igreja".[16] Os escritores dos Evangelhos, antes considerados meros historiadores, agora são reconhecidos como teólogos, interpretando o ministério de Cristo pela maneira que contam a história, especialmente à medida que ela cumpre a narrativa de Israel proveniente do Antigo Testamento.[17]

Quinto, reino e cruz têm sido difíceis de relacionar por causa da sistematização excessiva de certas doutrinas, como os estados e ofícios de Cristo. Se a obra de Cristo é dividida ordenadamente em duas categorias, a saber: humilhação e exaltação, com a cruz estando apenas no estado de humilhação, é difícil ver como ela poderia se relacionar com o reino. Se a morte de Cristo for interpretada apenas no que se refere ao seu ofício sacerdotal, então será difícil conectar a cruz ao reino. Embora as doutrinas dos estados e ofícios em si não sejam as culpadas, muitas vezes

---

response to Hamilton and Goldsworthy", *SBJT* 12 [2008]: 84). Uma exceção a essa tendência geral é o estudioso do Novo Testamento Leon Morris, que contribuiu grandemente para a doutrina da expiação (*The cross in the New Testament* [Exeter, UK: Paternoster, 1965]).

16 N. T. Wright, "Whence and whither historical Jesus studies in the life of the church?" in: Nicholas Perrin; Richard Hays, orgs., *Jesus, Paul, and the people of God: a theological dialogue with N. T. Wright* (Downers Grove, IL: InterVarsity Press, 2011), p. 133.

17 Jonathan Pennington, *Reading the Gospels wisely: a narrative and theological introduction* (Grand Rapids: Baker Academic, 2012), p. 151–52.

elas têm sido usadas de uma maneira que traça uma grossa linha doutrinária entre a obra do reino e a obra expiatória de Cristo.

Sexto, para dizer o óbvio, se mantivermos uma visão equivocada do reino ou da cruz, será impossível relacionar adequadamente os dois. Por exemplo, se a cruz é entendida apenas no que tange à salvação pessoal e o reino simplesmente como escatologia futura, então os dois nunca se encontrarão. Ou, se o reino é considerado um lugar utópico e a cruz um evento escatológico, então eles serão igualmente difíceis de relacionar.

A necessidade de abordar essa divisão e articular claramente a relação entre expiação e reino cresceu e é urgente para um momento como esse. Há mais de cinquenta anos, Emil Brunner declarou: "Não podemos falar corretamente sobre expiação sem, ao mesmo tempo, pensarmos na redenção, e isso como a superação da resistência contra o domínio divino e a restauração do governo de Deus".[18] Embora poucos tenham assumido essa tarefa, outros têm se unido ao expressar preocupação com a lacuna doutrinária entre a morte expiatória de Cristo na cruz e o reino de Deus. Herman Ridderbos lamenta que "há muitos autores que continuam a ignorar a correlação entre esses dois elementos centrais do evangelho".[19] Scot McKnight afirma: "A visão do reino e a expiação de Jesus estão relacionadas; separá-las é um ato de violência".[20]

---

18 Emil Brunner, "The doctrine of Creation and redemption", in: *Dogmatics* (Philadelphia: Westminster, 1950), vol. 2, p. 306.

19 Herman Ridderbos, *The coming of the kingdom* (Philadelphia: Presbyterian & Reformed, 1962), p. 170 [edição em português: *A vinda do reino* (Rio de Janeiro: Cultura Cristã, 2019)].

20 Scot McKnight, *A community called atonement* (Nashville: Abingdon, 2007), 13; cf. N. T. Wright, *How God became King: the forgotten story of the Gospels* (New York: HarperOne, 2012), xi [edição em português: *Como Deus se tornou Rei* (Rio de Janeiro: Thomas Nelson Brasil, 2019)].

HISTÓRIA DA INTERPRETAÇÃO

Embora sempre tenha havido confusão ou resistência em relação à integração paradoxal de reino e cruz, nem sempre houve uma divisão tão rígida.[21] No primeiro século, Barnabé declarou que "o reino de Jesus se baseia na cruz de madeira" (*Epistle of Barnabas* 8.5).[22] De acordo com Agostinho: "O Senhor estabeleceu sua soberania de uma árvore. Quem é que luta com madeira? Cristo. De sua cruz ele conquistou reis".[23] Lutero critica aqueles que "são incapazes de harmonizar as duas verdades: que Cristo deveria ser o Rei dos Reis e que ele também deveria sofrer e ser executado".[24]

Essas citações representativas, juntamente com as razões dadas acima para a divisão entre o reino e a cruz, revelam que essa divisão é um problema essencialmente moderno (pós-Iluminismo).[25] Grande parte da tradição da igreja, portanto, pode ser

---

21 Por exemplo, Morwenna Ludlow demonstra que, embora Justino Mártir atribuísse o sofrimento de Cristo à sua primeira vinda e seu reinado à sua segunda vinda, ele não era representante da igreja primitiva, que tinha uma visão muito mais unificada do sofrimento e do reinado de Cristo ("Suffering Servant or King of glory? Christological readings of the Old Testament in the patristic era", in: Andrew Lincoln; Angus Paddison, orgs., *Christology and Scripture: interdisciplinary perspectives* [London: T&T Clark, 2007], p. 104-19).

22 Michael Holmes, org. e trad., *The apostolic fathers in English*, 3. ed. (Grand Rapids: Baker Academic, 2006), p. 186.

23 Augustine, "Exposition of Psalm 95" (406-407), *WSA* 18:425 [edição em português: Agostinho, *Comentário aos Salmos*, Patrística (São Paulo: Paulus, 2014), vol. 9/2 (Sl 51-100)].

24 Martin Luther, "Psalm 110" (1539), in: Jaroslav Pelikan; Helmut T. Lehmann, orgs., *Luther's works* (Philadelphia: Muhlenberg; St. Louis: Concordia, 1955-1986), 13:344.

25 Essa leitura vai contra N. T. Wright, que coloca a culpa da divisão reino-cruz principalmente nos credos da igreja primitiva e na teologia dos reformadores (*How God became King: the forgotten story of the Gospels*, p. 32, 43). Em relação aos credos, David Yeago mostrou que as conclusões e afirmações de Nicéia são consistentes com o Novo Testamento ("The New Testament and the Nicene dogma: a contribution to the recovery of theological exegesis", *ProEccl* 3 [1994]: 152-64) e que a apresentação do credo da crucificação captura a forma teológica ("por nós") e histórica ("sob Pôncio Pilatos") do credo dentro da narrativa mais ampla da criação e redenção ("Crucified also for us under Pontius Pilate", in: Christopher Seitz, org., *Nicene Christianity: the future for a new ecumenism* [Grand Rapids: Brazos, 2001], p. 87-106). Com relação aos reformadores, a acusação de Wright de

evocada em apoio ao meu argumento, embora seja necessário admitir que, mesmo a interação reino-cruz estando presente, ela dificilmente foi explicada, e que nossa situação atual requer não simplesmente uma reformulação do pensamento anterior, mas uma nova abordagem à luz de questões contemporâneas e auxiliada pelos avanços modernos.

Como, então, os estudiosos responderam à divisão moderna entre reino e cruz? Alguns deram respostas parciais em discussões mais amplas sobre a doutrina do reino ou da expiação, respectivamente. Herman Ridderbos, em *The coming of the kingdom* [A vinda do reino], tem uma excelente seção de seis páginas intitulada "The kingdom and the cross" [O reino e a cruz], onde ele afirma que o reino não pode ser entendido sem a cruz, nem a cruz sem o reino.[26] McKnight pondera a respeito dos recentes debates sobre expiação, procurando mudar a ênfase da expiação da salvação pessoal para os propósitos cósmicos de Deus para toda a criação. O reino é "a visão télica do que a expiação é projetada para realizar".[27]

As reflexões sobre a doutrina da expiação são, talvez, os momentos mais importantes onde essa discussão tem acontecido,

---

um evangelho limitado restrito à expiação e à justificação é simplesmente imprecisa. Lutero disse: "O evangelho é uma história sobre Cristo, filho de Deus e de Davi, que morreu e ressuscitou, e é estabelecido como Senhor. Esse é o evangelho, em poucas palavras" (Martin Luther, "A brief instruction on what to look for in the Gospels [1522]", in: Jaroslav Pelikan; Helmut T. Lehmann, orgs., *LW*, 35:118). De acordo com Calvino, o evangelho tem um "sentido amplo" que engloba todas as promessas de Deus na história da redenção e um "sentido mais elevado" da graça de Deus em Cristo para os pecadores (John Calvin, *Institutes of the Christian religion*, organização de John McNeill, tradução de Ford Lewis Battles, LCC [Louisville: Westminster John Knox, 2006], 2.9.2 [edição em português: *A instituição da religião cristã*, tradução de Carlos Eduardo de Oliveira, et al. (São Paulo: Unesp, 2008-2009), tomos I e II]). Ao interagir com vários estágios da tradição nas páginas que se seguem, esperamos mostrar que a interação reino-cruz, embora em grande parte ausente hoje, tem uma rica herança na história da igreja.

26 Herman Ridderbos, *The coming of the kingdom*, p. 169-74.
27 Scot McKnight, *A community called atonement*, p. 13.

embora não necessariamente nos termos da linguagem do reino e da cruz. Entre os debates contemporâneos, as duas abordagens mais controversas da expiação são a substituição penal e o *Christus Victor*, cada uma oferecendo uma visão diferente do que Cristo realizou na cruz.[28] A abordagem *Christus Victor* enfatiza a cruz como a vitória de Cristo e a restauração do reino de Deus sobre o cosmo, ao passo que a substituição penal se concentra na reconciliação do povo de Deus. Enquanto muitos tentaram usar a noção de *Christus Victor* de forma isolada como uma forma de conectar reino e cruz,[29] outros apontaram para uma abordagem mais holística que integra substituição penal e *Christus Victor*.[30]

A questão do reino e da cruz também foi respondida por alguns estudiosos em obras limitadas a certos livros ou seções específicas das Escrituras. Michael Bird aborda reino e cruz no Evangelho de Marcos.[31] Em um trabalho recente e primoroso, Mavis Leung demonstra que há uma interação entre o reino e a cruz

---

28 Para um relato das posições e debates, veja James Beilby; Paul Eddy, orgs., *The nature of the atonement: four views* (Downers Grove, IL: InterVarsity Press, 2006); Derek Tidball; David Hilborn; Justin Thacker, orgs., *The atonement debate: papers from the London Symposium on the Theology of Atonement* (Grand Rapids: Zondervan, 2008); John Sanders, org., *Atonement and violence*.

29 Gustaf Aulén, *Christus Victor: an historical study of the three main types of the idea of atonement* (New York: Macmillan, 1969); Gregory Boyd, "Christus Victor view", in: James Beilby; Paul Eddy, orgs., *The nature of the atonement: four views* (Downers Grove, IL: InterVarsity Press, 2006), p. 23–49.

30 Henri Blocher, "Agnus Victor: the atonement as victory and vicarious punishment", in: John Stackhouse, org., *What does it mean to be saved? Broadening evangelical horizons of salvation* (Grand Rapids: Baker Academic, 2002), 67–91; e Henri Blocher, *La doctrine du péché et de la rédemption* (Vaux-sur-Seine, France: EDIFAC, 2000), p. 95–172; Hans Boersma, *Violence, hospitality, and the cross: reappropriating the atonement tradition* (Grand Rapids: Baker Academic, 2004); Graham Cole, *God the Peacemaker: how atonement brings shalom*, NSBT (Downers Grove, IL: InterVarsity Press, 2009); Sinclair Ferguson, "Christus Victor et Propitiator: the death of Christ, substitute and conqueror", in: Sam Storms; Justin Taylor, orgs., *For the fame of God's name* (Wheaton, IL: Crossway, 2010), p. 171-89.

31 Michael Bird, "The crucifixion of Jesus as the fulfillment of Mark 9:1", *TJ* 24 (2003): 23–36. Bird elaborou seus pontos de vista na reunião anual do IBR de 2010 em Atlanta em uma palestra intitulada: "The crucicentric kingdom and the Basileianic cross", proferida em resposta à palestra

em todo o Evangelho de João.³² A produção acadêmica recente de N. T. Wright concentra-se em reconectar reino e cruz em todos os quatro Evangelhos.³³

Há uma área particular onde a relação do reino e da cruz tem recebido muita atenção: a busca pelo Jesus histórico.³⁴ Os estudiosos do Jesus histórico se empenharam com vigor para descobrir qual era a autopercepção de Jesus sobre sua vocação, especificamente no que diz respeito à relação de sua pregação do reino e de sua jornada até a cruz. É principalmente aqui onde a importante contribuição de N. T. Wright se encontra. Em *Jesus and the Victory of God* [Jesus e a vitória de Deus], Wright aborda diretamente a relação do reino e da cruz de forma sustentada, argumentando que "Jesus [...] acreditava que o reino seria trazido por meio de sua própria morte".³⁵ A conclusão de Wright é convincente, e seu objetivo metodológico, inconfundível: essa é "a *mentalidade* de Jesus".³⁶

---

plenária de N. T. Wright, "The kingdom and the cross". Bird e Wright apelaram fortemente para *Christus Victor* como a maneira de conectar o reino e a cruz.

32 Mavis Leung, *The kingship–cross interplay in the Gospel of John: Jesus' death as corroboration of his royal messiahship* (Eugene, OR: Wipf & Stock, 2011); veja também, "The Roman Empire and John's passion narrative in light of Jewish royal messianism", *BSac* 168 (2011): 426–42.

33 N. T. Wright, *How God became King: the forgotten story of the Gospels*.

34 Para um amplo panorama da pesquisa sobre o Jesus histórico relacionada à morte de Jesus, veja Scot McKnight, *Jesus and his death: historiography, the historical Jesus, and atonement theory* (Waco, TX: Baylor University Press, 2005).

35 N. T. Wright, *Jesus and the victory of God*, Christian Origins and the Question of God (Minneapolis: Fortress, 1996), p. 612. O capítulo 12 é a resposta que Wright mais sustenta da questão do reino e da cruz. Veja também a obra do mesmo autor *The challenge of Jesus: rediscovering who Jesus was and is* (Downers Grove, IL: InterVarsity Press, 1999), p. 74–95; N. T. Wright, "Whence and whither historical Jesus studies in the life of the church?" in: Nicholas Perrin; Richard Hays, orgs., *Jesus, Paul, and the People of God: a theological dialogue with N. T. Wright*, 137–47; Marcus Borg; N. T. Wright, *The meaning of Jesus: two visions* (San Francisco: Harper, 1999), p. 93–107.

36 N. T. Wright, *Jesus and the victory of God*, Christian Origins and the Question of God (Minneapolis: Fortress, 1996), p. 592, itálico do autor.

Quando considerada dentro do campo dos estudos sobre o Jesus histórico, no entanto, a contribuição de Wright não é exatamente nova. Em resposta a Bultmann, que viu a autopercepção de Jesus como inacessível à investigação histórica e, portanto, irrelevante para o assunto, muitos tentaram demonstrar que a visão do próprio Cristo sobre sua morte não é apenas acessível, mas um "ingrediente essencial" para entender Jesus.[37] Daqueles que empreenderam essa tarefa, vários notaram que nenhuma teoria da percepção do próprio Jesus sobre sua morte deve ser levada a sério se não levar em conta o contexto mais amplo de sua pregação do reino de Deus.[38] Jürgen Becker, em forma direta, escreve: "Uma vez que toda a atividade de Jesus foi dedicada ao reino de Deus, faria sentido que ele visse sua morte antecipada como tendo alguma relação com esse reino".[39]

Talvez a explicação mais completa e sustentada dessa relação venha do estudioso alemão do Novo Testamento Heinz Schürmann, que começa seu *Gottes Reich, Jesu Geschick: Jesu ureigener Tod im Licht seiner Basileia-Verkündigung* (Reino de Deus, destino de Jesus: a morte de Jesus à luz de sua própria proclamação do reino) revelando o problema fundamental ao qual ele dedicou grande parte de sua carreira, a saber, o fato de que já no Novo Testamento aparecem duas doutrinas da salvação

---

37 John Galvin, "Jesus' approach to death: an examination of some recent studies", *TS* 41 (1980): 713–44.

38 Jacques Schlosser, *Jésus de Nazareth* (Paris: Noesis, 1999), 299–301; Helmut Merklein, "Der Tod Jesu als stellvertretender Sühnetod", in: *Studien zu Jesus und Paulus*, WUNT 43 (Tübingen: Mohr Siebeck, 1987), p. 184–85; A. Vögtle, "Todesankündigungen und Todesverständnis Jesu", in: Karl Kertelge, org., *Der Tod Jesu: Deutungen im Neuen Testament* (Herder: Freiburg, 1976), 56–57; Seyoon Kim, *The "Son of Man" as the Son of God*, WUNT 30 (Tübingen: J. C. B. Mohr, 1983), p. 99.

39 Jürgen Becker, *Jesus of Nazareth* (New York: de Gruyter, 1998), p. 341.

essencialmente diferentes.[40] Enquanto a "soteriologia estaurológica"[41] pós-Páscoa se concentra na morte substitutiva expiatória de Jesus, a "soteriologia escatológica" pré-Páscoa enfatiza o reino de Deus.[42] Schürmann insiste que essas duas concepções de salvação, embora aparentemente distintas, devem ser entendidas como unificadas na autopercepção de Jesus, que foi transmitida aos apóstolos. Para Schürmann, a morte de Cristo só pode ser entendida "no contexto de sua proclamação do reino".[43]

O que eu acho dessa busca pela autopercepção de Jesus em relação ao reino e à cruz? No nível mais básico, acredito que é simplesmente uma tentativa de responder a uma pergunta diferente: Como o reino e a cruz se relacionam *na mente de Jesus*? Estou procurando entender o reino e a cruz *na Bíblia e na teologia cristã*. Embora as duas questões não sejam desvinculadas, elas permanecem questões diferentes com fontes e pressupostos diferentes. A crítica de Richard Hays ao método de N. T. Wright capta minha preocupação: "Em vez de atender aos retratos distintos de Jesus nos textos individuais do Novo Testamento, [Wright] tem outra coisa como objetivo: uma reconstrução da figura histórica de Jesus por trás dos textos, incluindo a construção de um relato sobre as intenções de Jesus e sua autocompreensão".[44] Embora as

---

40 Heinz Schürmann, *Gottes Reich, Jesu Geschick: Jesu ureigener Tod im Licht seiner Basileia-Verkündigung* (Freiburg, Breisgau: Herder, 1983), p. 11–20

41 Em grego, *stauros* significa cruz (N. do R.).

42 Heinz Schürmann, *Gottes Reich, Jesu Geschick: Jesu ureigener Tod im Licht seiner Basileia-Verkündigung*, p. 11.

43 Heinz Schürmann, "Jesu ureigenes Todesverständnis: Bemerkungen zur 'impliziten Soteriologie' Jesu", in: Klaus Scholtissek, org., *Jesus, Gestalt und Geheimnis: Gesammelte Beiträge* (Paderborn: Bonifatius, 1994), p. 168.

44 Richard Hays, "Knowing Jesus: story, history, and the question of truth", in: Nicholas Perrin; Richard Hays, orgs., *Jesus, Paul, and the people of God: a theological dialogue with N. T. Wright*, p.

Escrituras certamente revelem que Jesus pensou e orou sobre sua própria vocação, o objetivo da fé cristã (e da teologia) não é verificar a autopercepção de Jesus por meio da reconstrução histórica, mas entender Jesus por meio do testemunho das Escrituras.

Em suma, embora vários tenham começado a refletir sobre a questão do reino e da cruz, e alguns tenham proposto respostas breves, há poucas obras trabalhando de forma construtiva na integração do reino e da cruz, e nenhuma que o faça em conjunto com a teologia bíblica *e* a teologia sistemática. O que é necessário não é apenas a afirmação de que expiação e reino estão interligados, mas uma articulação biblicamente enraizada e teologicamente formada de *como* eles se relacionam.

TEOLOGIA BÍBLICA E SISTEMÁTICA

O fato de que a expiação e o reino muitas vezes foram divididos por um muro disciplinar específico exige que este projeto integre a teologia bíblica e sistemática. Definir a relação entre as duas disciplinas, no entanto, é uma tarefa difícil, na medida que a natureza de cada uma é muito disputada em seus próprios círculos. Começando com um breve histórico dessa relação ferida, demonstrarei como a teologia bíblica e a teologia sistemática são distintas, mas inseparáveis, revelando assim o que quero dizer com cada uma e como elas se relacionam.

48–49. O método de Wright faz com que a interação com seu trabalho seja complexa, para não dizer difícil. Wright contribuiu para a discussão sobre o reino e a cruz tanto quanto qualquer um, e, embora tenhamos diferenças em muitos aspectos, nossas teses gerais são congruentes. Por causa das diferenças metodológicas, concentrei minha interação na mais recente contribuição de Wright, isto é, em *How God became King*, onde ele afirma estar "tratando de modo parenético questões de referência histórica" (xiii). No entanto, mais tarde ele reconhece que o livro como um todo é baseado em seu trabalho anterior, *The New Testament and the people of God* (London: Fortress Press, 1992), 277.

A teologia bíblica e a teologia sistemática (compreendida nos sentidos mais amplos) estiveram em feliz união durante a maior parte da história da igreja. Quer fosse Agostinho ou Tomás de Aquino, quer fosse Calvino ou Wesley, os cristãos que pensavam em alto nível não sentiam nenhuma obrigação de escolher lados metodológicos.[45] Em 1787, no entanto, J. P. Gabler colocou uma cunha entre as duas disciplinas em seu famoso discurso inaugural na Universidade de Altdorf, intitulado: "An oration on the proper distinction between Biblical and dogmatic theology and the specific objectives of each" [Um discurso sobre a distinção adequada entre teologia bíblica e teologia dogmática e os objetivos específicos de cada uma delas].[46] Gabler defendeu uma separação distinta das duas disciplinas, argumentando que a teologia bíblica é um empreendimento estritamente histórico a ser conduzido independentemente dos preconceitos teológicos da igreja.

Essa separação entre teologia bíblica e teologia sistemática foi cimentada na academia pelo desenvolvimento do sistema universitário alemão e persiste, em grande parte, até hoje,[47] muitas vezes de acordo com a afirmação de Krister Stendahl de que a teologia bíblica se concentra em: "o que [a Bíblia] significava [naquele período]", e a teologia sistemática em: "o que ela significa [hoje]".[48]

---

45 A seguinte breve pesquisa histórica segue Edward Klink; Darian Lockett, *Understanding Biblical theology: a comparison of theory and practice* (Grand Rapids: Zondervan, 2012), p. 13–17. Para um panorama histórico mais abrangente, veja James Meed, *Biblical theology: issues, methods, and themes* (Louisville: Westminster John Knox, 2007), p. 13–60.

46 Veja J. Sandys-Wunsch; L. Eldredge, "J. P. Gabler and the distinction between Biblical and dogmatic theology: translation, commentary, and discussion of his originality", *SJT* 33 (1980): 133–58.

47 Richard Lints observa o impacto do sistema universitário na especialização das disciplinas teológicas em *The fabric of theology: a prolegomenon to evangelical theology* (Grand Rapids: Eerdmans, 1993), p. 272.

48 Krister Stendahl, "Biblical theology, contemporary", *IDB*, 1:419–20.

Apesar do Movimento de Teologia Bíblica ter sido declarado morto na década de 1960 por tentar defender a teologia cristã ortodoxa *e* (ou *por meio de*) uma epistemologia e metodologia modernistas,[49] a teologia bíblica em si ainda está viva, embora sua definição e relação com a teologia sistemática sejam contestadas.[50]

Como, então, eu defino a teologia bíblica e a teologia sistemática em comparação uma com a outra? A chave é que ambas se baseiam na mesma fonte das Escrituras, embora possuam ênfases diferentes. Geerhardus Vos apresentou um argumento semelhante, embora ele seja mais conhecido por sua contribuição à teologia bíblica do que por definir a relação desta com a teologia sistemática. A chave para Vos, contrariamente ao pensamento atual que descreve a teologia bíblica como mais próxima do texto do que a teologia sistemática, é que ambas estão igualmente vinculadas às Escrituras, embora com diferentes princípios de interpretação: "A diferença não está em que uma estaria mais intimamente ligada às Escrituras do que a outra. Nisso elas são totalmente semelhantes [...] A diferença surge do fato de que o princípio pelo qual a transformação é efetuada difere em cada caso. Na teologia bíblica, esse princípio é histórico, enquanto na teologia sistemática é um princípio de construção lógica".[51]

Portanto, a teologia bíblica e a teologia sistemática se baseiam nas Escrituras e procuram entender a unidade delas, embora de

---

49 Langdon Gilkey, "Cosmology, ontology, and the travail of Biblical language", *JR* 41 (1961): 194.

50 Para uma taxonomia útil de tipos de teologia bíblica, veja Edward Klink; Darian Lockett, *Understanding Biblical theology*.

51 Geerhardus Vos, *Biblical theology: Old and New Testaments* (Grand Rapids: Eerdmans, 1948), p. 24–25 [edição em português: *Teologia bíblica: Antigo e Novo Testamentos* (São Paulo: Cultura Cristã, 2019)].

maneiras diferentes.[52] A teologia bíblica enfatiza a unidade das Escrituras por meio do desdobramento da história da redenção[53] ou, em termos literários, do desenvolvimento da trama em seu enredo.[54] A teologia sistemática procura entender a unidade das Escrituras por meio da lógica de sua teologia e da maneira pela qual as doutrinas individuais se encaixam como um todo coerente.

É importante notar, no entanto, que o que estou descrevendo são *ênfases*, não funções exclusivas. Em outras palavras, a teologia bíblica se concentra na história da redenção, e a teologia sistemática em sua lógica, mas nenhuma disciplina pode negligenciar nem a lógica nem a narrativa, respectivamente. John Webster se esforça para defender esse ponto, temendo que a definição de Vos possa remover a obrigação e o privilégio do teólogo sistemático de participar da forma histórico-redentora da revelação.[55] Webster está certo, junto com outros, ao insistir que a história redentora é um aspecto crucial da teologia sistemática, e não apenas seu ato de

---

[52] Trevor Hart, "Systematic — In what sense?", in: Craig Bartholomew et al., orgs., *Out of Egypt: Biblical theology and Biblical interpretation* (Grand Rapids: Zondervan, 2004), p. 345.

[53] Eu uso "história da redenção" não primariamente como um termo técnico (o conceito de história redentora estava presente na igreja primitiva e nos reformadores muito antes de *Heilsgeschichte* estimular debates na Alemanha do século 19), mas, sim, como uma estrutura conceitual para entender a continuidade entre o Antigo e Novo Testamentos e a natureza progressiva da revelação. Meu uso desse termo está amplamente alinhado com Herman Ridderbos (*Paul: an outline of his theology* [Grand Rapids: Eerdmans, 1975], p. 44-90) ou, mais recentemente, com Brian Rosner ("Salvation, history of", *DTIB*, 714–17). Embora "história da redenção" e "história da salvação" sejam frequentemente usados como sinônimos, eu uso o termo "redenção" intencionalmente, porque, junto com a ideia de libertação ou resgate, ele inclui o custo dessa substituição (veja Leon Morris, *The apostolic preaching of the cross*, 3. ed. rev. [Grand Rapids: Eerdmans, 1965], p. 11-64).

[54] A respeito do aspecto literário da teologia bíblica, veja Craig Bartholomew, Michael Goheen, "Story and Biblical theology", in: Craig Bartholomew et al., orgs., *Out of Egypt*, p. 144–71; e D. A. Carson, "Systematic theology and Biblical theology", *NDBT*, p. 100. À luz das dimensões históricas e literárias da teologia bíblica, usarei tanto o termo "história redentora" quanto "história da redenção".

[55] John Webster, "Principles of systematic theology", *IJST* 11 (2009): 70; cf. tb. "Biblical theology and the clarity of Scripture", in: Craig Bartholomew et al., orgs., *Out of Egypt*, p. 361.

abertura.⁵⁶ As preocupações de Vos e Webster, no entanto, não são incompatíveis. A história redentora pode ser enfatizada na teologia bíblica, mas ainda estar presente na teologia sistemática. E deveria, para que ninguém caia no que Graham Cole chama de: "O perigo de uma teologia sistemática 'sem história'".⁵⁷

Além disso, a teologia bíblica e a teologia sistemática diferem em sua linguagem e em seus parceiros de diálogo. O objetivo da teologia bíblica é apresentar a teologia da Bíblia em seus próprios termos, conceitos e contextos. A teologia sistemática busca não apenas entender a teologia da Bíblia, mas também trazê-la para o diálogo com a tradição da igreja e a teologia contemporânea, a fim de comunicar a sã doutrina e corrigir a falsa doutrina. Portanto, embora a teologia bíblica e a teologia sistemática estejam intimamente relacionadas e sejam inseparáveis na prática, uma distinção entre as duas ainda é válida.

Em suma, ofereço as seguintes breves definições. *A teologia bíblica é a fé que busca a compreensão da unidade literária e histórica redentora da Bíblia em seus próprios termos, conceitos e contextos. A teologia sistemática é a fé que busca a compreensão da coerência lógica da Bíblia em diálogo com a tradição da igreja e a teologia contemporânea.*

---

56 Michael Horton, *Covenant and eschatology: the Divine drama* (Louisville: Westminster John Knox, 2002); Kevin Vanhoozer, *The drama of doctrine: a canonical-linguistic approach to Christian theology* (Louisville: Westminster John Knox, 2005) [edição em português: *O drama da doutrina: uma abordagem canônica-linguística da teologia cristã* (São Paulo: Vida Nova, 2016)]; Trevor Hart, "Systematic — In what sense?", in: Craig Bartholomew et al., orgs., *Out of Egypt*, p. 350; Michael Williams, "Systematic theology as a Biblical discipline", in: Robert Peterson; Sean Michael Lucas, orgs., *All for Jesus: a celebration of the 50th Anniversary of Covenant Theological Seminary* (Fearn, UK: Christian Focus, 2006), p. 167–96.

57 Graham Cole, "The peril of a 'historyless' systematic theology", in: James Hoffmeier; Dennis Magary, orgs., *Do historical matters matter to faith? A critical appraisal of modern and postmodern approaches to Scripture* (Wheaton, IL: Crossway, 2012), p. 55–70.

Tendo declarado as semelhanças e distinções entre teologia bíblica e teologia sistemática, a relação entre elas pode agora ser abordada. A chave aqui, contra muitos pensamentos atuais que assumem um simples passo linear da teologia bíblica para a teologia sistemática, é que seu relacionamento é bidirecional. As duas disciplinas, embora permaneçam distintas em suas ênfases, devem enriquecer-se mutuamente na tarefa mais ampla da teologia cristã.

Vern Poythress reconhece corretamente essa relação bidirecional e oferece várias maneiras práticas pelas quais as disciplinas interagem. A teologia bíblica enriquece a teologia sistemática ao lembrá-la: (1) da natureza histórico-redentora da revelação, (2) da necessidade de exegese real dos textos usados e (3) do processo de sistematização que já se inicia dentro das Escrituras.[58] A "influência reversa da teologia sistemática sobre a teologia bíblica" é que a teologia bíblica pressupõe as verdades centrais da teologia ortodoxa.[59] A ideia básica aqui é que não é preciso abandonar suas convicções teológicas diante da porta exegética para dar às Escrituras a autoridade final.[60] Apesar de usar as melhores ferramentas disponíveis, a teologia bíblica continua sendo a fé que busca o entendimento.[61] Em suma, a teologia sistemática se baseia na teologia bíblica, a desenvolve e lhe dá forma.

---

58 Vern Poythress, "Kinds of Biblical theology", *WTJ* 70 (2008): 132.

59 Ibid., p. 133.

60 O exemplo mais óbvio é que a teologia bíblica como um todo repousa sobre uma doutrina particular das Escrituras. Como Webster diz: "A teologia bíblica é um corolário da unidade das Escrituras como o cânone da igreja" ("Biblical theology and the clarity of Scripture", in: Craig Bartholomew et al., orgs., *Out of Egypt*, p. 352).

61 Esse ponto revela que vejo muita sobreposição entre a teologia bíblica e o movimento conhecido como Interpretação Teológica das Escrituras. Embora a teologia bíblica pareça colocar mais ênfase na natureza do desdobramento da história redentora, eu também repercuto os temas recorrentes na interpretação teológica das Escrituras, tais como a adoção de pressupostos teológicos, a consciência da tradição e a interpretação em comunidade. Para uma introdução geral a esse movimento, veja

Como essa abordagem bidirecional e mutuamente enriquecedora da teologia bíblica e da teologia sistemática funciona na prática? Embora a ordem de autoridade vá claramente das Escrituras para a teologia, o fato de que uma pessoa não pode simplesmente deixar de lado suas pressuposições teológicas significa que a ordem da prática está presa em uma espiral hermenêutica.[62] Embora haja interação por toda parte, a ordem natural é que a teologia emerge da narrativa das Escrituras. Como Alister McGrath explica: "a doutrina é gerada pela narrativa cristã e, subsequentemente, a interpreta".[63]

Portanto, neste livro, definirei a relação entre o reino e a cruz, começando com a teologia da Bíblia em seus próprios termos, conceitos e contexto, com ênfase no desdobramento da história ou narrativa da redenção (teologia bíblica); e, depois, ampliando a conversa ao dialogar com vozes da história da igreja e da teologia contemporânea, com o objetivo de adquirir uma maior coerência, correção de representações desequilibradas ou antibíblicas do reino e da cruz; e, assim, formulando doutrinas de tal forma que venha a falar ao contexto de hoje.

Daniel Treier, *Introducing theological interpretation of Scripture: recovering a Christian practice* (Grand Rapids: Baker Academic, 2008); J. Todd Billings, *The Word of God for the people of God: an entryway to the theological interpretation of Scripture* (Grand Rapids: Eerdmans, 2010). Para uma taxonomia da relação entre teologia bíblica e interpretação teológica das Escrituras, veja Daniel Treier, "Biblical theology and/or theological interpretation of Scripture?" *SJT* 61 (2008): 16-31.

62 Grant Osborne, *The hermeneutical spiral: a comprehensive introduction to Biblical interpretation* (Downers Grove, IL: InterVarsity Press, 2006) [edição em português: *Espiral hermenêutica: uma nova abordagem à interpretação bíblica* (São Paulo: Edições Vida Nova, 2009)].

63 Alister McGrath, *The genesis of doctrine: a study in the foundations of doctrinal criticism* (Grand Rapids: Eerdmans, 1997), p. 37 [edição em português: *A Gênese da doutrina: fundamentos da crítica doutrinária* (São Paulo: Edições Vida Nova, 2015)].

O REINO E A CRUZ

Este livro não apenas demonstrará a inseparabilidade entre reino e cruz, mas também definirá a maneira pela qual eles se relacionam. A parte 1 traça a relação entre o reino e a cruz à medida que se desenrola no enredo das Escrituras. O capítulo 1 concentra-se no Antigo Testamento, pois o reino e a cruz só podem ser corretamente entendidos como a culminação de temas desenvolvidos ao longo da história de Israel. Ofereço uma visão panorâmica do Antigo Testamento, traçando o caminho pelo qual a vitória e o sofrimento prometidos à semente (Gn 3.15) se transformam na vitória real e no sofrimento expiatório do Messias. Então, o capítulo 2 focaliza em Isaías como o ponto alto da profecia do Antigo Testamento, onde esses temas convergem na figura do servo, que traz o reino por meio de seu sofrimento expiatório.[64]

Os capítulos 3 e 4 tratam da expiação e do reino conforme são cumpridos em Cristo a partir da perspectiva dos autores do Novo Testamento. De acordo com o Evangelho de Marcos, Jesus proclama sua missão do reino (Mc 1.1–8.21), explica sua natureza paradoxal (Mc 8.22–10.52), e então estabelece o reino na cruz (Mc 11.1–16.8). Em Colossenses, o "reino do Filho do seu amor" (Cl 1.13) e o "sangue de sua cruz" (Cl 1.20) estão entrelaçados na mesma história de transferência escatológica para o reino, reconciliação com Deus e derrota dos poderes do mal. O livro do Apocalipse diz explicitamente que o rei Jesus, "pelo seu sangue, nos

---

64 O objetivo aqui é capturar amplitude *e* profundidade. Portanto, toco brevemente em passagens-chave à medida que percorro o cânon, mas me aprofundo nos dois livros que são, provavelmente, os mais relevantes para essa discussão (Isaías, com o Rei davídico e o Servo Sofredor, e Marcos, com a proclamação do reino de Jesus e a jornada para a cruz). Concentro-me em Marcos (em oposição aos outros evangelhos) por causa da conexão explícita com Isaías e da clara ênfase tanto no reino quanto na cruz.

libertou dos nossos pecados, e nos constituiu reino" (Ap 1.5-6), o que, mais tarde, é descrito como a vitória de um semelhante a leão usando meios de um semelhante a cordeiro (Ap 5.5-6) que implica a derrota de Satanás por Cristo e seus seguidores (Ap 12.10-11).

O capítulo 5 resume minhas descobertas e aprofunda o argumento por meio de quatro pontos-chave para a compreensão do reino e da cruz na teologia bíblica.

- Primeiro, o Antigo Testamento (e especialmente Is 40–55) é o contexto apropriado para a compreensão do reino e da cruz. O pano de fundo do Antigo Testamento inclui a história da vitória por meio do sacrifício tanto quanto conceitos como aliança e templo, e leva à observação de que as promessas do reino no Antigo Testamento são cumpridas (no sentido de "já, mas ainda não") na cruz de Cristo no Novo Testamento.
- Segundo, reino e cruz desempenham papéis distintos, mas inseparáveis na história da redenção. O reino é *télico* (o objetivo para o qual tudo se move), e a cruz é *central* (o clímax e o ponto de virada da história), ambos se entrecruzam quando o reino do fim dos tempos irrompe na história por intermédio da cruz.
- Terceiro, a cruz não cai meramente entre as eras da história redentora; ela provoca a mudança de uma era para a outra. Em outras palavras, a grande troca na cruz efetua a grande transição para a era do reino de Deus.
- Finalmente, e como tese principal da parte 1, o reino de Deus é estabelecido na terra pela morte expiatória de Cristo na cruz. Dentro do espectro mais amplo de toda a obra de

Cristo (encarnação, vida, ressurreição, ascensão, Pentecostes, parousia), a morte de Cristo é o momento decisivo na vinda do reino de Deus.

A parte 2 estende o estudo da teologia bíblica à sistemática, voltando o foco para a lógica do reino e da cruz em diálogo com a tradição e a teologia contemporânea. No nível mais básico, o reino e a cruz são mantidos juntos por Cristo. Portanto, concentro-me em cada uma das doutrinas da cristologia, expiação e reino. O capítulo 6 apresenta um argumento em favor da realeza de Cristo na cruz, o que, assim, exige uma reconsideração dos estados e ofícios de Cristo muitas vezes excessivamente categorizados. No lugar de uma visão estritamente sucessiva dos estados de Cristo (exaltação *após* humilhação), proponho a exaltação *na* humilhação dentro do movimento mais amplo da exaltação *por meio da* humilhação. O repensar do *munus triplex* rejeita as linhas excessivamente acentuadas traçadas entre os ofícios de Cristo e, assim, procura re-situar a morte de Cristo não apenas como um ato sacerdotal, mas também real. Longe de anular essas doutrinas, meu argumento, na verdade, exige um retorno às suas formas originais.

Depois de discutir a necessidade de uma abordagem adequada da doutrina da expiação no capítulo 7, o capítulo 8 entra nos debates contemporâneos sobre a expiação, abordando especificamente a relação hostil entre substituição penal e *Christus Victor*. O capítulo 8 é especialmente significativo para este projeto porque a noção de *Christus Victor* tem sido frequentemente usada como um conector entre o reino e a cruz, embora geralmente excluindo a substituição penal. Primeiro, discutirei a abordagem comum de colocar *Christus Victor* contra a substituição penal e, em seguida, argumentarei que a morte substitutiva penal de Cristo é o meio para sua vitória na cruz — *Christus Victor* por meio da substituição penal. *Christus Victor* é importante para conectar reino e cruz, mas apenas se devidamente integrado com a substituição penal. Na cruz, Jesus leva a pena pelo pecado tomando o lugar dos pecadores, derrotando assim Satanás e estabelecendo o reino de Deus na terra.

O capítulo 9 desloca a atenção da natureza régia da cruz para a forma cruciforme do reino. Ao aplicar a teologia da cruz de Lutero ao reino de Deus, ofereço uma proposta construtiva para um reino que está oculto nesta época sob a loucura da cruz, mas entendido pela fé como o poder e a sabedoria de Deus. Em seguida, recruto Jürgen Moltmann, que, como teólogo sistemático, lidou extensivamente com o tema do reino de Deus e defende sua natureza cruciforme. Infelizmente, em seu zelo por entender Deus através da revelação da cruz, Moltmann redefine (se não nega completamente) o reinado de Deus. De acordo com Moltmann, Deus governa *apenas* por meio da salvação e do serviço. Em resposta, apresento uma doutrina de Deus que reconhece o Senhor como o Rei compassivo *e* justo, que governa por meio da salvação *e* do julgamento. O capítulo termina com uma breve discussão da maneira pela qual Deus avança seu reino — a saber, por meio de cristãos que foram unidos a Cristo e estão sendo conformados à sua cruz pelo poder de sua ressurreição.

Antes de passar para a questão anteriormente levantada de como defino reino e expiação, respectivamente, ofereço uma qualificação final. Minha discussão sobre a *morte expiatória* de Cristo em relação ao reino de Deus deve ser recebida em harmonia (não em exclusão) com os outros aspectos da obra de Cristo, tais como sua vida, ressurreição, ascensão, envio do Espírito e segunda vinda. Todos os aspectos são inseparáveis e, no entanto, desempenham diferentes papéis teologicamente. A ligação entre a cruz e a ressurreição é especialmente significativa para a vinda do reino de Deus. Embora eu aborde essa conexão ao longo do livro, não posso colocá-la melhor do que N. T. Wright, que diz que "a ressurreição é precisamente a ressurreição do portador do reino, o crucificado que traz o reino, e que esses elementos não são deixados para trás na ressurreição, mas, sim, cumpridos".[65]

DEFININDO TERMOS-CHAVE

O REINO DE DEUS

O reino de Deus é amplamente reconhecido como o tema primordial da pregação de Jesus, e muitos argumentam que é o motivo unificador do Antigo Testamento, do Novo Testamento e até da Bíblia como um todo.[66] No entanto, apesar dos milhares de publicações acadêmicas sobre o reino de Deus no século passado, houve pouco consenso sobre sua definição.[67]

---

65 N. T. Wright, "Whence and whither historical Jesus studies in the life of the church?", in: Nicholas Perrin; Richard Hays, orgs., *Jesus, Paul, and the people of God: a theological dialogue with N. T. Wright*, p. 147.

66 Por exemplo, John Bright, *The kingdom of God: the Biblical concept and its meaning for the church* (Nashville: Abingdon, 1957), p. 7; George Eldon Ladd, *The presence of the future: the eschatology of Biblical realism*, xi.

67 Lesław Chrupcała, *The kingdom of God: a bibliography of 20th century research* (Jerusalem: Franciscan, 2007). Uma versão atualizada dessa bibliografia (2012) está disponível online em: http://198.62.75.4/opt/xampp/custodia/?p=2259, acesso em: 27 ago. 2012. Para uma breve pesquisa histórica sobre o reino de Deus na teologia, veja Stephen Nichols, "The kingdom of God: the kingdom in historical and contemporary perspectives", in: Christopher Morgan; Robert Peterson, orgs., *The kingdom of God*, Theology in Community (Wheaton, IL: Crossway, 2012), p. 25–48. Para um estudo mais aprofundado, veja Benedict Viviano, *The kingdom of God in history* (Wilmington, DE: Glazier, 1988).

No nível mais básico, a expressão ἡ βασιλεία τοῦ θεοῦ (*hē basileia tou Theou*) refere-se ao conceito do reino de Deus.[68] Em termos mais amplos, o reino de Deus envolve o cumprimento de todas as promessas de Deus em relação à salvação.[69] Em algum lugar entre essas duas abordagens, ofereço uma definição prática operativa do reino de Deus que certamente não diz tudo, mas busca capturar sua essência. Ofereço esta definição em duas fases: o projeto do reino na criação e a vinda do reino na redenção.[70] Depois de definir o reino de Deus, explicarei as implicações do reino de Deus.

O projeto do reino na criação

Como veremos no próximo capítulo, Gênesis 1–2 apresenta o *telos* da criação como *o reinado de Deus por meio de seus reis-servos sobre a criação* — esse é o projeto do reino de Deus. Farei duas observações sobre esse projeto, seguidas de uma explicação frase por frase. Primeiro, a ordem da sentença revela a ordem de importância na definição do reino de Deus. O reino diz respeito principalmente ao reinado de *Deus*; em seguida, à vice-gerência humana; e então, à esfera de domínio do reino de Deus. Segundo, embora a expressão ἡ βασιλεία τοῦ θεοῦ se refira principalmente ao reino de Deus, os elementos povo e lugar foram amplamente reconhecidos. Gerhard von Rad diz que esses temas gêmeos "percorrem todo o cânone

---

68 R. T. France, "Kingdom of God", *DTIB*, p. 420.

69 George Eldon Ladd, *The presence of the future: the eschatology of Biblical realism*, p. 205.

70 Há muito tempo existe o consenso de que "reino dos céus" em Mateus é sinônimo de "reino de Deus" em outros lugares. No entanto, Jonathan Pennington acrescentou a importante qualificação de que o uso de "reino dos céus" por Mateus é parte de sua teologia mais ampla sobre a tensão e eventual resolução entre o céu e a terra (*Heaven and earth in the Gospel of Matthew*, NovTSup 126 [Boston: Brill, 2007]).

como um *cantus firmus*".⁷¹ Stephen Dempster articula os conceitos lugar e povo com os termos "domínio e dinastia", bem como geografia e genealogia, terra e linhagem, Sião e descendente.⁷²

O reinado de Deus

O reino de Deus é antes de tudo uma declaração sobre Deus — quem ele é (Rei) e o que ele faz (reina). Embora esse foco divino deva ser óbvio (afinal, é o reino *de Deus*), a história recente prova o contrário. O Movimento do Evangelho Social falava do reino como a realização do potencial humano para tornar o mundo um lugar melhor. Uma definição mais recente do reino observa que "a noção do reino como uma sociedade ideal, caracterizada pela igualdade, justiça e liberdade, foi gradualmente aceita".⁷³ O problema com essas duas definições é que elas simplesmente deixam Deus de fora, o Rei que faz do reino o que ele é. Se alguém define o reino como um mundo utópico sem mencionar Deus, ele perde todo o sentido do reino, que redefine o mundo com base na realeza e no reinado de Deus. R. T. France expressa isso de forma apropriada: "[A expressão] 'o reino de Deus' não está fazendo uma declaração sobre uma 'coisa' chamada 'o reino', mas sobre *Deus*, isto é, que ele é Rei".⁷⁴ A esperança escatológica de Israel não era um mundo paradisíaco sem Deus, mas, sim, que "o SENHOR será Rei sobre toda a terra" (Zc 14.9).

---

71 Gerhard von Rad, "Typological interpretation of the Old Testament", in: Claus Westermann, org., *Essays on Old Testament hermeneutics* (Atlanta: John Knox, 1963), p. 31.

72 Stephen Dempster, *Dominion and dynasty: a Biblical theology of the Hebrew Bible*, NSBT (Downers Grove, IL: InterVarsity Press, 2003).

73 D. J. Smit, "Kingdom of God", *DEM*, p. 567.

74 R. T. France, "Kingdom of God", *DTIB*, p. 420, itálico do autor.

O reino de Deus não se refere meramente a um conceito geral ou abstrato da soberania de Deus (Deus *é* rei), mas ao seu reinado ativo e dinâmico na história. O reinado dinâmico de Deus era evidente mesmo antes da Queda, quando Deus estava ocupado expandindo suas bênçãos — trazendo domínio sobre toda a terra por meio dos portadores de sua imagem (Gn 1.26-28; 2.15; cf. Salmo 8). Embora o debate reinado versus esfera de domínio suscitado em gerações passadas tenha sido certamente polarizado, há agora um consenso acadêmico de que a expressão ἡ βασιλεία τοῦ θεοῦ se refere principalmente (embora não exclusivamente) ao *reinado* dinâmico de Deus.[75] Portanto, a mensagem do reino não é simplesmente que Deus é rei, mas que Deus virá *como* rei e corrigirá o que o pecado humano tornou errado.

Por meio de seus reis-servos

A vice-gerência humana envolve três pontos significativos. Primeiro, Deus, o Rei criador, reina *sobre* todas as suas criaturas, mas também reina *por meio* de seus reis-servos, os portadores de sua imagem.[76] Esse tema tem sido muitas vezes esquecido, mas é crucial para a compreensão do reino de Deus. Segundo, a relação

---

75 Gustaf Dalman estabeleceu o padrão no início do século 20, alegando que תוכלמ e βασιλεία sempre significam reinado e nunca domínio (*The words of Jesus*, tradução de D. M. Kay [Edinburgh: T&T Clark, 1902], p. 94). Em 1962, no entanto, o influente trabalho de Ladd demonstrou que o reino se refere principalmente ao reinado dinâmico de Deus e derivativamente ao seu domínio ("The kingdom of God: reign or realm?", *JBL* 81 [1962]: 236). Para uma discussão das nuances contemporâneas desse consenso, veja Jonathan Pennington, *Heaven and earth in the Gospel of Matthew*, p. 254-55, 281-85.

76 Eu uso "reis-servos" como um paralelo ao que os estudiosos costumam chamar de "vice-regentes". Para dois excelentes artigos sobre a importância da vice-gerência humana na criação e, portanto, sobre a restauração da vice-gerência no reino de Deus, veja Dan McCartney, "Ecce homo: the coming of the kingdom as the restoration of human vicegerency", *WTJ* 56 (1994): 1-21; Roy Ciampa, "The history of redemption", in: Scott Hafemann; Paul House, orgs., *Central themes in Biblical theology: mapping unity in diversity* (Grand Rapids: Baker Academic, 2007), p. 254-308.

entre o Rei divino e os reis-servos humanos é uma *aliança*. O aspecto pactual ou relacional do reino fornece o contexto apropriado para a compreensão do reinado de Deus. Terceiro, o escopo do reino escatológico de Deus é tão amplo quanto a criação, mas o foco está em seu povo. Em outras palavras, embora o reino de Deus capture a natureza abrangente da obra de Deus, o lugar especial da humanidade ainda é mantido.

Sobre a criação

O reinado de Deus sobre seus reis-servos e por meio deles requer uma esfera de domínio.[77] Em Gênesis 1–2, a esfera de domínio do governo de Deus é o Éden, mas o objetivo escatológico é que o reinado de Deus seja expandido sobre toda a terra. A mensagem do reino não é uma fuga da terra para o céu, mas a própria renovação dos céus e da terra. Foi por esta razão que Jesus orou para que o reino de Deus viesse "na terra como no céu" (Mt 6.10). Bonhoeffer expressou bem o caráter *terreno* do reino dizendo que somente aqueles "que amam a terra e a Deus ao mesmo tempo podem crer no reino de Deus".[78]

A VINDA DO REINO NA REDENÇÃO

Após a Queda, o reino de Deus permaneceu como o objetivo escatológico, embora agora na forma não apenas de escatologia, mas de redenção. Foi esse reino — o reinado *redentivo* de Deus

---

[77] Como George E. Ladd diz: "O reino é primeiramente o reinado dinâmico ou governo régio de Deus e, derivativamente, a esfera na qual o governo é experimentado" (*A theology of the New Testament* [Grand Rapids: Eerdmans, 1974], p. 109).

[78] Dietrich Bonhoeffer, "Thy kingdom come: the prayer of the church for God's kingdom on earth", in: John Godsey, org., *Preface to Bonhoeffer: the man and two of his shorter writings* (Philadelphia: Fortress, 1965), p. 28.

— que Jesus proclamou ao longo de seu ministério. A proclamação do reino por Jesus foi radical não por causa de seu conteúdo, mas porque ele anunciou seu cumprimento em si mesmo. Jesus é o Rei--servo por meio de quem Deus estabelece seu reinado sobre toda a terra. Portanto, a natureza redentora do reino de Deus não mudou seu caráter central, mas o expandiu para incluir essa nova maneira de trazer o reino de Deus à terra. A seguir está minha definição de trabalho cumulativa do reino de Deus:

> O projeto do reino de Deus na criação:
> o reinado de Deus por meio de seus reis-servos sobre a criação.

> A vinda do reino de Deus na redenção:
> o reinado *redentivo* de Deus por meio de *Cristo* e seus reis-servos *reconciliados* sobre a *nova* criação.

AS IMPLICAÇÕES DO REINO

No Antigo Testamento, a vinda do reino para redenção implicava, entre outras coisas, vitória sobre o mal, perdão dos pecados e um novo êxodo.[79] Examinarei brevemente cada um e, por fim, demonstrarei como eles estão inter-relacionados no reino trazido por Cristo.

---

79 Jonathan Lunde lista as seguintes implicações do reino vindouro: "o julgamento dos inimigos de Israel (p. ex., Is 9.4-7; 11.1-9; 16.5; 32.1-5, 14-20; 42.1-9; 61.1-3; Jr 30.21-22; 33.15–26; Ez 37.21–25; Jl 3.2, 12-13; Am 9.11; Zc 3.8; 6.12-13; 9.9-10...); o retorno dos exilados (p. ex., Is 11.1, 10-16; Mq 4.6-8); a renovação da terra (p. ex., Am 9.13-15); a reconstrução do Templo (p. ex., Ez 43.1-7); a vinda do Messias (p. ex., Ez 37.21-25); o estabelecimento de uma nova aliança (Jr 31.31-34); o derramamento do Espírito (p. ex., Jl 2.28-29); a cura e a purificação do povo (p. ex., Is 62.1-3; Jr 33.6-8); e a inclusão das nações nas bênçãos do reino (p. ex., Zc 8.20-23)" (Jonathan Lunde, *Following Jesus, the Servant King: a Biblical theology of covenantal discipleship* [Grand Rapids: Zondervan, 2010], p. 49).

Vitória sobre o mal

A vinda do reinado de Deus na terra implica o destronamento do "príncipe deste mundo" (Jo 12.31).[80] No Antigo Testamento, o reinado de Deus é mencionado explicitamente pela primeira vez após a destruição dos egípcios na redenção de Israel (Êx 15.18), e a esperança profética para o reino eterno de Deus inclui a destruição de todos os reinos terrenos (Dn 2.44). Jesus considerou seus exorcismos de demônios como evidências da vinda do reino de Deus (Mt 12.28-29), e em sua oração exemplar pelos discípulos (Mt 6.9-13), como Ridderbos observa, "a libertação do Maligno é a conclusão da oração pela vinda do reino".[81]

Perdão dos pecados

O perdão dos pecados (inseparavelmente ligado à expiação em Levítico) é um elemento crucial na vinda do reino.[82] No Antigo Testamento, os principais textos proféticos para o reino de Deus incluem a promessa de perdão (Is 33.24; 40.2; 43.25; 44.22; Mq 7.18-20; Zc 13.1); Daniel 9.24 declara que o reino virá "para dar fim aos pecados, para expiar a iniquidade".[83] No coração da prometida nova aliança — também crucial para o reino — está a certeza do perdão dos pecados (Jr 31.31-34; Ez 18.31; 36.22-28).[84]

---

80 Para evidência no Judaísmo do Segundo Templo e nas Escrituras, veja Craig Evans, "Inaugurating the kingdom of God and defeating the kingdom of Satan", *BBR* 15 (2005): 49–75.

81 Herman Ridderbos, *The coming of the kingdom*, p. 108.

82 Daí a frase frequentemente repetida em Levítico: "o sacerdote, por essa pessoa, fará expiação do seu pecado que cometeu, e lhe será perdoado" (Lv 4.35; cf. 4.20, 26, 31; 5.10, 13, 16, 18; 6.7; 19.22).

83 Veja Stephen Dempster, *Dominion and dynasty: a Biblical theology of the Hebrew Bible*, p. 218.

84 Peter Gentry; Stephen Wellum, *Kingdom through covenant: a Biblical-theological understanding of the covenants* (Wheaton, IL: Crossway, 2012), p. 650 [edição em português: *O reino de Deus através das alianças de Deus: uma teologia bíblica concisa*, tradução de Susana Klassen (São Paulo: Vida Nova, 2021)].

No Novo Testamento, Jesus caracteriza a vinda do reino com a parábola de um rei que perdoa os servos de suas dívidas (Mt 18.23-27). Para Paulo, é significativo que as duas passagens em que fala mais claramente sobre ser transferido do reino de Satanás para o reino de Deus incluem o perdão dos pecados (At 26.18; Cl 1.13-14). Estudiosos reconheceram esse aspecto crucial da vinda do reino ao chamar o perdão dos pecados de característica central[85] ou "coração e resumo"[86] da vinda do reino.[87]

Novo êxodo

Do Éden a Canaã, a terra tem sido um ingrediente essencial no reino de Deus. Como diz Graeme Goldsworthy: "Se Deus governa, ele governa em algum lugar".[88] O lugar da terra no reino de Deus é claramente evidente no padrão de redenção apresentado no Êxodo. Deus como Rei liberta Israel da escravidão para que ele possa levá-los à terra prometida. Isaías transforma essa redenção passada em esperança futura, ao profetizar de que modo Deus, como Rei, pode libertar seu povo mais uma vez por meio de um *novo* êxodo, resultando não apenas em uma nova terra, mas em novos céus e nova terra (Is 52.11-12; 65.17). Finalmente, Marcos apresenta o ministério de Jesus da perspectiva de um novo êxodo (Mc 1.2-3), que Jesus resume dizendo: "o reino de Deus está

---

85 George Eldon Ladd, *A theology of the New Testament*, p. 77.

86 Herman Ridderbos, *The coming of the kingdom*, p. 214; cf. Michael Horton, *The Christian faith: a systematic theology for pilgrims on the way* (Grand Rapids: Zondervan, 2011), p. 545, 947 [edição em português: *Doutrinas da fé cristã: uma teologia sistemática para os peregrinos no caminho* (Rio de Janeiro: Cultura Cristã, 2017)].

87 George Buchanan demonstra no Antigo Testamento e no judaísmo do primeiro século que "os pecados tinham que ser levados a sério e serem legalmente removidos antes que o reino pudesse vir" ("The Day of Atonement and Paul's doctrine of redemption", *NovT* 32 [1990]: 237).

88 Graeme Goldsworthy, "The kingdom of God as hermeneutic grid", *SBJT* 12 (2008): 7.

próximo" (1.15). O reino envolve a libertação que Deus opera *de* opressores estrangeiros e *para* o reinado da nova criação de Deus.

O TEMPO DO REINO

O tempo do reino é talvez a característica mais chocante do anúncio de Jesus: "O *tempo* está cumprido, e o reino de Deus está *próximo*" (Mc 1.15, itálico do autor). Enquanto a "escatologia realizada" de Dodd definiu o reino como totalmente presente no ministério de Jesus e a "escatologia consistente" de Schweitzer relegou o reino apenas ao futuro, há um consenso acadêmico presente de que o reino *já* está presente, mas *ainda não* foi consumado (escatologia inaugurada).[89]

EXPIAÇÃO

A palavra "*atonement*"[90] é um termo distintamente inglês que tem sido usado desde o século 16 para descrever o "ato de tornar um" partes anteriormente alienadas.[91] Desde o uso da palavra por Tyndale para traduzir a palavra hebraica כפר (*kippûr*; Lv 23.28) e o termo grego καταλλαγή (katallagē; 2Co 5.18-19), "*atonement*" tornou-se um termo técnico em teologia, geralmente referindo-se à

---

89 George Eldon Ladd, *A theology of the New Testament*, p. 56.

90 A palavra inglesa *atonement* (formada a partir de *at* + *one*, à semelhança da palavra latina *adunatio*, formada a partir de *ad* + *unus*) distingue a obra da cruz de seus desdobramentos: a "expiação" (*expiation*; ação de eliminar o pecado) e a "propiciação" (*propitiation*; ação de afastar a ira punitiva de Deus). Apesar disso, é bastante comum em obras teológicas em português que *atonement* seja traduzido por expiação, já que o termo adunação não é tão conhecido. Nessa obra, *atonement* sempre foi traduzido por expiação, com uma exceção na nota 92 abaixo e nos usos de *at-one-ment*, traduzidos por "ato de tornar um". Aliás, na obra original, o termo *expiation* é usado apenas duas vezes, ambas na nota 92, ao citar a versão RSV e comentar uma das opções de tradução do francês. Nas poucas vezes em que o autor fez comentários linguísticos em referência a *atonement*, mantivemos o termo em inglês (N. do R.).

91 Para a história da etimologia de "*atonement*" [adunação], veja Stephen Sykes, *The story of atonement* (London: Darton, Longman & Todd, 1997), p. 2–3.

maneira pela qual a morte de Jesus reconcilia Deus e os pecadores por meio da remoção do pecado e seus efeitos.[92] Embora nunca tenha havido uma visão "ortodoxa" da expiação, a teologia tradicional da expiação desde a Reforma Protestante foi recentemente questionada e até mesmo rejeitada por muitos.[93] À luz dos vários pontos de vista dentro desses debates, ofereço minha própria breve definição da expiação:

> A doutrina da expiação é a fé buscando entendimento acerca da maneira pela qual Cristo, por meio de toda a sua obra, mas principalmente de sua morte, lidou com o pecado e seus efeitos na restauração do relacionamento aliancístico rompido entre Deus e os seres humanos e, assim, trouxe a virada das eras. Em seu centro, a doutrina da expiação é a tentativa de entender o significado da morte de Cristo "pelos nossos pecados, segundo as Escrituras" (1Co 15.3).

---

92 As questões linguísticas na doutrina da expiação são complexas. A tradução de Tyndale de כפר como "*atonement*" tem sido considerada acurada, mas o termo καταλλαγή é melhor traduzido como "reconciliação". O grego ἱλαστήριον é o mais próximo de כפר, e surgiram debates sobre se esse termo deveria ser traduzido como propiciação (ESV), expiação (RSV) ou sacrifício de adunação (NIV). Para uma discussão útil sobre כפר, veja Jay Sklar, *Sin, impurity, sacrifice, atonement: the priestly conceptions* (Sheffield: Sheffield Phoenix, 2005). Para ἱλαστήριον, veja Leon Morris, *The apostolic preaching of the cross*, p. 144–213. Além das línguas bíblicas, a interação com as línguas modernas também é difícil, pois o inglês "*atonement*" pode ser traduzido para o francês como redenção ou expiação e para o alemão como *Versöhnung, Sühne* ou *Erlösung* (veja Henri Blocher, "Atonement", *DTIB*, p. 72).

93 Veja, por exemplo, S. Mark Heim, *Saved from sacrifice: a theology of the cross* (Grand Rapids: Eerdmans, 2006); D. W. S. Belousek, *Atonement, justice, and peace: the message of the cross and the mission of the church* (Grand Rapids: Eerdmans, 2012). Para uma pesquisa da doutrina da expiação na teologia moderna, veja Kevin Vanhoozer, "Atonement", in: Kelly Kapic; Bruce L. McCormack, orgs., *Mapping modern theology: a thematic and historical introduction* (Grand Rapids: Baker Academic, 2012), p. 175–202.

Irei explicar essa definição esclarecendo como a expiação inclui resultado e meios, um sentido amplo e restrito, dimensões verticais e horizontais, e como ela é expansiva e particular.

RESULTADO E MEIOS

A palavra *expiação* é frequentemente usada em dois sentidos diferentes, os quais, quer estejam certos, quer estejam errados, precisam ser esclarecidos. Por um lado, a expiação é referida como o *resultado* da obra de Cristo ("ato de tornar um") e, por outro lado, como um dos *meios* da conquista ou realização de Cristo (*fazer* expiação).[94] Na abordagem do *resultado*, a expiação é muitas vezes sinônimo de reconciliação ou se concentra em outros efeitos da obra de Cristo, como a paz[95] ou a comunidade.[96] Na abordagem dos *meios*, o foco está na maneira pela qual esse estado de reconciliação é alcançado (p. ex., sacrifício). Segundo minha estimativa, a maioria das discussões contemporâneas sobre a expiação se concentram no resultado, ao passo que historicamente a ênfase tem sido nos meios.[97] Acredito que ambos os aspectos são necessários

---

[94] Muitos questionaram a validade de tentar explicar completamente o "como" da expiação. C. S. Lewis fornece uma declaração clássica: "Dizem-nos que Cristo foi morto por nós, que sua morte lavou nossos pecados e que, ao morrer, ele anulou a morte. Essa é a fórmula. Isso é o cristianismo. Isso é o que tem que ser acreditado. Quaisquer teorias que construímos sobre como a morte de Cristo fez tudo isso são, na minha opinião, bastante secundárias; meros planos ou diagramas para serem deixados de lado se não nos ajudarem, e, mesmo que nos ajudem, não devem ser confundidos com a coisa em si" (*Mere Christianity: comprising the case for Christianity, Christian behaviour, and beyond personality* [Nova York: Touchstone, 1996], p. 54-55 [edição em português: *Cristianismo puro e simples* (Rio de Janeiro: Thomas Nelson Brasil, 2017]). Acredito na validade da questão "como" pelas seguintes razões: (1) As Escrituras não param apenas no fato da expiação, mas pelo menos começam a explicar o "como", o que requer, ou pelo menos permite, que teólogos façam o mesmo. (2) Historicamente, o aspecto "como" tem sido uma parte central das discussões da expiação.

[95] Graham Cole, *God the Peacemaker: how atonement brings shalom*.

[96] Scot McKnight, *A community called atonement*.

[97] Por exemplo, a teoria do anzol de Gregório de Níssa (Gregory of Nyssa, "An address on religious instruction", in: Edward Hardy, org., *Christology of the later fathers*, LCC [Philadelphia: Westminster,

para a doutrina da expiação.⁹⁸ Teologicamente, a expiação envolve tanto o "ato de tornar um" quanto os meios pelos quais isso é alcançado.

AMPLO E ESTREITO

Para especificar ainda mais os meios de expiação, uma distinção deve ser feita entre um sentido amplo e estreito da obra de Cristo. Robert Yarbrough faz uma distinção útil entre toda a obra de Cristo (no sentido amplo) e a morte de Cristo (no sentido estrito): "Enquanto em um certo sentido o significado da expiação é tão amplo e diverso quanto toda a obra salvadora de Deus ao longo do tempo e da eternidade, em outro ela é tão particular e restrita quanto a crucificação de Jesus. Pois, em última análise, as Escrituras apresentam sua morte sacrificial como o componente central da misericórdia reconciliadora de Deus".⁹⁹ Ambos os sentidos são necessários e devem ser adequadamente relacionados. Em outras palavras, a obra expiatória de Cristo se refere primariamente à sua morte na cruz, mas inclui o espectro da obra de Cristo em sua vida, ressurreição, ascensão, envio do Espírito e segunda vinda.

Essa distinção relaciona-se com a distinção resultado/meios apresentada acima, pois toda a obra de Cristo é expiatória no sentido de reconciliação ("ato de tornar um"); contudo, visto que a expiação também inclui os meios sacrificais, a cruz é de particular

---

1954], p. 301), ou a teoria da ratoeira de Agostinho ("Sermon 263: on the fortieth day, the ascension of the Lord", in: *WSA* [Brooklyn: 1990–2009], 7:220, 396-397). Stephen Long diz: "A expiação é a doutrina que procura mostrar como a vida, morte e ressurreição de Cristo reconciliam criaturas pecadoras com Deus" ("Justification and atonement", in: Daniel Treier; Timothy Larsen, orgs., *The Cambridge companion to evangelical theology* [Cambridge: Cambridge University Press, 2007], p. 81).

98 Veja Henri Blocher, "The sacrifice of Jesus Christ: the current theological situation", *EuroJTh* 8 (1999): 31.

99 Robert Yarbrough, "Atonement", *NDBT*, p. 388.

importância. Com base no pano de fundo do Antigo Testamento, onde a expiação lida com o pecado por meio do derramamento de sangue, é difícil negar a forte conexão entre a cruz e a expiação.[100] Este ponto não exclui o espectro mais amplo da obra de Cristo, mas vincula a obra *expiatória* de Cristo especialmente à cruz. A expiação está centrada na morte de Cristo dentro do espectro mais amplo de toda a sua obra.[101]

VERTICAL E HORIZONTAL

A doutrina da expiação procura compreender o significado da morte de Cristo como "pelos nossos pecados, segundo as Escrituras" (1Co 15.3). Enquanto "pelos nossos pecados" forneceu o significado primário da morte de Cristo na história da teologia da expiação, "segundo as Escrituras" acrescenta uma forma escatológica e histórico-redentora muito necessária à expiação.[102] Em suma, a expiação envolve as dimensões vertical (*ordo salutis*) e horizontal (*historia salutis*). O significado da morte expiatória de Cristo não é apenas a maneira pela qual ela afeta a relação vertical entre Deus e a humanidade, mas também como ela afeta a forma horizontal da história redentora à medida que avança para os últimos dias.

O aspecto histórico-redentor da expiação foi reconhecido por um pequeno número de estudiosos.[103] McGrath observa de forma útil que "a morte de Cristo não ocorreu em algum tipo

---

100 A ressurreição, por exemplo, é certamente expiatória no sentido "ato de tornar um", mas no que diz respeito a fazer expiação, as Escrituras não fazem essa conexão.

101 Veja também, Graham Cole, *God the Peacemaker: how atonement brings shalom*, p. 25. Para uma discussão mais completa da centralidade da cruz na doutrina da expiação, veja adiante, p. 217-20.

102 Richard Gaffin, "Atonement in the Pauline Corpus: 'the scandal of the cross'", in: Charles Hill; Frank James III, orgs, *The glory of the atonement: Biblical, theological, and practical perspectives* (Downers Grove, IL: InterVarsity Press, 2004), p. 143.

103 Veja, por exemplo, D. C. Allison, *The end of the ages has come* (Philadelphia: Fortress, 1985).

de vácuo, mas no contexto de uma tradição de reconhecimento dos atos redentores de Deus na história humana".[104] McKnight afirma que Jesus, ao explicar sua morte em referência à Páscoa e ao Êxodo, "historifica" sua própria morte.[105] David Yeago louva a elaboração do Credo Niceno pela igreja primitiva, o qual foi redigido de uma forma que sustenta o significado da morte de Cristo como "por nós" dentro de sua narrativa histórica adequada "sob Pôncio Pilatos".[106]

Apesar dessa grande tradição, parece que hoje muitos teólogos têm negligenciado o significado da história redentora para a doutrina da expiação. A teologia da expiação contemporânea, por exemplo, tem sido criticada por ser desistoricizada,[107] desdramatizada,[108] e descontextualizada.[109] A crítica de N. T. Wright é tanto representativa quanto pungente: "Tantas apresentações populares são abstratas demais: elas tiram por inteiro o evento de seu contexto na história, na história de Deus e seu povo, e o imaginam simplesmente como uma transação não histórica entre Deus e Jesus na qual podemos de alguma forma ser encaixados".[110]

---

104   Alister McGrath, The mystery of the cross (Grand Rapids: Zondervan, 1988), p. 43.

105   Scot McKnight, *A community called atonement*, p. 83.

106   David Yeago, "Crucified also for us under Pontius Pilate", in: in: Christopher Seitz, org., *Nicene Christianity: the future for a new ecumenism*, p. 87–106.

107   Hans Boersma, *Violence, hospitality, and the cross: reappropriating the atonement tradition*, p. 168.

108   Kevin Vanhoozer, *The drama of doctrine: a canonical-linguistic approach to Christian theology*, p. 383.

109   Thomas Torrance, *Divine meaning: studies in patristic hermeneutics* (Edinburgh: T&T Clark, 1995), p. 22–25.

110   N. T. Wright, *The crown and the fire: meditations on the cross and the life of the Spirit* (Grand Rapids: Eerdmans, 1995), p. 122; veja também Robert W. Jenson, "On the doctrine of atonement", *Reflections* (2006), disponível em: www.scribd.com/doc/148066225/On-the-Doctrine-of-Atonement; Graham Cole, *God the Peacemaker: how atonement brings shalom*, p. 13.

Em que ponto da história esse erro de separar a cruz do enredo das Escrituras aconteceu? Thomas Torrance afirma que a alegorização da igreja primitiva levou a uma depreciação da história e à elevação da verdade atemporal.[111] Hans Boersma rastreia "tendências de desistoricização" desde a tradição agostiniana, passando pelo escolasticismo protestante e, finalmente, na ênfase de John Owen na morte de Cristo como uma transação comercial.[112] J. I. Packer diz que os escolásticos reformados, ao tentar responder às críticas dos socinianos, tentaram vencê-los em seu próprio jogo e, em seu zelo por se mostrarem racionais, tornaram-se racionalistas. O triste resultado, segundo Packer, foi que "eles fizeram a palavra da cruz soar mais como um enigma do que como uma confissão de fé — mais como um quebra-cabeça, poderíamos dizer, do que como um evangelho".[113] Por fim, enquanto Boersma e Packer criticam aspectos da tradição da substituição penal por descontextualizar a expiação, J. Denny Weaver faz uma crítica semelhante a Gustaf Aulén, acusando-o de "ter despojado a narrativa de Jesus e retido apenas a imagem do triunfo cósmico".[114]

Devemos entender a expiação levando-se em conta suas dimensões verticais e horizontais. A cruz representa não apenas a grande troca (expiação substitutiva), mas também a grande transição (a virada escatológica das eras). Paulo diz que Cristo "se entregou a si mesmo pelos nossos pecados, para nos desarraigar

---

111 Thomas Torrance, *Divine meaning: studies in patristic hermeneutics*, p. 105.

112 Hans Boersma, *Violence, hospitality, and the cross: reappropriating the atonement tradition*, p. 168-70.

113 J. I. Packer, "What did the cross achieve? The logic of penal substitution", *TynBul* 25 (1974): 5.

114 J. Denny Weaver, "The nonviolent atonement: human violence, discipleship and God", in: Brad Jersak; Michael Hardin, orgs., *Stricken by God? Nonviolent identification and the victory of Christ* (Grand Rapids: Eerdmans, 2007), p. 324.

deste mundo perverso" (Gl 1.4). Esse versículo inclui a grande troca ("pelos nossos pecados") e a grande transição ("nos desarraigar deste mundo perverso"). Com base nesse versículo, não devemos meramente sustentar os dois aspectos da cruz, pois eles estão integrados na própria Escritura: a grande troca efetua a grande transição.

EXPANSIVA E PARTICULAR

A morte de Cristo na cruz é uma obra gloriosamente multifacetada, cujo alcance nunca poderia ser esgotado, mas apenas admirado. Existem dois erros de polos opostos que surgem da natureza extremamente esplendorosa da obra de Cristo: reducionismo e relativismo. O reducionismo se concentra em um aspecto da expiação excluindo os outros, enquanto o relativismo sustenta todos os aspectos, muitas vezes à custa da ordem e da integração.[115] Procuramos evitar o reducionismo e o relativismo, abraçando a natureza *expansiva* da obra expiatória de Cristo, ao mesmo tempo que ainda damos a devida atenção a aspectos *particulares* através da ordem e integração.[116]

CONCLUSÃO

A divisão entre o reino e a cruz não deveria existir. Jesus é o Rei que expia nossos pecados, e devemos não apenas buscar entender

---

115 Adam Johnson oferece uma distinção concisa e útil entre um aspecto da expiação e uma teoria da expiação: "Um aspecto da expiação refere-se à coisa em si — a realidade dessa dimensão particular da obra salvadora de Cristo. Uma teoria da expiação é um relato conceitualmente unificado de um aspecto da morte e ressurreição de Cristo, que explica o problema (pecado) e os personagens (Deus, Cristo, a humanidade) e que oferece uma explicação da solução por meio da qual remover o problema" (*God's being in reconciliation: the theological basis of the unity and diversity of the atonement in the theology of Karl Barth* [New York: T&T Clark, 2012], p. 20).

116 Para uma explicação mais completa dessa abordagem, veja adiante, p. 177–89.

sua cruz, mas também nos submeter a ele como nosso Rei. De fato, mesmo minhas definições provisórias de reino e expiação apresentadas acima pedem mais integração, pois não se pode entender o reino de Deus independentemente da obra expiatória de Cristo, nem se pode entender a expiação independentemente da vinda do reino de Deus. Integrar doutrinas importantes como expiação e reino é certamente uma tarefa formidável, mas necessária. A esta tarefa me volto agora, e começo "no princípio" (Gn 1.1), pois a conexão entre expiação e reino se desdobra progressivamente no enredo das Escrituras.

TEOLOGIA BÍBLICA

CAPÍTULO 1

VITÓRIA POR MEIO DO SACRIFÍCIO NO ANTIGO TESTAMENTO

Qual é a relação entre a morte expiatória de Cristo na cruz e a vinda do reino de Deus? A unidade das Escrituras como uma grande história de redenção é um bom lugar para começar, pois a vinda do reino de Deus e a crucificação de seu Filho acontecem dentro da mesma narrativa abrangente da história redentora. No entanto, embora sendo ambos parte da *mesma* história, reino e cruz claramente desempenham papéis *diferentes*. O reino é *télico* — orientado para a esperança do fim dos tempos de que Deus corrigirá todas as coisas ao reinar na terra como ele faz no céu. A cruz é *central*, tanto que toda a história se move em direção a ela e se desenvolve a partir dela.[1]

Como, então, reino e cruz se relacionam na história da redenção? Em última análise, argumentarei que o reino de Deus é estabelecido na terra pela morte expiatória de Jesus na cruz. No entanto, embora o reinado de Deus do fim dos tempos irrompa de forma chocante no meio da história na morte do Messias, também demonstrarei que esse foi o desígnio de Deus desde o início, revelado no primeiro sinal de boas-novas (Gn 3.15). Neste capítulo, fornecerei uma visão panorâmica do desdobramento dos temas

---

1 Gl 1.3–4; 6.14–16; 2Co 5.14–17; Ef 2.14–16.

vitória e sofrimento no Antigo Testamento; então, no próximo capítulo, focalizarei no livro de Isaías, onde a vitória e o sofrimento não apenas se desenvolvem, mas convergem mais claramente.

A IMPORTÂNCIA DO ANTIGO TESTAMENTO

O "reino de Deus" (Mc 1.15) e a morte de Cristo "pelos nossos pecados" (1Co 15.3) podem surgir no Novo Testamento como conceitos plenamente desenvolvidos, mas são verdadeiramente o fruto de raízes que cresceram no solo do Antigo Testamento, constantemente entrelaçadas e, em última análise, provenientes da mesma "semente" (Gn 3.15). Portanto, quando Jesus disse: "Assim está escrito que o Cristo [Messias] havia de padecer" (Lc 24.46), ele não estava meramente usando Isaías 52.13–53.12 como um texto prova ou alguma outra profecia individual elusiva de um Messias sofredor. Ele estava interpretando sua vida, morte e ressurreição como o cumprimento de um *padrão* na história de Israel, um padrão caracterizado por humilhação e exaltação, vergonha e glória, sofrimento e vitória.[2] Como diz o estudioso judeu Jon Levenson: "A história de humilhação e exaltação do filho amado reverbera por toda a Bíblia porque é a história do povo sobre quem e para quem foi escrita".[3] Irei traçar esse padrão à medida que ele surge

---

[2] Essa interpretação de Lucas 24.46 é corroborada por seu contexto, onde Jesus está falando da "Lei de Moisés, dos Profetas e dos Salmos" (Lc 24.44). Claramente, Jesus acredita que está cumprindo todo o Antigo Testamento, e não apenas algumas profecias isoladas. Essa interpretação não significa que Jesus não cumpre profecias particulares de sofrimento, mas, sim, que ele cumpre aquelas profecias que são imagens excepcionais de um padrão mais integrado. A ideia de que o Cristo deve sofrer de acordo com o Antigo Testamento também é vista em Marcos 9.12; Lucas 22.37; 24.26; Atos 3.18; 26.22-23. Para o argumento de que os autores do Novo Testamento citaram e aludiram ao Antigo Testamento de maneira contextual e não atomística, veja C. H. Dodd, *According to the Scriptures: the sub-structure of New Testament theology* (London: Nisbet, 1952).

[3] Jon Levenson, *The death and resurrection of the Beloved Son: the transformation of child sacrifice in Judaism and Christianity* (New Haven, CT: Yale University Press, 1993), p. 67.

no Antigo Testamento, demonstrando que a vitória e o sofrimento introduzidos no *protoevangelium* se transformam em vitória *régia* e sofrimento *expiatório* ao longo da história de Israel. Do calcanhar ferido de Gênesis (3.15) ao cordeiro reinante de Apocalipse (22.1), a Bíblia é uma história redentora de um Messias crucificado que realizará uma vitória real por meio do sofrimento expiatório.

Embora uma teologia bíblica completa da vitória por meio do sacrifício exigisse mais espaço do que tenho disponível aqui, espero cumprir dois propósitos neste capítulo: (1) demonstrar que a vinda do reino e a morte de Cristo no Novo Testamento são a culminação de temas que foram entrelaçados em seu desenvolvimento no Antigo Testamento; e (2) fornecer um contexto histórico-redentor para as seções mais exegéticas que se seguem. Para entender o desenvolvimento da vitória e do sofrimento na história da *redenção*, é preciso primeiro ter uma imagem clara do desígnio de Deus para a *criação*, bem como de seu fim.

CRIAÇÃO

O início de qualquer história determinará em grande medida a forma de sua narrativa. A história bíblica começa com Deus, e o que Salmos declaram explicitamente é expresso em Gênesis 1–2 por meio de uma narrativa: Deus é rei sobre sua criação (Sl 93.1-2; 95.3-6; 96.10; 104; 136.1-9). Enquanto outras narrativas da criação do Antigo Oriente Próximo retratam a criação como um processo de conflito e luta, Gênesis 1 retrata Deus simplesmente falando, tão somente isso. Deus é apresentado, em outras palavras, como um rei que reina por meio de sua palavra.[4]

---

4   Para o reinado de Deus na criação, veja John Goldingay, *Israel's faith*, Old Testament Theology (Downers Grove, IL: InterVarsity Press, 2006), 2:60; Roy Ciampa, "The history of redemption",

A humanidade como o pináculo da criação de Deus revela ainda mais o desígnio do governo de Deus sobre a terra. Adão e Eva estão, junto com o restante da criação, sob o governo de Deus; eles são servos. No entanto, de modo diferente do restante da criação, eles são feitos à imagem de Deus e recebem a comissão: "sede fecundos, multiplicai-vos, enchei a terra e sujeitai-a" (Gn 1.28).[5] Eles são servos de Deus, mas governantes da terra: reis-servos. Deus não reina apenas *sobre* os seres humanos; ele também reina *por meio* deles.

O reinado de Deus sobre seus reis-servos e por meio deles é o meio pelo qual ele realiza seu objetivo final de revelar a glória de seu nome majestoso e estabelecer seu reinado sobre toda a terra.[6] Em Gênesis 2, Adão é colocado no jardim do Éden e recebe a tarefa de servi-lo e guardá-lo (Gn 2.15). As palavras hebraicas para "cultivar/servir" (דבע) e "guardar" (רמש) são combinadas em outras partes do Antigo Testamento apenas para descrever o papel dos sacerdotes no templo (Nm 3.7-8; 8.26; 18.5-6), descrevendo, portanto, o Éden como um templo e Adão como seu rei-sacerdote.[7]

---

in: Scott Hafemann; Paul House, orgs., *Central themes in Biblical theology: mapping unity in diversity* (Grand Rapids: Baker Academic, 2007), p. 257.

5 Embora o significado da imagem de Deus seja muito debatido e certamente inclua múltiplos aspectos, a ênfase em Gn 1.26-28 está no papel funcional de exercer domínio como representante de Deus. Veja Stephen Dempster, *Dominion and dynasty: a Biblical theology of the Hebrew Bible*, NSBT (Downers Grove, IL: InterVarsity Press, 2003), p. 59; G. K. Beale, *A New Testament Biblical theology: the unfolding of the Old Testament in the New* (Grand Rapids: Baker Academic, 2011), p. 30–31, 381–84 [edição em português: *Teologia bíblica do Novo Testamento: a continuidade teológica do Antigo Testamento no Novo* (São Paulo: Vida Nova, 2018)].

6 Por mais importante que seja o tema do reino de Deus na história da redenção, concordo com a afirmação de Beale de que ele é o "penúltimo meio para a glória divina" (*A New Testament Biblical theology: the unfolding of the Old Testament in the New*, p. 16; cf. Herman Ridderbos, *The coming of the kingdom* [Philadelphia: P&R, 1962], p. 20–21).

7 Gordon Wenham, *Genesis 1–15*, WBC (Waco, TX: Word, 1987), p. 67. Em relação à tradução mais apropriada para דבע e רמש, os seguintes autores escolhem "servir" e "guardar": Umberto

Ele deve governar (Gn 1.26-28) *por meio do* serviço no templo edênico e protegendo-o de intrusos (Gn 2.15).[8]

A implicação lógica, se combinarmos a comissão geral "enchei a terra e sujeitai-a" (Gn 1.28) com a tarefa mais específica de "cultivar [servir] e guardar" o Éden (Gn 2.15), é que a humanidade deveria "edenizar"[9] toda a criação, expandindo a presença régia de Deus desde o jardim até os confins da terra. O Salmo 8 interpreta Gênesis 1 dessa maneira, relatando como, na criação, Deus coroou a humanidade com glória e honra e lhes deu domínio sobre a terra (Sl 8.3-8); e tudo isso está entre parênteses, isto é, o primeiro e o último versículos do salmo: "Ó Senhor, Senhor nosso, quão magnífico em toda a terra é o teu nome" (Sl 8.1, 9).

O ponto a ser destacado é que o reino de Deus por meio da humanidade sobre toda a terra é o *telos* de Gênesis 1–2, e não a realidade. Em outras palavras, antes que a Queda e a redenção entrassem em cena, havia um enredo criação-consumação direcionado ao glorioso reino de Deus sobre toda a terra por meio de seus reis-servos. A escatologia precede a soteriologia.[10] Gênesis 1–2, portanto, não apresenta tecnicamente uma imagem do "reino

---

Cassuto, *A commentary on the Book of Genesis* (Jerusalem: Magnes, 1989), 1:122; John Sailhamer, *Pentateuch as narrative* (Grand Rapids: Zondervan, 1992), p. 100–101; Scott Hafemann, *The God of promise and the life of faith: understanding the heart of the Bible* (Wheaton, IL: Crossway, 2001), p. 228. Beale prefere "trabalhar" e "manter", *The temple and the church's mission: a Biblical theology of the temple*, NSBT (Downers Grove, IL: InterVarsity Press, 2004), p. 67 [edição em português: *O templo e a missão da igreja: uma teologia bíblica sobre o lugar da habitação de Deus* (São Paulo: Vida Nova, 2021)].

8 G. K. Beale, *A New Testament Biblical theology: the unfolding of the Old Testament in the New*, p. 32; Stephen Dempster, "The Servant of the Lord", in: *Central themes in Biblical theology*, p. 136; John Walton, *Genesis*, NIVAC (Grand Rapids: Zondervan, 2001), p. 174.

9 Verbalização do substantivo "Éden" (N. do T).

10 Michael Horton, *Lord and servant: a covenant Christology* (Louisville: Westminster John Knox, 2005), p. 79-80.

de Deus", mas, sim, um projeto que se move nessa direção, bem como o padrão pelo qual esse projeto será alcançado. O reinado de Deus por meio de seus reis-servos sobre toda a terra para a glória do nome de Deus, sim, esse é o projeto para o qual Gênesis 1–2 é direcionado.

QUEDA

Gênesis 3, é claro, registra que Adão e Eva, em vez de governar a terra, submetem-se a uma de suas criaturas mais astutas — a serpente — e, assim, corrompem a bondade da criação e colapsam a missão da humanidade de encher a terra e sujeitá-la para a glória de Deus (Gn 1.28; cf. Salmo 8). Em vez de seguirem adiante, desde o Éden, para expandir a bênção da presença régia de Deus, eles são banidos do jardim para uma existência errante que, ao contrário, espalha a maldição. Esse banimento do Éden, no entanto, revela não apenas o fracasso da humanidade em cumprir sua comissão real, mas também que seu pecado os separou de seu Criador, fraturando o relacionamento outrora harmonioso entre Deus e seu povo. O paralelo que Oseias faz entre Adão e Israel é esclarecedor:

> Pois misericórdia quero, e não sacrifício,
> e o conhecimento de Deus, mais do que holocaustos.
> Mas eles [Israel] transgrediram a aliança, como Adão;
> eles se portaram aleivosamente contra mim (Os 6.6-7)

As implicações são imensas. Oseias estava comparando a aliança de Deus com Israel ao relacionamento mais íntimo possível entre dois seres humanos — o casamento. Aqui, Oseias indica que Adão e Eva também compartilharam um relacionamento de aliança (semelhante ao casamento) com Deus, caracterizado pelo conhecimento de Deus e pelo amor para com ele (Os 6.6). Ao cederem à serpente em vez de governar sobre ela, Adão e Eva "transgrediram a aliança", o que resultou para eles — como aconteceu com Israel — no que Deus diz em Oseias 1.9: "vós não sois meu povo, nem eu serei vosso Deus". Embora o conceito de aliança não tenha sido formalmente introduzido até Noé e Abraão, o paralelo em Oseias deixa claro que, não obstante o objetivo de Gênesis 1–2 seja o reino de Deus sendo espalhado sobre a terra por meio de seus reis-servos, o coração dessa visão do reino é a relação de aliança entre o Rei divino e seu povo servo.[11]

O PROTOEVANGELIUM

Da terra amaldiçoada de Gênesis 3, a história redentora irrompe com a promessa da semente (*zerah*) de uma mulher que ferirá a cabeça da serpente e sofrerá um ferimento no calcanhar no processo (Gn 3.15). A chave é que a vitória da semente é a resposta divina à corrupção da criação induzida pelo pecado e ao descarrilamento da missão régia em Gênesis 3. Em outras palavras, o *protoevangelium* aponta para uma recuperação da condição pré-Queda de bondade abençoada *e* para a missão pré-Queda de encher e sujeitar a terra para a majestosa glória de Deus. Como diz Dempster: "A semente da mulher restaurará a glória perdida. O domínio humano — e, portanto, divino — será estabelecido sobre o mundo".[12]

---

11 Para mais discussões sobre como Oseias 6.7 lança luz sobre Gênesis 1–2, veja Peter Gentry; Stephen Wellum, *Kingdom through covenant: a Biblical-theological understanding of the covenants* (Wheaton, IL: Crossway, 2012), p. 217–20, 612–13.

12 Stephen Dempster, *Dominion and dynasty: a Biblical theology of the Hebrew Bible*, NSBT (Downers Grove, IL: InterVarsity Press, 2003), p. 69; cf. "The Servant of the Lord", in: *Central themes in Biblical theology*, p. 177.

A Queda não leva Deus a abandonar sua intenção original de encher a terra com a glória de seu nome por meio daqueles que são portadores de sua imagem e que governam em seu nome. Assim, a comissão real "sede fecundos, multiplicai-vos, enchei a terra e sujeitai-a" (Gn 1.28) é repetida ao longo da história de Gênesis e no restante do Antigo Testamento. Adão falhou em sua tarefa, e a essência de sua comissão é então passada para Noé (9.1,7), Abraão (12.2-3; 17.2, 6, 8, 16; 22.18), Isaque (26.3-4, 24), Jacó (28.3-4, 14; 35.11-12; 48.3, 15-16) e para o Israel corporativo (Gn 47.27; Dt 7.13).[13] A característica distinta da comissão dada após a Queda é que, enquanto Adão e Eva receberam uma *ordem* ("sede fecundos [e] multiplicai-vos", Gn 1.28), a comissão é transformada para os patriarcas em uma *promessa* (Para vós outros olharei, e *vos farei* fecundos, e vos multiplicarei", Lv 26.9, itálico do autor). "Esta promessa era que uma 'semente' finalmente traria a bênção que Adão deveria ter".[14]

O objetivo do fim dos tempos permanece: o reino de Deus é o *telos* da criação e da redenção. A presença do pecado, no entanto, significa que um novo caminho para esse objetivo deve ser traçado. Gênesis 3.15 fornece a chave, pois a promessa de vitória inclui o preço do sofrimento. Como diz Bruce Waltke: "A história da salvação conta a história da semente eleita de Eva revertendo o caos introduzido por Adão por meio do sofrimento em prol da justiça

---

13 Veja a excelente discussão de Beale em *The temple and the church's mission: a Biblical theology of the temple*, p. 93–121; G. K. Beale, *A New Testament Biblical theology: the unfolding of the Old Testament in the New*, p. 46–58.

14 G. K. Beale, *A New Testament Biblical theology: the unfolding of the Old Testament in the New*, p. 914.

na guerra contra o reino de Satanás".[15] Portanto, com a vitória *e o sofrimento* do *protoevangelium*, "uma nova maneira de chegar à consumação foi introduzida".[16]

O sofrimento será um ingrediente-chave no plano vitorioso de Deus de redimir seu povo e sua tarefa real. Herman Bavinck explica o lugar do sofrimento no vindouro reino de Deus: "Daqui em diante, o caminho para a raça humana passará do sofrimento à glória, da luta à vitória, da cruz à coroa, do estado de humilhação àquele de exaltação. Essa é a lei fundamental que Deus aqui proclama antes da entrada no reino dos céus".[17] Além disso, a interação entre sofrimento e vitória, humilhação e exaltação, é um padrão visto em indivíduos (p. ex., José, Gideão, Davi, Daniel, Jeconias, o justo sofredor dos Salmos, o Servo de Isaías), no Israel corporativo (Êxodo e o retorno do Exílio), nas instituições (reino e templo) e nos ofícios (sacerdote e rei).

É verdade que a conexão entre sofrimento e vitória em Gênesis 3.15 é ambígua, mas é precisamente aí que a natureza progressiva da revelação de Deus nas Escrituras faz com que o leitor siga em frente na história. "Embora complexa", diz Daniel Block, "a imagem do Messias no Antigo Testamento ganha clareza e foco com o tempo".[18] À medida que a história se desenrola, veremos que

---

15 Bruce Waltke, "The kingdom of God in the Old Testament: definitions and story", in: Christopher Morgan; Robert Peterson, orgs., *The kingdom of God*, Theology in Community (Wheaton, IL: Crossway, 2012), p. 78.

16 Geerhardus Vos, *The Pauline eschatology* (Grand Rapids: Eerdmans, 1961), p. 325.

17 Herman Bavinck, "Sin and salvation in Christ", in: John Bolt, org., *Reformed dogmatics*, tradução de John Vriend (Grand Rapids: Baker Academic, 2003), vol. 3, p. 199 [edição em português: "O pecado e a salvação em Cristo", in: *Dogmática reformada* (Rio de Janeiro: Cultura Cristã, 2012), vol. 2.].

18 Daniel Block, "My servant David: ancient Israel's vision of the Messiah", in: Richard Hess; Daniel Carroll R., orgs., *Israel's Messiah in the Bible and the Dead Sea Scrolls* (Grand Rapids: Baker Academic, 2003), p. 56.

a vitória se transforma em vitória *régia* e o sofrimento em sofrimento *expiatório*, com o resultado final da vitória régia *por meio do* sofrimento expiatório.

A vitória é uma vitória *real* porque a semente da mulher que esmagará a cabeça da serpente é progressivamente revelada em uma linhagem de reis.[19] O sofrimento da semente assume várias formas, mas a implementação do sistema sacrificial fornece a estrutura para que, em última análise, o sofrimento seja visto como expiatório.[20] Embora Gênesis 3.15 não implique necessariamente sofrimento expiatório, Graham Cole está certo em dizer que, "no que diz respeito ao desdobramento da história do projeto divino como apresentado canonicamente, após a Queda, o fundamento da expiação está no *protoevangelium* de Gênesis 3.15."[21]

---

19 A linhagem real da semente foi amplamente demonstrada por T. Desmond Alexander ("Genealogies, Seed and the Compositional Unity of Genesis", *TynBul* 44 [1993]: 25–70; T. Desmond Alexander, "Royal expectations in Genesis to Kings: their importance for Biblical theology", *TynBul* 49 [1998]: 191–212). De acordo com T. Desmond Alexander, "Essa linha[gem] da 'semente' [...] é o início de uma dinastia real através da qual Deus trará seu julgamento sobre a 'semente da serpente'. Que aquele que trará esse julgamento e reverterá as consequências da desobediência do primeiro casal será de posição real não é surpreendente quando mantemos em mente o status de vice-regente anteriormente conferido a Adão e Eva" (*The Servant King: the Bible's portrait of the Messiah* [Vancouver: Regent College, 2003], p. 18).

20 Embora inquestionável durante a maior parte da história da igreja, tem havido uma resistência recente à ideia de sofrimento/violência redentora. Veja Walter Wink, *Engaging the powers: discernment and resistance in a world of domination* (Minneapolis: Fortress, 1992), p. 7; Steve Chalke; Alan Mann, *The lost message of Jesus* (Grand Rapids: Zondervan, 2003), p. 125–29; Joanne Carlson Brown; Rebecca Parker, "For God so loved the world", in: J. C. Brown; C. Bohn, orgs., *Christianity, patriarchy, and abuse: a feminist critique* (New York: Pilgrim, 1989), p. 2. Para ter acesso a defesas do sofrimento redentivo, veja Hans Boersma, *Violence, hospitality, and the cross: reappropriating the atonement tradition* (Grand Rapids: Baker Academic, 2004); Mary VandenBerg, "Redemptive suffering: Christ's alone", *SJT* 60 (2007): 394–411; Henri Blocher, *Evil and the cross: Christian thought and the problem of evil* (Downers Grove, IL: InterVarsity Press, 1994), p. 102–4; veja tb. S. Jeffery; Michael Ovey; Andrew Sach, *Pierced for our transgressions: rediscovering the glory of penal substitution* (Wheaton, IL: Crossway, 2007), p. 235–39.

21 Graham Cole, *God the Peacemaker: how atonement brings shalom*, NSBT (Downers Grove, IL: InterVarsity Press, 2009), p. 91.

ABRAÃO

Se o *protoevangelium* é um vislumbre de esperança em um mundo obscurecido pela maldição, a promessa de Deus para Abraão, bem como sua aliança com ele, é uma inundação de luz vinda dos céus estrelados. A promessa tríplice a Abraão inclui terra, descendentes e bênção (Gn 12.1-3) — uma promessa tão fundamental que John Stott diz: "Pode-se dizer sem exagero que não apenas o restante do Antigo Testamento, mas todo o Novo Testamento é um desdobramento dessas promessas de Deus".[22] No entanto, como essas promessas se relacionam com o reinado original da humanidade (Gn 1.26-28) e a vitória da semente (Gn 3.15)?

O chamado de Abraão revela claramente a intenção divina de reverter a maldição de Gênesis 3, pois a "bênção" quíntupla em Gênesis 12.1-3 é uma resposta direta à "maldição" quíntupla em Gênesis 3–11 (3.14, 17; 4.11; 5.29; 9.25).[23] Além disso, ecoando a inclusão do *protoevangelium* de sofrimento com vitória, a menção de maldição em Gênesis 12.3 "implica que haverá oposição ao plano de bênção, mas esse ataque será derrotado: 'Abençoarei os que te abençoarem e amaldiçoarei os que te amaldiçoarem'".[24]

Gênesis 12.1-3 não apenas fornece um remédio para o problema de Gênesis 3, mas também pretende recuperar a trajetória de Gênesis 1–2. Como William Dumbrell diz: "Gênesis 12.1-3 é a reposta às consequências da Queda e visa a restauração dos propósitos de Deus para o mundo, para o qual Gênesis 1–2

---

22 John Stott, *Understanding the Bible* (Grand Rapids: Zondervan, 1984), p. 51.

23 Michael Fishbane argumenta que a promessa de terra, semente e bênção é "uma reversão tipológica das maldições primordiais no Éden: dirigida contra a terra, a capacidade generativa humana e o trabalho humano" (*Biblical interpretation in Ancient Israel* [New York: Clarendon, 1985], p. 372–73).

24 Stephen Dempster, *Dominion and dynasty: a Biblical theology of the Hebrew Bible*, p. 77.

dirigiu nossa atenção".[25] Não é surpresa, então, que o chamado de Abraão seja rico em conotações régias.[26] Como Gordon Wenham observa: "O que foi prometido a Abrão era a esperança de muitos monarcas orientais".[27]

Mais uma vez, o chamado de Abraão lembra a comissão de Adão, com a ordem sendo transformada em uma promessa. Enquanto é ordenado a Adão: "sede fecundos, multiplicai-vos, enchei a terra" (Gn 1.28), é prometido a Abraão que *Deus* fará dele uma grande nação (12.2) e *Deus* lhe dará a terra (Gn 12.7). E enquanto Abraão continua a realizar grandes atos reais (Gênesis 14 fala dos reis que ele derrotou), a história mais uma vez avança para uma "semente" que realizará o que nenhum outro foi capaz de fazer.

A missão de Deus de abençoar todas as famílias da terra por meio de Abraão é esclarecida ainda mais pelas promessas de que Abraão gerará descendentes *reais* — "reis procederão de ti" (Gn 17.6) — e de que a missão será finalmente cumprida pela semente de Abraão — "nela [tua semente] serão benditas todas as nações da terra" (Gn 22.18). Como a "semente" de Abraão (22.18) se relaciona com a "semente" da mulher (3.15)? T. Desmond Alexander demonstrou que "as genealogias lineares em Gênesis 5 e 11 traçam a 'semente da mulher' até Abraão".[28] Christopher J. H. Wright observa que, após a promessa de Gênesis 3.15, "leitores atentos devem estar se perguntando quem será esse esmagador de serpentes. De Gênesis 12.1-3 em diante, sabemos que será um dos

---

25 William Dumbrell, *Covenant and creation: a theology of the Old Testament covenants* (Grand Rapids: Baker, 1993), p. 68.

26 Stephen Dempster, *Dominion and dynasty: a Biblical theology of the Hebrew Bible*, p. 76.

27 Gordon Wenham, *Genesis 1–15*, p. 275.

28 T. Desmond Alexander, "Royal expectations in Genesis to Kings: their importance for Biblical theology", *TynBul* 49 [1998]: 205.

descendentes de Abraão. Um filho de Abraão será uma bênção para os filhos de Adão."[29] Essas promessas são instâncias explícitas em que a vitória ambígua da semente em 3.15 está se transformando em uma vitória régia.

ALIANÇA

Em Gênesis 15 e 17, a promessa de Deus a Abraão é formalizada relacionalmente por meio de uma série de alianças que "funcionam como instrumentos administrativos do governo real de Deus".[30] Uma aliança é um acordo vinculativo entre um rei suserano e reis vassalos subordinados (reis-servos) que é selado por um sacrifício.[31] A aliança, portanto, é um aspecto essencial do reino de Deus — "*é por meio das alianças bíblicas* que o reino de Deus vem a este mundo".[32]

Essa conexão reino-aliança introduz uma característica significativa para o meu argumento. A aliança não apenas fornece as categorias apropriadas para rei e servo, mas também une os conceitos de reinado e sacrifício. Paul Williamson explica o ritual de sacrifício de Gênesis 15 à luz de Jeremias 34.18: "Aqueles que se

---

29 Christopher J. H. Wright, *The mission of God: unlocking the Bible's grand narrative* (Downers Grove, IL: InterVarsity Press, 2006), p. 212 [edição em português: *A missão de Deus: desvendadno a grande narrative da Bíblia* (São Paulo: Vida Nova, 2014)].

30 Meredith Kline, *Kingdom prologue: Genesis foundations for a covenantal worldview* (Overland Park, KS: Two Age, 2000), p. 4; veja também Peter Gentry, "Kingdom through covenant: humanity as the Divine image", *SBJT* 12 (2008): 16–42.

31 O. Palmer Robertson define sucintamente uma aliança como "um vínculo de sangue administrado soberanamente" (*The Christ of the covenants* [Grand Rapids: Baker, 1980], p. 4 [edição em português: *O Cristo dos pactos: uma análise exegética e teológica das sucessivas alianças bíblicas e do seu papel no desenvolvimento da revelação de Deus*, 2. ed. [Rio de Janeiro: Cultura Cristã, 2019)]]). Para um estudo recente e completo sobre aliança, veja Scott Hahn, *Kinship by covenant: a canonical approach to the fulfillment of God's saving promises* (New Haven, CT: Yale University Press, 2009).

32 Peter Gentry; Stephen Wellum, *Kingdom through covenant: a Biblical-theological understanding of the covenants*, p. 591, itálico do autor; cf. Meredith Kline, que diz: "Seguir o curso do reino é rastrear a série de alianças pelas quais o Senhor administra seu reino" (*Kingdom prologue: Genesis foundations for a covenantal worldview*, p. 1).

obrigam à aliança passam entre os animais cortados, declarando essencialmente o mesmo destino para si mesmos caso deixem de cumprir suas responsabilidades".[33] O fato de que somente o Senhor anda entre os animais (Gn 15.17) revela que, se as promessas da aliança não forem cumpridas, o próprio Deus se compromete a carregar a maldição. Em suma, no coração do reino de Deus está uma aliança, o relacionamento selado em sacrifício entre o Rei divino e seus servos.

Vimos que a promessa para Abraão, bem como a aliança com ele, é uma continuação do plano de espalhar a bênção real de Deus por toda a terra registrado em Gênesis 1–2 e 3.15. Qual é, então, o significado da estranha narrativa sacrificial de Gênesis 22? Embora Deus tenha prometido fazer de Abraão uma grande dinastia, seu único filho passa por uma experiência de quase morte e ressurreição, em que Deus fornece um sacrifício substitutivo no lugar de Isaque. O sofrimento prenunciado de Isaque — a semente de Abraão — ecoa o sofrimento da semente da mulher e atribui a esse sofrimento a ideia de expiação substitutiva que acabaria por ser institucionalizada no sistema sacrificial. Dempster observa que:

> [Gênesis 22] contém terminologia e simbolismo muito específicos que são usados posteriormente no canon bíblico. Dificilmente é incidental o fato de que é em Jerusalém que esse sacrifício é oferecido. Certamente também é significativo que o sacrifício funcione como um substituto para o filho da promessa. Uma terminologia de sacrifício similar ocorre em

---

33 Paul Williamson, *Sealed with an oath: covenant in God's unfolding purpose*, NSBT (Downers Grove, IL: InterVarsity Press, 2007), p. 86. Williamson observa que, embora essa interpretação não tenha passado sem contestação, ela continua sendo o consenso atual.

apenas dois outros lugares: no primeiro sacrifício no tabernáculo (Lv 8-9) e nos sacrifícios anuais usados para o Dia da Expiação (Lv 16). É como se o Dia da Expiação institucionalizasse para a comunidade pública essa experiência privada de Abraão e Isaque.[34]

Ao lado desse desenvolvimento do sofrimento está o desenvolvimento da vitória. Pela primeira vez desde Gênesis 3.15, é prometido à semente — agora conhecida como semente real — que ela "possuirá a cidade dos seus inimigos" (Gn 22.17-18). Em outras palavras, em Gênesis 22, o texto une a semente, a realeza e a vitória; e tudo isso está entrelaçado com um relato de expiação substitutiva. Embora ainda não esteja claro como a expiação substitutiva se relaciona com a vitória régia, a conexão se tornará manifesta à medida que esse temas se desenvolverem respectivamente no reino davídico e no sistema sacrificial. A morte e ressurreição do filho amado torna-se um padrão embutido na trama do reino vindouro de Deus.[35]

JOSÉ E JUDÁ

A história de José é tanto o crescendo do padrão de humilhação e exaltação desenvolvido até agora quanto a pré-encenação do destino

---

34 Stephen Dempster, *Dominion and dynasty: a Biblical theology of the Hebrew Bible*, p. 85. "As palavras hebraicas para 'oferta queimada', 'aparecer' e 'carneiro' ocorrem juntas apenas em Levíticos 8, 9, 16 e Gênesis 22" (Stephen Dempster, *Dominion and dynasty*, nota 47).

35 Segundo Levenson, o sacrifício ritual de Gênesis 22 está inserido como um padrão na história de Israel por meio de sua equivalência narrativa: a morte e ressurreição do filho amado. Ele afirma: "O filho amado está marcado tanto para exaltação quanto para humilhação. Em sua vida, as duas coisas raramente estão distantes" (Jon Levenson, *The death and resurrection of the Beloved Son: the transformation of child sacrifice in Judaism and Christianity*, p. 59). Esse padrão se aplica não apenas a Jacó e José, mas a Israel como um todo e, finalmente, a Jesus, que, como filho amado, cumpre o padrão em sua morte e ressurreição.

de Israel no Egito.³⁶ Roy Ciampa estabelece a conexão com as páginas iniciais de Gênesis: "Quando chegamos ao final do livro de Gênesis, encontramos José atuando como vice-regente sobre a poderosa nação do Egito e trazendo salvação (ousamos dizer bênção?) tanto para a nação quanto para sua própria família no processo".³⁷ A ascensão de José à realeza é caracterizada pelo sofrimento e o reinado que ele exerce sobre seus irmãos é marcado pelo perdão.

No entanto, embora José desenvolva o padrão de sofrimento e vitória, é da linhagem de seu irmão Judá que a semente real surgirá: "O cetro não se arredará de Judá" (Gn 49.10). A linhagem real, traçada a partir da semente da mulher em 3.15 e ao longo do livro de Gênesis, trará uma figura real da tribo de Judá, que levará a bênção de Deus a todas as nações da terra (cf. Nm 24.14-19).³⁸

ÊXODO

A abertura do livro de Êxodo relata que, embora Israel tenha recebido a bênção da multiplicação como povo, eles estavam na terra errada, sob o rei errado, e experimentando o trabalho penoso e a escravidão implacável de um mundo amaldiçoado (Êx 1.7-14). No entanto, Deus se lembrou de suas promessas da aliança com Abraão, Isaque e Jacó (Êx 2.23-25; 6.1-8) e redimiu seu povo da escravidão ao derramar seu julgamento sobre o Egito. A característica a ser

---

36 Jon Levenson, *The death and resurrection of the Beloved Son: the transformation of child sacrifice in Judaism and Christianity*, p. 143, 150.

37 Roy Ciampa, "The history of redemption", in: *Central themes in Biblical theology: mapping unity in diversity*, p. 267.

38 T. Desmond Alexander, *The Servant King*, p. 31–33. Números 24 esclarece ainda que o cetro de Judá em Gênesis 49.10 é a semente da mulher em Gênesis 3.15, pois esse cetro de Israel não só terá domínio sobre a terra (Nm 24:19), mas esmagará a cabeça de seu inimigo (24.17). Veja James Hamilton, "The skull crushing seed of the woman: inner-Biblical interpretation of Genesis 3:15", *SBJT* 10 (2006): 49, n. 45.

destacada é que o sofrimento do cordeiro pascal desempenha um papel fundamental na vitória de Deus e de seu povo.[39] De fato, se a ira de Deus não fosse afastada de Israel pelos cordeiros sem mancha, seu destino não seria diferente daquele dos egípcios. A expiação (pelo menos no sentido de desviar a ira de Deus) é um ingrediente central na vitória.[40] Além disso, porque a vitória sobre os egípcios é atribuída ao reinado de Deus (Êx 15.7), é apropriado dizer que este é um exemplo de vitória régia através do sofrimento expiatório.

O Êxodo resulta na declaração de que Deus é rei e Israel um reino de sacerdotes (Êx 15.18; 19.6). Como Dempster diz: "A aliança no Sinai marca um povo que manifesta as intenções de Deus para a criação desde o princípio [...] Esse reino de sacerdotes é designado a manifestar o governo de Deus para o mundo [...] Israel está sendo chamado para uma restauração do governo da criação de Gênesis 1–2".[41] Antes da Queda, Adão estava em um relacionamento correto com Deus e não era impedido pelo pecado de viver como uma testemunha do reinado de Deus. No entanto, para Israel, a presença do pecado exige que eles sejam um "reino de sacerdotes [...] uma nação *santa*" (Êx 19.6, itálico do autor); eles devem receber expiação pelo pecado. A purificação do povo e da terra de Deus provará ser um princípio central no reino de Deus. Assim, depois de se tornarem um reino de sacerdotes (19.6), eles recebem o sistema sacrificial para manter a pureza do reino.[42]

---

39 Christopher J. H. Wright, "Atonement in the Old Testament", in: Derek Tidball; David Hilborn; Justin Thacker, orgs., *The atonement debate: papers from the London Symposium on the Theology of Atonement* (Grand Rapids: Zondervan, 2008), p. 73.

40 Para uma defesa da visão de que o cordeiro pascal era expiatório, veja Christopher J. H. Wright, "Atonement in the Old Testament", in: *The atonement debate*; veja também Leon Morris, *The apostolic preaching of the cross*, 3. rev. ed. (Grand Rapids: Eerdmans, 1965), p. 131–32.

41 Stephen Dempster, *Dominion and dynasty: a Biblical theology of the Hebrew Bible*, p. 103.

42 Veja Matthew Levering; Michael Dauphinais, *Holy people, Holy Land: a theological introduction to the Bible* (Grand Rapids: Brazos, 2005), p. 75–76.

DAVI

A ideia de Deus reinando por meio de um homem mediador sobre sua criação começou com Adão, foi prometida na semente de Abraão e encontrou seu auge no Antigo Testamento em Davi. Como outra figura de Adão — uma semente de uma mulher —, o currículo de vitória de Davi fala por si mesmo (2Sm 8). Se Davi é a semente vitoriosa (Gn 3.15) da tribo de Judá (49.10), que papel então o sofrimento desempenha em sua ascensão ao poder e estabelecimento do reino?

A ascensão de Davi ao poder claramente envolve o padrão bem estabelecido de humilhação e exaltação, sofrimento e vitória. Embora tenha sido ungido rei ainda menino, a vida de Davi foi cheia de provações, perseguições e derrotas antes que ele pudesse ascender ao trono. Uma característica singular que é destacada por Davi nesse padrão é a ideia de poder através da fraqueza. Embora Davi certamente tenha crescido em estatura, sua história não é tanto um movimento da fraqueza *para* o poder, mas, sim, de poder *através* da fraqueza.

Tomemos, por exemplo, a ocasião em que ele foi escolhido como rei (1Sm 16.1-13). Enquanto alguns viam um jovem pastor fraco e corado, diminuído por seus majestosos irmãos, Deus via um rei poderoso. O exemplo mais profundo de poder através da fraqueza é a derrota de Golias por Davi (1Sm 17). Enquanto os homens mais fortes do país aguardavam com medo, o jovem e esquecido rapaz derrotou o grande inimigo pelo poder da fé. Esse tema de poder através da fraqueza ecoa por toda a Escritura: a vitória do exército de trezentos homens de Gideão (Jz 7), Sansão destruindo mil homens com uma queixada de jumento (Jz 15.15), Hamã enganado por uma jovem judia (Ester), e assim por diante.

O tema é sempre que o poder de Deus opera através da fraqueza humana para a glória de Deus.

Por último, Davi é especialmente significativo porque a aliança de Deus com ele (2Sm 7.12-14) esclarece e estreita a linhagem e a missão da semente real.[43] James Hamilton argumenta a favor da continuidade no enredo porque "as promessas a Abraão, que são uma resposta às maldições que se seguiram ao pecado de Adão, são passadas a Davi".[44] A promessa a Abraão de terra e povo sob uma semente real é agora estruturada levando-se em conta que Deus está estabelecendo o reino da semente de Davi, que também é um filho de Deus.

TEMPLO

O templo é um elemento essencial no reino, pois, quando Deus estabeleceu o reino davídico, o filho de Davi deveria construir um templo para Deus (2Sm 7.13). Ecos do Éden abundam, ao som de um rei-sacerdote que expandirá o governo de Deus sobre a terra.[45] Assim como o tabernáculo viajou com o povo de Israel em seu caminho para a terra prometida (Nm 2.17), o templo é o centro permanente em torno do qual o reino é organizado.[46] Qual é o significado do templo para o reino?

---

43 Embora 2 Samuel 7.12-14 não use a palavra "aliança", a Escritura em outros lugares atesta que Deus está de fato fazendo uma aliança com Davi (2Sm 23.5; Sl 89.35; 132.12; Is 55.3).

44 James Hamilton, "The seed of the woman and the blessing of Abraham", *TynBul* 58 (2007): 269; cf. Paul Williamson, *Sealed with an oath: covenant in God's unfolding purpose*, p. 144; Christopher J. H. Wright, *The mission of God: unlocking the Bible's grand narrative*, p. 345.

45 Roy Ciampa, "The history of redemption", in: *Central themes in Biblical theology: mapping unity in diversity*, p. 276.

46 Christian Grappe, *Le royaume de Dieu: avant, avec et après Jésus*, MB (Genève: Labor et Fides, 2001), p. 208–14.

O templo funciona não apenas como o lugar da habitação de Deus, mas também como o meio pelo qual seres humanos ímpios podem habitar com o Deus santo (isto é, o sistema sacrificial). Os tons régios são especialmente significativos. Assim como o palácio é a "casa" do rei humano, o templo é a "casa" do Rei divino (2Sm 7.13). Como N. T. Wright diz: "É o Templo que une o céu e a terra e assim torna possível o governo soberano de Deus na terra como no céu".[47] O próprio escabelo do trono do Rei YHWH é a arca no Lugar Santíssimo (1Cr 28.2; Sl 99.5; 132.7), o lugar para a oferta sacrificial culminante no Dia da Expiação.

Talvez a imagem mais clara da interconexão entre o reinado de Deus e o templo seja a visão de Isaías de Deus entronizado no templo (Is 6). O tríplice cântico (Santo, Santo, Santo) dos serafins revela que o reinado de Deus é inseparável de sua santidade, razão pela qual a resposta de Isaías diante do Rei santo é reconhecer sua impureza (Is 6.5). A única esperança para Isaías diante do Rei santo é que seus pecados fossem de alguma forma expiados e sua culpa retirada, e é exatamente o que acontece, pela graça de Deus (Is 6.7). O encontro de Isaías com Deus, assim como o papel do templo em geral, demonstra que, para estar sob o governo salvador de Deus, é necessário que nossos pecados sejam expiados. Expiação e reino são inseparáveis.[48]

---

[47] N. T. Wright, *How God became King: the forgotten story of the Gospels: the forgotten story of the Gospels* (New York: HarperOne, 2012), p. 173.

[48] A respeito do lugar do perdão dos pecados no reino no Antigo Testamento, veja George Eldon Ladd, *The presence of the future: the eschatology of Biblical realism* (Grand Rapids: Eerdmans, 1974), p. 213.

O JUSTO SOFREDOR DOS SALMOS

O justo sofredor dos Salmos revela ainda mais a interação entre reinado e sofrimento no Antigo Testamento.[49] Embora o justo sofredor seja amplamente representativo de Israel em todos os Salmos, esse termo é aplicado principalmente a Davi como *o* justo sofredor (veja Sl 7; 22; 69; 109).[50] A característica notável é que o justo que sofre é o *rei* Davi — o justo sofredor *régio*. Davi não é apenas *um* rei, nos Salmos ele é *o* rei; Davi é o único rei mencionado nos Salmos, além de duas breves referências ao reinado de Salomão nos títulos dos Salmos 72 e 127.

A vinculação do sofrimento à sua identidade régia, portanto, revoluciona a noção de realeza. Jerome Creach atesta: "A realeza é transformada no saltério por sua associação exclusiva com Davi e, por sua vez, pela caracterização de Davi como servo de Deus que carrega a vergonha do povo".[51] A monarquia fracassada, no entanto, frustrou as expectativas do reinado de Davi e deu origem a uma reinterpretação escatológica dos Salmos que ansiava por um novo Davi que, *como rei*, sofreria por seu povo.[52] Não é surpresa, portanto, que muitos estudiosos tenham observado que o justo/real

---

49 Sobre a tradição do justo sofredor nos escritos bíblicos e judaicos extrabíblicos, veja Lothar Ruppert, *Der leidende Gerechte: Eine motivgeschichtliche Untersuchung zum Alten Testament und zwischentestamentlichen Judentum*, FzB (Würzburg: Echter, 1972).

50 Para compreensão do justo sofredor como uma identidade corporativa (Israel) e uma figura individual (Davi), veja Jerome Creach, *The destiny of the righteous in the Psalms* (St. Louis: Chalice, 2008), p. 7–9.

51 Jerome Creach, *The destiny of the righteous in the Psalms* (St. Louis: Chalice, 2008), p. 109.

52 Joshua Jipp, "Luke's Scriptural Suffering Messiah: a search for precedent, a search for identity", *CBQ* 72 (2010): 258.

sofredor dos Salmos é retomado e desenvolvido no Servo Sofredor de Isaías (Is 52.13-53.12).[53]

ISAÍAS

Após a era do reino unificado, Israel declina de modo constante para o Exílio, mas a visão do reino de Deus se eleva por meio dos profetas. A característica marcante é que, assim como a vitória da semente, o avanço do reino está entrelaçado com o sofrimento. O livro de Isaías representa o ápice do desenvolvimento do sofrimento e da vitória que começou em Gênesis 3.15. Embora eu vá voltar a Isaías para um tratamento aprofundado no próximo capítulo, o ponto-chave aqui, dentro do desenrolar da história de Israel, é que Isaías não apenas esclarece o sofrimento da semente como *expiatório* e a vitória como *real*, mas que a vitória régia virá *por meio do* sofrimento expiatório. John Bright explica o lugar do sofrimento vicário na vinda do reino: "Pois o sofrimento não é meramente a consequência da tarefa do Servo — é o órgão dela [...] A vitória do Reino de Deus é alcançada por meio do sacrifício vicário do Servo".[54] A vinda do reino de Deus depende do sofrimento do Servo.

ZACARIAS

A última parte de Zacarias (capítulos 9-14) concentra-se em um governante davídico escatológico que trará o tão esperado reinado de Deus na terra. Relembrando Gênesis 49.10 e expandindo Isaías 52.13-53.12, Zacarias apresenta a vitória real deste governante

---

[53] Joel Marcus, *The way of the Lord: Christological exegesis of the Old Testament in the Gospel of Mark* (Louisville: Westminster John Knox, 1992), p. 190; J. Stewart Perowne, *The Book of Psalms* (Grand Rapids: Zondervan, 1976), p. 419.

[54] John Bright, *The kingdom of God: the Biblical concept and its meaning for the church* (Nashville: Abingdon, 1957), p. 152.

através dos meios chocantes de sofrimento e até morte.⁵⁵ Zacarias 9.9-10 fala da vinda de um rei humilde que pregará paz às nações, governará de mar a mar e libertará os cativos.

Como esse rei realiza essa redenção? "Por causa do sangue da minha aliança contigo" (Zc 9.11, ESV). É dito mais tarde a respeito desse governante que se trata "[d]aquele a quem traspassaram" (Zc 12.10), o que resultará na abertura de uma fonte que purificará o povo de Deus de seus pecados (Zc 13.1). Finalmente, esse rei-pastor será *ferido*, o que traz uma restauração do relacionamento de aliança com Deus (Zc 13.7).⁵⁶ Zacarias corrobora a mensagem de Isaías de que o sofrimento é instrumental na vinda do reino de Deus.

A leitura apresentada acima do desenrolar da história de Israel revela que a vitória *e* o sofrimento do *protoevangelium* gradualmente se transformam em vitória real *por meio do* sofrimento expiatório. Embora muito mais possa ser acrescentado no que tange à amplitude,⁵⁷ buscarei, em vez disso, analisar com mais profundidade um livro do Antigo Testamento que revela mais claramente a ligação entre o sofrimento expiatório e o reino vindouro de Deus, a saber, o livro de Isaías.

---

55 A dependência de Zacarias e o desenvolvimento de Isaías são demonstrados por Anthony Peterson, *Behold your King* (New York: T&T Clark, 2009), p. 240-42. David Mitchell, *The message of the Psalter: an eschatological programme in the book*, JSOTSup 252 (Sheffield: Sheffield Academic, 1997), p. 207-9.

56 Para um tratamento unificado dessas três passagens e suas respectivas figuras, veja Douglas Moo, *The Old Testament in the gospel passion narratives* (Eugene, OR: Wipf & Stock, 2008), p. 174.

57 Outras passagens que poderiam complementar essa teologia bíblica da vitória por meio do sacrifício são: Salmos 2; 72; 89; 110.1-4; Jr 23.5-8; 31-34; Ez 4.1-6; 37.24-28; Daniel 7; 9.24-27.

CAPÍTULO 2

O SERVO SOFREDOR E SEU CONTEXTO NO REINO EM ISAÍAS

Nossa jornada através do Antigo Testamento revelou um padrão em desenvolvimento da vitória real por meio do sofrimento expiatório. Aproximando-nos do livro de Isaías, nos encontramos no topo da montanha, não apenas como um clímax da história de Israel, mas como um ponto de vista para olhar adiante em direção ao Novo Testamento. A Cântico do Servo Sofredor de Isaías (Is 52.13-53.12) talvez tenha o maior potencial em toda a Escritura para conectar o sofrimento expiatório e a vinda do reino de Deus. Infelizmente, o cântico muitas vezes foi arrancado de seu contexto régio e transformado em outra barreira entre expiação e reino.

Esse problema — Isaías 52.13-53.12 sendo interpretado de modo independente de seu contexto canônico — tem dois aspectos. Primeiro, a bifurcação (e eventual trifurcação) do livro de Isaías pela crítica histórica alemã do século 19 isolou Isaías 52.13-53.12 de seu contexto mais amplo dos capítulos 1-39 e 56-66. Segundo, considerando os capítulos 40-55 de Isaías em si, o delineamento de Bernhard Duhm dos chamados "Cânticos do Servo" tirou Isaías 52.13-53.12 de seu contexto imediato.[1] Em consonância com a

---
1 Bernhard Duhm, *Das Buch Jesaia*, KKHS (Göttingen: Vandenhoeck & Ruprecht, 1892).

recente recuperação da unidade do livro de Isaías,[2] abordarei esse problema duplo buscando interpretar Isaías 52.13–53.12 com uma solução dupla: (1) interpretar Isaías 52.13–53.12 à luz de seu contexto mais amplo dos capítulos 1–39 (especialmente, os capítulos 9; 11; 32) e 56–66, e (2) de seu contexto imediato dos capítulos 40–55 (especialmente, os capítulos 51–54).

Embora haja uma vasta literatura interpretando o Servo Sofredor à luz dos outros cânticos do servo (Is 42.1-9; 49.1-7; 50.4-9),[3] irei me concentrar nos igualmente importantes, ainda que frequentemente negligenciados, contextos acima mencionados. O objetivo é fornecer uma resposta biblicamente enraizada e teologicamente embasada para a seguinte pergunta: Como a substituição do Servo Sofredor nesses contextos particulares contribui para nossa compreensão da identidade do servo e da natureza de sua realização em Isaías 52.13–53.12? Descobriremos que o Servo é o Rei davídico que trará um novo êxodo e, assim, estabelecerá o reino de Deus por meio de seu sofrimento sacrificial.[4]

---

2 Jacques Vermeylen, "L'unité du livre d'Isaïe", in: Jacques Vermeylen, org., The book of Isaiah, BETL (Leuven: Leuven University Press, 1989), p. 11-53; H. G. M. Williamson, "Recent issues in the study of Isaiah", in: David Firth; H. G. M. Williamson, orgs., Interpreting Isaiah: issues and approaches (Downers Grove, IL: InterVarsity Press, 2009), p. 21-30.

3 Veja, por exemplo, Henri Blocher, Songs of the Servant: Isaiah's good news (Downers Grove, IL: InterVarsity Press, 1975); Otto Kaiser, Der königliche Knecht: Eine tradiçõesgeschichtlich-exegetische Studie über die Ebed-Jahwe-Lieder bei Deuterojesaja, FRLANT (Göttingen: Vandenhoeck & Ruprecht, 1959).

4 O título de "servo" de Yahweh é dado tanto ao infiel Israel corporativo (Is 42.18-20; 44.1-2) quanto a um fiel representante individual de Israel (42.1; 49.3, 5; 52.13; 53:11). No entanto, a nação de Israel não pode ser o Servo de Yahweh nos Cânticos do Servo porque é dito que o Servo não tem pecado (Is 53.9) e tem a missão de restaurar Israel (Is 49.5-6). Apesar da distinção entre os dois servos, no entanto, eles são mantidos bem juntos porque o último é o remanescente fiel do primeiro. Para os estudos mais abrangentes sobre a identidade do servo, veja Christopher North, The Suffering Servant in Deutero-Isaiah: an historical and critical study (Londres: Oxford University Press, 1948); Herbert Haag, Der Gottesknecht bei Deuterojesaja, EdF 233 (Darmstadt: Wissenschaftliche Buchgesellschaft, 1985).

O SERVO SOFREDOR E O REI MESSIÂNICO (IS 1-39)

IDENTIFICANDO O SERVO E O REI

A redescoberta unidade do livro de Isaías reabriu a porta para os estudiosos explorarem a relação entre o Rei Messiânico de Isaías 1-39 e o servo de Isaías 40-55, muitos deles concluindo que os dois títulos se referem a uma figura messiânica.[5] Vou listar brevemente os argumentos mais fortes e comuns para identificar o servo e o rei, e então construir sobre essa base, concentrando-me em conexões que muitas vezes passam despercebidas entre a primeira estrofe do cântico do Servo Sofredor e Isaías 1-39.[6]

---

5 Os seguintes estudiosos identificam o Servo com o Rei Messiânico: Oswald Thompson Allis, *The unity of Isaiah: a study in prophecy* (Philadelphia: Presbyterian & Reformed, 1950), p. 87-101; Ernst Wilhelm Hengstenberg, *Christology of the Old Testament: and a commentary on the Messianic predictions* (Edimburgo: T&T Clark, 1861), 2:264; Edward Young, *The book of Isaiah*, NICOT (Grand Rapids: Eerdmans, 1965), 3:342; Otto Kaiser, *Der königliche Knecht*; Richard Schultz, "The King in the book of Isaiah", in: P. Satterthwaite; Richard Hess; Gordon Wenham, orgs., *The Lord's anointed: interpretation of Old Testament Messianic texts*, THS (Carlisle, Reino Unido: Paternoster, 1995), p. 154-59; Daniel Block, "My servant David: ancient Israel's vision of the Messiah", in: Richard Hess; Daniel Carroll R., orgs., *Israel's Messiah in the Bible and the Dead Sea Scrolls* (Grand Rapids: Baker Academic, 2003), p. 43-55; T. Desmond Alexander, *The Servant King: the Bible's portrait of the Messiah* (Vancouver: Regent College, 2003), p. 108-12; Stephen Dempster, "The Servant of the Lord", in: *Central themes in Biblical theology: mapping unity in diversity* (Grand Rapids: Baker Academic, 2007), p. 154-160; Peter Gentry, "The atonement in Isaiah's Fourth Servant Song (Isaiah 52:13-53:12)", *SBJT* 11 (2007): 24. Como um exemplo de contra-argumento, G. Hugenberger afirma que o Servo é um novo Moisés ("The Servant of the LORD in the 'Servant Songs' of Isaiah: a second Moses figure", in: P. Satterthwaite; Richard Hess; Gordon Wenham, orgs., *The Lord's anointed: interpretation of Old Testament Messianic texts*, THS [Carlisle, UK: Paternoster, 1995], p. 105-40); para uma refutação dessa tese, veja Daniel Block, "My servant David: ancient Israel's vision of the Messiah", in: *Israel's Messiah in the Bible and the Dead Sea Scrolls*, p. 45-46.

6 Eu assumo o esboço geral de Isaías 52.13–53:12 de J. A. Motyer em seu *The prophecy of Isaiah: an introduction & commentary* (Downers Grove, IL: InterVarsity Press, 1993), p. 423:

A: A exaltação do Servo (Is 52.13-15)
    B: A rejeição/sofrimento do Servo (Is 53.1-3)
        C: Significado do sofrimento do Servo (Is 53.4-6)
    B': A rejeição/sofrimento do Servo (Is 53.7-9)
A': A exaltação do Servo (Is 53.10-12)

Resumo dos argumentos que identificam o servo e o rei

1. *O título "servo"*. O fato de a figura-chave de Isaías 52.13–53.12 ser chamada de "meu servo" (52.13; 53.11) fornece evidência "esmagadora" de que ele é identificado com o Messias Davídico.[7] O título exato "meu servo" é aplicado a Davi mais do que a qualquer outra figura (23 vezes para Davi, 13 vezes para Jacó, 8 vezes para Moisés); e, quando considerado com seus pronomes possessivos, o título "servo" é dominado por referências a Davi (66 vezes para Davi, 19 vezes para Moisés).[8] A referência explícita de Isaías ao rei Davi como "meu servo" em Isaías 37.35 sugere que, para Isaías, o rei davídico e o Servo Sofredor não são figuras mutuamente excludentes.

2. *Ungido para tarefas específicas*. Tanto o rei quanto o servo são ungidos com o Espírito de Yahweh para as tarefas de estabelecer a justiça (מִשְׁפָּט) (Is 9.7 [6]; 42.1-4),[9] trazendo luz às nações (9.2; 42.6-7) e abrindo os olhos dos cegos (32.3; 42.7).[10]

3. *Imagens botânicas*. O rei e o servo são descritos com imagens botânicas, ambos sendo chamados de "raiz" (שֹׁרֶשׁ)

---

[7] Daniel Block, "My servant David: ancient Israel's vision of the Messiah", in: *Israel's Messiah in the Bible and the Dead Sea Scrolls*, p. 47.

[8] Stephen Dempster, "The servant of the Lord", in: *Central themes in Biblical theology*, p. 131–33.

[9] "Tanto no Antigo Testamento quanto no Antigo Oriente Próximo, estabelecer a justiça era consistentemente considerado uma das principais responsabilidades do rei", H. G. M. Williamson, *Variations on a theme: King, Messiah and Servant in the book of Isaiah* (Carlisle, Reino Unido: Paternoster, 2000), p. 136.

[10] Veja Richard Schultz, "The King in the book of Isaiah", in: P. Satterthwaite; Richard Hess; Gordon Wenham, orgs., *The Lord's anointed: interpretation of Old Testament Messianic texts*, THS (Carlisle, UK: Paternoster, 1995), p. 156.

(Is 11.10; 53.2).[11] A LXX traduz "raiz" (שֹׁרֶשׁ) em Isaías 53.2 como "filho", indicando que os tradutores identificaram o Servo Sofredor com o filho dado em Isaías 9 que é revelado como rei no capítulo 11.[12]

4. *Aliança e reino de Davi*. O Rei Messiânico e o servo estão ambos ligados às promessas de Deus a Davi (Is 9.7; 55.3).[13]

5. *Características reais*. A promessa de vitória (Is 52.12-13), as resposta dos reis (52.14-15; cf. 49.7) e o sepultamento com os ricos (53.9) sugerem uma interpretação real para o servo.[14]

6. *Interpretação judaica primitiva*. O *Targum de Isaías* acrescenta "o messias" depois de "meu servo" em Isaías 52.13, mostrando que os primeiros intérpretes identificavam o Servo Sofredor com o Rei Messiânico.[15]

Como uma observação final, o fato de que o servo nunca é explicitamente referido como "rei" é de pouca importância, pois mesmo o Messias de Isaías 1–39 não foi chamado de "rei" (מֶלֶךְ)

---

11 Imagens botânicas eram frequentemente usadas para descrever reis no Antigo Testamento. Veja Peter Gentry, "The atonement in Isaiah's Fourth Servant Song", p. 31–32", e especialmente nota 36.

12 Peter Gentry, "The atonement in Isaiah's Fourth Servant Song", p. 32.

13 O significado de Isaías 55.3 é contestado, mas interpretá-lo dentro de seu contexto o vincula ao Servo. Veja Peter Gentry; Stephen Wellum, *Kingdom through covenant: a Biblical-theological understanding of the covenants: a Biblical-theological understanding of the covenants* (Wheaton, IL: Crossway, 2012), p. 445; Richard Schultz, "The King in the book of Isaiah", in: P. Satterthwaite; Richard Hess; Gordon Wenham, orgs., *The Lord's anointed: interpretation of Old Testament Messianic texts*, p, 155; J. A. Motyer, *The prophecy of Isaiah*: an introduction & commentary, p. 13.

14 Daniel Block, "My servant David: ancient Israel's vision of the Messiah", in: *Israel's Messiah in the Bible and the Dead Sea Scrolls*, p. 50.

15 Brevard Childs, *Isaiah*, OTL (Louisville: Westminster John Knox, 2001), p. 408.

até 32.1. As "prerrogativas e características reais",[16] assim como as outras evidências acima, deixam claro que o servo é uma figura real, davídica, messiânica.[17]

A exaltação régia do servo (Is 52.13-15)

O cântico abre da mesma forma que fecha, com a exaltação do servo. Portanto, embora o sofrimento do servo seja central no cântico, sua exaltação fornece a estrutura. Sua primeira estrofe é imensamente importante para a compreensão da identidade e da realização ou conquista do servo, mas ela muitas vezes tem sido negligenciada. Essa primeira estrofe, no entanto, deixa claro que o servo também é uma figura regiamente exaltada.

"Alto e sublime" (Is 6.1 e 52.13)

A ênfase na exaltação na primeira estrofe é imediatamente aparente a partir dos três verbos sucessivos e, em grande medida, sinônimos usados para descrever o servo ("será exaltado e elevado e será mui sublime", Is 52.13). O grau de exaltação, no entanto, é grandemente aumentado quando o leitor descobre que essa linguagem de exaltação é usada em outros lugares apenas para descrever Yahweh, o Rei divino (Is 6.1; 33.10; 57.15). Isaías 6, reconhecido pelos estudiosos como tendo um grande impacto em todo o livro de Isaías,[18] é especialmente relevante para a introdução do cântico do Servo Sofredor:

---

[16] Gerard Van Groningen, *Messianic revelation in the Old Testament* (Grand Rapids: Baker, 1990), 611.

[17] Embora meu foco esteja na natureza real da conquista do Servo, isso de forma alguma implica que a realeza seja o único aspecto de sua identidade ou conquista. Muitos notaram que o servo cumpre cada um dos papéis messiânicos do tríplice ofício: profeta, sacerdote e rei (p. ex., Richard Schultz, "Servant/slave", in: *NIDOTTE*, 4:1196).

[18] H. G. M. Williamson, *Variations on a theme: King, Messiah and Servant in the book of Isaiah*, p. 9

Isaías 6.1: No ano da morte do rei Uzias, eu vi o Senhor assentado sobre um alto e sublime trono [רָ֖ם וְנִשָּׂ֑א]; e as abas de suas vestes enchiam o templo.

Isaías 52.13: Eis que o meu Servo procederá com prudência; será exaltado e elevado [יָר֧וּם וְנִשָּׂ֛א], e será mui sublime.

Exatamente a mesma frase usada para retratar Yahweh como Rei em Isaías 6.1 ("alto e sublime") é aplicada em Is 52.13 para descrever o servo de Yahweh.

Como, então, à luz dessa ligação intratextual entre Isaías 6.1 e 52.13, podemos descrever a conexão entre o Rei divino e o Servo Sofredor? O fato de Yahweh esmagar o servo (Is 53.10) significa que eles não podem ser simplesmente a mesma figura, embora isso relacione o servo e Yahweh de uma maneira sem precedentes. Talvez a resposta esteja na descrição do Servo Sofredor como o "braço do SENHOR" (Is 53.1). Yahweh é rei (Is 6.1), mas, no prólogo de Isaías 40–55, diz-se que a realeza de Deus é representada por meios mediatórios: "Eis que o SENHOR Deus vem com poder, e seu braço governa para ele", Is 40.10, ESV). O "braço do SENHOR" parece ser uma extensão do próprio poder de Yahweh, e, ainda assim, de alguma forma, distinto do próprio Yahweh.[19] Isaías 53.1 declara

---

19 De acordo com John Goldingay; David Payne, "[O braço] é uma revelação de uma parte de YHWH, em algum sentido representando YHWH e distinguível de YHWH" (*A critical and exegetical commentary on Isaiah 40–55*, ICC [London: T&T Clark, 2006], p. 298).

que esse "braço do SENHOR" é o servo de Yahweh, e, portanto, o agente mediador para promulgar seu reinado.[20]

Como isso contribui para a tarefa de identificar o *Rei Messiânico* e o servo? Primeiro, o servo e o Rei Messiânico são ambos intimamente identificados com Yahweh (Is 9.6; 53.1) e são considerados como agindo em seu nome (9.7; 53.1). Além disso, as implicações de Isaías 6 para a compreensão da exaltação do servo são vastas. Enquanto 52.13-15 mostra a exaltação do servo por si só, o pano de fundo de Isaías 6 enriquece muito nosso entendimento de duas maneiras primárias. Primeiro, a identidade do servo é confirmada como sendo régia. O servo é um rei. Segundo, Isaías 6 revela que o servo é exaltado ao mais alto nível possível, a realeza divina. Em suma, Isaías 52.13 revela a exaltação do servo; Isaías 6 revela a extensão da exaltação.

A reversão do endurecimento (Is 6.9-10 e 52.15)

A referência de Isaías 6.1 a "alto e sublime" revela a identidade régia do Servo Sofredor, mas a conexão com o tema do endurecimento em 6.9-10 revela um aspecto de sua missão e conquista ou realização. A conexão entre a reversão do endurecimento em 6.9-10 e a vitória do servo em 52.15 é inicialmente evidente nos paralelos verbais. Em Isaías 6, Yahweh endurece Israel "para que não venha ele a ver [הָאְרִי־פ] com seus olhos, a ouvir [עָמְשִׁי] com os ouvidos e a entender [וְיָבִי] com o coração, e se converta, e seja salvo" (Is 6.10). Em 52.13–53.12, o efeito do servo sobre os reis é o oposto daquele na passagem do endurecimento: "aquilo

---

20 A identidade do "braço" é contestada, mas os seguintes estudiosos identificam o "braço" com o Servo Sofredor: John Oswalt, *The book of Isaiah: chapters 40–66*, NICOT (Grand Rapids: Eerdmans, 1998), 375; J. A. Motyer, *The prophecy of Isaiah: an introduction & commentary*, p. 427; H. G. M. Williamson, *Variations on a theme: King, Messiah and Servant in the book of Isaiah*, 164.

que não lhes foi anunciado verão [וְרָאוּ], e aquilo que não ouviram [וְעָמְשׁ־אֶל] entenderão [וְנָבוֹתְה]" (Is 52.15). O motivo do endurecimento é um tema unificador em todo o livro de Isaías, mas, em última análise, é na pessoa e no trabalho do servo que a reversão ocorre.[21] Torsten Uhlig explica como isso traz clareza à identidade do servo:

> O servo individual aparece como alguém que experimentou o oposto do endurecimento a fim de cumprir sua missão: seu ouvido é despertado e aberto para sustentar o cansado (Is 50.4-5). Como aqueles que ouvem a voz desse servo (Is 50.10), um grupo está falando sobre o servo e a mudança de mente que eles experimentaram (Is 52.13–53.12).[22]

O sofrimento do servo reverte o endurecimento porque, por meio do seu sofrimento, ele lida com a fonte e a causa do endurecimento em primeiro lugar: o pecado do povo. "Certamente, ele tomou sobre si as nossas enfermidades e as nossas dores levou sobre si [...] Mas ele foi traspassado pelas nossas transgressões e moído pelas nossas iniquidades; o castigo que nos traz a paz estava sobre ele, e pelas suas pisaduras fomos sarados" (cf. Is 53.4-6).[23] A redenção proclamada em Isaías 40–55 visa superar o endurecimento de 6.9-10, e o sofrimento culminante do servo efetua sua reversão.

---

21 Torsten Uhlig, "Too hard to understand? The motif of hardening in Isaiah", in: David Firth; H. G. M. Williamson, orgs., *Interpreting Isaiah: issues and approaches* (Downers Grove, IL: InterVarsity Press, 2009), p. 74.

22 Ibid, p. 80.

23 Ibid.

A ligação entre a reversão do endurecimento e Isaías 52.13-53.12 também contribui para a identificação do Servo Sofredor com o Rei Messiânico. Torsten Uhlig observa que tem permanecido amplamente despercebido o fato de que o tema do endurecimento ocorre em muitas das passagens messiânicas de Isaías 1–39.[24] O Rei Messiânico terá um espírito de sabedoria, entendimento e conhecimento (11.2), e o efeito do seu reinado será o oposto do endurecimento anterior:

> Os olhos dos que veem não se ofuscarão,
>> e os ouvidos dos que ouvem estarão atentos.
> O coração dos temerários saberá compreender,
>> e a língua dos gagos falará pronta e distintamente.
>
> (Is 32.3-4)

Como a missão do Rei Messiânico, a missão do servo também é "para abrires os olhos aos cegos" (Is 42.7). A identidade está intrinsecamente relacionada à missão, e a missão do Rei Messiânico é estabelecer um reino (9.7). Os meios de estabelecer esse reino, no entanto, não estão presentes em Isaías 1–39, mas apontam para 52.13–53.12, onde o rei cumpre sua missão de servo por meio de seu sofrimento vitorioso.

Distinções entre o servo e o rei

Vimos que há fortes ligações entre o Servo Sofredor de Isaías 52.13–53.12 e o Rei Messiânico de Isaías 1–39. No entanto, embora o servo e o rei compartilhem muitas semelhanças, é preciso também levar em conta suas diferenças. Enquanto se diz que o rei

---
24 Idid., p. 79.

estabelece "seu reino" (Is 9.7), o servo é descrito como "não [tendo] aparência nem formosura; olhamo-lo, mas nenhuma beleza havia que nos agradasse" (53.2). O rei é chamado de "Maravilhoso Conselheiro, Deus Forte" (Is 9.6); o servo, "homem de dores" (53.3). Do rei a Escritura diz: "O governo está sobre os seus ombros" (Is 9.6); no entanto, a única coisa que o servo carrega são "as nossas dores" (53.4). Diz-se que o rei "ferirá a terra com a vara de sua boca" (11.4), mas o servo "não abriu a boca" (53.7). O rei se levantará e "matará o perverso" (11.4), mas o servo será "cortado da terra dos viventes" (53.8). Finalmente, é "o zelo do SENHOR dos Exércitos" que realizará a vitória do Messias (Is 9.7); no que diz respeito ao servo, no entanto, é dito: "ao SENHOR agradou moê-lo" (53.10). Além disso, nunca se diz que o Rei Messiânico de Isaías 9, 11 e 32 serve e sofre, e certamente ele não morre. Em vez de ignorar essas diferenças e se apoiar apenas nas semelhanças encontradas acima, talvez devêssemos vê-las precisamente como a chave para entender a identidade singular do rei-servo.

O DESENVOLVIMENTO DA MISSÃO DO SERVO REAL

Se o Rei Davídico e o Servo Sofredor são a mesma figura, então como podemos explicar o fato de que eles são apresentados de formas diferentes? A resposta está no desenvolvimento cronológico e temático dentro do livro de Isaías. Em outras palavras, o enredo do livro inclui uma variedade de contextos que, respectivamente, destacam diferentes aspectos da interação de Deus com seu povo em diferentes momentos — pré-exílico (Is 1–39) e exílico (Is 40–55) — e que resultam em diferentes representações do agente de Deus em seu propósito imutável de estabelecer seu reino. De acordo com Daniel Carroll: "A pessoa pela qual o povo de Deus deve esperar, então, é uma figura composta, cuja identidade definitiva continua empurrando o leitor adiante através de uma série de eras históricas, mas sem conclusão final".[25] Isaías 52.13–53.12, portanto, não representa uma contradição na expectativa de Isaías quanto ao Messias, mas, sim, um novo desenvolvimento em relação aos *meios* da missão do Messias que serão utilizados para estabelecer o reino.[26]

Muitos rejeitam a ideia de um messias sofredor por causa da falta de precedência, até esse momento, nas Escrituras. Embora eu tenha demonstrado esse padrão na história de Israel, a apresentação do sofrimento do Rei Messiânico por Isaías é certamente única, pois é muito mais explícita e desenvolvida. O sofrimento do Rei Messiânico não é uma anomalia, mas, sim, o ápice chocante do desenvolvimento da compreensão messiânica. A interpretação de Isaías 52.13–53.12 à luz do contexto de Isaías 1–39 mostrou que o Servo Sofredor deve ser identificado com o Rei Messiânico, que estabelecerá seu reino através dos surpreendentes meios do sofrimento sacrificial.

O SERVO SOFREDOR E O NOVO ÊXODO DO REINADO DE DEUS (IS 40–55)

Tendo identificado o Servo Sofredor com o Rei (e com reino vindouro) de Isaías 1–39, agora descreverei brevemente o contexto de Isaías 40–55 e, em seguida, ampliarei o contexto mais imediato do cântico do Servo Sofredor, incluindo as unidades que formam um parêntese antes e depois dessa passagem (isto é, Is 51.1–52.12 e 54.1-17).

---

25 M. Daniel Carroll R., "The power of the future in the present: eschatology and ethics in O'Donovan and beyond", in: Craig Bartholomew, org., *A royal priesthood? The use of the Bible ethically and politically: a dialogue with Oliver O'Donovan*, SHS (Carlisle, UK: Paternoster, 2002), p. 132.
26 T. Desmond Alexander, *The Servant King*, p. 112.

O NOVO ÊXODO E O REINADO DE DEUS

Em meio ao julgamento de Deus sobre Israel e sobre as nações em Isaías 1–39, havia esperança na vinda do Rei Messiânico que estabeleceria o reino de Deus na terra. Passando do "Livro do Julgamento" (Is 1–39) para o "Livro da Consolação" (Is 40–66), há uma notável mudança de ênfase de um rei estabelecendo um reino para um servo trazendo um novo êxodo.[27] Embora eu tenha focado na identidade do rei e do servo, devemos também perguntar: Como esse trabalho de trazer um novo êxodo se relaciona com o reino de Deus? Em outras palavras, a missão do Rei Messiânico é abandonada quando se chega a Isaías 40–55 e particularmente a 52.13–53.12?

Há três razões pelas quais o contexto da vinda do reino em Isaías 1–39 não desaparece (e, na verdade, é desenvolvido) em Isaías 40–55.[28] Primeiro, como mencionado acima, os diferentes contextos de Isaías 1–39 (monarquia) e 40–55 (exílio) requerem diferentes ênfases e até diferentes linguagens para expressar as ações de Deus e propósitos imutáveis dentro de cada período respectivo. A visão de um reino messiânico é apresentada em Isaías 1–39, contudo, no contexto de um povo exilado (Is 40–55), o reino de Deus assume um modo especialmente redentor.

Segundo, o pano de fundo do próprio Êxodo sustenta a unidade entre o novo êxodo e o reinado de Deus. O Cântico de Moisés (Êx 15.1-18) começa atribuindo a vitória redentora de

---

27 Para o tema do novo êxodo em Isaías 40–55, veja Bernhard Anderson, "Exodus typology in Second Isaiah", in: Bernhard Anderson; W. Harrelson, orgs., *Israel's prophetic heritage: essays in honor of James Muilenburg* (New York: Harper, 1962), p. 177-95. Para a influência do Êxodo ao longo das Escrituras, veja Richard Patterson; Michael Travers, "Contours of the Exodus motif in Jesus' earthly ministry", *WTJ* 66 (2004): 25–47.

28 Eu uso a frase "vinda do reino" livremente para significar o futuro estabelecimento do reinado de Deus por meio de seu Messias davídico (Is 9; 11; 32; cf. Mq 4.8).

Yahweh à sua majestade (Êx 15.7) e conclui com uma descrição de Yahweh trazendo seu povo para a terra prometida, onde "o SENHOR reinará por todo o sempre" (15.18; essa é significativamente a primeira menção explícita do reinado de Yahweh na Bíblia). Em suma, Israel é redimido *da* escravidão para ser transferido *para* um reino e tudo isso *por meio do* Rei. Além disso, esse reino envolve não apenas o reinado de Deus sobre seu povo na terra prometida, mas a restauração edênica do povo de Deus como um "reino de sacerdotes" (Êx 19.6).

Terceiro, e mais importante, Isaías 40–55, carregado de alusões a um novo êxodo (Is 40.3-5; 41.17-20; 42.14-16; 43.1-3, 14-21; 48.20-21; 49.8-12; 51.9-10; 52.11-12; 55.12-13), é estrategicamente estruturado por referências ao reinado de Deus (40.9-11; 52.7). No sempre importante prólogo de Isaías 40–55, um arauto proclama as "boas-novas" de que "o SENHOR Deus vem com poder, e seu braço governa para ele" (40.9-10, ESV). Como um grande rei-pastor, ele "apascentará o seu rebanho; entre os seus braços" e "recolherá os cordeirinhos e os levará no seio" (40.11). Yahweh é Rei (41.21; 43.15; 44.6; 52.7), e ele mais uma vez conduzirá majestosamente seu povo para fora da escravidão por meio de seu "braço" (40.10; cf. 43.15-19).

Assim como Isaías 40–55 começa com uma declaração do reinado de Deus, o texto atinge seu ápice com outro arauto anunciando as "boas-novas" de que "o teu Deus reina!" (52.7). Yahweh tem proclamado a libertação régia de seu povo da escravidão, mas nesse anúncio o *objetivo* do novo êxodo é revelado: o reino de Deus.[29] No Êxodo, Deus libertou seu povo da escravidão dos egíp-

---

29 Rikki Watts, "Consolation or confrontation: Isaiah 40–55 and the delay of the New Exodus", *TynBul* 41 (1990): 34; William Dumbrell, *The faith of Israel: a theological survey of the Old Testament*,

cios para que ele pudesse viver na terra prometida sob seu reinado por meio do rei Davi. No novo êxodo, Deus redimirá seu povo da escravidão do pecado para que ele possa viver eternamente na nova criação sob seu reinado por meio do Messias Davídico.

GRANDE E AINDA MAIOR LIBERTAÇÃO (IS 40–48 E 49–55)

O tema de Isaías 40–55 é apresentado nas primeiras palavras da introdução: "Consolai, consolai o meu povo" (Is 40.1). Como "um fio vermelho que se estende desde de 40.1", a promessa de conforto e libertação de Deus permanece em meio ao seu julgamento justo.[30] Essa libertação assume duas formas distintas: a "Grande Libertação" (Is 40–48) apresenta Israel como o servo cego e rebelde que é libertado fisicamente da Babilônia por Ciro. A "Grande Libertação" (Is 49–55) é uma libertação escatológica do cativeiro do pecado por intermédio do servo individual que restaura Israel.[31] A estrutura de Oswalt é útil para traçar o fluxo temático de Isaías 49–55:

Antecipação da salvação (Is 49.1–52.12)

Proclamação da salvação (Is 52.13–53.12)

Convite à salvação (Is 54.1–55.13)

---

2. ed. (Grand Rapids: Baker Academic, 2002), 108; John Bright, *The kingdom of God: the Biblical concept and its meaning for the church* (Nashville: Abingdon, 1957), p. 140.

30 Brevard Childs, *Isaiah*, p. 402.

31 John Oswalt, *The book of Isaiah: chapters 40–66* (Grand Rapids: Eerdmans, 1998), p. 286; Gary V. Smith, *Isaiah 40–66*, NAC 15b (Nashville: Broadman & Holman, 2009), p. 336. Embora J. A. Motyer considere apenas Isaías 44–48 a "Grande Libertação", eu mantenho seus termos porque eles expressam sucintamente a continuidade e distinção entre as duas seções (*The prophecy of Isaiah: an introduction & commentary*, p. 421).

O quarto cântico tem sido comumente interpretado à luz dos outros cânticos dos servos, então esta seção irá acrescer a esse contexto ao se concentrar particularmente nas passagens que emolduram o cântico (isto é, Is 51.1–52.12 e 54.1-17), as quais têm desempenhado um papel muito menor na interpretação.[32]

A ANTECIPAÇÃO DA SALVAÇÃO (IS 51.1–52.12)

O triunfo do servo em Isaías 52.13–53.12 só pode ser entendido como o ato culminante que 51.1–52.12 antecipa. O desenrolar do relato é construído em direção à salvação vitoriosa (52.7) e, então, surpreendentemente, revela os meios para essa grande realização: "Eis aqui meu Servo" (52.13). A seção inteira é mantida unida por oito imperativos iniciais, sendo os cinco últimos imperativos duplos. Todos estes fluem juntos para formar uma unidade antecipatória, proclamando a libertação de Israel através do "braço do SENHOR".

A história que se desenrola pode ser resumida da seguinte forma: Yahweh diz a Israel três vezes para ouvir (Is 51.1, 4, 7), pois sua salvação está chegando. Israel então clama para que o "braço do SENHOR" desperte e traga essa salvação (51.9-11), e a esse respeito Deus responde com três imperativos duplos, cada um chamando o povo a despertar para uma nova situação que o Senhor trouxe: o consolo de seu povo (51.12-16), a remoção da ira de Deus (51.17-23) e o reinado de Deus (52.1-12). Finalmente, com um último duplo imperativo, Deus ordena a seu povo: "retirai-vos, retirai-vos",

---

32 De acordo com J. Ross Wagner, o apóstolo Paulo interpretou Isaías 52.13–53.12 dentro de seu contexto imediato ("The heralds of Isaiah and the mission of Paul: an investigation of Paul's use of Isaiah 51–55 in Romans", in: W. H. Bellinger; William Reuben Farmer, orgs., *Jesus and the Suffering Servant: Isaiah 53 and Christian origins* [Harrisburg, PA: Trinity Press International, 1998], p. 220–22).

isto é, do lugar e da situação onde eles foram escravizados e em direção a realidade recém-alcançada (52.11).

Isaías 51.1-8 é estruturado em torno do uso triplo do imperativo ouvir, cada um seguido por palavras de segurança em relação à salvação vindoura de Deus.[33] A declaração "o Senhor tem piedade [ou consola] de Sião" (51.3) refere-se claramente à promessa inicial de Isaías 40, mostrando que essa unidade (51.1- 52.12) não é o início da antecipação, mas a culminação do que foi construído a partir de 40.1 em diante. O contexto da realização ou conquista do servo é ampliado ainda mais pelas referências à aliança abraâmica (51.2) e ao desejo de Deus para Israel: fazer "o seu deserto como o Éden" (51.3). Essas referências colocam a libertação vindoura de Yahweh no contexto mais amplo do Antigo Testamento, isto é, no contexto da criação, Queda e restauração por meio da "semente" de Abraão.

Uma das conexões mais claras entre Isaías 40 e 51.1-8 é o "braço do Senhor", que também prova ser um tema-chave em todo o restante das seções 51.1–52.12 e 52.13–53.12. Após a proclamação de consolo em 40.1, os meios dessa salvação é declarado em 40.10 (ESV): "Eis que o Senhor Deus vem com poder, e seu braço governa para ele". Não é surpresa, então, que, em 51.5, Israel seja apresentado como que aguardando em expectativa pelo "braço" de Yahweh. Motyer observa a importância do tema o "braço do Senhor" ao longo de Isaías 40–55, demonstrando que a referência ao braço em 51.5 se baseia em 40.10 e "prepara o terreno para 51.9, um chamado para uma ação do Senhor que operará o novo êxodo; para 52.10, onde o braço do Senhor está exposto para a revelação

---

33 Gary V. Smith, *Isaiah 40–66*, p. 389.

universal do poder salvador; e para 53.1, onde encontramos o braço do Senhor em pessoa".[34] O crescente anseio pela salvação do "braço do Senhor" empurra o leitor para o anúncio final do "braço do Senhor" como "o servo do Senhor" (Is 53.1).

Isaías 51.9-16 consiste em duas seções: um duplo imperativo de Israel clamando para o "braço do Senhor": "desperta, desperta" (51.9-11), e uma resposta de Yahweh com o duplo pronome: "Eu, eu sou aquele", e com a declaração de que ele será fiel às suas promessas e que expectativa deles não será em vão (51.12-16). Essa passagem é bem coerente com a anterior, pois é "uma resposta adequada às promessas divinas" que foram apresentadas em 51.1-8.[35] Yahweh prometeu consolo e salvação por meio de seu braço, e Israel agora está clamando em expectativa para que a salvação venha rapidamente. Ele responde com a garantia de que: "Eu, eu sou aquele que vos consola" (51.12), e: "Tu és o meu povo" (51.16). Ele se manterá fiel à sua promessa; a libertação está chegando.

Isaías 51.17-23 aborda a ira de Deus com base no problema de Israel (51.17-20) e a solução de Deus (51.21-23). Yahweh chama Israel para "despertar" para o estado de sua condição pecaminosa: "Desperta, desperta, levanta-te, ó Jerusalém, que da mão do Senhor bebeste o cálice da sua ira" (Is 51.17). O "cativeiro" de Israel vai além da opressão exercida por outras nações sobre eles e da destruição do pecado; eles precisam ser salvos da ira de Deus.

A presença da ira de Deus é claramente um componente importante do problema de Israel, e, portanto, a remoção da ira de

---

34 J. A. Motyer, *The prophecy of Isaiah: an introduction & commentary*, p. 404. O "braço do Senhor" não é apenas um tema unificador em Isaías 51.1–53.12, mas um tema-chave para conectar esta unidade com o restante do livro de Isaías (30.30; 40.10; 48.14; 51.5; 52.10; 53.1; 59.16; 62.8; 63.5, 12).
35 Ibid., p. 408.

Deus é absolutamente essencial para sua salvação. Surpreendentemente, Deus então declara: "Eis que eu tomo da tua mão o cálice de atordoamento, o cálice da minha ira; jamais dele beberás" (Is 51.22). À medida que a antecipação de 51.1–52.12 começa a ser descrita como uma realidade alcançada, a remoção da ira de Deus é um aspecto-chave para esse novo estado de ser. A ira de Deus, no entanto, não é meramente apagada, pois Deus declara que ele removeu sua ira de Israel e a colocou "nas mãos dos que te atormentaram" (51.23). De acordo com Oswalt, o afastamento da ira de Deus confirma sua justiça, porque ele não apenas esquece a devida penalidade pelo pecado, mas transfere a punição para os algozes de Israel.[36]

Motyer interpreta a remoção da ira de Deus à luz do tema do novo êxodo, tão prevalente em Isaías 49–55:

> No Êxodo, a redenção pascal do Senhor em favor de seu povo coincidiu com sua justa visitação sobre o Egito por recusar sua palavra e afligir seu povo. Não foi a visitação de justa punição do Egito que redimiu o povo (se fosse esse o caso, por que o sacrifício da Páscoa teria sido exigido?), mas a remoção da ira de um e a imposição da ira sobre o outro, os dois lados da mesma ação divina.[37]

Ao nos lembrarmos que Isaías 51.1–52.12 está apontando para a realização e conquista do servo em 52.13–53.12, essa passagem específica revela que o afastamento da ira de Deus é uma parte

---

36 John Oswalt, *The book of Isaiah: chapters 40–66*, p. 356.
37 J. A. Motyer, *The prophecy of Isaiah: an introduction & commentary*, p. 415.

essencial da libertação de Israel e, portanto, um aspecto crucial daquilo que o servo realizará.

Embora o trecho de Isaías 52.1-12 seja uma unidade textual que descreve a realidade da redenção de Yahweh, ele é frequentemente dividido em três seções (52.1-6, 7-10, 11-12). As primeiras palavras de Isaías 52.1-6 são quase idênticas às palavras de 51.9. O duplo imperativo "Desperta, desperta, arma-te de força", usado em Isaías 51.9 por Israel para chamar o "braço do Senhor" para a libertação, é empregado aqui para chamar o povo a responder à libertação que o "braço do Senhor" garantiu. Essa realidade transformada é definida pela pureza (52.1), liberdade (52.2) e, finalmente, redenção (52.3-6), que relembra como uma estrutura a libertação de Israel do cativeiro no Egito operada por Deus.

Isaías 52.7-10 é incrivelmente significativo porque representa o auge da expectativa por aquilo que o servo irá realizar e o retrato mais completo da nova realidade que ele criou. A nova realidade alcançada é caracterizada pelo reinado de Deus e é expressa de forma altamente lírica através da cena de um mensageiro retornando da batalha com a notícia dos resultados. As "boas-novas" da vitória são resumidas em uma frase — "O teu Deus reina" (52.7) —, à qual o povo responde com cânticos, porque sabem que isso significa o "retorno do Senhor a Sião" (52.8). John Oswalt argumenta que a declaração sintética da salvação — "O teu Deus reina" — é definida pela descrição tríplice anterior das boas-novas: "paz", "felicidade" e "salvação" (Is 52.7).[38]

"Paz" (שָׁלוֹם) descreve uma condição de bem-estar ou integridade, onde todas as coisas estão em sua devida relação umas

---

38 John Oswalt, *The book of Isaiah: chapters 40–66*, p. 368.

com as outras; "felicidade" (בוֹט) refere-se à bondade dos propósitos da criação restaurados; e "salvação" (הָעוּשִׁי) implica uma condição de liberdade de toda escravidão, particularmente da escravidão do pecado. A declaração fascinante: "O teu Deus reina", não apenas indica o contexto de reino de Isaías 40–55, mas lembra a visão messiânica do estabelecimento de um reino, que seria suscitado pelo "zelo do Senhor" (Is 9.7).

A última seção, Is 52.11-12, contém o duplo imperativo final dessa unidade. Enquanto o duplo imperativo anterior chamava Israel a "despertar" para a nova realidade alcançada pelo servo, esse último duplo imperativo os ordena a "afastarem-se" de seu cativeiro para entrarem nessa realidade. Embora essa seção apele para a narrativa do Êxodo e certamente chame Israel para um novo êxodo, ela também deixa claro que o novo êxodo não é uma duplicação da libertação dos israelitas em relação aos egípcios. Eles não são instruídos a "sair às pressas" como os israelitas no Êxodo; antes, como Goldingay diz, o processo do novo êxodo é "uma procissão sob a proteção daquele rei vitorioso dos versículos 7-10".[39]

Para resumir, Isaías 51.1–52.12, como uma unidade, revela o ápice da expectativa pela redenção de Deus, pois entre a promessa ("Consolai, consolai o meu povo", Isaías 40.1) e a profecia de cumprimento ("o Senhor consolou o seu povo", Isaías 52.9) reside o anseio crescente pelo grande ato de Deus de trazer um novo êxodo e estabelecer seu reinado em Sião.[40] Como Motyer diz: "O

---

39 John Goldingay, *Isaiah*, NIBCOT 13 (Peabody, MA: Hendrickson, 2001), p. 299.
40 Para as semelhanças entre Isaías 40.1-21 e 52.7-10, veja Brevard Childs, *Isaiah*, p. 406; John Goldingay, *Isaiah*, p. 299.

SENHOR *desnudou seu braço santo à vista de todas as nações* — no entanto, quanto ao ato em si, ainda estamos em suspense!"[41]

A PROCLAMAÇÃO DA SALVAÇÃO: O CÂNTICO DO SERVO SOFREDOR (IS 52.13–53.12)

O cântico do Servo Sofredor fornece a definição para o que culminou neste ponto e a base para o que se segue. Aqui estamos no coração dos *meios* de Deus para realizar a salvação e o ponto de articulação escatológico entre escravidão e redenção. Como meu objetivo não é fornecer uma exegese profunda de Isaías 52.13– 53.12 em si, mas localizar esse trecho dentro de seu contexto apropriado, vou direto ao ponto: o sofrimento do servo é descrito da perspectiva da expiação substitutiva.

Esse aspecto da realização e conquista do servo tem sido a interpretação dominante do cântico ao longo da história da igreja e, embora questionado por críticos recentes,[42] tem sido defendido, com sucesso, por muitos.[43] A estrutura do cântico, segundo Motyer, mostra que o *significado* do sofrimento do servo é revelado principalmente no centro do cântico (Is 53.4-6).[44] Primeiro, o sofrimento foi substitutivo: "ele tomou sobre si as nossas enfermidades e as nossas dores levou sobre si"; "ele foi traspassado pelas nossas transgressões e moído pelas nossas iniquidades"; e

---

41 J. A. Motyer, *The prophecy of Isaiah: an introduction & commentary*, p. 416, itálico do autor.

42 R. N. Whybray, *Isaiah 40–66* (NCB; Greenwood, SC: Attic, 1975), p. 175; Harry Orlinsky, "The so-called 'Servant of the Lord' e 'Suffering Servant' in Second Isaiah", in: Harry Orlinsky; N. Snaith, orgs., *Studies on the second part of the book of Isaiah* (Leiden: Brill, 1967), 1-133.

43 Alan J. Groves, "Atonement in Isaiah 53: for he bore the sins of many", in: Charles Hill; Frank James III, orgs., *The glory of the atonement* (Downers Grove, IL: InterVarsity Press, 2004), p. 61–89; John Oswalt, *The book of Isaiah: chapters 40–66*, p. 384–89; J. A. Motyer, *The prophecy of Isaiah: an introduction & commentary*, p. 423–26; Henri Blocher, *Songs of the Servant: Isaiah's good news*, p. 72.

44 Veja acima, p. 70, n. 6.

"o Senhor fez cair sobre ele a iniquidade de nós todos". Enquanto Isaías 53.3 deixa claro que ele sofreu como um "homem de dores", 53.4-6 revela que seu sofrimento não foi por causa dele, mas, sim, no lugar de outros. O servo recebe o castigo de muitos, que, em troca, recebem a paz (53.5).

Segundo, seu sofrimento é expiatório. Embora a palavra "expiação" não seja usada no cântico, o conceito está fortemente presente.[45] A linguagem de levar a culpa e a iniquidade (Is 53.4-6) e o próprio pecado (53.12), juntamente com a linguagem de substituição, lembra todo o sistema sacrificial de Israel. O servo é retratado tanto como o sacerdote que faz uma oferta de expiação (52.15; 53.10) quanto como o próprio cordeiro sacrificial que carrega o pecado (53.4-7). Ele é a oferta pela culpa (53.10), que, de acordo com a lei de Moisés, efetuaria a expiação e, portanto, restauraria o relacionamento de aliança com Deus (Lv 5.14–6.7; 7.1-10).[46] Em suma, o sofrimento do servo fornece uma expiação substitutiva para "muitos", removendo o pecado e suas consequências e restaurando um relacionamento correto com Deus. Dentro do *objetivo* mais amplo do novo êxodo do reino de Deus, descobrimos agora o *agente* (o servo régio) e os *meios* (sofrimento substitutivo, expiatório).

O CONVITE PARA A SALVAÇÃO (IS 54.1-17)

O triunfo do Servo Sofredor é antecipado em Isaías 51.1–52.12, proclamado em 52.13–53.12, e oferecido através de um convite em 54.1-17. Esta última passagem presume a restauração

---

45 Alan J. Groves, "Atonement in Isaiah 53: for he bore the sins of many", in: Charles Hill; Frank James III, orgs., *The glory of the atonement*, p. 64-68.

46 Barry Webb, *The message of Isaiah: on eagles' wings*, BST (Downers Grove, IL: InterVarsity Press, 1996), p. 213.

do povo de Deus e descreve metaforicamente a "herança dos servos do SENHOR" (Is 54.17). Westermann faz uma distinção fundamental para a compreensão dessa passagem: "O assunto da promessa novamente não é libertação e restauração, mas a nova condição de salvação".[47] Embora toda a passagem se concentre na descrição dessa condição de salvação, o primeiro segmento (54.1-10) enfatiza a fonte da restauração como o caráter gracioso de Deus usando a metáfora do casamento, enquanto o segundo segmento (54.11-17) destaca os benefícios da restauração usando a metáfora de uma cidade.

Especialmente importante para entender o trabalho do servo é a maneira pela qual Isaías 52.13–53.12 se relaciona com 54.1-17. Em Isaías 54.1-17, o estado do ser é criado pelo trabalho do servo em 52.13–53.12 e depende desse trabalho. De acordo com Motyer: "Em sua obra salvadora, o servo fez tudo, removendo o pecado, estabelecendo-se em retidão, criando uma família. O caminho está, portanto, aberto para uma resposta pura e simples: cantar sobre o que uma outra pessoa realizou".[48]

Embora a conexão entre Isaías 52.13–53.12 e 54.1-17 tenha sido frequentemente questionada,[49] as ligações literárias e temáticas provam sua inseparabilidade dentro do cânon. Primeiro, as duas passagens compartilham o vocabulário-chave: "paz" (שָׁלוֹם) em 53.5 e 54.10, 13; "descendência" ou posteridade (זֶרַע) em Isaías 53.10 e 54.3; e "muitos" (רַבִּים) em 53.11, 12 e 54.1. Segundo, as duas passagens compartilham um foco semelhante no assunto. Enquanto certas partes de Isaías, como os capítulos 40–48,

---

47 Claus Westermann, *Isaiah 40–66: a commentary*, OTL (Filadélfia: Westminster, 1969), p. 277.
48 J. A. Motyer, *The prophecy of Isaiah: an introduction & commentary*, p. 444.
49 Para uma discussão das posições, veja John Oswalt, *The book of Isaiah: chapters 40–66*, p. 413.

enfocam a libertação física, 52.13-53.12 e 54.1-17 compartilham uma ênfase comum nas questões de pecado, justiça ou retidão, misericórdia, perdão e relacionamento com Deus.⁵⁰ Terceiro, à luz do contexto mais amplo de Isaías 49-55, as duas passagens são coerentes tematicamente para formar um todo congruente. Se Isaías 52.13-53.12 é entendido como revelando os meios pelos quais o povo de Deus se reconcilia com ele, a passagem serve logicamente como fundamento para a nova condição de salvação apresentada em Isaías 54. Muilenburg expressa bem a adequação do cântico do Servo Sofredor: "Precisamente na conjuntura da vinda do reino e na inauguração da nova aliança, ele [o escritor] entende ser necessário inserir o poema do Servo Sofredor".⁵¹

Isaías 54.1-10 convida Israel a "Cantar!" e a abraçar a restauração alcançada pelo servo em 52.13-53.12. O povo resgatado de Deus é descrito metaforicamente como uma mulher estéril que agora pode cantar sobre sua multidão de filhos (54.1-3) e como uma viúva que perderá o opróbrio da viuvez porque seu Criador agora é seu Marido (54.4-5). Essa é a realidade alcançada para a qual Israel está sendo convidado, um relacionamento restaurado com seu Criador que é descrito nos termos mais íntimos disponíveis.

Embora tenhamos visto antecipação (Is 51.1-52.12), proclamação (52.13-53.12) e convite (54.1-17), Isaías 54.7-8 revela a motivação por trás da salvação de Deus: "Por breve momento te deixei [...] mas com misericórdia eterna [חֶסֶד] me compadeço de ti". O espanto de um rei sendo submetido ao sofrimento em favor de outros levanta a questão: *Por que* ele faria isso? Essa pergunta é respondida em 54.8 com uma das mais ricas palavras hebraicas (חֶסֶד),

---
50 Ibid., p. 414.
51 Citado em John Oswalt, *The book of Isaiah: chapters 40-66*.

expressando o amor gracioso e a devoção da aliança de Yahweh por seu povo. Então, Isaías 54.10 introduz outro tema-chave que está diretamente relacionado ao cântico do Servo Sofredor, descrevendo a realidade alcançada no capítulo 54 como a aliança de paz (שָׁלוֹם) de Yahweh. O שָׁלוֹם (šālôm) desfrutado pelos redimidos em Isaías 54 é o mesmo שָׁלוֹם (šālôm) alcançado pelo servo em Isaías 53.5: "o castigo que nos traz a paz [שָׁלוֹם] estava sobre ele".

Isaías 54.11-17 continua a descrever a realidade da salvação alcançada, agora falando de Israel da perspectiva de uma cidade sendo estabelecida em retidão. O fluxo da metáfora se move da magnificência da cidade (54.11-12) para a bem-aventurança de seus cidadãos (54.13-14) e, então, para a proteção e o governo de Yahweh sobre a cidade (54.15-17). O tema da cidade prevalece em todo o livro de Isaías,[52] mas é somente sobre o fundamento da realização do servo que essa cidade é construída. A cidade, marcada pela paz (54.13, שָׁלוֹם), é um retrato da nova realidade alcançada pelo servo em 52.13–53.12.

O último versículo oferece uma conclusão apropriada: "Esta é a herança dos servos do SENHOR" (Is 54.17). Oswalt assevera que o "esta" inclui não apenas o conteúdo de Isaías 54, mas o relacionamento restaurado com Yahweh, que tem sido todo o foco dos capítulos 49–55.[53] Além disso, os beneficiários da realização do servo são agora declarados "servos do SENHOR." Como será discutido mais adiante, a obra expiatória do servo de Yahweh restaurou os servos de Yahweh.

---

52 J. A. Motyer, *The prophecy of Isaiah: an introduction & commentary*, p. 449.
53 John Oswalt, *The book of Isaiah: chapters 40–66*, p. 431.

O SERVO SOFREDOR E A NOVA CRIAÇÃO (IS 56-66)

Embora meu objetivo principal seja entender o lugar do sofrimento do servo no contexto do reino vindouro do Messias, seria negligente não mencionar pelo menos brevemente o significado de Isaías 56-66. Há um consenso acadêmico de que Isaías 56-66 pressupõe e até desenvolve Isaías 40-55,[54] mais uma vez à luz de um novo contexto (pós-exílico) e com foco especialmente escatológico (os novos céus e a nova terra).

A característica principal de Isaías 56-66 é o efeito do trabalho do servo sobre os servos, à medida que o reino de Deus se estende de Jerusalém até os confins da terra. Por isso o servo (singular) em Isaías 49-53 muda para os servos (plural) em Isaías 54-66. W. A. M. Beuken argumentou de forma convincente que a promessa de "descendência" ou posteridade para o servo em 53.10 é cumprida nos "servos" de 54.17, e se torna o tema dominante em Isaías 56-66.[55] Schultz capta bem o desenvolvimento temático: "O trabalho do servo individual restaura o servo nacional para que os indivíduos dentro de Israel possam, mais uma vez, servirem a Deus".[56] A oferta sacerdotal de si mesmo do servo (52.15; 53.10) resulta na democratização do sacerdócio para todos os servos de Deus: "vós sereis chamados sacerdotes do Senhor" (Is 61.6; cf. 54.11-17; 56.1-8; 59.21-60.3; 66.21). O novo êxodo está realmente se cumprindo, pois o Senhor redimiu seu povo e fez dele "um reino de sacerdotes" (Êx 19.6).

---

54 Jake Stromberg, *Isaiah after Exile: the author of Third Isaiah as reader and redactor of the book* (Oxford: Oxford University Press, 2011), p. 2; H. G. M. Williamson, "Recent issues in the study of Isaiah", p. 37.

55 W. A. M. Beuken, "The main theme of Trito-Isaiah 'the Servants of YHWH,'" *JSOT* 15 (1990): 67-87. Essa tese tem sido afirmada pelos seguintes estudiosos: J. A. Motyer, *The prophecy of Isaiah: an introduction & commentary*, p. 445; Brevard Childs, *Isaiah*, p. 444-52; Joseph Blenkinsopp, *Isaiah 56-66: a new translation with introduction and commentary* (AB; New York: Doubleday, 2003).

56 Richard Schultz, "Servant/Slave", in: *NIDOTTE*, 4:1195.

RESUMO: O REI-SERVO E O REINO DE SERVOS

Como a substituição do Servo Sofredor no contexto apropriado contribui para a interpretação da *identidade* do servo e para a natureza de sua *realização* em Isaías 52.13–53.12? Demonstrei que essa substituição revela que ele é o Rei Messiânico (Is 1–39), que trará um novo êxodo (Is 40–55) e, assim, estabelecerá o reino de Deus pelos surpreendentes meios de sua morte expiatória. Em outras palavras, o contexto de 52.13–53.12 retrata um ato de salvação que é feito *por um rei-servo* (identidade) e *para um reino de servos* (realização).

A *identidade* do servo é caracterizada por sua conexão tanto com o Rei Messiânico quanto com o Rei divino. Em toda a Escritura, Yahweh é Rei, embora desde o início da história seu reinado seja mediado por seres humanos (Gn 1.28). No entanto, enquanto a humanidade falhou em representar adequadamente o reino de Deus, Deus prometeu ungir um humano, na linha de Davi, por meio de quem ele reinaria por toda a eternidade (Is 9.1-7). A esperança do reinado de Deus sendo restaurado na terra se move do Rei Messiânico em Isaías 1–39 para uma apresentação surpreendentemente nova do governo mediado por Deus: "Eis aqui o meu servo" (52.13). O servo é o Rei Messiânico, o "braço do Senhor" (53.1) que governa por ele (40.10). O rei-servo é o elemento mediador de estabelecer o reinado de Deus.

A natureza da *realização* do servo é grandemente enriquecida pelo contexto da vinda do reino de Deus (Is 1–39), do novo êxodo (Is 40–55) e da nova criação (Is 56–66). A expiação substitutiva do servo não apenas reconcilia os pecadores com Yahweh, mas também efetua o novo êxodo e o reinado de Yahweh na terra, restaurando os servos infiéis ao serviço adequado do Rei. O contexto imediato do cântico do Servo Sofredor revela que a antecipação do reinado de Deus (Is 51.1-52.12) encontra sua resolução no sofrimento do servo (52.13-53.12), que é então celebrado em um grande cântico de restauração (54.1-17). Em outras palavras, entre a promessa de redenção (51.1-52.12) e o cumprimento da redenção (54.1-17) está a grande realização do Redentor (52.13-53.12).[57]

O contexto do Quarto Cântico do Servo também revela a natureza abrangente do trabalho do servo, talvez melhor visto no uso de *šālôm* (paz) por Isaías para descrever o fruto do trabalho do servo e o estado resultante do reinado de Deus. *Šālôm* foi predito como parte da esperança messiânica (Is 9.6), antecipada como boas-novas (52.7) e alcançada pelo servo como característica definidora da nova realidade (54.8).[58] O "governo de Deus que produz *šālôm*"[59] (Is 52.7), no entanto, é exibido em sua plenitude no sofrimento majestoso do servo: "o castigo que nos traz *o šālôm* estava sobre ele" (53.5). Portanto, se o reinado do Messias é caracterizado pela interminável *šālôm* (9.7), e ele está previsto "para o [reino] estabelecer e o firmar mediante o juízo e a justiça, desde agora e para sempre" (9.7), então a morte expiatória do servo é o meio para esse estabelecimento do reino e sua fundação na eternidade.

A natureza paradoxal do sofrimento e da exaltação do Rei-servo está no centro de sua gloriosa realização. Aquele que foi "exaltado" e "elevado" [אָשָׂ] (Is 52.13) é aquele que "tomou [אָשָׂ] sobre si as nossas enfermidades e as nossas dores levou sobre si" (53.4) e "levou [אָשָׂ] sobre si o pecado de muitos" (53.12).

---

57 William Dumbrell, "The role of the Servant in Isaiah 40–55", *RTR* 48 (1989): 105–13; William Dumbrell, *The faith of Israel*, p. 109–10; Rikki Watts, "Consolation or confrontation: Isaiah 40–55 and the delay of the New Exodus", *TynBul* 41 (1990): 52.

58 Barry Webb, *The message of Isaiah*, p. 214.

59 Stephen Dempster, *Dominion and dynasty: a Biblical theology of the Hebrew Bible*, p. 175.

Na tradução da Bíblia para a nossa língua, simplesmente perde-se o jogo de palavras, mas a ironia não poderia ser maior. Aquele que é "levantado" em exaltação é aquele que "levantou" nossos pecados sobre si mesmo para que pudéssemos ser reconciliados com Deus e participar de sua vitória. Embora exaltação e humilhação pareçam ser opostos extremos, o servo é exaltado pela humilhação, e vitorioso pelo sofrimento. Colocar novamente o cântico do Servo Sofredor em seu contexto canônico fornece uma estrutura do reino para a morte expiatória do Rei-servo que leva o pecado, carrega a tristeza, afasta a punição, oferece a oferta pela culpa e toma o nosso lugar. A relevância disso não poderia ser mais *crucial*: o Rei-servo cria um reino de servos por meio de seu sofrimento expiatório e vitorioso.

E, no entanto, tudo isso é profético — remetendo o leitor para frente em busca do cumprimento dessas promessas. Enquanto a visão do reino de Isaías era majestosa e sublime, o Antigo Testamento termina modestamente, com um cumprimento parcial e, certamente, sem nenhum rei inaugurando uma nova era de salvação. Mas a promessa permanece. A antecipação se constrói. Devemos nos voltar para o Novo Testamento.

CAPÍTULO 3
O REI CRUCIFICADO NO EVANGELHO DE MARCOS

O Novo Testamento apresenta Jesus como a continuação e o cumprimento da história do Antigo Testamento de Adão e Israel. Neste capítulo, seguirei o retrato de Jesus que nos é dado por Marcos. Então, no próximo capítulo, interpretarei duas outras passagens-chave do Novo Testamento que estão ligadas pelo "sangue" da cruz e pelo "reino" de Cristo (Cl 1.13-20; Ap 5.5-10).

A integração que Marcos faz do reino e da cruz no cumprimento da história de Israel por Jesus sugere que os intérpretes erram o alvo quando se concentram exclusivamente no reino *ou* na cruz. Por mais perigosa que seja essa bifurcação, uma leitura simples do Evangelho de Marcos pode aguçar (e geralmente aguça) essa divisão. A primeira metade de Marcos aparentemente destaca a proclamação vitoriosa de Jesus e a demonstração do reino, enquanto a segunda metade enfatiza seu serviço e aparente derrota na cruz. Como o reino e a cruz se relacionam no Evangelho de Marcos?[1] A relação entre o reino e a cruz em Marcos foi interpretada de várias maneiras:

---

1 Estudiosos têm empregado uma variedade de métodos para responder a essa pergunta. Enquanto os críticos da forma separaram completamente o reino e a cruz atribuindo cada um a diferentes fontes (isto é, Rudolf Bultmann, *The history of the synoptic tradition* [New York: Harper & Row, 1963], p. 262-84), certos estudiosos do Jesus histórico procuram unificar novamente os dois na mente e consciência do próprio Jesus (Heinz Schürmann, *Gottes Reich, Jesu Geschick* [Freiburg, Breisgau:

1. Reino apesar da cruz (é a vida e a ressurreição de Jesus, não sua morte, que traz o reino)²
2. Cruz apesar do reino (a morte de Jesus é o que realmente importa)³
3. O reino e então a cruz (missão do reino de Jesus interrompida pela morte)⁴
4. A cruz e então o reino (a morte de Jesus como precursor do reino)⁵
5. O reino qualifica a cruz (a teologia da glória corrige a teologia do sofrimento)⁶
6. A cruz qualifica o reino (a teologia do sofrimento corrige a teologia da glória)⁷

Herder, 1983]; N. T. Wright, *Jesus and the victory of God*, Christian Origins and the Question of God [Minneapolis: Fortress, 1996], p. 540–611; Scot McKnight, *Jesus and his death: historiography, the historical Jesus, and atonement theory* [Waco, TX: Baylor University Press, 2005]). Abordarei a interpretação de Marcos do reino e da cruz, não por meio da reconstrução das origens do Evangelho de Marcos nem da redescoberta dos objetivos do Jesus histórico, mas, ao invés disso, apreendendo o retrato teológico de Jesus feito por Marcos na forma final de sua narrativa, especialmente à luz do uso que ele faz do Antigo Testamento.

2 David Brondos, "Why was Jesus crucified? Theology, history and the story of redemption", *SJT* 54 (2001): 496–99.

3 Essa interpretação está refletida na tendência, ainda comum, de considerar os Evangelhos como "narrativas da Paixão com longas introduções" (Martin Kahler, *The so-called historical Jesus and the historic, biblical Christ* [Philadelphia: Fortress, 1964], p. 80).

4 Sobre a vinda do reino, Rudolf Bultmann diz: "Essa esperança de Jesus e da comunidade cristã primitiva não se cumpriu. O mesmo mundo ainda existe e a história continua" (*Jesus Christ and mythology* [New York: Scribner, 1958], p. 14); cf. Rudolf Bultmann, *The history of the synoptic tradition*, p. 262-84.

5 Johannes Weiss, *Die Predigt Jesu vom Reiche Gottes* (Göttingen: Vandenhoeck & Ruprecht, 1900); Albert Schweitzer, *The mystery of the kingdom of God: the secret of Jesus' Messiahship and Passion*, tradução de Walter Lowrie (New York: Macmillan, 1950).

6 Robert Gundry, *Mark: a commentary on his apology for the Cross* (Grand Rapids: Eerdmans, 2000), p. 1–14, 1022–26.

7 "A visão reinante diz que Marcos corrige a teologia da glória com a teologia do sofrimento" (Robert Gundry, *Mark: a commentary on his apology for the cross*, p. 2).

Proponho que o relacionamento adequado entre essas duas realidades deve ser definido como "reino por meio do 'caminho' da cruz". Embora haja certamente uma ênfase no reino no ministério de Jesus na Galileia (Mc 1.1–8.21) e na cruz em seu ministério em Jerusalém (11.1–16.8), uma leitura mais detalhada da seção do "caminho" (8.22–10:52) revela que não há contradição entre o reino e a cruz, nem há simplesmente uma progressão de um para o outro; em vez disso, há uma relação mutuamente enriquecedora entre os dois que se baseia significativamente na história de Israel e culmina na crucificação de Cristo, o Rei.[8] O reino é redefinido pelo sofrimento, e a cruz é retratada como um ato de poder real.

A interação reino-cruz é implicitamente proclamada na Galiléia, explicitamente explicada no "caminho" e efetivamente estabelecida no Gólgota. Demonstrarei que não é preciso escolher entre o Evangelho de Marcos como "narrativa da Paixão"[9] *ou* como um "manifesto" do reino,[10] porque ele é uma coalescência desses temas em Jesus, que traz o reino por meio da cruz. Abaixo, vou traçar o desenvolvimento da interação reino-cruz ao longo do Evangelho de Marcos, observando como a missão do reino de Jesus culmina na cruz.

---

8 As seguintes obras apoiam a tese de que Marcos está retratando a crucificação como entronização: Joel Marcus, "Crucifixion as parodic exaltation", *JBL* 125 (2006): 73–87; T. E. Schmidt, "Mark 15:16–32: the crucifixion narrative and the Roman triumphal procession", *NTS* 41 (1995): 1–18; Norman Perrin, "The high priest's question and Jesus' answer (Mark 14:61–62)", in: Werner Kelber, org., *The Passion in Mark: studies on Mark 14–16* (Philadelphia: Fortress, 1976), p. 91–94; Howard Jackson, "The death of Jesus in Mark and the miracle from the cross", *NTS* 33 (1987): 25.

9 Martin Kahler, *The so-called historical Jesus and the historic, Biblical Christ*, p. 80.

10 Werner Kelber, *The kingdom in Mark: a new place and a new time* (Philadelphia: Fortress, 1974), p. 139.

O REINO À SOMBRA DA CRUZ (MC 1.1–8.26)

O INÍCIO DO EVANGELHO

De acordo com a convenção literária antiga, o prólogo de Marcos revela temas-chave para a totalidade de sua obra. A primeira palavra de Marcos (ἀρχή) não está simplesmente dizendo ao leitor por onde começar, mas, sim, fazendo uma referência a Gênesis 1.1 (ἐν ἀρχῇ, LXX), que coloca a história de Marcos sobre Jesus dentro da história do mundo desde a criação (Gn 1–2) até a nova criação (Is 65.17-25), e, mais especificamente (como fica claro no próximo versículo), dentro do contexto da história de Israel.[11] A citação explícita do Antigo Testamento em Marcos 1.2-3, embora atribuída a Isaías, é na verdade uma fusão de Êxodo 23.20, Malaquias 3.1 e Isaías 40.3. A chave para essa citação é que, ao fazer referência a Isaías, Marcos não está meramente usando essas passagens como "textos-prova" do ministério de preparação de João, mas, sim, lembrando todo o contexto de Isaías 40–55: o tão esperado novo êxodo de Isaías, culminando no reino de Deus sobre a terra.

Embora a influência de Isaías 40–55 em Marcos tenha sido amplamente reconhecida, Rikki Watts e Joel Marcus, em particular, lançaram luz sobre a maneira pela qual o novo êxodo de Isaías fornece uma estrutura conceitual e hermenêutica para a totalidade do evangelho de Marcos.[12] O contexto do novo êxodo de Isaías inclui uma perspectiva dupla de salvação e julgamento: salvação no que se refere ao novo êxodo de Isaías e julgamento no que diz respeito à advertência de Malaquias sobre seu atraso. Para Marcos, portanto,

---

11 Nicholas Perrin, "Where to begin with the Gospel of Mark", *CurTM* 35 (2008): 413.

12 Rikki Watts, *Isaiah's new exodus in Mark* (Grand Rapids: Baker Academic, 2001); Joel Marcus, *The way of the Lord: Christological exegesis of the Old Testament in the Gospel of Mark* (Louisville: Westminster John Knox, 1992).

o início do ministério de Jesus representa o início do novo êxodo de Isaías e o estabelecimento do reino de Deus na terra.¹³ Embora a estrutura de Marcos seja, em um certo nível, simplesmente geográfica (Galileia, jornada, Jerusalém), teologicamente ela se alinha com o padrão de redenção estabelecido no Êxodo e profetizado no novo êxodo de Isaías (libertação do mal, jornada ao longo do "caminho", entronização em Jerusalém).¹⁴ Especialmente pertinente é o fato de que a influência de Isaías 40-55 sobre Marcos inclui não apenas o novo êxodo de Isaías, que culmina com a entronização de Deus em Jerusalém (Is 52.7), mas também seu agente e seus meios — o servo e sua morte expiatória (Is 52.13–53.12).¹⁵

Uma vez que o palco para o novo êxodo de Isaías foi montado, o drama imediatamente se desdobra em dois atos de abertura: a preparação de João (Marcos 1.4-8) e o ministério de Jesus (1.9-15). João "prepara o caminho" para Jesus não apenas proclamando sua vinda, mas prenunciando sua carreira. João prega (κηρύσσω, 1.4, 7) e é entregue (παραδίδωμι, 1.14) para ser morto; então Jesus prega (κηρύσσω, 1.14) e é entregue (παραδίδωμι, 15.15) para ser morto.¹⁶ O ponto principal da introdução de João, no entanto, é sua proclamação de Jesus como o "mais poderoso" (ὁ ἰσχυρότερος, Marcos 1.7). Enquanto Isaías 40.9-10 tem Yahweh vindo em "força" (ἰσχύς, LXX), com seu braço governando por ele, João anuncia que Jesus vem em força para governar em nome de Deus. Esse pano de fundo

---

13 Ibid., p. 4.

14 Ibid., p. 81.

15 Rikki Watts, "Consolation or confrontation: Isaiah 40–55 and the delay of the New Exodus", *TynBul* 41 (1990): 49–59.

16 O padrão é o mesmo para os discípulos, que devem pregar (κηρύσσω, Mc 3.14) e então serem entregues (παραδίδωμι, Mc 13.9) para serem mortos.

"exalta Jesus como uma figura real"[17] e provavelmente revela que o entendimento de João sobre Jesus é messiânico, especialmente considerando Isaías 11.2, que fala de um descendente davídico sobre quem "o Espírito do SENHOR repousará" e que terá um espírito de "força" (ἰσχύς, LXX).[18]

O batismo de Jesus é fundamental em Marcos porque indica o movimento de olhar para o Antigo Testamento a fim de descrever a missão de Jesus e de olhar adiante para a cruz como seu clímax. Dentro do próprio Evangelho de Marcos, o batismo (Mc 1.9-11) forma uma *inclusio*[19] com a crucificação (15.37-39).[20] No batismo, os céus são rasgados, uma voz vem do céu, e Jesus é declarado ser o Filho de Deus (1.9-11). Na crucificação, um clamor é emitido da cruz, o véu do santuário é rasgado e Jesus é declarado o Filho de Deus (15.37-39). Para Marcos, *a unção* de Jesus em seu batismo antecipa o evento culminante de sua *entronização* na cruz.[21]

No entanto, como Marcos pode combinar o reinado aparentemente contraditório e o sofrimento de Jesus? A resposta não está na síntese de conceitos abstratos de Marcos (reinado e sofrimento), mas no entrelaçamento de tradições e figuras do Antigo Testamento. O Antigo Testamento é o mundo interpretativo no qual Marcos se baseia, e estudiosos têm demonstrado que Marcos cita ou alude ao Antigo Testamento principalmente de forma contextual (e

---

17 Adela Yarbro Collins, *Mark: a commentary* (Hermeneia; Minneapolis: Fortress, 2007), p. 146.

18 No Judaísmo do Segundo Templo, o Messias estava associado à força (ἰσχύος) (*Sl. Sal.* 17.37; *1En.* 49.3).

19 Termo técnico para indicar trechos que formam um parêntese em relação à determinada passagem. Sinônimo de emolduramento (N. do R.).

20 Stephen Motyer, "The rending of the veil: a Markan Pentecost?" *NTS* 33 (1987): 155-57.

21 Ardel Caneday, "Christ's baptism and crucifixion: the anointing and enthronement of God's Son", *SBJT* 8 (2004): 70–85.

não atomística),²² e até mescla tradições do Antigo Testamento em pontos cruciais de seu argumento.²³ No batismo de Jesus, a voz do céu declara: "Tu és o meu Filho amado, em ti me comprazo" (Mc 1.11), o que combina as figuras do Antigo Testamento do Messias Davídico (Sl 2.7) e do servo em Isaías (Is 42.1).²⁴

Com base no uso contextual de Marcos do Antigo Testamento, essas alusões se referem não apenas à filiação de Jesus ou ao fato de que ele agrada ao Pai, mas a todo o contexto das passagens do Antigo Testamento. Jesus é, portanto, declarado como sendo o servo do qual fala Isaías 40–55, cujo sofrimento (Is 52.13–53.12) trará o novo êxodo e o reino de Deus. Da mesma forma, a alusão ao Salmo 2.7 refere-se não apenas à filiação de Jesus, mas à sua unção (Sl 2.2), entronização (Sl 2.6) e vitória sobre os inimigos (Sl 2.9); e todos derivam da tradição de 2 Samuel 7.12-14.

A apresentação de Marcos da interação reino-cruz, portanto, não é primariamente conceitual, mas histórico-redentora. Em outras palavras, Marcos não procura sintetizar reinado e sofrimento de forma abstrata, mas tecer fios proféticos utilizando figuras como o Rei Davídico e o Servo Sofredor. Embora unir os conceitos de "autoridade e servidão" ou "poder e fraqueza" seja útil (Paulo faz isso também), essa não é a principal maneira pela qual Marcos

---

22 Holly Carey, *Jesus' cry from the cross: towards a first-century understanding of the intertextual relationship between Psalm 22 and the narrative of Mark's Gospel* (New York: T&T Clark, 2009), p. 172; Rikki Watts, *Isaiah's new exodus in Mark*, p. 111.

23 Howard Clark Kee, "The function of Scriptural quotations and allusions in Mark 11–16", in: E. Ellis; E. Grässer, orgs., *Jesus und Paulus* (Göttingen: Vandenhoeck & Ruprecht, 1975), p. 173.

24 Para um levantamento da interpretação dessa alusão, veja Rikki Watts, "Mark", in: G. K. Beale; D. A. Carson, orgs., *Commentary on the New Testament use of the Old Testament* (Grand Rapids: Baker Academic, 2007), p. 122 [edição em português: *Comentário do uso do Antigo Testamento no Novo Testamento* (São Paulo: Vida Nova, 2014)].

explica esse paradoxo.²⁵ Em vez disso, Marcos o faz revelando Jesus como o Rei Davídico e de Daniel que reina assumindo o sofrimento do servo. Em suma, assim como a citação composta da abertura de Marcos (Mc 1.2-3) revelou o contexto mais amplo do novo êxodo de Isaías e o reino vindouro de Deus, essa alusão mesclada (1.11) revela a identidade daquele que trará o reino.

Como um novo Israel trazendo um novo êxodo, Jesus passa pela água e entra no deserto por quarenta dias, guardando a aliança nas situações em que Israel não o fez. A tônica principal da história da tentação é mostrar o "antecedente profundo" do conflito cósmico entre o reino de Deus e o reino de Satanás — um conflito que se intensifica até culminar na cruz.²⁶ Vencer a tentação de Satanás prenuncia as vitórias momentâneas nos milagres, nas curas e nos exorcismos de Jesus, e a vitória final em sua morte e ressurreição.

A proclamação inicial de Jesus — "o reino de Deus está próximo" (Mc 1.15) — resume o conteúdo de seu ensino, o poder de seus milagres, suas curas e exorcismos e o objetivo escatológico que define sua missão. Mas o que exatamente é o reino de Deus no Evangelho de Marcos? Linguisticamente, a maioria dos estudiosos concorda que ἡ βασιλεία τοῦ θεοῦ (*hē basileia tou Theou*) significa

---

25 Para estudos desses conceitos em Marcos, veja Narry Santos, *Slave of all: the paradox of authority and servanthood in the Gospel of Mark*, JSNT 237 (London: Sheffield Academic, 2003); Frederick Houk Borsch, *Power in weakness: new earing for gospel stories of healing and discipleship* (Filadélfia: Fortaleza, 1983); Theodore Weeden, "Cross as power in weakness (Mark 15:20b–41)", in: Werner Kelber, org., *The Passion in Mark: studies on Mark 14–16*, p. 115-34; Dorothy Lee-Pollard, "Powerlessness as power: a key emphasis in the Gospel of Mark", *SJT* 40 (1987): 173-88.

26 Elizabeth Struthers Malbon, *Mark's Jesus: characterization as narrative Christology* (Waco, TX: Baylor University Press, 2009), p. 45. De modo útil, E. S. Malbon também distingue entre: (1) o conflito subjacente com os personagens transcendentes; (2) o conflito de "meio-termo" com as autoridades; e (3) o conflito em primeiro plano com os discípulos.

o reino dinâmico ou reinado de Deus.²⁷ Teologicamente, no entanto, o reino de Deus envolve todas as esperanças escatológicas do Antigo Testamento, especialmente aquelas enfatizadas por Isaías, abrangendo tanto o julgamento quanto a salvação (Is 40.1-11; 52.7-12). Embora Deus seja soberano sobre todos, o "reino de Deus" é a esperança escatológica do governo de Deus sendo estabelecido na terra por meio de seu Messias (Is 9.1-7). As promessas do reino (ou seja, vitória sobre os inimigos e perdão dos pecados) direcionam a missão messiânica de Jesus à cruz.

OPOSIÇÃO AO REINO

O corpo da narrativa começa com Jesus demonstrando (Mc 1.16-45) o que ele acabou de proclamar (1.14-15): a proximidade do reino de Deus. No entanto, como essas demonstrações do reino (milagres, curas, exorcismos) se relacionam com a subsequente morte de Jesus? De acordo com Peter Bolt, elas agem como um "antegosto" ou um "microcosmo" da salvação que Cristo finalmente fornece em sua morte e ressurreição.²⁸ "Jesus estava demonstrando em casos individuais o que ele veio fazer em grande escala".²⁹

Embora Jesus tenha proclamado e demonstrado o reino com grande sucesso, a trama realmente começa a se desenrolar quando o reino entra em conflito com os líderes religiosos. Marcos 2.1–3.6 consiste em cinco histórias de conflito na forma de um quiasmo, mostrando, em última análise, a crescente resistência ao

---

27 R. T. France, *Divine government: God's kingship in the Gospel of Mark* (London: SPCK, 1990), p. 8–15.

28 Peter Bolt, *Jesus' defeat of death: persuading Mark's early readers* (Cambridge: Cambridge University Press, 2003), p. 271.

29 Ibid., p. 272.

reino e o resultado inevitável da cruz.³⁰ Dentro da estrutura geral do conflito, o centro do quiasmo é a primeira alusão explícita à morte de Cristo ("em que lhes será tirado o noivo", 2.20).³¹ Com base no uso literário de quiasmos por Marcos, Joanna Dewey argumenta que o centro do quiasmo é especialmente significativo e muitas vezes introduz uma ideia antitética na história.³² A alusão à morte de Jesus em 2.20 "é para Marcos um clímax literário adequado", revelando que "o ministério de Jesus está desde o princípio sob a sombra da cruz".³³ Logo no início, portanto, fica claro que o Jesus de Marcos tem a missão de trazer o reino de Deus e, ainda assim, ele está no caminho da cruz. Como esses dois objetivos se relacionam? Antes de responder a essa pergunta, a narrativa aumenta a tensão ao mostrar a oposição cada vez maior ao reino de Jesus, a qual o levará à cruz.

Se as armações dos fariseus para destruir Jesus eram em essência uma declaração de guerra, então essa próxima seção mostra a reunião de tropas de cada um dos lados em preparação para a inevitável colisão. Enquanto o Jesus de Marcos chama seus doze discípulos para si (Mc 3.13-19), a oposição também cresce, estendendo-se até mesmo para a própria família de Jesus (Mc 3.20-35). O ápice da oposição e a explicação mais explícita de Jesus sobre ela vêm dos fariseus acusando Jesus de estar possuído por Belzebu. Se a oposição entre o reino de Deus e o reino de Satanás tem sido o

---

30 Joanna Dewey, "Literary structure of the controversy stories in Mark 2:1–3:6", *JBL* 92 (1973): 394–401; Joanna Dewey, *Markan public debate: literary technique, concentric structure, and theology in Mark 2:1–3:6*, SBLDS 48 (Chico, CA: Scholars, 1979).

31 "Tirado" (ἀπαίρω) também é usado duas vezes para descrever o destino do servo em Isaías (Is 53.8, LXX).

32 Joanna Dewey, "Literary structure of the controversy stories in Mark 2:1–3:6", *JBL* 92 (1973): 398.

33 Ibid., *JBL* 92 (1973): 400.

pano de fundo do crescente conflito, esse encontro o traz à tona. Embora Satanás seja certamente um homem "valente" (ὁ ἰσχυρός, Mc 3.27), Jesus é o homem "mais poderoso" (ὁ ἰσχυρότερος, Mc 1.7) que está estabelecendo o reino de Deus e, portanto, destruindo o reino de Satanás.³⁴ Embora a batalha continue aumentando, esse encontro demonstra a autoridade de Jesus sobre Satanás e identifica cada exorcismo como "um evento escatológico que servia para preparar a criação de Deus para seu governo vindouro".³⁵ É também digno de nota que nesse encontro Jesus conecta a derrota de Satanás com o perdão dos pecados (3.27-28), e ambos faziam parte da visão de Isaías do reino vindouro de Deus (Is 40.2).

O MISTÉRIO DO REINO

Com essa oposição crescente (que acabará por levar à morte de Jesus), como Jesus pode continuar a proclamar a presença e a vitória do reino de Deus? Jesus responde a essa pergunta com quatro parábolas (Mc 4.1-35), revelando que, apesar de todas as aparências, o reino *está* avançando, apesar de sua presença estar oculta e sua natureza ser mal compreendida. Embora Jesus proclame o reino publicamente em parábolas (o que é esclarecido pela referência a Isaías 6.9-10), ele explica, em particular, a seus discípulos que eles receberam o "mistério do reino de Deus" (Mc 4.11). O segredo ou mistério não é simplesmente que o reino está de fato presente, mas *a maneira paradoxal* pela qual ele está avançando e será finalmente estabelecido. Os discípulos não entendem o ensino de um reino poderoso vindo por meios surpreendentemente humildes (Mc 4.13), o que

---

34 A conexão entre o prólogo e a expressão "homem forte" é corroborada pelo fato de que esses são os dois únicos lugares em Marcos que reúnem a terminologia "Satanás", "espírito" e "forte".

35 Howard Clark Kee, "The terminology of Mark's exorcism stories", *NTS* 14 (1968): 243.

prenuncia sua rejeição da ideia quando Jesus a ensina explicitamente sobre "o caminho" (Mc 8.32; 9.32; 10.35-40).

O tema da comida une Marcos 6.6b–8.21, retratando Jesus como o provedor do maná no deserto e os discípulos como os peregrinos que estão no caminho, mas ainda não compreendem o reino.[36] Embora os discípulos participem do ministério de Jesus, pregando, curando e expulsando demônios (Mc 6.6b-13), seu sucesso relativo é acompanhado por dúvida, falta de entendimento e dureza de coração (Mc 6.35-37, 52; 7.17-18; 8.14-21). É a identidade de Cristo, no entanto, que domina essa seção, como é evidente na justaposição intencional de Marcos das duas festas oferecidas por Herodes (6.14-29) e Jesus (6.30-44).

Embora Herodes e seus companheiros discutam as várias opções para a identidade de Jesus (Mc 6.14-16), Marcos revela a identidade de Jesus comparando-a ao "reinado" de Herodes. Enquanto o reinado de Herodes é caracterizado pelo medo, desejo incontrolável e dominação, o reinado de Jesus é de compaixão, pastoreio e serviço. Essa seção termina com a pergunta de Jesus: "Não compreendeis ainda?" (8.21), implicando a cegueira dos discípulos e antecipando a revelação por Jesus do mistério do reino no "caminho" para Jerusalém.

O REINO REDEFINIDO PELA CRUZ (MC 8.27–10.52)

A natureza da vinda do reino, misteriosamente oculta no ministério inicial de Jesus, é revelada e explicada no "caminho" para Jerusalém (Mc 8.27; 9.33, 34; 10.52). Em outras palavras, o que geograficamente é uma mera viagem da Galileia ao Gólgota (o

---

36 Joel Marcus, *Mark 1–8: a new translation with introduction and commentary*, AYBC (New York: Doubleday, 2000), p. 381.

caminho *para* a cruz) é também teologicamente o meio sábio de Deus para estabelecer seu reino (o caminho *da* cruz). O uso redacional amplamente reconhecido de Marcos de ἡ ὁδός (*hē hodos*; metade dos usos de Marcos de ἡ ὁδός estão na seção "caminho") lembra a menção dupla de ἡ ὁδός no prólogo do evangelho (Mc 1.2-3), que estabelece o contexto amplo do novo êxodo de Isaías e, mais especificamente, o "caminho do Senhor" (Is 40.3; 43.16-21; 51.9-10; 52.1-12; 62.10-12).[37] "O caminho" em Isaías é a triunfante marcha processional de Yahweh para a entronização em Jerusalém, pela qual ele conduz seu povo para fora da escravidão e para dentro de seu reino (Is 40.1-11; 52.1-12), abrindo seus olhos ao longo do caminho (Is 35.1-7; 42.16).[38] Assim como Isaías profetizou que o fim do Exílio e a vinda do reino (Is 40.1–52.12) seriam efetuadas por meio da morte expiatória do servo (Is 52.13–53.12), o Jesus de Marcos estabelece o reino de Deus não apesar da cruz, mas pelo "caminho" da cruz.

Além da localização estrutural da seção "caminho" entre a proclamação do reino por Cristo e sua morte na cruz, sua estrutura interna também tem grande significado para a interpretação de Marcos. Junto com o uso repetido de ἡ ὁδός, a seção é emoldurada pelas duas únicas histórias de restauração de visão no Evangelho de Marcos (Mc 8.22-26; 10.46-52) e inclui três previsões da Paixão-ressurreição, cada uma das quais segue o padrão triplo: (1) Jesus prevendo sua morte e ressurreição (Mc 8.31; 9.30-32; 10.32-34); (2) o mal-entendido dos discípulos (Mc 8.32-33; 9.33-34;

---

37 William Swartley, "The structural function of the term 'way' in Mark", in: W. Klassen, orgs., *The new way of Jesus: essays presented to Howard Charles* (Newton, KS: Faith and Life, 1980), p. 73–86.

38 Joel Marcus, *The way of the Lord: Christological exegesis of the Old Testament in the Gospel of Mark*, p. 35.

10.35-41); e (3) Jesus esclarecendo ensinando sobre discipulado (Mc 8.34-38; 9.35-37; 10.42-45). Embora cada uma das previsões inclua os mesmos elementos básicos, há uma progressão na clareza dos detalhes e do significado.

As histórias parenéticas de restauração da visão mostram que, embora os discípulos estejam cegos para a maneira de Deus trazer o reino (o sofrimento do Messias), seus olhos serão abertos. A primeira história de cura (Mc 8.21-26) prenuncia especificamente que essa restauração da visão acontecerá de forma incremental. Na segunda, assim como Bartimeu inicialmente só vê em parte e depois recebe uma revelação mais completa, Pedro reconhecerá corretamente Jesus como o Messias, mas entenderá mal a natureza de sua messianidade.

A PRIMEIRA PREDIÇÃO DA PAIXÃO E DA RESSURREIÇÃO

A primeira predição unifica a narrativa de Marcos como um todo, tornando explícito o que estava, até esse ponto, apenas implícito (Mc 2.20; 3.6, 19) e predizendo o que está por vir (capítulos 14–16). A própria estrutura da perícope é reveladora, formando um quiasmo que destaca a messianidade e o sofrimento de Jesus:

A. Identidade *messiânica* (Mc 8.27-30)
   B. *Sofrimento* por vir sobre Jesus (Mc 8.31-33)
   B'. *Sofrimento* por vir sobre os discípulos (Mc 8.34-37)
A'. Poder e glória *messiânicos* por vir (Mc 8.38–9.1)[39]

Junto com a noção comumente sustentada de que Marcos qualifica a messianidade de Jesus com o sofrimento da cruz, o

---

[39] Joel Marcus, *Mark 8–16: a new translation with introduction and commentary*, AYBC (New Haven, CT: Yale University Press, 2009), p. 623.

inverso também é verdadeiro: a morte de Jesus na cruz é motivada e moldada por sua missão de trazer o reino.

A primeira previsão acontece no "caminho" para Jerusalém quando Jesus pergunta a seus discípulos: "Quem dizem os homens que sou eu?" (Mc 8.27). Pedro identifica corretamente a *identidade* de Jesus como o Messias, mas Jesus silencia Pedro para que possa explicar a *natureza* de sua messianidade: "Então, começou ele a ensinar-lhes que era necessário que o Filho do Homem sofresse muitas coisas, fosse rejeitado pelos anciãos, pelos principais sacerdotes e pelos escribas, fosse morto e que, depois de três dias, ressuscitasse" (Mc 8.31).[40]

Mais uma vez, o Jesus de Marcos se baseia fortemente no Antigo Testamento para interpretar a natureza de seu messianismo. A referência a "Filho do Homem", interminavelmente disputada como um termo na boca do Jesus histórico,[41] é mais facilmente discernida quando usada por Marcos. Embora a expressão não seja mutuamente excludente em relação ao significado genérico do Antigo Testamento de "ser humano" (Nm 23.19; Sl 8.4; 144.3; Is 51.12; Jr 50.40; e 39 referências em Ezequiel), Marcos explicitamente faz referência ao contexto de Daniel pelo menos três vezes (Mc 8.38; 13.26; 14.62), que é, portanto, a referência primária. Em Daniel, o "um como o Filho do homem" (Dn 7.13) é uma figura

---

40 O encontro de Jesus com Pedro é um exemplo do tema do "segredo messiânico" tornado famoso por William Wrede. Embora ele estivesse certo ao destacar o significado desse tema para Marcos, Wrede estava errado ao argumentar com base na justificativa tardia da igreja da identidade aparentemente não messiânica de Jesus (*The Messianic secret*, tradução de J. C. G. Grieg [Cambridge: Clarke, 1971]). Como fica claro abaixo, o segredo messiânico é usado por Marcos para mostrar que a identidade de Jesus só é verdadeiramente compreendida por meio da cruz.

41 Veja Morna Hooker, *The Son of Man in Mark: a study of the background of the term "Son of Man" and its use in St. Mark's Gospel* (Montreal: McGill University Press, 1967). Para uma pesquisa recente, veja James Dunn, *Jesus remembered* (Grand Rapids: Eerdmans, 2003), p. 724–58.

humana descrita em linguagem divina a quem é dado o domínio para derrotar os reinos do mundo e restaurar os "santos" em seu lugar no reino.

A característica notável da referência de Jesus é que o "Filho do Homem deve sofrer". Poderia aquele que trouxe vitória sobre o sofrimento dos outros (Mc 5.26) agora se tornar uma vítima do sofrimento? O fato de que o "Filho do Homem" nunca sofre em Daniel 7, juntamente com a ausência de um filho do homem sofredor na interpretação judaica, levanta a questão do pano de fundo da missão de Jesus no Evangelho de Marcos.[42] Uma resposta significativa está no pequeno termo δεῖ (*dei* [deve/é necessário], Mc 8.31). O divino "deve" implica que "o Filho do Homem deve sofrer" porque é a vontade de Deus; a morte de Cristo faz parte do plano de Deus.

A vontade divina não é meramente conhecida de modo secreto por Jesus, mas é revelada no Antigo Testamento, evidente na declaração posterior de Jesus de que "está escrito sobre o Filho do Homem que sofrerá muito e será aviltado" (Mc 9.12). Uma vez que o "Filho do Homem" nunca sofre em Daniel 7, o Jesus de Marcos está claramente se baseando em outro lugar do Antigo Testamento para qualificar a natureza de sua autoridade e identidade messiânica descritas em Daniel.[43] Embora existam vários lugares possíveis

---

42 É possível, como alguns argumentaram, que o Filho do Homem sofra em Daniel 7 porque ele é tão intimamente identificado com os "santos" que sofrem (Morna Hooker, *The Son of Man in Mark*, p. 27-30; Robert Gundry, *Mark: a commentary on his apology for the Cross*, p. 446).

43 Adela Yarbro Collins (*Mark: a commentary*, p. 402) argumenta que os termos "Messias" e "Filho do Homem" são sinônimos em Marcos; Rikki Watts demonstra que, pelo menos, há uma sobreposição considerável ("Mark", in: G. K. Beale; D. A. Carson, orgs., *Commentary on the New Testament use of the Old Testament* [Grand Rapids: Baker Academic, 2007], p. 136).

onde Jesus poderia estar se baseando, o referente mais provável é Isaías 52.13–53.12.[44]

Enquanto Marcos anteriormente combinou as imagens do Antigo Testamento do Messias Davídico e do Servo Sofredor, aqui o Jesus de Marcos combina as imagens do Antigo Testamento do Filho do Homem de Daniel e do Servo Sofredor. Enquanto em Daniel 7 aquele que é semelhante ao Filho do Homem usa sua autoridade para julgar os pecados, Jesus, o Filho do Homem sofredor, usa sua autoridade para perdoar pecados (Mc 2.10). O que foi insinuado na Galileia — o reino está presente, mas está avançando de maneira inesperada — agora é afirmado e esclarecido por Jesus: o "caminho" para a vinda do reino é por meio do sofrimento do Filho do Homem.

Com uma irônica inversão de papéis, Pedro então chama Jesus para o canto e o repreende. A resposta de Jesus ("Arreda, Satanás!", Mc 8.33) revela não apenas sua determinação de cumprir o plano divino a qualquer custo, mas a fonte de sua oposição. Enquanto o plano divino foi revelado como o reino por meio da cruz, o contraplano de Satanás também é revelado: o reino sem a cruz. Pedro, no entanto, estava pensando em termos que eram comuns no judaísmo de sua época: esperava-se que o Messias derrotasse os romanos e restabelecesse politicamente o reino de Israel.[45]

---

44 Rikki Watts, resumindo M. Hooker e J. Barrett, lista cinco razões: "(1) Isaías 53 é o único texto explicitamente escatológico no Antigo Testamento que contém não apenas o sofrimento e a vindicação, mas também a morte [...] do agente de Yahweh; (2) Isaías 53 é o eixo da esperança do novo êxodo de Isaías [...] que em si é central para a compreensão do Jesus de Marcos; (3) a declaração explícita de Isaías 53.10 da vontade divina explica o "*dei*" de Marcos 8.31; (4) o servo será vindicado e altamente exaltado [...] como o Filho do Homem em Daniel 7; (5) uma vez que tanto Isaías 53 quanto Daniel 7 abordam a questão da restauração de Israel do Exílio, sua associação aqui, embora nova, não é incongruente" ("Mark", in: G. K. Beale; D. A. Carson, orgs., *Commentary on the New Testament use of the Old Testament*, p. 176); cf. Douglas Moo, *The Old Testament in the gospel Passion narratives* (Eugene, OR: Wipf & Stock, 2008), p. 86–111.

45 Adela Yarbro Collins, *Mark: a commentary*, p. 407.

De fato, pode-se até dizer que a lógica da vitória pelo poder é universalmente preferível à da vitória pelo sofrimento. Essa lógica humana, no entanto, é precisamente o problema, de acordo com Jesus: "Porque não cogitas das coisas de Deus, e sim das dos homens" (Mc 8.33). Em outras palavras, de uma perspectiva humana (decaída), a vitória por meio do sofrimento é tolice. Mas, da perspectiva de Deus, a cruz é o poder e a sabedoria de Deus (1Co 1.18).

Em cada predição, Jesus esclarece seu ensino discutindo o discipulado. A mensagem continua a mesma: o reino pelo caminho da cruz. Embora Marcos se concentre principalmente na maneira de Cristo estabelecer o reino de Deus (cristologia) e, de modo derivado, na maneira dos discípulos entrarem nele (discipulado), os dois são inseparáveis. Além disso, o "siga-me" de Jesus (Mc 8.34) ecoa sua missão do reino na Galileia, onde ele proclamou o reino (Mc 1.14-15) e então imediatamente estendeu o mesmo convite a seus futuros discípulos (Mc 1.16-17). Jesus não abandonou sua missão do reino para ir à cruz; a missão do reino continua. Assim como Jesus, paradoxalmente, estabeleceria o reino através do sofrimento, os discípulos só entrariam e avançariam no reino tomando sua cruz. Essa lógica misteriosa do reino — "quem perder a vida [...] salvá-la-á" (Mc 8.35) — será determinante para Cristo e seus seguidores.

Marcos 8.38–9.1 provou ser uma passagem difícil. Enquanto Marcos 8.38 é uma referência clara ao Filho do Homem de Daniel 7, o momento preciso do reino que vem "com poder" fez disso um *crux interpretum*.[46] Quando exatamente o reino vem com poder: na segunda vinda, na ascensão, Pentecostes, na ressurreição,

---

46 Para um levantamento da história da interpretação de Marcos 9.1, veja Martin Künzi, *Das Naherwartungslogion Markus 9.1* (Tübingen: J. C. B. Mohr, 1977).

na transfiguração, na cruz? Ou seria esse, como argumenta R. T. France, um processo incremental que envolve cada uma dessas etapas?[47] A segunda vinda de Cristo tem sido uma resposta popular a essa pergunta, mas isso requer a crença de que Jesus estava errado sobre o tempo. Embora na história da interpretação a cruz não tenha sido um forte candidato, talvez esse raciocínio se baseie no tipo de lógica que Jesus denunciou (τὰ τῶν ἀνθρώπων, Mc 8.33), a saber, que o poder régio é antitético à cruz.

O contexto de Isaías já mostrou que o novo êxodo vitorioso e o reino vindouro não são antitéticos à morte de um servo sofredor, mas dependem dela. O contexto imediato do *logion*[48] (Mc 8.27–9.1) também atesta fortemente a conexão entre a poderosa vinda do reino e a cruz. A previsão de Jesus de que o régio Filho do Homem deve sofrer, seguida por sua declaração paradoxal sobre salvar a vida perdendo-a, flui perfeitamente para uma interpretação do poder do reino vindo na cruz. A entrada triunfal e a crucificação (discutidas abaixo) reforçam essa evidência, apresentando Jesus como um rei humilde que reina da cruz. Em suma, embora a vinda do reino seja certamente um processo gradual (profetizado, próximo, estabelecido, consumado), o momento decisivo é a morte do Messias.[49]

A transfiguração (Mc 9.2-13) é significativa para a interação reino-cruz porque a declaração de Jesus como o Filho de Deus (Mc 9.7) está estrategicamente localizada no meio de uma *inclusio*, e essa

---

[47] R. T. France, *The Gospel of Mark: a commentary on the Greek Text*, NIGTC (Grand Rapids: Eerdmans, 2002), p. 345.

[48] Plural de *logia*, é em teologia um termo técnico que se refere a ditos atribuídos a Jesus considerados autênticos (N. do R.).

[49] Para uma defesa dessa posição, veja Kent Brower, "Mark 9:1: seeing the kingdom in power", *JSNT* (1980): 17–41; Michael Bird ecoa e se baseia em muitos dos argumentos de Brower em "The crucifixion of Jesus as the fulfillment of Mark 9:1", *TJ* 24 (2003).

declaração consiste na mesma declaração do batismo e da crucificação de Jesus (Mc 1.11; 15.39). A continuidade dessas três cenas revela o claro propósito de Marcos de não apenas identificar Jesus como o régio Filho de Deus, mas, especificamente, ilustrar que sua realeza é mais claramente exibida na cruz.[50] Enquanto os líderes religiosos se opõem a essa ideia e os discípulos a entendem mal, é somente na cruz que Jesus será devidamente reconhecido como o Filho de Deus. Dentro dessa ampla estrutura de continuidade entre o batismo, a transfiguração e a cruz, Marcos também contrasta a *realidade* retratada na transfiguração e o *aparecimento* da cruz:[51]

Transfiguração	Crucificação
Luz sobrenatural (9.2)	Escuridão sobrenatural (15.33)
As roupas de Jesus se tornam resplandecentes (9.2-3)	As roupas de Jesus são repartidas (15.24, 26)
Dois santos do Antigo Testamento (9.4)	Dois criminosos (15.27, 32)
Conversa com Elias (9.4)	Aparentemente, uma conversa com Elias (15.35)
Discípulos estão presentes (9.5)	Os discípulos fogem (14.50)
Deus fala (9.7)	Deus está em silêncio (15.34)

Enquanto a continuidade revela que Jesus é verdadeiramente o Messias que reina da cruz, o contraste revela que seu glorioso reinado está paradoxalmente escondido em sua morte horrível. O esplendor de sua glória é visto como escuridão, seu poder como

---

50 A continuidade é encontrada principalmente na declaração de Jesus como Filho de Deus; contudo, para mais alusões, veja Ardel Caneday, "Christ's baptism and crucification: the anointing and enthronement of God's Son, *SBJT* 8 (2004): 78.

51 Adaptado de Joel Marcus, *Mark 8–16: a new translation with introduction and commentary*, p. 641.

fraqueza e seu reinado como servidão. Em outras palavras, entre sua unção (batismo) e entronização (crucificação), Marcos fornece um vislumbre (transfiguração) da majestosa glória de Cristo que estará oculta paradoxalmente em seu sofrimento — uma revelação que é justificada na ressurreição de Cristo. A transfiguração antecipa a ressurreição porque ambas revelam o que realmente está acontecendo na crucificação.

A SEGUNDA PREDIÇÃO DA PAIXÃO E DA RESSURREIÇÃO

A segunda previsão (Mc 9.30-37) continua a revelar a necessidade e o significado da morte de Jesus em sua missão de estabelecer o reino. Considerando que na primeira previsão Jesus é "rejeitado" (Mc 8.31; cf. Sl 118.22), aqui Jesus diz que ele será "libertado" (παραδίδωμι, 9.31), provavelmente se baseando no servo de Isaías (Is 53.6, 12, LXX) e o Filho do Homem de Daniel (Dn 7.25-27, LXX). Dessa vez, a falta de compreensão dos discípulos resulta em silêncio, mas sua conversa "no caminho" (Mc 9.34) para Cafarnaum oferece a Jesus outra oportunidade de esclarecer a natureza de seu reino e o modo de seguir dos discípulos. Enquanto antes ele havia falado da lógica do reino como salvar a vida perdendo-a, aqui ele aborda a busca equivocada dos discípulos pela grandeza, declarando que a verdadeira grandeza vem através do serviço.

A TERCEIRA PREDIÇÃO DA PAIXÃO E DA RESSURREIÇÃO

A terceira predição (Mc 10.32-45) representa o auge da seção "caminho", já que não apenas oferece os detalhes mais históricos da morte e ressurreição de Jesus, mas também fala explicitamente de seu significado. Jesus interpreta sua morte como um ato de serviço e como um "resgate por muitos" (Mc 10.45), o que, embora muito disputado, significa pelo menos que sua morte é redentora e substitutiva.⁵² Ao interpretar sua morte como um "resgate", o Jesus de Marcos relembra a redenção de Israel da escravidão no Egito. "Isaías utiliza essa linguagem para falar de um novo êxodo, a ser realizado, no fim, pelo Servo do Senhor."⁵³

Embora Isaías 52.13–53.12 (LXX) não use a palavra λύτρον (*lytron*, "resgate"), o dito de Jesus fornece "um resumo perfeito da morte vicária do servo em favor de muitos outros [e] a linguagem do resgate aparece no contexto".⁵⁴ Além disso, a morte redentora de Jesus "por muitos" (Mc 10.45) ecoa a obra do servo que "levou sobre si o pecado de muitos" (Is 53.12). O pano de fundo do Servo Sofredor, portanto, revela a interpretação de Jesus de sua morte como redentora e substitutiva dentro do objetivo mais amplo de trazer o novo êxodo.

O contexto imediato da perícope (Mc 10.32-45) revela que Jesus não deixou de lado sua missão do reino ao interpretar sua morte. Em vez disso, a declaração de resgate de Jesus é dada em resposta ao pedido de Tiago e João de sentarem-se à sua direita e à sua esquerda na glória — imagens que claramente evocam a ideia de realeza. Embora os discípulos assumam corretamente a

---

52 O suporte mais forte para essa afirmação, como discutirei abaixo, é que o cântico do Servo Sofredor fornece o pano de fundo para a morte de Jesus como resgate "por muitos". Para uma discussão mais aprofundada, veja Rikki Watts, "Mark", in: G. K. Beale; D. A. Carson, orgs., *Commentary on the New Testament use of the Old Testament*, p. 203-6. De acordo com Watts, "No passado, foi assumido quase universalmente que [Marcos] 10.45 derivava do sofrimento do servo em Isaías 53.10-12 [...] Até mesmo críticos dessa posição reconhecem que é difícil negar algum paralelismo com Isaías 53.12" (p. 203).

53 Peter Bolt, *The cross from a distance: atonement in Mark's Gospel*, NSBT (Downers Grove, IL: InterVarsity Press, 2004), p. 72.

54 Ibid.

entronização vindoura de Jesus e sua participação no poder real, sua resposta indica que eles não entendem o custo envolvido: "Podeis vós beber o cálice que eu bebo...?" (Mc 10.38). Depois que os outros discípulos ficaram indignados com Tiago e João, Jesus explica de forma ainda mais detalhada a natureza de seu reino, contrastando-o com os governantes deste mundo. O contraste, no entanto, não tem como objetivo rejeitar a noção de grandeza ou preeminência, mas qualificá-la por meio do serviço. A mensagem de Jesus não é "não reine, sirva!" mas, sim, "reine por meio do serviço!" Em suma, o pano de fundo do reino em relação à morte de Jesus revela que ele reina por meio de resgate.

O pano de fundo do reino em relação o dito sobre o resgate é apoiado adicionalmente pelo contexto mais amplo do evangelho como um todo. Watts chama a atenção para a função literária semelhante de Marcos 10.45 e Isaías 52.13–53.12: "Marcos 10.45b funciona como a pedra angular explicativa final da seção 'caminho' do Evangelho de Marcos. Isso, pode-se notar, é inteiramente congruente com a função literária de Isaías 53 dentro de Isaías 40–55 que [...] indica a maneira pela qual o novo êxodo de Israel profetizado por Isaías deve ser realizado".[55] Embora Isaías forneça a estrutura hermenêutica para Marcos, o dito sobre o resgate é claramente outro caso onde podemos ver Marcos tecendo a partir dos fios do Antigo Testamento. O "Filho do Homem" (Daniel 7) serve por meio da entrega de sua vida "por muitos" (Is 52.13–53.12). Embora haja muitas conexões entre o pano de fundo das duas passagens,[56] é mais importante focar na maneira pela qual Jesus combina essas duas figuras. Enquanto o servo em

---

55 Rikki Watts, *Isaiah's New Exodus in Mark*, p. 270.
56 Veja Joel Marcus, *Mark 8–16: a new translation with introduction and commentary*, p. 742, 753.

Isaías claramente serve, diz-se que o Filho do Homem de Daniel é servido (Dn 7.14). Parece, portanto, que Marcos está usando o servo para qualificar a maneira pela qual o Filho do Homem estabelece o reino de Deus.[57]

Por fim, a terceira predição de Jesus corrobora ainda mais o importante papel da ira de Deus no estabelecimento do reino na cruz. A previsão de Jesus de que os líderes do povo "o entregarão aos gentios" (Mc 10.33), geralmente interpretada como meramente uma afirmação histórica, se torna "teologicamente carregada" quando lida no contexto do Antigo Testamento.[58] Ser entregue aos gentios é ser entregue à ira de Deus (Lv 26.32-33, 38; Os 8.10, LXX; cf. Sl 106.41; Ed 9.7).[59] Ainda mais explícita é a referência de Jesus à sua morte como beber "um cálice", um símbolo comum da ira de Deus no Antigo Testamento (Sl 11.6; 75.8; Hc 2.16; Ez 23.31-34), especialmente para o novo êxodo de Isaías (Is 51.17). Com base nesse contexto, Bolt tem razão ao concluir que "a morte do servo [...] esgotou o cálice da ira de Deus em favor de Israel. Jesus agora prediz que, como servo do Senhor, ele beberá o cálice da ira de Deus".[60]

---

57 O serviço de Jesus é primariamente redentor (os discípulos não resgatam) e secundariamente exemplar (os discípulos de fato servem entregando si mesmos). A interação dos aspectos individuais e corporativos se encaixa com o servo Isaías e o Filho do Homem de Daniel — ambos agem como figuras individuais e corporativas. Em Isaías, o servo individual restaura Israel para que os israelitas possam se tornar servos (Is 54.17). Em Daniel, o "Filho do Homem" divide o trono com os santos (Dn 7.27).

58 Peter Bolt, *The cross from a distance: atonement in Mark's Gospel*, p. 56.

59 Veja ibid., p. 56-58.

60 Ibid., p. 67. Peter Bolt também argumenta que o Salmo 69 é o pano de fundo para a declaração do batismo de Jesus e, portanto, inclui a ideia de Jesus suportando a ira de Deus.

O REINO ESTABELECIDO PELA CRUZ (MC 11.1–16.8)[61]

APROXIMANDO-SE DA CRUZ

Tendo explicado o caminho do reino, Jesus está agora pronto para estabelecê-lo. De acordo com Marcos, Jesus entra em Jerusalém como o cumprimento do novo êxodo de Yahweh, retornando a Sião para ser entronizado como rei sobre a terra. A autoridade régia de Jesus é evidente não apenas na aclamação, pela multidão, do "reino que vem, o reino de Davi, nosso pai!" (Mc 11.10), mas também no pano de fundo fornecido por Zacarias 9.9-11 (cf. Gn 49.10-11; 1Rs 1.33-34, 38–39; 2Rs 9.12-13). Jesus é o Rei humilde que veio para estabelecer seu reino por meios humildes — o "sangue da [minha] aliança" (Zc 9.11).

A citação direta de Salmos 118.26 por meio dos lábios da multidão (Mc 11.9) apresenta Jesus ainda mais como o Rei Messiânico. O Salmo 118 fala de um Rei Davídico vitorioso que é abençoado ao entrar no Templo. Essa conexão entre o rei vindouro e o templo (cf. 2Sm 7.12-14), juntamente com a prática cultural comum de os reis terem uma entrada formal em procissão seguida de uma visita cerimonial ao templo, prepara o leitor para Jesus, o Rei humilde, entrando no templo.

Marcos enquadra a ação central da purificação do templo por Jesus com a história interpretativa da maldição da figueira, revelando que Jesus, em cumprimento de Malaquias 3.1 (cf. Mc 1.2), está trazendo julgamento ao templo.[62] Embora Jesus estivesse pregando o reino, é nessa seção (Mc 11.1–13.37) que Marcos expõe o

---

61 Concordo com a maioria dos estudiosos de Marcos que sustentam que o Evangelho original de Marcos foi concluído em 16.8. Veja Joel Williams, "Literary approaches to the end of Mark's Gospel", *JETS* 42 (1999): 21–35.

62 Rikki Watts, *Isaiah's New Exodus in Mark*, p. 316.

papel profundamente importante do templo no reino de vindouro de Deus.⁶³ O pano de fundo chave do Antigo Testamento para a relação entre o reino e o templo é 2 Samuel 7.12-14, que fala de Deus estabelecendo o reino do filho de Davi, o qual, por sua vez, construirá um templo para Deus.⁶⁴ O templo — a morada do Deus santo e o lugar de sacrifício para as pessoas pecadoras — é um aspecto essencial do reino de Deus. Não há reino a menos que o rei esteja presente. Não pode haver um povo no reino a menos que esse povo seja santificado por meio da expiação dos pecados. Como o portador messiânico do reino, Jesus claramente dá ao templo um papel central. Mas contra as expectativas, o templo será expurgado pela destruição e restaurado em seu próprio corpo. O próprio Jesus está substituindo o templo como a morada de Deus e o lugar onde a expiação dos pecados é feita; essa é "a base para a narrativa da Paixão".⁶⁵

Em resposta aos fariseus questionando sua autoridade, Jesus conta a Parábola dos Lavradores Maus (Mc 12.1-12), claramente recorrendo a temas anteriores de sua vida, tais como sua identidade como o "filho amado" (Mc 12.6; cf. 1.11; 9.7) e sua missão messiânica sendo "rejeitada" pelos líderes religiosos (Mc 12.10; cf. 8.31). O que Jesus havia predito a seus discípulos, ele agora está explicando a seus antagonistas. Jesus interpreta a parábola citando Salmos 118.22-23, referindo-se a si mesmo como a pedra angular de um novo templo. Embora Jesus tivesse acabado de falar do julgamento

---

63 Dos nove usos de Marcos de ἱερόν, oito estão nessa seção.

64 No Antigo Oriente Próximo, havia uma forte ligação entre reis e templos, em especial reis construindo templos. Também era comum no judaísmo do Segundo Templo esperar que o Messias fosse um construtor de templos (Joel Marcus, *Mark 8–16: a new translation with introduction and commentary*, p. 791, 1015).

65 Joel Marcus, *Mark 8–16: a new translation with introduction and commentary*, p. 770.

de Deus sobre o templo, nessa parábola ele mostra como o templo será restaurado em seu próprio corpo ressurreto.

Os estudiosos de Marcos têm estado tão preocupados com o tempo dos eventos de Marcos 13 (70 d.C. ou a parousia?) que o contexto do ensino de Jesus é muitas vezes esquecido na interpretação dessa passagem. De acordo com Bolt, no entanto, quando Marcos 13 é lido no contexto da narrativa do Evangelho de Marcos, essa passagem trata principalmente da morte e ressurreição de Cristo — "uma preparação apocalíptica para a Paixão".[66] Marcos 13 não insere uma palestra separada sobre escatologia futura no meio de uma narrativa da Paixão, antes, preenche os eventos históricos que se desenrolam com significado escatológico e localiza a morte e ressurreição de Cristo dentro dos propósitos cósmicos de Deus. Essa interpretação é significativa para a interação reino-cruz porque coloca a cruz em um plano escatológico, o mesmo plano no qual o reino é geralmente entendido. A cruz representa o fim dos tempos e é o ponto de virada na história da redenção.

O CUMPRIMENTO DAS ESCRITURAS

O uso do Antigo Testamento por Marcos é especialmente pertinente para a narrativa da Paixão propriamente dita (Mc 14–15). Em suma, o Antigo Testamento é o roteiro para isso. Nas palavras do próprio Jesus de Marcos: "Pois o Filho do Homem vai, como está escrito a seu respeito" (Mc 14.21) "para que se cumpram as Escrituras" (Mc 14.49). Há quatro antecedentes principais do Antigo Testamento nos quais Marcos se baseia: (1) o justo sofredor

---

66 Peter Bolt, *The cross from a distance: atonement in Mark's Gospel*, p. 91; veja também Peter Bolt, "Mark 13: an apocalyptic precursor to the Passion narrative", *RTR* 54 (1995): 10–32; D. C. Allison, *The end of the ages has come* (Philadelphia: Fortress, 1985), p. 169.

dos Salmos; (2) o servo de Isaías 40–55; (3) o filho do homem de Daniel 7; e (4) o pastor de Zacarias 9–14.[67] De fato, as tradições de Salmos e de Isaías são inseparáveis e, juntas, constituem a influência dominante no retrato da Paixão descrito por Marcos.[68] Também é significativo que, como observado acima, cada uma dessas quatro tradições combine (ou pelo menos insinue a combinação) o reinado e o sofrimento.[69]

No dia em que "se fazia o sacrifício do cordeiro pascal" (Mc 14.12), Jesus declarou: "Isto é o meu corpo", e: "Isto é o meu sangue" (Mc 14.22-24), consequentemente afirmando ser o próprio cordeiro pascal, que traz o tão esperado novo êxodo. Com base no dito sobre o resgate em Marcos 10.45, essa é uma das declarações mais explícitas de Jesus sobre o significado de sua morte e também é colocada no contexto do reino de Deus (Mc 14.25).

Ainda mais significativo do que a referência explícita ao reino, no entanto, é a suposta conexão entre Êxodo, aliança e reino, todos os quais estão sendo reunidos e reconstituídos em torno de Jesus. Em uma frase simples — "Isto é o meu sangue, o sangue da [nova]

---

[67] Douglas Moo, *The Old Testament in the gospel Passion narratives*; Joel Marcus, *The way of the Lord: Christological exegesis of the Old Testament in the Gospel of Mark*, p. 153–9. Embora eu concorde com muitos estudos recentes que enfatizam a influência significativa dos Salmos (especialmente do Salmo 22), discordo daqueles que descartam a influência do servo de Isaías. Por exemplo, Kelli O'Brien, *The use of Scripture in the Markan Passion narrative* (Londres: T&T Clark, 2010). Existem três razões principais pelas quais o contexto de Isaías não deve ser descartado: (1) A narrativa da Paixão de Marcos alude repetidamente a Isaías (veja Joel Marcus, *The way of the Lord*, p. 187–189). (2) A estrutura do novo êxodo de Isaías e o uso dominante de Isaías por Marcos no restante do evangelho (especialmente Marcos 8.27–10.52) tornam altamente improvável que esse pano de fundo seja completamente abandonado na narrativa da Paixão. (3) O Servo Sofredor de Isaías e o justo sofredor dos Salmos estão intimamente relacionados, pois, como os estudiosos reconheceram, o servo é uma adaptação profética do justo sofredor (Joel Marcus, *The way of the Lord*, p. 190).

[68] Rikki Watts, "The Psalms in Mark's Gospel", in: Steve Moyise; Maarten Menken, orgs., *The Psalms in the New Testament* (London: T&T Clark, 2004), p. 25; Joel Marcus, *The way of the Lord: Christological exegesis of the Old Testament in the Gospel of Mark*, p. 190.

[69] Veja acima, p. 65–67, 96, n. 41.

aliança, derramado em favor de muitos" (Mc 14.24) —, o Jesus de Marcos combina caracteristicamente duas tradições do Antigo Testamento: Êxodo 24.8 (e seu derivado, Zacarias 9.11) e Isaías 53.12. No Êxodo, após a Páscoa e a redenção de Israel (Êx 12), uma aliança foi feita entre Deus e seu povo (Êx 19–23), a qual foi então selada pelo sacrifício de animais e derramamento de sangue sobre o povo (Êx 24.8). A função primária do "sangue da aliança", portanto, era selar a aliança entre Deus, o Rei, e seu povo, que deveria ser um reino de sacerdotes (Êx 19.6). Jesus combina em si mesmo e de maneira única os eventos da Páscoa e do selamento da aliança, interpretando sua morte como redenção *do* pecado e o caminho *para* uma nova aliança com o Rei.

A segunda metade de Marcos 14.24 ("derramado em favor de muitos") esclarece ainda mais o significado da morte de Jesus, pois evoca o contexto de Isaías e, especificamente, o segmento de frase "por muitos" de Isaías 53.12 e Marcos 10.45. Zacarias 9.11, que se baseia diretamente em Êxodo 24.8 e provavelmente é embasado em Isaías 40–55, oferece mais informações de pano de fundo para a interpretação de Jesus sobre sua morte. A mensagem de Êxodo 24.8 permanece, contudo, em Zacarias, o "sangue da aliança" (Zc 9.11) é uma parte fundamental da vinda do humilde Rei Messiânico (Zc 9.9-10). Enquanto Êxodo 24.8 relembra a libertação de Israel, Zacarias 9.11 transforma a redenção passada em esperança futura. O sangue da aliança sela a relação entre o Rei vindouro e seu povo resgatado.

Ao predizer a negação de Pedro (Mc 14.26-31), Jesus ainda interpreta sua própria morte como o Rei-pastor de Zacarias 13.7 sendo ferido (por Deus), o que resulta na dispersão de seus discípulos. O Getsêmani (Mc 14.32-42) aumenta a ironia da identidade régia de Jesus e da fragilidade humana, repetidamente usando vocabulário sobre habilidade (Mc 14.35, 36), força (Mc 14.37) e fraqueza (Mc 14.38). Enquanto na transfiguração Jesus separou (παραλαμβάνω, Mc 9.2) três dentre os discípulos para revelar sua glória transcendente, aqui ele separa (παραλαμβάνω, Mc 14.33) os mesmos três discípulos para mostrar sua fragilidade humana. Joel Marcus diz: "Em Marcos há a conexão mais próxima possível entre esses dois aspectos de Jesus", um tipo de "coexistência paradoxal".[70]

O julgamento de Jesus perante o Sinédrio (Mc 14.53-65) aumenta a ironia que vinha sendo construída: a proclamação de Jesus como o Filho do Homem messiânico que estará sentado à direita de Deus é emoldurada por falsas acusações, zombarias e agressões. Apesar de todas as aparências e acusações, Jesus é Rei. De acordo com S. J. Donahue: "Na narrativa do julgamento, Marcos usa a cristologia régia para interpretar o julgamento e a morte de Jesus como o sofrimento do Rei crucificado".[71] Entre outros panos de fundo fornecidos pelo Antigo Testamento, o servo em Isaías é especialmente referido no silêncio de Jesus (Mc 14.61; cf. Is 53.7) e quando os guardas estão cuspindo e batendo em Jesus (Mc 14.65; cf. Is 50.6). Joel Marcus conclui que esse pano de fundo "pode sugerir que receber esses maus-tratos está realmente efetuando a derrota dos governantes deste mundo. Jesus, então, não está sendo vencido, mas triunfando em sua própria humilhação".[72]

---

70 Joel Marcus, *Mark 8–16: a new translation with introduction and commentary*, p. 983.

71 S. J. Donahue, "Temple, trial, and royal Christology (Mark 14:53–65)", in: Werner Kelber, org., *The Passion in Mark: studies on Mark 14–16*, p. 78.

72 Joel Marcus, *Mark 8–16: a new translation with introduction and commentary*, p. 1018.

A CRUCIFICAÇÃO DO REI

Finalmente chegamos ao clímax em si: a crucificação do Messias. A característica surpreendente e saliente do relato é que, aqui, na crucificação, Marcos intencionalmente destaca a realeza de Jesus. Seis vezes em Marcos 15 Jesus é chamado de "Rei" (metade dos usos de βασιλεύς em todo o Evangelho de Marcos). Como Frank Matera observou: "O evangelho faz sua primeira proclamação pública da realeza de Jesus somente quando a Paixão começa, e não pode haver dúvidas sobre a natureza dessa realeza. O Rei de Israel é um Messias sofredor e rejeitado".[73] Matera, portanto, argumenta que o tema principal de Marcos 15 é a realeza de Jesus, que se estrutura em torno dos seis usos de βασιλεύς (*basileus*; Mc 15.2, 9, 12, 18, 26, 32) e três cenas de zombaria (Mc 15.16-20a, 27–32, 35–36) que destacam a ironia do evento: aquele que é ridicularizado como rei, na verdade, é Rei.[74] De acordo com Matera: "Em todos os casos, então, Marcos desdobra o tema régio à medida que avança para o clímax de sua história: a morte de Jesus, e a confissão do centurião".[75]

Jesus, aquele que veio para "amarrar" (δέω) o homem forte (Mc 3.27), foi agora amarrado (δέω) pelos líderes religiosos e entregue (παραδίδωμι) a Pilatos (Mc 15.1). A pergunta inicial de Pilatos a Jesus — "És tu o rei dos judeus?" (Mc 15.2) — introduz o tema do capítulo de Marcos: a realeza de Jesus. O Jesus de Marcos responde afirmativamente, no entanto, "ao apresentar a resposta de Jesus de maneira ambígua, Marcos não apenas permite que a

---

73 Frank Matera, *The kingship of Jesus: composition and theology in Mark 15*, SBLDS (Chico, CA: Scholars, 1982), p. 121.

74 Ibid., p. 4, 61.

75 Ibid., p. 63.

narrativa continue, mas também apresenta um problema que deve ser resolvido. Em que sentido esse homem é o Rei dos Judeus?"[76] Quando Pilatos questiona Jesus ainda mais, Marcos registra o silêncio de Jesus e o espanto de Pilatos, ambas ações que ecoam o Servo Sofredor de Isaías (Is 52.14; 53.7).

A primeira cena de escárnio (Mc 15.16-20a) é talvez a mais dura, pois Jesus não é apenas ridicularizado com palavras, ele é vestido, louvado e "adorado" como um rei usando uma coroa de espinhos. Além do pano de fundo do Antigo Testamento da zombaria do servo (Is 50.6) e do Justo Sofredor (Sl 22.7), T. E. Schmidt argumentou que esses detalhes evocam uma procissão triunfal romana.[77] Enquanto Marcos usou ironia em todo o seu evangelho,[78] esse pano de fundo histórico corrobora a apresentação paradoxal de Marcos do caminho de Jesus até a cruz como uma procissão real.

Na própria cena da crucificação (Mc 15.20b-26), Joel Marcus extrai conclusões semelhantes dos contextos romanos e do uso da paródia por Marcos. Em seu artigo "Crucifixion as parodic exaltation" [Crucificação como exaltação paródica], Joel Marcus explora as percepções romanas da crucificação, argumentando que o "ser levantado" na cruz era uma paródia da própria autoexaltação da

---

76 Ibid., p. 16.

77 T. E. Schmidt, "Mark 15:16–32: the crucifixion narrative and the Roman triumphal procession", *NTS* 41 (1995): 1–18.

78 "A menor semente produz a maior hortaliça (Mc 4.31-32). Salvar a vida significa perdê-la, e perder a vida resulta em salvá-la (Mc 8.35). Os primeiros são os últimos, e os últimos, os primeiros (Mc 9.35; 10.31). A grandeza vem ao ser um escravo de todos (Mc 10.43-44). A pedra rejeitada pelos construtores é a principal pedra angular (Mc 12.10-11). Aquele que deu menos, deu mais (Mc 12.41-44). O Cristo crucificado é o Rei dos Judeus (Mc 15.25-26, 32). Aquele que não pôde salvar a si mesmo salva os outros (Mc 15.31). Aquele abandonado por Deus é o Filho de Deus (Mc 15.34,39)" (Joel Williams, "Is Mark's Gospel an apology for the cross?", *BBR* 12 [2002]: 103); cf. Jerry Camery-Hoggatt, *Irony in Mark's Gospel: text and subtext*, SNTSMS 72 (Cambridge: Cambridge University Press, 1992).

vítima.⁷⁹ Em outras palavras, a crucificação foi uma entronização ironizada. Joel Marcus afirma que, ao empregar essa ironia, Marcos está zombando da zombaria e, assim, revelando que aquele que foi crucificado como rei falso realmente é Rei. O resumo de Marcus é convincente:

> Assentado no trono régio da cruz, o crucificado era um rei dos tolos; no entanto, a suprema ironia para Marcos é que, no presente caso, esse "alvo de chacota" quanto a ser um "rei" está, de fato, sendo entronizado como o monarca do universo. Tendo sido vestido, coroado e saudado como rei na seção anterior, Jesus está agora sendo entronizado — em uma cruz.⁸⁰

De acordo com o segundo grupo de zombadores (Mc 15.27-32), para que Jesus exiba sua realeza, ele deve "salvar a si mesmo" e "descer da cruz" (Mc 15.31-32). Claramente, esses zombadores não estavam presentes quando Jesus virou essa lógica mundana de cabeça para baixo, ensinando que é necessário "tomar sua cruz" e que aquele que "perder sua vida" a salvará (Mc 8.34-35). Jesus revela sua realeza não ao descer da cruz para salvar a si mesmo, mas ao permanecer na cruz para salvar os outros. Jesus reina salvando e salva dando sua vida.

Também é significativo que os escarnecedores peçam a Jesus que desça da cruz "para que vejamos e creiamos" (Mc 15.32). Esse pedido zombeteiro lembra ironicamente o episódio em que Jesus ensinou o "mistério do reino" aos discípulos, mas disse que outros: "vendo, vejam e não percebam" (Mc 4.12). Esses zombadores estão agora

---

79 Joel Marcus, "Crucifixion as parodic exaltation", *JBL* 125 (2006): 73–87.
80 Joel Marcus, *Mark 8–16: a new translation with introduction and commentary*, p. 1049-50.

olhando diretamente para o mistério do reino — o Rei crucificado —, e eles não entendem. Eles estão cegos "para a maneira invertida pela qual os propósitos de Deus funcionam à parte em um mundo onde uma cruz pode realmente se tornar um trono".[81] A revelação divina da realeza por meio da cruz só é compreendida pela contrapartida humana da fé. A lógica humana caída vê um pretendente messiânico derrotado na cruz. A fé vê e entende que a cruz de Cristo é verdadeiramente o trono a partir do qual ele está resgatando seu povo do reino de Satanás para o reino de Deus. O segredo messiânico permanece intacto. A alegação de messianidade de Jesus é pública, mas a natureza de sua messianidade ainda não foi compreendida.

A crucificação de Cristo traz "trevas sobre toda a terra" (Mc 15.33), um sinal escatológico do julgamento de Deus (Êx 10.21; Mc 13.24) e, mais especificamente, do dia do Senhor (Am 8.9-10). O que foi antecipado em Marcos 2.20 — o noivo sendo levado "naquele dia" — está acontecendo agora. Como elemento-chave na vinda do reino, "o julgamento predito pelos profetas caiu sobre o Jesus crucificado".[82]

A questão interpretativa sobre o "grito de abandono" de Jesus é se ele se refere apenas a Salmos 22.1 (enfatizando a fraqueza humana de Jesus) ou ao salmo inteiro (enfatizando a confiança de Jesus na vindicação de Deus). Holly Carry examina as opções nesse debate, concluindo que ele pressupõe uma falsa dicotomia e que há uma tensão necessária entre o sofrimento e a vindicação do justo sofredor nos Salmos e em Marcos.[83] A severidade de Salmos

---

81 Ibid., p. 1052.

82 Ibid., p. 1062.

83 Holly Carey, *Jesus' cry from the cross: towards a first-century understanding of the intertextual relationship between Psalm 22 and the narrative of Mark's Gospel*, p. 5.

22.1 não pode ser evitada: Jesus verdadeiramente é abandonado por Deus. Na cruz, ele sofre sob a ira de Deus. No entanto, é hábito de Marcos ao citar o Antigo Testamento referir-se a todo o contexto da passagem, e dentro da narrativa da Paixão ele já mostrou que tem em mente todo o restante do Salmo 22 (Mc 15.24, 29; cf. Sl 22.6-8, 18).[84] Quando a totalidade do Salmo 22 é levada em conta, o grito de Jesus se encaixa bem na teologia de Marcos que vem se desdobrando. Embora comece com o grito de lamento, o restante do salmo é emoldurado por referências ao reinado de Deus (Sl 22.3, 28). O clamor de abandono, portanto, revela não apenas a gravidade do sofrimento físico e espiritual de Jesus, mas também o plano soberano de Deus de realizar seus propósitos por meio desses mesmos meios.

Depois de anunciar a morte de Jesus (Mc 15.37), Marcos relata uma resposta divina (Mc 15.38) e humana (Mc 15.39). Em relação à resposta divina, o rasgar doa véu significa tanto julgamento (no templo) quanto revelação (da majestosa glória de Deus). Anteriormente, Jesus declarou o templo obsoleto como uma morada para Deus e previu sua queda (Mc 13.2). A morte de Jesus agora revela que a corrupção do templo levou à sua destruição (que é fisicamente consumada em 70 d.C.) e, finalmente, a uma nova era na história redentora.

O véu do templo sendo rasgado também tem um significado revelador, pois ele funcionava principalmente como uma forma de ocultar a majestade de Deus, a fim de que os pecadores não fossem destruídos por tal esplendor radiante. O rasgar do véu, portanto, significa que a majestosa glória do Senhor agora brilha no Cristo

---

84 Ibid., p. 70–93.

crucificado. O véu não é mais necessário porque "na morte de Jesus na cruz, a majestade de Deus se manifesta".[85] Essas reações divinas de julgamento e salvação na morte de Cristo implicam uma coisa: "Na crucificação de Jesus, o reino chegou".[86]

A ação divina vinda do alto (escuridão e o rasgar do véu) provoca uma resposta humana no nível debaixo: "Verdadeiramente, este homem era o Filho de Deus" (Mc 15.39). "Filho de Deus", um título que continha conotações reais em contextos judaicos e romanos, foi aplicado a Jesus por Marcos no prólogo, mas até esse ponto ainda não havia sido atribuído a Jesus por uma pessoa dentro da narrativa. Entretanto, aqui, um gentio, em cumprimento da visão de Isaías do novo êxodo de alcançar as nações (Is 49.6), olha para o Cristo crucificado e declara que ele é o Filho régio de Deus. Aquilo que Jesus manteve em segredo e que Marcos mostrou com ironia, o centurião declara publicamente: Jesus é o Rei crucificado.

Ver/crer tem sido um tema importante no Evangelho de Marcos, sempre como um correlato humano às boas-novas do reino de *Deus* (Mc 1.15; 4.12). Assim como o novo êxodo de Isaías previu Yahweh curando os cegos em sua procissão real para Jerusalém, Jesus estava revelando o mistério do reino a seus discípulos, os quais, do mesmo modo que Bartimeu, estavam obtendo entendimento em etapas. Na cruz, Deus revelou o mistério do reino ao centurião, "pois o segredo do reino de Deus é que Jesus deve morrer como o Messias crucificado".[87] Enquanto os escarnece-

---

85 Eta Linnemann, *Studien zur Passionsgeschichte* (Göttingen: Vandenhoeck & Ruprecht, 1970), p. 163 [tradução do autor]; citado em Douglas Moo, *The Old Testament in the gospel Passion narratives*, p. 338.

86 Michael Bird, "The crucifixion of Jesus as the fulfillment of Mark 9:1", *TJ* 24 (2003): 30.

87 Richard Hays, *The moral vision of the New Testament: community, cross, new creation: a contemporary introduction to New Testament ethics* (San Francisco: HarperSanFrancisco, 1996), p. 76; veja

dores olhavam para Jesus e pensavam que sua realeza era risível, o centurião viu "verdadeiramente" (Mc 15.39) que a realeza de Jesus é louvável. Os zombadores podiam ver, mas não perceber (Mc 4.12) porque estavam olhando para Jesus de uma perspectiva mundana (Mc 8.33). O centurião estava vendo e crendo:

> A visão da incredulidade [...] permanece entrelaçada às noções humanas de governo e poder, e a visão da fé [...] percebe, na aparente impotência, o poder oculto e salvador de Deus. Somente a fé pode penetrar no paradoxo final do evangelho: que o poder régio de Deus se manifesta no sofrimento e na morte de Jesus na cruz pagã, transformando a cruz em um poder que é infinitamente maior do que qualquer poder humano.[88]

O centurião ficou ao pé da cruz e, vendo Jesus crucificado, declarou que ele é Rei. As mulheres também estavam "observando", embora "de longe" (Mc 15.40). Elas também veriam a glória de Deus no Cristo crucificado, embora mais uma coisa fosse necessária — a ressurreição.

Assim como Marcos descreve todo o seu relato como o "princípio do evangelho" (Mc 1.1), muito é deixado em aberto. O reino foi estabelecido na cruz, mas o túmulo vazio aponta enfaticamente para sua revelação, avanço e consumação. Da mesma forma que o reino de Deus veio pela cruz, os discípulos devem entrar no reino pelo caminho da cruz. Mas eles não precisam avançar na escuridão. O Filho ressuscitou.

---

também Joel Marcus, "Mark 4:10–12 and Marcan epistemology", *JBL* 103 (1984): 571.

88 Christopher Marshall, *Faith as a theme in Mark's narrative*, SNTSMS (Cambridge: Cambridge University Press, 1994), p. 207–8.

O REINO PELO CAMINHO DA CRUZ

Tendo analisado o desenrolar da narrativa de Marcos, vimos que dentro das várias etapas da vinda do reino, a cruz é o momento decisivo. A realeza de Cristo na cruz, os sinais da cruz como um ponto de virada escatológico e o pano de fundo de Isaías acerca do sofrimento do servo como o eixo do novo êxodo e do reinado de Deus, todos apontam para a cruz como o momento decisivo na missão de Jesus. Embora possa parecer razoável atribuir a vitória à ressurreição e *não* à cruz, o Jesus do Evangelho de Marcos expõe esse raciocínio como lógica humana caída e propõe, em vez disso, uma sabedoria divina paradoxal (Mc 8.33). Para Marcos, a cruz não é uma derrota, mas o meio divinamente desejado para Deus trazer seu reino por meio de seu Messias.

Com certeza, a cruz e a ressurreição de Jesus são absolutamente inseparáveis — τὸν ἐσταυρωμένον ἠγέρθη (*ton staurōmenon ēgerthē* ["o crucificado; ele ressuscitou"; Mc 16.6). O particípio passivo perfeito aqui enfatiza que Jesus continua sendo o crucificado após a ressurreição. Ele é o crucificado-ressuscitado. A ressurreição é a confirmação de que Jesus é quem ele disse que era e que, na cruz, ele realmente estava reinando como Rei. A ressurreição (e a ascensão e sessão[89]) são cruciais para o reinado de Cristo, mas não são o seu começo. Para Marcos, o túmulo vazio representa não a ressurreição de Cristo *para que ele se torne* rei, mas a ressurreição *do* Rei.

Em suma, o reino vem pelo "caminho" da cruz. Em cumprimento do novo êxodo de Isaías que culminou no reinado de Deus sobre toda a terra, o Jesus de Marcos proclama sua missão do reino

---

[89] Termo teológico, derivado do latim "*sessio*" (sentar), para designar a doutrina cristã de que Cristo "está sentado à direita de Deus Pai todo-poderoso" (N. do R.).

(Mc 1.1–8.21), explica sua natureza paradoxal (Mc 8.22–10.52) e, então, estabelece o reino na cruz (Mc 11.1–16.8). Embora o reino e a cruz sejam muitas vezes conflitantes, Marcos revela que a missão messiânica culmina no Gólgota, onde o Rei crucificado estabelece seu reino por meio da cruz. O "mistério do reino" (Mc 4.12) é que ele vem, paradoxalmente, por meio da crucificação do "Rei" (Mc 15.26) — incompreendido pela lógica humana caída (Mc 8.33), mas percebido pela fé (Mc 1.15).

CAPÍTULO 4
O SANGUE DA CRUZ E O REINO DE CRISTO

Eu demonstrei que o retrato de Jesus feito por Marcos implica o estabelecimento do reino de Deus na cruz. Embora Marcos o faça de maneira singular com ênfases particulares, a interação entre o reino e a cruz também está presente nos outros Evangelhos.[1] Talvez o relato de João seja o mais explícito,[2] onde Jesus fala da cruz como a hora da glória (Jo 12.23) e o início de sua exaltação (Jo 12.32-33; cf. 3.14, 8.28) e, então, é entregue por Pilatos para ser crucificado com a apresentação: "Eis aqui o vosso rei!" (Jo 19.14). Além disso, os Evangelhos e os escritos de Paulo, antes considerados teologicamente incompatíveis, provaram,

---

1 Em Mateus: W. D. Davies; D. C. Allison, *A critical and exegetical commentary on the Gospel According to Saint Matthew*, ICC (Edimburgo: T&T Clark, 1988), 3:598–606; D. A. Carson, *Matthew*, EBC (Grand Rapids: Zondervan, 1995), p. 573 [edição em português: *O comentário de Mateus* (São Paulo: Shedd Publicações, 2011)]; Paul Meyer, "An exegetical relection on Matthew 21:1–11", in: J. T. Carroll, org., *The Word in this world: essays in New Testament exegesis and theology* (Louisville: Westminster John Knox, 2004), p. 280–81. Em Lucas: Yong-Sung Ahn, *The reign of God and Rome in Luke's Passion narrative: an east Asian global perspective* (Leiden: Brill, 2006); Joshua Jipp, "Luke's Scriptural suffering Messiah: a search for precedent, a search for identity", *CBQ* 72 (2010): 260; Mark Strauss, *The Davidic Messiah in Luke-Acts: the promise and its fulfillment in Lukan Christology* (Sheffield: Sheffield Academic, 1995), p. 317-36. Em João: Mavis Leung, *The kingship-cross interplay in the Gospel of John*; Wilhelm Thüsing, *Die Erhöhung und Verherrlichung Jesu im Johannesevangelium* (Münster: Aschendorff, 1959), p. 30-33; D. A. Carson, *The Gospel According to John*, PiNTC (Grand Rapids: Eerdmans, 1991) [edição em português: *O comentário de João* (São Paulo: Shedd Publicações, 2007), veja os comentários sobre João 18.33–37, 39; 19.3, 12, 15, 19–22. N. T. Wright afirma que todos os quatro Evangelhos enfaticamente entrelaçam o reino e a cruz (*How God became King: the forgotten story of the Gospels* [New York: HarperOne, 2012], p. 225).

2 Veja Martin Hengel, "The kingdom of Christ in John", in: *Studies in early Christology* (Edimburgo: T&T Clark, 1995), p. 343–44.

através de estudos recentes, possuir um alto nível de continuidade,[3] especialmente entre Paulo e Marcos.[4] A interação reino-cruz está presente em vários autores e gêneros do Novo Testamento. Embora o espaço não permita um levantamento completo, destaco duas referências explícitas de diferentes autores e gêneros que ligam o "reino" de Cristo e o "sangue"[5] de sua cruz: Colossenses 1.13-20 e Apocalipse 5.5-10.[6]

COLOSSENSES 1.15-20

O hino de Cristo de Colossenses 1.15-20, embora muito contestado no que se refere ao pano de fundo e à estrutura, é bastante direto e claro em sua mensagem: Cristo reina supremo sobre a criação e a redenção.[7] Uma das características mais notáveis do hino é que o escopo da reconciliação ("todas as coisas", que aparece sete vezes em 1.15-20) é igualado apenas pela particularidade de seus meios ("o sangue de sua cruz", 1.20).[8] Embora o hino por si só

---

3 Veja os ensaios em Michael Bird; Joel Willitts, orgs., *Paul and the Gospels: Christologies, conflicts and convergences* (Londres: T&T Clark, 2011).

4 Michael Bird, "Mark: interpreter of Peter and disciple of Paul", in: Michael Bird; Joel Willitts, orgs., *Paul and the Gospels: Christologies, conflicts and convergences*, p. 30–61; Joel Marcus, "Mark — interpreter of Paul", *NTS* 46 (2000): 473–487; Joel Marcus, *Mark 1–8: a new translation with introduction and commentary*, AYBC (New York: Doubleday, 2000), p. 74–75; William Telford, *The theology of the Gospel of Mark* (Cambridge: Cambridge University Press, 1999), p. 164-169; John C. Fenton, "Paul and Mark", in: D. E. Nineham, org., *Studies in the Gospels: essays in memory of R. H. Lightfoot* (Oxford: Blackwell, 1967), p. 89-112.

5 Para o significado teológico do sangue nas Escrituras, veja Leon Morris, *The apostolic preaching of the cross*, 3. rev. ed. (Grand Rapids: Eerdmans, 1965), p. 112–128; mais recentemente, Jay Sklar, *Sin, impurity, sacrifice, atonement: the priestly conceptions* (Sheffield: Sheffield Phoenix, 2005).

6 Também examinarei no próximo capítulo 1 Coríntios 1.18–2.5; Gálatas 1.3–4; Hebreus 2.5-10.

7 Para a história da interpretação, veja Matthew Gordley, *The Colossian hymn in context: an exegesis in light of Jewish and Greco-Roman hymnic and epistolar conventions* (Tübingen: Mohr Siebeck, 2007), p. 3–25.

8 Richard Bauckham, "Where is wisdom to be found? Colossians 1:15–20 (2)", in: David Ford; Graham Stanton, orgs., *Reading texts, seeking wisdom: Scripture and theology* (Grand Rapids: Eerdmans, 2004), p. 134.

tenha gerado grande discussão sobre a pessoa de Cristo e a natureza cósmica de sua redenção, colocá-lo no contexto mais amplo de Colossenses enriquece sua interpretação e é particularmente relevante para a questão do reino e da cruz.

Paulo inseriu esse hino não como uma teologia aleatória, mas como parte de seu propósito maior de encorajar os colossenses a "andar em [Cristo]" (Cl 2.6) e conhecer sua suficiência diante da "filosofia" que os engana (Cl 2.8). Irei discutir a relação entre o hino e duas passagens particularmente relevantes que compõem seu contexto (Cl 1.12-14; 2.13-15). Enquanto 1.12-14 coloca o hino no contexto histórico-redentor do reino de Cristo, 2.13-15 elabora sobre a morte reconciliadora de Cristo em relação aos poderes do reino de Satanás.[9]

O REINO DO FILHO E A RECONCILIAÇÃO PELA SUA CRUZ (CL 1.12-14 E 1.15-20)

Colossenses 1.12-14 e 1.15-20 ambos pertencem à introdução estendida de Paulo (Cl 1.1–2.5), e, mais particularmente, à oração pelos Colossenses (Cl 1.9-23), seguindo sua costumeira ação de graças introdutória (Cl 1.3-8). Dentro dessa oração (Cl 1.9-23), Paulo implora aos colossenses que deem graças (Cl 1.12) e, em seguida, apresenta uma base para sua ação de graças, relatando as muitas bênçãos que receberam "em Cristo" (Cl 1.12-23).[10]

O fato de o hino começar com ὅς (*hos*; Cl 1.15) fornece a ligação estrutural entre as duas passagens. Como Moo afirma: "Se

---

9 Entendo que στοιχεῖα (Cl 2.8) e ἀρχαί e ἐξουσίαι (1.16; 2.10, 15) são "poderes" espirituais malignos. Para uma defesa dessa posição, veja Clinton Arnold, *The Colossian syncretism: the interface between Christianity and folk belief at Colossae* (Grand Rapids: Baker, 1996), p. 158-94, 251-55.

10 N. T. Wright, *The Epistles of Paul to the Colossians and to Philemon: an introduction and commentary*, TNTC (Grand Rapids: Eerdmans, 2002), p. 48-49.

Paulo está citando um 'hino', ele provavelmente substituiu o substantivo original pelo pronome relativo para conectar o hino ao contexto".[11] Esse ὅς, portanto, é o Filho amado que governa seu reino e em quem se encontra redenção e perdão (Cl 1.13-14). Embora Colossenses 1.12-14 e 1.15-20 sejam unidades distintas, há uma grande sobreposição temática,[12] e dentro do fluxo da carta um "passa quase imperceptivelmente" para o outro.[13] No entanto, embora haja claramente uma forte conexão entre as duas unidades,[14] 1.12-14 pertence adequadamente ao que precede (Cl 1.9-11), ainda que seja transitório e inseparável daquilo que se segue (Cl 1.15-20).[15]

Qual, então, é o significado de Colossenses 1.12-14? Primeiro, o pano de fundo para essa passagem é a redenção passada de Israel no Êxodo e a esperança profética de redenção futura em um novo êxodo.[16] O segmento de frase "nos transportou para o reino do Filho do seu amor" (Cl 1.13), portanto, não se refere principalmente aos indivíduos que entram no domínio do reino

---

11 Douglas J. Moo, *The Letters to the Colossians and to Philemon*, PiNTC (Grand Rapids: Eerdmans, 2008), p. 117 [edição em português: *Comentário de Colossenses e Filemon* (São Paulo: Shedd Publicações, 2020)].

12 James Dunn observa especialmente a proximidade conceitual entre a redenção em Colossenses 1.14 e a reconciliação/"havendo feito a paz" em 1.20 (*The Epistles to the Colossians and to Philemon: a commentary on the Greek text*, NIGTC [Grand Rapids: Eerdmans, 1996], p. 102).

13 Peter O'Brien, *Colossians, Philemon*, WBC (Waco, TX: Word, 1982), p. 20.

14 Para um levantamento de várias propostas sobre a relação entre as duas unidades, veja James Dunn, *The Epistles to the Colossians and to Philemon: a commentary on the Greek text*, p. 68; Thomas Sappington, *Revelation and redemption at Colossae* (Sheffield: JSOT, 1991), p. 193-97.

15 Thomas Sappington, *Revelation and redemption at Colossae*, p. 197.

16 Colossenses 1.12-14 usa a mesma terminologia da LXX para descrever o Êxodo ("herança", Dt 19.10; 12.12; "livrar, salvar", Êx 6.6; 14.30) e o novo êxodo ("resgate, redenção", Is 51.11, 52.3; "servo", 42.1; cf. "Filho", Sl 2.7). O pano de fundo do Êxodo é reconhecido desde Agostinho (*On the Psalms*, NPNF[1], 8:377). Para a influência do novo êxodo em Colossenses 1.12–14, veja G. S. Shogren, "Presently entering the kingdom of Christ: the background and purpose of Col 1:12–14", *JETS* 31 (1988): 176–77; Clinton Arnold, *The Colossian syncretism: the interface between Christianity and folk belief at Colossae*, p. 291.

de Deus (embora certamente inclua isso), mas à realidade escatológica de que a igreja foi transferida para uma nova era definida pelo reinado de Deus por meio de Cristo, a libertação do mal e o perdão dos pecados.

Segundo, dentro da estrutura paulina de "já e ainda não", essa passagem claramente enfatiza a obra consumada de Cristo (escatologia realizada).[17] Mesmo que seja verdade que aquilo que "é descrito aqui seria pensado em outro lugar como reservado para o fim da história/tempo",[18] os tempos aoristo dos verbos deixam claro que a redenção já foi realizada e precisa apenas ser aplicada.

Terceiro, o perdão dos pecados é um elemento central no reino de Cristo. Muitos interpretam "redenção" como correspondente a "perdão".[19] É possível, entretanto, que "redenção" retenha o significado de liberdade de inimigos hostis (como no Êxodo) e, portanto, seja algo distinto. Assumindo essa distinção, Sappington observa que "a redenção das forças espirituais está intimamente ligada à bênção do perdão" e sugere, "com base em 1.14, que a redenção consiste e/ou ocorre por meio do perdão dos pecados".[20] De qualquer forma, o perdão (e possivelmente a redenção por meio do perdão) é um elemento central no reino de Cristo. Como diz Eduard Lohse: "o governo soberano de Cristo está presente onde há perdão dos pecados".[21]

---

17 Embora muitos comentaristas observem corretamente a ênfase no "já" da escatologia realizada em Colossenses, Paulo ainda mantém a tensão com o "ainda não". Veja Douglas J. Moo, *The Letters to the Colossians and to Philemon*, p. 68-69.

18 James Dunn, *The Epistles to the Colossians and to Philemon: a commentary on the Greek text*, p. 77.

19 Peter O'Brien, *Colossians, Philemon*, p. 28.

20 Thomas Sappington, *Revelation and redemption at Colossae*, p. 211.

21 Eduard Lohse, *Colossians and Filemon: a commentary on the Epistles to the Colossians and to Filemon* (Hermeneia; Philadelphia: Fortress, 1971), p. 40.

Como, então, Colossenses 1.12-14 caracteriza a interpretação do hino? Em primeiro lugar, esse trecho fornece uma estrutura histórico-redentora para a reconciliação de todas as coisas. A redenção cósmica de 1.15-20 não é uma realidade atemporal, mas, sim, o *telos* final da esperança de Israel que irrompeu no meio da história por meio do sangue da cruz de Cristo (Cl 1.20) e de sua ressurreição (Cl 1.18). Além disso, Colossenses 1.12-14 apresenta uma visão macro da salvação que é elaborada em 1.15-20. O escopo da redenção é "todas as coisas", e o meio para essa redenção é o sangue da cruz de Cristo. A influência de Isaías 40–55 está novamente presente, pois o escopo cósmico da redenção lembra a visão expansiva de Isaías para o reino de Deus (Is 49.6) e "a paz [alcançada] pelo sangue da sua cruz" (Cl 1.20) ecoa o servo cujo sofrimento "nos trouxe paz" (Is 53.5). De acordo com Morna Hooker, o hino "nos dá declarações cristológicas que apoiam a realidade do que Paulo disse sobre a redenção dos colossenses nos versículos 12-14".[22]

O SANGUE DA CRUZ E O REINO DAS TREVAS (CL 1.15-20 E 2.13-15)

Depois de uma introdução extensa (Cl 1.1–2.5), Paulo abre o corpo de sua carta com sua principal incumbência: "andai nele" (Cl 2.6-7), que resume seu ensino até aqui e serve como base favorável para o ataque à heresia colossense.[23] Colossenses 2.8-23 então passa a tratar da "filosofia", oferecendo um argumento positivo do

---

22 Morna Hooker, *From Adam to Christ: essays on Paul* (Cambridge: Cambridge University Press, 1990), p. 128.

23 Sobre a centralidade de Colossenses 2.6-7 na estrutura e nos propósitos de Paulo, veja N. T. Wright, *The Epistles of Paul to the Colossians and to Philemon: an introduction and commentary*, p. 98; Peter O'Brien, *Colossians, Philemon*, p. 104-5; Douglas J. Moo, *The Letters to the Colossians and to Philemon*, p. 176.

que o crente já tem "em Cristo" (Cl 2.8-15), seguido por um ataque direto à filosofia (Cl 2.16-23). Colossenses 2.13-15, portanto, é parte da unidade maior de 2.8-15, que traz o principal ensinamento teológico da carta (Cl 1.15-20) para apoiar seu propósito pastoral — "andai nele" (Cl 2.6-7). Em outras palavras, Paulo aplica seu elevado ensino cristológico à situação específica em Colossos, abordando particularmente a "filosofia" que ameaça fazer os colossenses cativos (Cl 2.8).

Embora muitos tenham tentado reconstruir a natureza precisa da filosofia de Colossenses, os resultados são inevitavelmente especulativos e não podem ser determinantes para a interpretação da carta de Paulo.[24] No entanto, apesar de Colossenses deixar o leitor querendo maiores detalhes, a carta faz com que os principais componentes dessa filosofia fiquem claros. A filosofia: (1) depende da "tradição dos homens" (Cl 2.8) e de "preceitos e doutrinas dos homens" (Cl 2.22) que promovem o ascetismo (Cl 2.18, 20-23); (2) depende dos "espíritos elementares do mundo" (Cl 2.8, A21) e do "culto aos anjos" (Cl 2.18); e (3) não depende de Cristo (Cl 2.8, 19).[25] Em resposta a essa filosofia, portanto, Paulo declara que "em Cristo" os cristãos colossenses têm a plenitude de Deus (Cl 2.9-10) e a vitória completa sobre os poderes espirituais (Cl 2.10, 15).[26]

---

24 Para um levantamento dessas reconstruções, veja Peter O'Brien, *Colossians, Philemon*, p. xxx–xli; Douglas J. Moo, *The Letters to the Colossians and to Philemon*, p. 46-60. Embora a maioria dos estudiosos concorde que a "filosofia" era sincretista, estou mais convencido de que é mais acertada a mescla de diferentes origens feita por Clinton Arnold (*The Colossian syncretism: the interface between Christianity and folk belief at Colossae*, p. 226-27).

25 Para um tratamento mais completo dos componentes básicos da filosofia, conforme derivados do texto, veja Douglas J. Moo, *The Letters to the Colossians and to Philemon*, p. 50-52.

26 Somente em Colossenses 2.10-13, há três referências a estar "nele" (Cl 2.10, 11, 12) e três palavras compostas pelo prefixo συν (Cl 2.12-13). O'Brien está correto, portanto, ao dizer que o tema "em Cristo" "corre como um fio escarlate por toda a passagem" (Peter O'Brien, *Colossians, Philemon*, p. 104).

A conexão entre Colossenses 2.8-15 e 1.15-20 pode ser vista verbal e teologicamente. Em ambas as passagens, Cristo é o lugar da habitação da "plenitude" de Deus (Cl 1.19; 2.9), "a cabeça" (Cl 1.18; 2.10), supremo sobre "principados [e] potestades" (Cl 1.16; 2.10, 15) e vitorioso pela "cruz" (Cl 1.20; 2.14-15). Do ponto de vista teológico, em 2.13-15, Paulo está elaborando e desenvolvendo 1.19-20 e aplicando-o especificamente ao problema da filosofia colossense sobre "os poderes", isto é, como a reconciliação de "todas as coisas" por Cristo implica a derrota dos poderes deste mundo.[27]

O significado de Colossenses 2.13-15

Apesar do relativo consenso na tradução, Colossenses 2.13-15 está repleto de dificuldades exegéticas. A passagem está estruturada em torno do verbo principal συνεζωοποίησεν (*synezōopoiēsen*), que é então desenvolvido por três particípios aoristo que explicam a base para a nova vida de que a passagem trata:

συνεζωοποίησεν ὑμᾶς σὺν αὐτῷ

χαρισάμενος ἡμῖν πάντα τὰ παραπτώματα

ἐξαλείψας τὸ καθ' ἡμῶν χειρόγραφον τοῖς δόγμασιν...

ἀπεκδυσάμενος τὰς ἀρχὰς καὶ τὰς ἐξουσίας... (Cl 2.13-15)[28]

---

27 N. T. Wright diz que a mensagem de Colossenses 1.19-20 é "consideravelmente ampliada" em 2.13-15 (*The Epistles of Paul to the Colossians and to Philemon: an introduction and commentary*, p. 76). James Dunn diz que Paulo procura "explicar [...] o pleno significado do que ele declarou anteriormente sobre a cruz (Cl 1.19-20)" (*The Epistles to the Colossians and to Philemon: a commentary on the Greek text*, p. 145). Peter O'Brien denomina a passagem de 2.8-15 uma "retomada explicativa do capítulo 1.15-20" (*Colossians, Philemon*, p. 104).

28 Clinton Arnold, *The Colossian syncretism: the interface between Christianity and folk belief at Colossae*, p. 275.

Os dois primeiros particípios aoristo são provavelmente causativos,[29] fazendo com que o fluxo básico do texto tenha a seguinte forma: Deus vivificou vocês com Cristo perdoando os seus pecados, com base no fato de que o escrito de dívida contra vocês foi cancelado por meio da obra de Cristo na cruz. No entanto, o que é esse "escrito de dívida [...] com suas exigências legais" (χειρόγραφον τοῖς δόγμασιν, ESV)? O termo χειρόγραφον (*cheirographon*) se refere a um documento legal que atuava como uma "nota de dívida"[30] ou, em termos modernos, um IOU.[31] Já o termo δόγμασιν (*dogmasin*) é mais difícil de traduzir, ainda que, com base no uso da palavra por Paulo em Efésios 2.15, provavelmente se refira a "decretos" que são uma expressão nos mandamentos da lei mosaica. Os "decretos", portanto, fornecem a razão pela qual o "escrito de dívida" era "contra nós".[32] Como Dunn diz: "Embora o escrito de dívida que era contra nós não possa ser identificado com a lei como tal [...] por trás dele estão os decretos da lei que dão ao *cheirographon* sua força condenatória".[33]

Colossenses 2.15 é o clímax dessa seção, à medida que Paulo desenvolve ainda mais seu argumento aplicando-o aos "principados e [às] potestades". Embora o perdão dos pecados e a vitória sobre o mal estejam claramente ligados no pensamento

---

29 Peter O'Brien, *Colossians, Philemon*, p. 123; Douglas J. Moo, *The Letters to the Colossians and to Philemon*, p. 207-8.

30 Eduard Lohse, "χειρόγραφον", in: *TDNT*, 9:435.

31 "*I owe you*" (Eu te devo) é uma espécie de carta ou documento utilizado no contexto norte-americano para reconhecer a existência de uma dívida (N. do T.).

32 Markus Barth; Helmut Blanke, *Colossians: a new translation with introduction and commentary*, AB (Nova York: Doubleday, 1994), p. 329-30; Eduard Lohse, *Colossians and Filemon: a commentary on the Epistles to the Colossians and to Filemon*, p. 109.

33 James Dunn, *The Epistles to the Colossians and to Philemon: a commentary on the Greek text*, p. 165.

de Paulo, existem obstáculos exegéticos que ofuscam a natureza precisa desse relacionamento. Embora a voz média de ἀπεκδυσάμενος (*apekdysamenos*) tenha levado intérpretes — da igreja primitiva a Lightfoot — na direção de que Cristo se *despojou* de sua carne ou dos "principados e [das] potestades",[34] o contexto do verbo levou a maioria dos estudiosos contemporâneos a concordar que Cristo despoja os principados e as potestades, desarmando-os de seu poder.[35]

A ironia aqui é profunda, pois, enquanto os centuriões despojaram Jesus e o expuseram como impotente diante da multidão (Mc 15.20), Paulo diz que eram os "principados e as potestades" que estavam realmente sendo despojados de seu poder. Além disso, esse desarmamento foi uma derrota, pois Cristo estava "triunfando" (θριαμβεύσας) sobre os "principados e as potestades", uma clara referência às procissões triunfais romanas.[36] Assim como um general romano celebrava uma vitória militar desfilando pelas ruas com seus inimigos derrotados a ferros atrás dele em uma procissão, Jesus havia destruído as forças do mal e estava fazendo delas um espetáculo público ao revelar a sabedoria divina que há no Cristo crucificado (1Co 2.6-8).

A última dificuldade exegética dessa passagem levanta uma das questões teológicas mais significativas: Está o triunfo de Cristo sobre os "principados e as potestades" localizado especificamente "na cruz" ou, de forma mais geral, "nele"? Embora tradutores e

---

34 J. B. Lightfoot, *Saint Paul's Epistles to the Colossians and to Philemon* (Nova York: Macmillan, 1900), p. 187-89.

35 Peter O'Brien, *Colossians, Philemon*, p. 127-28; Eduard Lohse, *Colossians and Filemon*, p. 111-12; Douglas J. Moo, *The Letters to the Colossians and to Philemon*, p. 213.

36 David Williams, *Paul's metaphors: their context and character* (Peabody, MA: Hendrickson, 1999), p. 257-60.

comentaristas estejam divididos sobre essa questão,³⁷ o resultado exegético não é determinante para a conclusão teológica. Pois mesmo que o triunfo esteja "nele", o "ele" é o Cristo crucificado que trouxe reconciliação a todas as coisas (incluindo os poderes) pelo sangue de sua cruz.

Isso não quer dizer que a cruz seja o único elemento, mas que o contexto dessa passagem (Cl 2.13-15) está discutindo o perdão que vem através da morte de Cristo na cruz. Em seu comentário sobre essa passagem, Calvino argumentou que seu contexto exige que o leitor atribua a queda de Satanás (Cl 2.15) à obra de cancelamento da dívida operada por Cristo na cruz (2.13-14).³⁸ O'Brien concorda: "O contexto de Colossenses 2.15 exige que entendamos a remoção do poder ou autoridade que os principados exercem sobre a vida dos homens ao reter o certificado de dívida em suas mãos".³⁹

O trabalho da cruz de cancelar a dívida e o triunfar sobre os poderes, no entanto, não são mantidos juntos apenas pelo contexto, mas também pelo desenvolvimento da passagem. Conforme Paulo desenvolve sobre o sangue da cruz e o aplica aos governantes e autoridades, "o versículo 15 extrai o efeito do versículo 14".⁴⁰ Se o "escrito de dívida" e seus "decretos" foram os instrumentos das forças do mal para acusar os pecadores, então

---

37 A frase preposicional ἐν αὐτῷ (Cl 2.15) poderia significar "nele" (RSV, NASB, ESV), referindo-se a Cristo, ou "nela" (KJV, NRSV), referindo-se à "cruz" (NIV, NIB, NET).

38 John Calvin, *Calvin's commentaries*, tradução de Calvin Translation Society (Grand Rapids: Baker, 1999), comentário de Cl 2.15 [edição em português: *Gálatas, Efésios, Filipenses, Colossenses*, tradução de Valter Graciano Martins (São José dos Campos: Fiel, 2017)].

39 Peter O'Brien, *Colossians, Philemon*, p. 127.

40 N. T. Wright, *The epistles of Paul to the Colossians and to Philemon: an introduction and commentary*, p. 117.

o cancelamento do registro os desarma de seu poder de condenação.[41] Lohse resume a lógica da obra perdoadora e vitoriosa de Cristo:

> O autor de Colossenses se apropriou dessa confissão porque expressava claramente o que era para ele a conexão essencial entre o perdão dos pecados e a vitória sobre os principados e potestades [...] Com o perdão dos pecados, toda e qualquer reivindicação dos "poderes elementares do mundo" foi anulada. Isso enfatiza ainda mais fortemente que ambas as afirmações formam um par indissolúvel: na cruz de Cristo o certificado de dívida é apagado; na cruz de Cristo os principados e potestades são destituídos. Consequentemente, onde há perdão dos pecados, há libertação dos "principados" e "potestades", há vida e salvação![42]

Além disso, fora da lógica dessa passagem em si, Sappington argumenta que a conexão com Colossenses 1.12-14 também corrobora essa interpretação.[43] Visto que o perdão é um elemento-chave para ser transferido do domínio das trevas para o reino do Filho do seu amor (Cl 1.12-14), então é similarmente através do perdão (eliminando o "escrito de dívida") que Cristo é vitorioso sobre os poderes do domínio das trevas (Cl 2.13-15).

---

41 Thomas Sappington, *Revelation and redemption at Colossae*, p. 212; R. P. Martin, "Reconciliation and forgiveness in the Letter to the Colossians", in: Robert Banks, org., *Reconciliation and hope: New Testament essays on atonement presented to L. L. Morris on his 60th Birthday* (Carlisle, UK: Paternoster, 1974), p. 123–24.

42 Eduard Lohse, *Colossians and Filemon: a commentary on the Epistles to the Colossians and to Filemon*, p. 107.

43 Thomas Sappington, *Revelation and redemption at Colossae*, p. 222.

Reconciliando todas as coisas e derrotando os poderes

A sobreposição primária entre Colossenses 1.15-20 e 2.13-15 está na conexão entre a cruz (Cl 1.20; 2.14) e os poderes (Cl 1.16; 2.15). Em um nível, podemos simplesmente dizer que a reconciliação de todas as coisas implica a derrota dos principados e potestades. A dificuldade, no entanto, é que 1.15-20 implica que os próprios poderes são reconciliados. A maneira pela qual interpretamos a reconciliação dos poderes em 1.20 deve ser determinada pela elaboração dos poderes em 2.15. Os poderes não são restaurados à amizade com seu Criador e continuamente procuram levar cativo o povo de Deus (Cl 2.8). Um caminho a seguir é reconhecer que a "reconciliação" em 1.20 inclui o "havendo feito a paz" de Cristo na cruz. Alguns estudiosos, portanto, referiram-se, de forma útil, à "reconciliação" dos poderes como "pacificação": "a imposição da paz, algo provocado pela conquista".[44]

RESUMO

Paulo desenvolve seu argumento em Colossenses 1.12-14, 2.15-20 e 2.13-15 progressivamente, cada passagem elaborando e desenvolvendo ainda mais a anterior. Colossenses 1.12-14 fornece uma macrovisão histórico-redentora da salvação falando-se em ser transferido do domínio das trevas para o reino do Filho do seu amor. Colossenses 1.15-20 revela que essa redenção escatológica é também reconciliação cósmica com Deus por meio do sangue da cruz de Cristo. Finalmente, 2.13-15 demonstra que essa transferência escatológica para o reino

---

44 F. F. Bruce, "Christ as conqueror and reconciler", *BSac* 141 (1984): 293; cf. Clinton Arnold, *The Colossian syncretism: the interface between Christianity and folk belief at Colossae*, p. 269.

e reconciliação com Deus implica a derrota dos poderes. Em suma, a colossal realização de transferir pecadores para o reino do Filho do seu amor, que inclui reconciliação com Deus e derrota dos poderes, é realizada pelo sangue da cruz de Cristo. Calvino destaca a natureza paradoxal da vitória de Cristo em Colossenses: "Paulo celebra magnificamente o triunfo que Cristo obteve na cruz, como se a cruz, o símbolo da ignomínia, tivesse se convertido em uma carruagem triunfal".[45]

O desenvolvimento teológico em Colossenses revela que a vitória sobre os poderes, embora incrivelmente importante para Paulo, se encaixa nos objetivos mais amplos de reconciliação com Deus e entrada em seu reino. Ser reconciliado com o Rei é o objetivo final; derrotar os poderes é um passo integral nesse processo. Como disse Crisóstomo: "É realmente uma grande coisa ter sido libertado das trevas; contudo, ter sido trazido para um reino é algo muito maior".[46]

Em síntese, Cristo reina sobre a nova criação reconciliada, o que implica perdão e redenção para o povo de Deus e desarmamento e destruição para seus inimigos. O contexto do hino de Cristo determina seu significado e lança uma grande luz sobre a questão do reino e da cruz. Como Moo diz: "Por intermédio da obra de Cristo na cruz, Deus trouxe toda a sua criação rebelde de volta ao domínio de seu poder soberano".[47]

---

[45] John Calvin, *Institutes of the Christian religion*, organização de John McNeill, tradução de Ford Lewis Battles, LCC [Louisville: Westminster John Knox, 2006], 2.16.6 [edição em português: *A instituição da religião cristã*, tradução de Carlos Eduardo de Oliveira, et al. (São Paulo: Unesp, 2008-2009), tomos I e II].

[46] John Chrysostom, *Homilies on Colossians*, NPNF¹, 13:266.

[47] Douglas J. Moo, *The Letters to the Colossians and to Philemon*, p. 137.

APOCALIPSE 5.5-10

Se a Bíblia é uma grande narrativa, seria de esperar que muitos fios se juntassem no final da história. Isso é precisamente o que acontece no livro de Apocalipse, que apresenta uma visão apocalíptica da consumação de todas as coisas operada por Deus. O coração do livro (Ap 4–5) oferece uma visão que captura todo o meu argumento com uma imagem: um Cordeiro morto no trono (Ap 5.6), bem como outra ligação exegética clara entre o "reino" de Deus e o "sangue" da cruz (Ap 5.9-10). Embora a atenção principal seja dada a 5.5-10, começarei com 1.5b-6, que apresenta os temas a partir dos quais 5.5-10 se expande, e concluirei discutindo 12.10-11, que oferece mais clareza e aplica as declarações cristológicas anteriores aos seguidores de Cristo.

O SANGUE E O REINO (AP 1.5B-6)

Em Apocalipse, a teologia é apresentada dentro do contexto mais amplo da doxologia. Não é de admirar, então, que, antes mesmo de João terminar sua saudação inicial, ele irrompa em um hino, louvando a Jesus: "Àquele que nos ama, e, pelo seu sangue, nos libertou dos nossos pecados, e nos constituiu reino, sacerdotes para o seu Deus e Pai" (Ap 1.5b-6). Para João, a obra redentora de Cristo na cruz está no centro da visão escatológica do reino. Embora o livro do Apocalipse certamente esteja preocupado com o futuro, o pretérito dos verbos principais deixa claro que a redenção foi decisivamente realizada (λύσαντι) e o povo de Deus já foi tornado (ἐποίησεν) um reino na terra. A consumação do reino, portanto, não será uma nova obra, mas um desdobramento do que já foi conquistado na cruz. Embora essa descrição doxológica da obra redentora de Cristo seja expandida por todo o Apocalipse, há quatro elementos-chave dessa passagem que estabelecem as bases para o que está por vir.

Primeiro, a história de Israel fornece o contexto para a obra do Messias. O que foi prometido a Israel no Sinai ("Vós me sereis reino de sacerdotes", Êx 19.6) foi cumprido no Gólgota ("Àquele que nos ama, e, pelo seu sangue, nos libertou dos nossos pecados, e nos constituiu reino, sacerdotes para o seu Deus e Pai", Ap 1.5b-6).

Segundo, a obra de Cristo na cruz, que perdoa pecados e traz o reino de Deus, é motivada por seu amor. A mudança gramatical entre "aquele que nos ama" (particípio presente) e "nos libertou de nossos pecados" (particípio aoristo) e "nos constituiu um reino" (indicativo aoristo) sugere que "o amor de Cristo por nós é uma realidade contínua que, em um momento específico do tempo, se expressou no ato redentor do Calvário".[48]

Terceiro, lidar com o pecado é um elemento central do reino trazido por Cristo. Embora o Apocalipse tenha muito a dizer sobre a derrota de Satanás (especialmente em Ap 12.7-12), a ênfase aqui está nos "efeitos expiatórios da morte [de Cristo]" para a vinda do reino.[49] Reino, portanto, não se trata apenas de vitória, mas de reconciliação (cf. Êx 19.4).

Quarto, o reino de Deus na terra implica a restauração da vice-gerência humana. O reino é caracterizado primariamente pelo trono de *Cristo*; ele é "o Soberano dos reis na terra" (Ap 1.5). Mas ele *nos* constituiu um reino, significando que aqueles que estão sob seu reinado também reinarão com ele em seu trono (Ap 3.21; cf. Gn 1.28).

---

48 Robert Mounce, *The Book of Revelation*, NICNT (Grand Rapids: Eerdmans, 1977), p. 49; cf. Robert Wall, *Revelation*, NIBC (Peabody, MA: Hendrickson, 1991), p. 58.

49 Grant Osborne, *Revelation*, BECNT (Grand Rapids: Baker Academic, 2002), p. 64 Edição em português: *Apocalipse*, Comentário Exegético (São Paulo: Vida Nova, 2014)].

O LEÃO E O CORDEIRO (AP 5.5-10)

Apocalipse 5.9-10 expande 1.5b-6, mais uma vez na forma de um hino: "porque foste morto e com o teu sangue compraste para Deus os que procedem de toda tribo, língua, povo e nação e para o nosso Deus os constituíste reino e sacerdotes". Embora o conceito básico seja o mesmo (Cristo resgata as pessoas por seu sangue e as torna um reino e sacerdotes), o contexto dessa passagem enriquece muito seu significado. Apocalipse 4–5 constitui uma visão da sala do trono celestial, fornecendo "a visão central" da qual o restante do livro flui e "o centro teológico que expressa as convicções básicas de João".[50] Embora os dois capítulos sejam uma unidade, Apocalipse 4 louva a Deus por seu reinado na criação, e Apocalipse 5 louva o Cordeiro por seu reinado na redenção.

O trono é a "imagem teológica central" em Apocalipse.[51] Em Apocalipse 4, no entanto, "João intencionalmente retém qualquer descrição da figura central no trono, deixando um centro em branco na imagem para ser preenchido pela figura do Cordeiro — mais um meio de afirmar que Deus é aquele que se define por Cristo".[52] Após uma gloriosa descrição do trono (Ap 4.3-7) e um hino de adoração ao rei (Ap 4.8-11), João vê um livro na mão direita do que está no trono e ouve um anjo proclamando: "Quem é digno de abrir o livro [...] ?" (Ap 5.1-2). Esse livro contém o plano soberano de Deus para o destino do mundo (revelado nos capítulos 6–22 e resumido em 4.1 como "o que deve acontecer depois destas

---

50 Gerhard Krodel, *Revelation*, ACNT (Minneapolis: Augsburg, 1989), p. 168; cf. Eugene Boring, *Revelation*, IBC (Louisville: Westminster John Knox, 1989), p. 102; Robert Mounce, *The Book of Revelation*, p. 138.

51 Elisabeth Schüssler-Fiorenza, *The Book of Revelation: justice and judgment* (Philadelphia: Fortress, 1985), p. 116.

52 Eugene Boring, *Revelation*, p. 103

coisas"). *Abrir* o livro significa não apenas revelar, mas também colocar em prática o plano de Deus para a consumação.[53] Enquanto João chora, pois ninguém é considerado digno de abrir o livro, ele ouve uma voz: "Não chores; eis que o Leão da tribo de Judá, a Raiz de Davi, venceu para abrir o livro e os seus sete selos" (Ap 5.5).

O "Leão da tribo de Judá" (Gn 49.9-10) e a "Raiz de Davi" (Is 11.1) representam a soma de todas as esperanças messiânicas do Antigo Testamento. No entanto, depois de *ouvir* falar de um Leão na linguagem messiânica tradicional — geralmente acompanhada por imagens militaristas e nacionalistas —, João se vira e, para sua surpresa, vê exatamente o oposto: "de pé, um Cordeiro como tendo sido morto" (Ap 5.6). Bauckham diz que, "ao justapor as duas imagens contrastantes, John forjou um novo símbolo de conquista pela morte sacrificial".[54] Estudiosos pressionam seus limites retóricos na esperança de capturar o significado imensurável dessa imagem.[55] De acordo com G. B. Caird, o que João vê "constitui o renascimento mais impressionante de imagens que ele já alcançou".[56] "Em um golpe brilhante", diz Robert Mounce, "João retrata o tema central da revelação do Novo Testamento — a vitória por meio do sacrifício."[57]

---

53 G. B. Caird, *A commentary on the Revelation of St. John the Divine*, BNTC (London: Black, 1966), p. 71; Robert Mounce, *The Book of Revelation*, p. 131.

54 Richard Bauckham, *The theology of the Book of Revelation* (New York: Cambridge University Press, 1993), p. 74.

55 Por exemplo, a justaposição das duas imagens tem sido chamada de "o fato central da teologia do Novo Testamento" (George Eldon Ladd, *A commentary on the Revelation of John* [Grand Rapids: Eerdmans, 1972], p. 87); "o paradoxo central do evangelho" (Graeme Goldsworthy, "The gospel in Revelation", in: *The Goldsworthy trilogy* [Carlisle, UK: Paternoster, 2000], p. 169); e "o paradoxo e mistério central da fé cristã" (Vern Poythress, *The returning King: a guide to the Book of Apocalipse* [Phillipsburg, NJ: Presbyterian & Reformed, 2000], p. 109).

56 G. B. Caird, *A commentary on the Revelation of St. John the Divine*, p. 73.

57 Robert Mounce, *The Book of Revelation*, p. 132.

Não obstante, qual é exatamente o significado desse renascimento de imagens? Como o Leão e o Cordeiro se relacionam? Eugene Boring fornece uma taxonomia útil de interpretações.[58] (1) *Primeiro o Cordeiro, depois o Leão.* Embora bastante popular, Boring diz que essa visão "é o oposto do significado do texto".[59] O Cordeiro permanece abatido, e, em vez de ser abandonado, o termo "Cordeiro" é *o* título definitivo para Cristo desse ponto em diante (usado 28 vezes). (2) *Cordeiro para os cristãos, Leão para os outros.* Essa visão simplesmente não leva em conta que existem atributos positivos do Leão (veja Gn 49.9-10) e atributos negativos do Cordeiro ("a ira do Cordeiro", Ap 6.16). (3) *O Cordeiro é realmente um Leão.* Essa visão se baseia nas ideias judaicas de um cordeiro guerreiro messiânico, e, embora reconheça corretamente o poder do Cordeiro, essa visão ainda negligencia o fato de que o Cordeiro é morto e está baseada em textos judaicos amplamente considerados interpolações tardias.[60]

Proponho a seguinte alternativa: *o Leão redefinido pelo Cordeiro.*[61] Essa interpretação sustenta tanto o "caráter leonino" quanto o "caráter ovino" de Cristo e destaca sua integração ao longo do Apocalipse. Ambos os aspectos estão presentes nessa primeira menção do Cordeiro, pois ele foi morto e ainda tem sete chifres e olhos. O particípio perfeito de "morto" (ἐσφαγμένον) indica os efeitos contínuos da obra consumada da morte de Cristo. Como Oecumenius afirmou séculos atrás: "Mesmo depois da ressurreição, o Senhor

---

58 Eugene Boring, *Revelation*, p. 108–11.
59 Ibid., p. 109.
60 Ibid., p. 110.
61 Esse título está amplamente alinhado com E. Boring, embora seu título "O Cordeiro é realmente um Leão" possa implicar que o caráter leonino de Cristo é totalmente anulado (Eugene Boring, *Revelation*, p. 110).

carregou os troféus da morte — a marca dos pregos, seu corpo vivificante feito vermelho por seu sangue [...], por essa razão ele foi visto na visão 'como estando morto'".[62] Eugene Boring conclui: "A crucificação não foi um incidente que aconteceu uma vez na carreira cósmica do Messias e depois foi substituído pela ressurreição e exaltação; antes, a crucificação é o ato definitivo que marca seu caráter na identidade do Cristo".[63]

O pano de fundo do "Cordeiro que foi morto" é tanto o cordeiro pascal do Êxodo (Êx 12.6; cf. 1Co 5.7; 1Pe 1.18-19) quanto o servo de Isaías (que é "como um cordeiro [ἀμνός, na LXX] [...] levado ao matadouro", Is 53.7), mostrando, portanto, que o sacrifício de Cristo efetua tanto a vitória quanto a expiação.[64] No entanto, embora o Cordeiro permaneça morto, ele tem sete chifres (indicando plenitude de poder) e sete olhos (indicando plenitude de conhecimento) — ele é "poder de Deus e sabedoria de Deus" (1Co 1.24). A natureza contínua de ambos os aspectos (leão e cordeiro) pode ser vista simplesmente na escolha de vocabulário de João ao longo do Apocalipse. Pois assim como "Cordeiro" é o substantivo cristológico central para Cristo, "conquistar" (νικάω) — normalmente, uma característica do Leão — é o verbo mais significativo.[65] O Cordeiro vence (Ap 3.21; 5.5; 17.14), assim como aqueles que o seguem (2.7, 11, 17, 26; 3.5, 12, 21; 12.11; 15.2; 21.7).

---

62 Oecumenius, "Commentary on the Apocalypse", in: *Traditio exegetica Graeca* (Louvain: Peeters, 1991), 8:115–16. O comentário de Oecumenius sobre o livro de Apocalipse tem sido tradicionalmente datado do século 10, mas mais recentemente foi datado do século 7 ou 6.

63 Eugene Boring, *Revelation*, p. 109.

64 Para mais evidências sobre esses antecedentes, veja G. K. Beale, *The Book of Revelation: a commentary on the Greek text*, NIGTC (Grand Rapids: Eerdmans, 1999), p. 351.

65 Eugene Boring, *Revelation*, p. 111.

Ambas as imagens do Leão e do Cordeiro são necessárias para a compreensão de Cristo no Apocalipse, embora as imagens do Cordeiro tenham prioridade no restante do livro. Joseph Mangina conclui com razão: "Cristo realmente é e nunca deixa de ser o Leão da tribo de Judá. Ele é de fato uma figura de poder, mas seu poder se realiza precisamente no amor de autoentrega que ele demonstra na cruz".[66] A característica-chave na integração dessas duas imagens, portanto, é que o Leão representa a meta ou objetivo de Cristo, enquanto o Cordeiro representa os meios para alcançar esse objetivo. Vernard Eller argumenta que "a morte sofredora de Cristo é sua vitória; seu *modus operandi* [...] sempre é o do Cordeiro, mas as consequências, os resultados, sempre são uma vitória que pertence ao caráter do Leão".[67] Como diz Agostinho: "Ele suportou a morte como um cordeiro; ele a devorou como um leão". Ele é o Cordeiro e o Leão "porque, ao ser morto, matou a morte".[68]

Como é o padrão em todo o Apocalipse, a visão de João (Ap 5.1-8) é interpretada por um hino (Ap 5.9-10, 12-13). O Cordeiro é digno de pegar o livro (para decretar os propósitos soberanos de Deus) porque pelo seu sangue ele resgatou um povo e fez um reino. Mounce demonstra a lógica do texto, indicando que o Cordeiro é digno de abrir o livro por três motivos: "Ele foi morto (um fato histórico), comprou pessoas para Deus (a interpretação desse fato) e as transformou em um reino de sacerdotes (o resultado do fato)".[69]

---

66 Joseph Mangina, *Revelation*, BTCB (Grand Rapids: Brazos, 2010), p. 88.

67 Vernard Eller, *The most revealing book of the Bible: making sense out of Revelation* (Grand Rapids: Eerdmans, 1974), p. 80.

68 Augustine, "Sermon 375A: On the Sacraments" (397), *WSA*, 10:330.

69 Robert Mounce, *The Book of Revelation*, p. 135.

Mais uma vez, as imagens do Êxodo são explícitas. No entanto, Cristo não apenas cumpriu as promessas de Deus a Israel (tornando-os um reino de sacerdotes), mas também compartilhou os despojos com pessoas "de toda tribo, língua, povo e nação" (Ap 5.9). Além disso, a morte redentora de Cristo cumpre não apenas os propósitos do Êxodo, mas também restaura a humanidade à sua tarefa original de reinar e servir no Éden. "Ser cristão é ser rei e sacerdote, mas com soberania e sacerdócio derivados de Cristo, tal como sua soberania e seu sacerdócio derivam de Deus."[70] O mandato da criação para governar a terra (Gn 1.28) ecoa claramente na última linha do hino: "e reinarão sobre a terra" (Ap 5.10).

Finalmente, deve-se notar que, por mais poderosa que seja essa passagem, ela não faz menção *do que* ou *de quem* o povo de Deus é resgatado. O paralelo de Apocalipse 1.5 ("nos libertou *de nossos pecados*"), no entanto, fornece um referente claro. Além disso, as imagens do Êxodo, bem como a prevalência da guerra espiritual em todo o Apocalipse, pedem explicações adicionais sobre o lugar de Satanás e dos demônios no sacrifício vitorioso de Cristo. É esta questão — a saber, como o pecado e Satanás se relacionam na obra redentora de Cristo e na criação de um reino de sacerdotes — que é abordada em Apocalipse 12.10-11.

O SANGUE DE CRISTO E A DERROTA DE SATANÁS (AP 12.10-11)

A vitória celestial de Miguel e seus anjos sobre Satanás e seus anjos (Ap 12.7-9) tem sua base na vitória de Cristo na cruz (Ap 5.5, 9-10). Caird resume o significado da batalha celestial: "A vitória de Miguel é simplesmente a contrapartida celestial e simbólica da realidade

---

70 G. B. Caird, *A commentary on the Revelation of St. John the Divine*, p. 77.

terrena da Cruz. Miguel, de fato, não é o oficial de campo que faz a luta real, mas o oficial do Estado-Maior na sala de controle celestial, que é capaz de remover a bandeira de Satanás do mapa celestial porque a verdadeira vitória foi conquistada no Calvário".[71] Da mesma forma, a vitória dos santos sobre Satanás também está enraizada na cruz de Cristo: "Eles, pois, o venceram por causa do sangue do Cordeiro" (Ap 12.11). Essas passagens não revelam apenas *que* Cristo e seus seguidores triunfam sobre Satanás, mas *como* eles o fazem. Antes de discutir sua maneira de triunfar, no entanto, devo explicar o pano de fundo dessa batalha e o papel específico de Satanás nela.

Muitos estudiosos observaram o contexto *legal* judaico para a batalha descrita em Apocalipse, visto que tem implicações significativas para a compreensão da natureza da vitória de Cristo sobre Satanás.[72] Caird resume bem, dizendo que, "embora João descreva a batalha entre Miguel e Satanás em termos militares, ela foi essencialmente uma batalha legal entre advogados opostos, o que resultou no banimento de um deles".[73]

Os temas de verdade e falsidade são predominantes em todo o livro de Apocalipse, retratando o mundo como uma espécie de tribunal, que contrasta o engano das forças do mal (Ap 12.9; cf. 20.2-3, 7-8; 13.14; 19.21) com o verdadeiro testemunho de "Jesus Cristo, a testemunha fiel" (Ap 1.5), e de seus seguidores (Ap 14.5).[74] Nesse contexto de tribunal, Satanás é o "acusador de nossos irmãos" (12.10), um tipo de promotor legal com uma paixão única por condenar os culpados. Mas ele também é o que "engana todo o mundo"

---

71 Ibid., p. 153-54.
72 Veja, por exemplo, G. K. Beale, *The Book of Revelation: a commentary on the Greek text*, p. 661-62.
73 G. B. Caird, *A commentary on the Revelation of St. John the Divine*, p. 155.
74 Richard Bauckham, *The theology of the Book of Revelation*, p. 73, 91.

(Ap 12.9, A21), que desde o princípio (Gn 3.1-5) tem tentado toda a humanidade a trocar a verdade de Deus por uma mentira (Rm 1.25). Se essa é uma batalha legal e jurídica, e Satanás é o "acusador" e "enganador", como então Cristo e seus santos vencem Satanás?

Os meios pelos quais Satanás é derrotado são o sofrimento e o testemunho; primeiro por Cristo, depois pelos cristãos. Jesus combate Satanás, o "sedutor", com a verdade, pois assim como Satanás é aquele que "engana todo o mundo" (Ap 12.9), Cristo é a "testemunha fiel e verdadeira" (Ap 3.14). Richard Bauckham diz que esse título "refere-se principalmente ao testemunho que Jesus prestou a Deus durante sua vida na terra e à sua fidelidade em manter seu testemunho mesmo ao custo de sua própria vida".[75] Visto que Jesus sempre foi uma testemunha fiel da verdade, o engano de Satanás provou ser uma arma ineficiente.

Mais importante, Cristo conquistou Satanás, o "acusador", removendo qualquer base de acusação e, portanto, despojando-o completamente de sua força acusatória sobre os crentes. A remoção de seu poder é o significado de Satanás ser "lançado" do céu para a terra (Ap 12.9-10). Porque o sangue de Cristo libertou os cristãos de seus pecados e os tornou reis e sacerdotes para Deus (Ap 1.5b-6), Satanás não tem mais lugar para acusá-los diante de Deus. Como atesta Gerhard Krodel: "O acusador de nossas irmãs e nossos irmãos na terra foi banido da corte celestial".[76] Embora antes da morte de Cristo as acusações de Satanás fossem, em certo sentido, acusações corretas (os pecadores são de fato culpados), a cruz removeu o pecado e seus efeitos dos seguidores de Cristo e, portanto, neutralizou as acusações de Satanás. Ele é deixado a uma versão reduzida de

---

75 Ibid., p. 72.
76 Gerhard Krodel, *Revelation*, p. 243.

acusação e engano na terra, embora com não menos voracidade porque sabe "que pouco tempo lhe resta" (Ap 12.12).

O padrão em Apocalipse é que Cristo venceu na cruz (Ap 5.5, 9-10), vencerá finalmente na consumação (Ap 17.14) e está vencendo no entremeio através de seus santos (Ap 3.21; 12.11; 15.2). Uma vez que a vitória é *de Cristo*, os santos participam nela da mesma forma que Cristo a alcançou: por meio do testemunho e do sofrimento. A base de sua vitória é somente o sangue de Cristo — "eles o venceram pelo sangue do Cordeiro" (Ap 12.11) —, contudo, como diz Bauckham, "o Messias não faz guerra sozinho: ele lidera o exército de Israel contra os inimigos de Israel".[77]

Os santos vencem principalmente testemunhando a vitória decisiva de Cristo na cruz: "Eles o venceram pelo sangue do Cordeiro *e pela palavra do seu testemunho*" (Ap 12.11, itálico do autor). Esse testemunho da verdade expõe a falsidade das mentiras de Satanás e o vazio de suas acusações. Se Satanás já foi derrotado pelo sangue do Cordeiro, os santos precisam apenas testemunhar a veracidade eterna desse evento.

Segundo, os santos participam da vitória de Cristo sobre Satanás compartilhando o sofrimento vitorioso de Cristo. Embora o sofrimento de Cristo sozinho seja redentor (os santos não resgatam), suas mortes são um testemunho contínuo da eficácia da morte de Cristo. Como diz Beale: "O sofrimento dos cristãos é um sinal, não da vitória de Satanás, mas da vitória dos santos sobre Satanás por causa de sua crença no triunfo da cruz, com a qual seu sofrimento os identifica".[78]

---

77 Richard Bauckham, *The theology of the Book of Revelation*, p. 68.
78 G. K. Beale, *The Book of Revelation: a commentary on the Greek text*, p. 663. Para uma explicação dos seguidores de Cristo triunfando através da morte sacrificial em Apocalipse 7.4-14, veja Richard

RESUMO

Essas passagens de Apocalipse iluminam a relação entre o reino de Cristo e o sangue de sua cruz de três maneiras. Primeiro, a obra expiatória de Cristo na cruz resulta no povo de Deus sendo feito um reino (Ap 1.5b-6). Segundo, a vitória daquele que é como um Leão foi alcançada pelos meios daquele que é como um Cordeiro (Ap 5.5-6). Pelo sangue de Cristo, pessoas de todas as nações foram resgatadas do pecado e feitas reis e sacerdotes (Ap 5.9-10) no padrão e cumprimento do Êxodo (Êxodo 19.6). Terceiro, o estabelecimento do reino de Deus implica a derrota de Satanás por Cristo e seus seguidores (Ap 12.10-11). No que é principalmente uma batalha legal, Cristo, ao derramar seu sangue, pagou a penalidade pelo pecado e, portanto, derrotou Satanás, desarmando-o de sua força acusatória. Embora a derrota final ainda esteja por vir, os cristãos continuam a vencer Satanás, expondo seu engano ao testemunhar a vida obediente de Cristo e a verdadeira eficácia de sua morte.

Essas passagens representativas de Colossenses e Apocalipse revelam como o Novo Testamento integra o reino de Cristo e o sangue da cruz. Tendo seguido o desenrolar da história do reino e da expiação através do enredo das Escrituras, agora posso sintetizar minhas descobertas no próximo capítulo.

Bauckham, *The theology of the Book of Revelation*, p. 77.

CAPÍTULO 5

RESUMO: O REINO ESTABELECIDO PELA CRUZ

Neste capítulo irei reunir, esclarecer e desenvolver as observações que fiz anteriormente sobre o Antigo e do Novo Testamentos. Buscar entender a unidade do variado e diverso testemunho bíblico acerca do reino e da cruz naturalmente fornece uma transição para a parte 2, onde amplio minhas descobertas para discussões específicas em teologia sistemática.

INTERAÇÃO REINO-CRUZ NO ANTIGO E NO NOVO TESTAMENTOS

O Antigo Testamento (em especial, Isaías 40–55) fornece a estrutura adequada para a compreensão da interação reino-cruz no Novo Testamento.[79] A relevância do Antigo Testamento é especialmente evidente na história de vitória de Israel por meio do sacrifício, em conceitos como aliança e templo e cumprimento em Cristo.

---

79 Para a influência do novo êxodo de Isaías no Novo Testamento, veja Richard Beaton, *Isaiah's Christ in Matthew's Gospel* (Cambridge: Cambridge University Press, 2002); Rikki Watts, *Isaiah's new exodus in Mark* (Grand Rapids: Baker Academic, 2001); Peter Mallen, *The reading and transformation of Isaiah in Luke-Acts* (Nova York: T&T Clark, 2008); David Pao, *Acts and the Isaianic new exodus* (Grand Rapids: Baker Academic, 2002).

A HISTÓRIA DE VITÓRIA POR MEIO DO SACRIFÍCIO

Gênesis 1-2 apresenta um projeto que tem como objetivo o estabelecimento do reino glorioso de Deus sobre toda a terra por meio da vice-gerência de seus servos. O projeto do reino, mesmo após a Queda, continua graciosamente, mas agora ele virá através da "semente" de uma mulher que, embora ferida, esmagará a cabeça da serpente (Gn 3.15). A vitória e o sofrimento introduzidos no evento do *protoevangelium* se desenvolvem ao longo da história de Israel em vitória *real* e sofrimento *expiatório*. Como várias "sementes" falham em trazer o cumprimento do desígnio de Deus na terra, os profetas apontam para uma semente escatológica que trará essa vitória real *por meio do* sofrimento expiatório. O ponto alto dessa profecia é Isaías, que fala da vitória do reino de Deus vindo através do sofrimento de seu servo (Is 52.13-53.12).

A história de Jesus apresentada pelo Novo Testamento não é algo isolado, mas, sim, uma história que é o cumprimento *dessa* história — Jesus é o "sim" para todas as promessas do Antigo Testamento (2Co 1.20). Jesus é a semente prometida (Gl 3.16) e o servo profetizado (Lc 22.37), que esmaga a serpente e restaura a harmonia edênica entre Deus e seu povo, bem como a comissão deste último de edenizar a terra para o Glória de Deus. Do calcanhar ferido (Gn 3.15) ao Cordeiro reinante (Ap 22.1), a Bíblia é a história redentora de um Messias crucificado que estabelecerá o reino de Deus na terra por meio de sua morte expiatória na cruz. Essa desvelar da história de vitória por meio do sacrifício é a tapeçaria na qual o reino e a cruz estão entrelaçados.

A ALIANÇA E A INTERAÇÃO REINO-CRUZ

Aliança e reino são inseparáveis no Antigo Testamento, e sua ligação fornece uma percepção fundamental da interação reino-cruz. A aliança é a relação vinculadora entre um rei e seus servos e, portanto, está no centro do reino vindouro de Deus. De forma histórica e redentora, Deus administra seu reino por meio das alianças. Como Gentry e Wellum demonstraram, "o reinado salvador de Deus — o reino de Deus — ocorrerá com a vinda do Messias e a inauguração de uma nova aliança que cumprirá todas as alianças anteriores".[80]

A própria nova aliança do reino de Deus é realizada pelo sangue de Cristo como o cordeiro pascal. Na instituição da ceia do Senhor, Jesus resignifica a tradição do Êxodo em torno de si mesmo como o Cordeiro pascal e o cumprimento da nova aliança profetizada com estas palavras: "Porque isto é o meu sangue, o sangue da [nova] aliança, derramado em favor de muitos, para remissão de pecados" (Mt 26.28; cf. Lc 22.20; 1Co 11.25; também Êx 24.8; Jr 31.31-34; Zc 9.11). O sangue de Cristo sela uma nova aliança, que é o aspecto relacional do reino vindouro de Deus sobre a nova criação. "Por sua obra na cruz, ele inaugurou a nova aliança".[81] O reino é estabelecido na cruz, onde Jesus derrama seu sangue como mediador da nova aliança, restaurando assim o relacionamento correto entre o Rei divino e seus servos.

O TEMPLO E A INTERAÇÃO REINO-CRUZ

Na narrativa da criação, o Éden é retratado como um templo e seus reis-sacerdotes recebem a tarefa de expandir o reino de

---

80 Peter Gentry; Stephen Wellum, *Kingdom through covenant: a Biblical-theological understanding of the covenants* (Wheaton, IL: Crossway, 2012), p. 595.

81 Ibid., p. 662; cf. p. 691.

Deus.[82] Essa conexão entre templo e reino é replicada no reino de Israel, onde o templo — como o centro permanente do reino — funciona como a morada do Rei santo *e* como meio de expiação e perdão para os servos do Rei. Em outras palavras, o reinado de Deus sobre seu povo e por meio dele (reino) é inseparável de sua habitação com eles (templo). O templo representa a presença do Rei e a pureza de seus servos.

A aliança davídica toma esses dois elementos históricos e os enxerta na vinda do Messias, já que, quando Deus estabelece o reino davídico, o rei deve construir um templo para Deus (2Sm 7.13). Não é surpresa, portanto, que a proclamação de Jesus da vinda do reino de Deus (Mc 1.14-15) tenha implicado sua própria substituição do templo (Jo 2.19). Nesse contexto, é apropriado que Jesus seja retratado como Rei na cruz (Mc 15.32) e que a destruição do antigo templo seja indicada pelo rasgar do véu (Mc 15.38). "O Rei e o templo serão um em Cristo Jesus. O representante do povo que torna o povo justo (o Rei) será a presença de Deus habitando no povo e com o povo (o templo)".[83] Os dois aspectos do templo (a morada do rei e o lugar do sacrifício pelos pecadores) se unem em Cristo e em sua cruz.

AS PROMESSAS DO REINO CUMPRIDAS NA CRUZ

A relação entre o reino e a cruz na história da redenção é ainda mais esclarecida ao observar que vários elementos do reino vindouro encontram seu cumprimento na cruz (embora certamente não somente na cruz). Como argumentei na introdução, a vinda do reino de Deus

---

82 G. K. Beale, *The temple and the church's mission: a Biblical theology of the temple*, NSBT (Downers Grove, IL: InterVarsity Press, 2004), p. 66-70.

83 Matthew Levering; Michael Dauphinais, *Holy People, Holy Land: a theological introduction to the Bible* (Grand Rapids: Brazos, 2005), p. 82.

implica vitória sobre o mal, perdão dos pecados e um novo êxodo. A lógica é simples. (1) O estabelecimento do reino depende da derrota do mal, do perdão dos pecados e de um novo êxodo. (2) Cada um desses elementos é realizado primariamente por meio da morte de Cristo na cruz. (3) A cruz, portanto, é onde o reino é estabelecido. Farei uma breve recapitulação da vitória e do novo êxodo de Cristo, seguidos por um esclarecimento mais sustentado sobre o perdão dos pecados.

VITÓRIA SOBRE O MAL

Embora seja certamente inesperado que uma batalha possa ser vencida por meio do sofrimento, as Escrituras afirmam repetidamente e de forma clara que é por meio da *morte* de Cristo que Satanás foi derrotado (Jo 12.31; Cl 2.13-15; Hb 2.14; Ap 12.10-11). "A cruz representa a vitória culminante do reino de Deus. O governo de Deus foi interrompido pela rebelião humana e tudo o que veio com ela: poder demoníaco, doença, sofrimento, dor e morte — todo tipo de mal. A raiz de toda oposição ao governo de Deus era a rebelião humana, e isso *somente* poderia ser destruído na cruz".[84]

O NOVO ÊXODO

Vimos no Evangelho de Marcos que toda a obra de Cristo deve ser interpretada dentro da estrutura do novo êxodo. Jesus, sendo o Cordeiro pascal e o Servo Sofredor, tira seu povo da escravidão ao resgatá-lo para o reino de Deus. Para além de Marcos, a morte de Cristo como um novo êxodo é evidente em se tratando de "redenção", onde quer que seja discutida (Rm 3.24; Ef 1.7; Tt 2.14; Hb 9.12).

---

[84] Craig Bartholomew; Michael Goheen, *The drama of Scripture: finding our place in the Biblical story* (Grand Rapids: Baker Academic, 2004), p. 165, itálico do autor.

PERDÃO DOS PECADOS

A promessa do reino de perdão dos pecados também encontra sua resolução na cruz, pois é ali, pelo sangue de Cristo, que a expiação é feita e o pecado é perdoado (Mt 26.28; Rm 3.25; Ef 1.7; Hb 9.22; 1Jo 2.2; 4.10). O preço do perdão do reino é pago pelo Rei. O perdão dos pecados e a ira de Deus — particularmente como aspectos da vinda do reino de Deus — têm sido frequentemente negligenciados ou rejeitados e, por isso, podem ser vistos como elementos distintivos da minha proposta. Uma vez que o perdão dos pecados envolve a remoção da ira de Deus,[85] examinarei, por sua vez, cada um desses dois aspectos. O ponto principal é que a morte de Jesus traz o reino tanto por suportar a ira de Deus quanto por perdoar os pecados.[86]

A ira de Deus e a vinda do reino de Deus

A natureza de suportar a ira que a morte de Cristo possui é essencial para a vinda do reino.[87] No Antigo Testamento,

---

85 Christopher J. H. Wright, *"Atonement in the Old Testament"*, in: Derek Tidball; David Hilborn; Justin Thacker, orgs., *The atonement debate: papers from the London Symposium on the Theology of Atonement* (Grand Rapids: Zondervan, 2008), p. 76.

86 Embora a ira de Deus seja um tema predominante nas Escrituras, seu significado em geral e seu significado para a obra expiatória de Cristo em particular são grandemente contestados. Eu ofereço três pontos de esclarecimento. Primeiro, a ira não é um atributo essencial de Deus, mas, sim, uma expressão de sua santidade em confronto com o pecado (veja D. A. Carson, "The wrath of God", in: Bruce McCormack, org., *Engaging the doctrine of God: contemporary protestant perspectives* [Grand Rapids: Baker Academic, 2008], p. 49). Segundo, a ira de Deus não é incompatível com seu amor, mas surge com o propósito de proteger o que ele ama (veja Hans Boersma, *Violence, hospitality, and the cross: reappropriating the atonement tradition* [Grand Rapids: Baker Academic, 2004], p. 49). Terceiro, a ira de Deus não é unívoca em relação a ira humana. Enquanto a ira humana é frequentemente caracterizada por temperamentos curtos e motivos mistos, a ira de Deus está sempre alinhada com seu caráter amoroso e santo (Êx 34.6-7; veja S. Duby, "The cross and the fulness of God: clarifying the meaning of Divine wrath in penal substitution", *SBET* 29 [2011]: 165-76). Com base nesses três pontos, posso, portanto, falar da prioridade do amor de Deus e da necessidade da ira de Deus para salvaguardar seu amor à luz do pecado.

87 Embora N. T. Wright reconheça esse aspecto da morte de Jesus, ele desempenha pouco papel em seu relato da história da redenção ou em sua maneira de conectar reino e cruz. Veja, por exemplo, N. T. Wright, *How God became King: the forgotten story of the Gospels* (New York: HarperOne, 2012), p. 207.

a vinda do reino de Deus envolvia o derramamento de sua ira: "com [..] derramado furor, hei de reinar sobre vós" (Ez 20.33; cf. Sl 59.13; Jr 10.10). Escatologicamente, os profetas falaram do dia de Yahweh como a vinda tanto da ira quanto da misericórdia sob o reinado de Yahweh. Mais especificamente, a visão de Isaías do novo êxodo culminando no reinado de Deus a partir de Jerusalém implicava *a remoção da ira de Deus* para com o seu povo (Is 51.22). No entanto, Jesus suportou a ira de Deus na cruz? Se considerarmos somente no Evangelho de Marcos, ou seja, sem contar outros trechos bíblicos, temos as seguintes passagens que respondem "sim" para essa pergunta:

1. Jesus prediz que ele será "rejeitado (ἀποδοκιμασθῆναι)" (Mc 8.31), uma palavra que "quase sempre é usada na Septuaginta para se referir a rejeição de Israel por Deus e como equivalente para sua ira" (Jr 6.30; 7.29; 8.9; 14.19)".[88]
2. Jesus prediz que será "entregue (παραδοθήσεται) às nações" (Mc 10.33; cf. 15.1), uma expressão que no Antigo Testamento equivale a ser entregue à ira de Deus (Lv 26.32-33, 38; cf. Sl 106.41; Ed 9.7; Os 8.10, LXX).
3. A interpretação de Jesus acerca de sua morte como beber o "cálice" (Mc 10.38-39; 14.36) é um símbolo veterotestamentário da ira de Deus (Sl 11.6; 75.8; Is 51.17, 22; Ez 23.31-34; Hb 2.16).
4. Judeus e romanos concordaram que morrer por crucificação é morrer sob a maldição de Deus.[89]

---

[88] Peter Bolt, *The cross from a distance: atonement in Mark's Gospel*, NSBT (Downers Grove, IL: InterVarsity Press, 2004), p. 50.

[89] Veja Dt 21.22-23; cf. também Martin Hengel, *Crucifixion in the ancient world and the folly of the message of the cross* (Philadelphia: Fortress, 1977), p. 33–38, p. 84–85.

5. Assim como Jesus foi escarnecido ao longo da crucificação, "a zombaria sofrida pelos justos nos Salmos pode ser vista como ira de Deus (p. ex., Sl 39; 79; 102).⁹⁰
6. A escuridão durante a crucificação (Mc 15.33) representa a ira de Deus (Êx 10.21; Amós 8.9-10; Mc 13.24).
7. Ser abandonado por Deus (Mc 15.34) é estar sob a ira de Deus.⁹¹
8. Jesus morreu, o que é significativo porque "a própria morte é a manifestação da ira de Deus."⁹²

Tendo mostrado que o derramamento da ira de Deus é um elemento-chave na vinda do reino e que Jesus suportou a ira de Deus na cruz, podemos concluir que Jesus suportar a ira de Deus na cruz é um componente essencial da vinda do reino de Deus.

O perdão dos pecados e a vinda do reino de Deus

O perdão dos pecados é um elemento-chave na vinda do reino de Deus. O perdão dos pecados (Is 40.2; 43.25; 44.22; cf. 33.24) está na vanguarda da visão de Isaías para um novo êxodo que culmina no reinado de Deus sobre a terra, ecoando a grande revelação do Deus Rei Redentor que é "grande em misericórdia [...] perdoa a iniquidade, a transgressão e o pecado" (Êx 34.6-7). Assim como o reino de Israel exigia que o sistema sacrificial expiasse e perdoasse o pecado, o reino vindouro de Deus lidaria com o pecado de uma vez por todas.

Também é importante notar que o perdão dos pecados não era um aspecto isolado do reino de Deus, mas profundamente

---

90 Peter Bolt, *The Cross from a Distance: Atonement in Mark's Gospel*, p. 125.
91 Ibid., p.133-34.
92 Ibid., p. 133.

entrelaçado com os demais. Tanto Isaías 40.1–2 quanto Zacarias 13.1-2 colocam o perdão dos pecados e a derrota do mal lado a lado, sendo realizados respectivamente por "aquele a quem traspassaram" (Zc 12.10) e por aquele que foi "transpassado pelas nossas transgressões" (Is 53.5). Em Marcos, "os anúncios de João (Mc 1.4-5) e de Jesus (Mc 2.5-10) falam de uma era de perdão que será causada pela morte do servo, a qual, como o Antigo Testamento esperava e como a narrativa de Marcos irá demonstrar, aconteceu em Jesus".[93] O reino de Deus inclui o perdão dos pecados porque seu Rei "tem autoridade sobre a terra para perdoar pecados" (Mc 2.10).

O papel do perdão no reino de Deus oferece uma oportunidade para distinguir minha posição daquela de N. T. Wright. A aversão de Wright por qualquer coisa abstrata ou a-histórica o leva a rejeitar qualquer interpretação que "foque na piedade (o *sentido* do perdão) ou na teologia abstrata (o *fato* do perdão ou a crença nele) de ouvintes de Jesus".[94] De acordo com Wright, o perdão não é remediar a culpa individual nem a concessão de uma bênção particular de Deus, mas, sim, em suas palavras: *"o perdão dos pecados é outra maneira de dizer 'retorno do exílio'"*.[95] Wright argumenta corretamente que o Exílio de Israel é resultado de seus pecados, mas logo após assume erroneamente que, por conseguinte, o perdão dos pecados deve ser exatamente a mesma coisa que o retorno do Exílio. A lógica de Wright parece errada. Se o Exílio é resultado do pecado, então o retorno do Exílio não seria o resultado do problema do pecado sendo tratado?

---

93 Ibid., p. 72; cf. Peter Bolt, "...With a view to the forgiveness of sins': Jesus and forgiveness in Mark's Gospel", *RTR* 57 (1998): 53–69.

94 N. T. Wright, *Jesus and the victory of God: Christian origins and the question of God* (Minneapolis: Fortress, 1996), p. 268, itálico do autor.

95 Ibid., p. 268-74, itálico do autor.

N. T. Wright argumenta seu ponto de vista listando várias passagens que relacionam o perdão de pecados com o retorno do Exílio, contudo, onde as passagens simplesmente falam da inseparabilidade desses dois elementos, Wright pressume equiparação.[96] O resultado é que Wright desconfigura o perdão dos pecados em retorno do Exílio, perdendo assim o significado do perdão individual.[97] Ao contrário de Wright, acredito que o perdão dos pecados (por meio da expiação) é um elemento distintivo dentro do retorno do Exílio.[98] Além disso, como vimos em Isaías, o sofrimento expiatório do servo (Is 52.13-53.12) é o meio de alcançar um novo êxodo *da* escravidão e *para* o reino de Deus. Se o pecado é o problema que cria a necessidade de um novo êxodo e da restauração do reinado de Deus na terra, então o perdão dos pecados é central para trazer essa solução.

Em suma, a vinda do reino implica vitória, perdão e um novo êxodo, todos os quais encontram seu cumprimento no momento decisivo da morte de Cristo na cruz.

---

96 Ed 9.6-15; Ne 9.6-37; Is 40.1-2; 43.25–44.3; 52–55; Jr 31.31-34; 33.4-11; Lm 4.22; Ez 36.24-26, 33; 37.21-23; Dn 9.16-19.

97 Outros demonstraram que N. T. Wright omite o significado do perdão dos pecados em Romanos, Gálatas e Lucas: Mark Seifrid, "Unrighteous by faith: apostolic proclamation in Romans 1:18–3:20", in: D. A. Carson; Mark Seifrid; Peter O'Brien, orgs., *Justification and variegated nomism: the paradoxes of Paul* (Grand Rapids: Baker Academic, 2004), 2:123; Peter O'Brien, "Was Paul a covenantal nomist?" in: D. A. Carson; Mark Seifrid; Peter O'Brien, orgs., *Justification and variegated nomism: the paradoxes of Paul*, 2:293; Josh Chatraw observa que N. T. Wright restaurou de maneira útil o aspecto corporativo do perdão, contudo, ao corrigir uma fraqueza, ele virou o pêndulo completamente para o outro lado e negligenciou completamente o perdão individual ("Balancing out [Wright]: Jesus' theology of individual and corporate repentance and forgiveness in the Gospel of Luke", JETS 55 [2012]: 299–322).

98 Rikki Watts afirma: "A concessão do perdão de Yahweh foi a condição *sine qua non* da libertação de Israel do Exílio" ("Mark", in: G. K. Beale; D. A. Carson, orgs., *Commentary on the New Testament use of the Old Testament*, p. 132).

CONCLUSÃO

A integração entre a expiação e o reino deve começar pelo Antigo Testamento e ser moldada por sua totalidade. Somente com a compreensão adequada das promessas de Deus no Antigo Testamento podemos entender seu cumprimento no Novo Testamento. Desconectados da história de Adão e Israel, os conceitos de expiação e reino inevitavelmente perderão suas amarras bíblicas e serão vítimas da eisegese. Além disso, entender expiação e reino no Antigo Testamento é interpretá-los dentro da matriz de temas como aliança, templo, lei e Messias.

OS PAPÉIS DISTINTOS E INSEPARÁVEIS DO REINO E A CRUZ

A morte expiatória de Cristo e a vinda do reino de Deus, propriamente concebidas como eventos escatológicos, estão unidas pela única grande narrativa da qual fazem parte. Porém, enquanto parte da *mesma* história, reino e cruz claramente desempenham papéis *diferentes*. Esse ponto é significativo, pois reconhecer as diferenças é o primeiro passo para entender a relação; a distinção precede a unidade. Além disso, reconhecer a diferença de papéis encoraja a integração em vez da competição. Reino e cruz não precisam disputar posição porque representam diferentes facetas da missão redentora de Deus.

O REINO É *TÉLICO*

O reino de Deus é o governo ou reinado redentor de Deus sobre a nova criação manifestado por meio de Cristo e de seus reis-servos reconciliados, o que implica vitória sobre o mal, perdão dos pecados e um novo êxodo. Em relação ao papel do reino na história redentora, o ponto de destaque é a expectativa de que o reino seja o objetivo *final* da história, o *telos* da criação e da redenção — "o reino de Deus é o objetivo para o qual toda a história se move".[99]

A natureza *télica* do reino é especialmente evidente no esquema de "duas eras" do judaísmo do Segundo Templo, que forma a base da escatologia do Novo Testamento e, como Oscar Cullmann argumenta, a subestrutura da história redentora.[100] Esse esquema de "duas eras" era padrão na literatura apocalíptica judaica: "O Altíssimo não fez uma era, mas duas" (4Ed 7.50). O Novo Testamento se referiu a essas eras (αἰῶνες) com termos como "o presente século mau" (Gl 1.4; cf. Rm 12.2; 1Co 1.20; 2.6-8; 3.18; 2 Cor 4.4)[101] e "a era vindoura" (Mt 12.32; Mc 10.30; Lc 18.30; Hb 6.5; cf. Ef 1.21). A chave aqui é que judeus e cristãos nos tempos do Novo Testamento identificaram diretamente o reino de Deus com "a era por vir".[102] A vinda do reino é a vinda do fim, quando Deus finalmente coloca todas as coisas sob seu reinado. O reino é *télico*.

A CRUZ É CENTRAL

A morte expiatória de Cristo é um evento escatológico em um drama progressivo de redenção. O papel da cruz nessa

---

99 John Bright, *The kingdom of God: the Biblical concept and its meaning for the church* (Nashville: Abingdon, 1957), p.92.

100 Oscar Cullmann, *Christ and time: the primitive Christian conception of time and history* (Philadelphia: Westminster, 1964), p. 37.

101 E também, "a era presente" (1Tm 6.17; Tt 2.12; Hb 9.9) ou "esta era" (Mt 12.32; cf. 13.39, 40, 49; 24.3; Lc 20.34).

102 I. Howard Marshall, "Kingdom of God (of heaven)", *ZEB*, 3:914; cf. I. H. Marshall, "The hope of a new age: the kingdom of God in the New Testament", *Themelios* 11 (1985): 5–15; Lunde, *Following Jesus, the Servant King: a Biblical theology of covenantal discipleship* (Grand Rapids: Zondervan, 2010), p. 190; Peter Gentry; Stephen Wellum, *Kingdom through covenant: a Biblical-theological understanding of the covenants* (Wheaton, IL: Crossway, 2012), p. 598–99.

história é visto claramente nos relatos da Paixão de Cristo nos Evangelhos. Eles não apenas retratam a cruz como um evento escatológico, mas revelam a posição da cruz na história mais ampla. Mateus, por exemplo, engloba o momento da morte de Cristo com numerosos sinais de que o fim dos tempos chegou. A escuridão cobre a terra como um sinal de julgamento apocalíptico (Mt 27.45; cf. Êx 10.22; Is 13.9-16; Jr 4.27-28; 15.9; Jl 2.10; Am 5.18, 20; 8.9-10). O véu do templo é rasgado em dois, marcando a destruição do templo e a disponibilidade universal da presença de Deus (Mt 27.51; cf. 24.2; Jo 4.20-24). A terra treme como um sinal do julgamento de Deus no fim dos tempos (Mt 27.51; cf. Is 24.18-20; Jr 51.29; Ez 38.20; Mt 24.7). A ressurreição dos mortos lembra a esperança da ressurreição dos mortos no fim dos tempos (Mt 27.52; cf. Dn 12.1-2; Zc 14.4-5; Jo 11.24). Por fim, um *gentio* confessa Jesus como o Filho de Deus, o que para Mateus é um sinal do alcance universal do evangelho nos últimos dias (Mt 27.54; cf. 8.5-13; 21.43; 22.1-14).

Na linha do tempo escatológica de duas eras, a cruz desempenha um papel central. Como Doulgas Moo afirma, o significado primário desses sinais é que "a morte de Jesus constitui um evento decisivo no escatológico dia do Senhor, um ponto de virada no qual Deus intervém tanto para o julgamento quanto para a salvação".[103] Daniel Gurtner, em sua exposição detalhada do véu rasgado, conclui que "o *velum scissum* revela, em parte, a natureza escatológica da morte de Jesus. Esse evento serve para revelar (no tecido especial) que a morte de Jesus inaugura uma virada das eras representada graficamente em

---

[103] Douglas Moo, *The Old Testament in the gospel Passion narratives* (Eugene, OR: Wipf & Stock, 2008), p.344.

Ezequiel 37".[104] Em outras palavras, a cruz não é apenas o *fim* de uma era, mas é ela mesma a própria *transição* para outra.[105] A conclusão do relato de Mateus, e evidente em todos os três Evangelhos Sinóticos, é que a morte expiatória de Cristo representa *a virada dos séculos*, a transição do "presente século mau" para o "tempo vindouro".[106]

A compreensão escatológica da cruz como a virada dos tempos também é atestada fora dos Evangelhos. Para Paulo, a cruz demonstra que o fim dos tempos irrompeu no meio da história, pois aquilo que era velho já passou e o novo chegou (Gl 1.3-4; 3.13-16; 6.14-16; Ef 2.14-16).[107] O autor de Hebreus declara que Cristo "se manifestou uma vez por todas, para aniquilar, pelo sacrifício de si mesmo, o pecado" (Hb 9.26). Esse sacrifício é uma "mudança decisiva" nas eras.[108] A cruz do Cristo ressuscitado, portanto, cai precisamente no meio das duas eras da história redentora, e é nessa função que podemos falar da *centralidade* da cruz.

A centralidade histórico-redentiva da cruz entre as duas eras levou vários estudiosos a se referirem à cruz (em uma relação

---

104 Daniel Gurtner, *The torn veil: Matthew's exposition of the death of Jesus*, SNTSMS 139 (Cambridge: Cambridge University Press, 2007), p. 183.

105 Douglas Moo, *The Old Testament in the gospel Passion narratives*, p. 338–339; Herman Ridderbos, *Matthew's witness to Jesus Christ: the King and the kingdom* (Londres: Lutterworth, 1958), p. 87; John Bright, *The kingdom of God: the Biblical concept and its meaning for the church*, p. 231.

106 Marcos e Lucas também relatam muitos dos sinais do fim dos tempos. Scot McKnight diz que Marcos "viu na morte de Jesus a virada dos tempos" (*Jesus and his death* [Waco, TX: Baylor University Press, 2005], p. 359).

107 Scot McKnight, *Jesus and his death* (Waco, TX: Baylor University Press, 2005), p. 350.

108 Craig Koester, *Hebrews: a new translation with introduction and commentary*, AB (New York: Doubleday, 2001), p. 185.

adequada com a ressurreição) como o "ponto de virada",[109] "ponto médio",[110] "ponto de pivô",[111] ou "ponto ômega".[112] A cruz, portanto, é o ponto médio climático da história redentora, o eixo sobre o qual giram as eras. Como Hays diz: "Ao colocar a *cruz* no meio, somos lembrados de que a morte de Jesus é o clímax e o ponto central do drama escatológico".[113] Em suma, a cruz é *central*, uma vez que é o ponto de virada climático do "presente século mau" para a "era vindoura".

RESUMO

O reino e a cruz não estão em contradição nem precisam ser mantidos em tensão. Cada um representa uma faceta diferente da missão de Deus; eles desempenham papéis diferentes na história da redenção. O reino é télico. A cruz é central. Surpreendentemente, o reino do fim dos tempos, o reino de Deus sobre a terra, irrompeu no meio da história, no evento da crucificação de Cristo. Além disso, a cruz não apenas se localiza entre as eras, ela é o eixo sobre o qual giram as eras. O significado não está simplesmente na morte de Jesus como um fato histórico, mas no que Deus realizou por meio dela. Jesus morreu "pelos nossos pecados" (1Co 15.3), com implicações para todo o mundo.

---

109 R. T. France, *Matthew: evangelist & teacher*, NTP (Downers Grove, IL: InterVarsity Press, 1998), p. 197; Herman Ridderbos, *Paul: an outline of his theology* (Grand Rapids: Eerdmans, 1975), p. 66.

110 William Dumbrell, *The search for order: Biblical eschatology in focus* (Grand Rapids: Baker, 1994), p. 346; Oscar Cullmann, *Christ and time*, p. 17.

111 John Bright, *The kingdom of God: the Biblical concept and its meaning for the church*, p. 231.

112 Richard Gaffin, *"By faith, not by sight": Paul and the order of salvation* (Bletchley, UK: Paternoster, 2006), p. 6.

113 Richard Hays, *The moral vision of the New Testament: community, cross, new creation: a contemporary introduction to New Testament ethics* (San Francisco: HarperSanFrancisco, 1996), p. 199, itálico do autor.

A "GRANDE TROCA" EFETUA A "GRANDE TRANSIÇÃO"

A cruz não se localiza meramente entre as duas eras da história redentora; em vez disso, ela causa a própria mudança de uma era para a outra. Ao lidar com o pecado da humanidade, Deus reconcilia seus reis-servos consigo e restabelece seu reinado sobre a terra por meio deles. Em outras palavras, a grande troca *efetua* a grande transição.[114] Paulo abre sua carta aos Gálatas falando de Cristo como aquele que "se deu a si mesmo por nossos pecados, para nos livrar do presente século mau" (Gl 1.4). Ele não apenas afirma que *a morte* de Cristo nos libertou deste presente século mau, mas que sua morte *por nossos pecados* realizou essa façanha escatológica.[115] Essa é a linguagem da expiação.[116] Gálatas 6.14-16 também revela que a cruz é essencial para a nova criação escatológica, fornecendo assim uma *inclusio* com 1.4, onde a morte expiatória de Cristo é o ponto de virada causador da transição do presente século mau para a era por vir, da criação quebrada para a nova criação.[117]

No centro dessa *inclusio* (Gl 3.10-14) está a explicação mais clara de *como* a morte expiatória de Cristo realiza a transição para a nova era. Gálatas 3.13 apresenta uma das declarações mais

---

114 Alguns que buscaram recuperar a natureza escatológica da cruz (a grande transição) o fizeram às custas da "teologia da expiação", que se concentra no que acontece entre Deus e a humanidade (a grande troca) (e. g., N. T. Wright, *Jesus and the victory of God*, p. 541, 588, 592; N. T. Wright, *How God became king: the forgotten story of the Gospels*, p. 176, 196, 244). Essa dicotomia é lamentável porque, como será demonstrado abaixo, a teologia da expiação e uma compreensão histórico-redentora da cruz não estão em desacordo; em vez disso, a última é dependente da primeira.

115 Enfatizar a natureza escatológica da morte de Cristo não deve se dar à custa do peso do pecado. Como diz o estudioso africano Samuel Ngewa sobre Gálatas 1.4: "Devemos começar reconhecendo que o pecado existe e que deve ser tratado" (*Galatians*, ABCS [Nairobi, Kenya: Hippo, 2010], p. 10).

116 Hans Dieter Betz, *Galatians: a commentary on Paul's Letter to the Churches in Galatia* (Hermeneia; Philadelphia: Fortress, 1979), p. 41.

117 Thomas Schreiner, *Galatians*, ZECNT (Grand Rapids: Zondervan, 2010), p. 77.

diretas da morte expiatória de Cristo em toda a Escritura: "Cristo nos resgatou da maldição da lei, fazendo-se ele próprio maldição em nosso lugar" (Gl 3.13; cf. 2Co 5.21). Em suma, Jesus toma o lugar dos pecadores, levando a maldição da lei (a ira de Deus) e, assim, trazendo a redenção. É, como Lutero conhecidamente chamou, "a troca maravilhosa".[118] O que é fascinante e muitas vezes esquecido, no entanto, é o versículo que se segue, que liga fortemente a morte substitutiva e expiatória de Cristo à era de bênçãos prometidas a Abraão (Gl 3.14; cf. Gn 12.1-3).

Além disso, os dois temas dos versículos 13 e 14 não são meramente colocados um ao lado do outro, mas ligados com o explicativo "para que" (Gl 3.14). Cristo sofreu como substituto *"para que* a benção de Abraão chegasse aos gentios, em Jesus Cristo" (Gl 3.14, itálico do autor). A ligação entre os dois versículos é ainda mais aparente pela conexão temática entre bênção e maldição. Cristo levou a maldição (Gl 3.13) para que a promessa de bênção fosse cumprida (Gl 3.14). Em suma, a morte de Cristo "pelos nossos pecados" nos livra da "era maligna" e, assim, traz a nova era do reinado de Deus. A grande troca na cruz de Cristo efetua a grande transição para o reino de Deus. Mas essa grande transição não significa que os outros aspectos da obra de Cristo não sejam essenciais e importantes. De fato, sustentar a centralidade da cruz só pode ser feito relacionando-a adequadamente com a encarnação, a vida, a ressurreição e a ascensão de Cristo.

---

118 Martin Luther, "Von der Freiheit eines Christenmenschen (1520)", in: *Luthers Werke: Kritische Gesamtausgabe* (Weimar: Böhlaus, 1883–2014), 7:25, 34; o original alemão para essa frase é *fröhlich Wechsel*.

O REINO DE DEUS ESTABELECIDO
PELA CRUZ DE CRISTO

O SIGNIFICADO DE "ESTABELECER"

A tese principal da parte 1 é que o reino de Deus é estabelecido na terra pela morte expiatória de Cristo na cruz. O estabelecimento do reino é o *momento decisivo* dentro do movimento mais amplo da *vinda* do reino. No Antigo Testamento, a palavra "estabelecer" (וּן) é usada frequentemente em relação aos reinos terrenos e, de modo específico, em relação ao reino messiânico, sendo 57 vezes emparelhada com "rei/reino" (הַמְלָכָה/מֶלֶךְ). "Estabelecer" (וּן) tecnicamente significa "firmar", "consertar" ou "tornar estável",[119] portanto, raramente transmite o sentido de Deus trazer algo à existência, mas significa, antes, "a fixidez do que ele fez".[120] Davi, por exemplo, é ungido rei três vezes (1Sm 16.13; 2Sm 2.3-4; 5.3), mas seu reinado não é "estabelecido" (וּן) até que ele derrote os habitantes de Jerusalém (2Sm 5.12; cf. 5.6-11).[121] Essa vitória se dá quando seu reino é "firmado", "fixado" ou "estabelecido", apesar do fato de que ele já era rei há pelo menos sete anos (2Sm 5.5).

Mais especificamente, Deus promete "estabelecer" o reino messiânico (2Sm 7.12-14; Is 9.6-7). Embora a definição ainda seja válida, o significado de estabelecer o reino messiânico é enriquecido à medida que se desdobra nas Escrituras: o reino messiânico é estabelecido por Deus, e não pelas pessoas (2Sm 7.12-13; 1Cr 14.2; 17.12-14; 22.10; 28.7; 2Cr 17.5; Is 9.7), na terra como já está no céu (Jó 38.33; Sl 9.7; 93.2; 103.19), para a eternidade, em vez

---

119 BDB, p. 465–67.
120 TWOT, 1:964.
121 TDOT, 7:100.

de por uma geração (2Sm 7.16; 1Rs 2.45; 1Cr 17.12-14; 22.10; 28.7; Is 9.7), e pela justiça, retidão e amor constante (Is 9.7; 16.5; cf. Pv 16.12; 25.5). Cada uma dessas características do reino vindouro do Messias pode ser vista em duas das profecias messiânicas mais explícitas:[122]

> Quando teus dias se cumprirem e descansares com teus pais, então, farei levantar depois de ti o teu descendente, que procederá de ti, e *estabelecerei* (רוּן) o seu reino. Este edificará uma casa ao meu nome, e eu *estabelecerei* (רוּן) para sempre o trono do seu reino. Eu lhe serei por pai, e ele me será por filho (2Sm 7.12-14a, itálico do autor).
>
> Para que se aumente o seu governo, e venha paz sem fim sobre o trono de Davi e sobre o seu reino, para o *estabelecer* (רוּן) e o firmar mediante o juízo e a justiça, desde agora e para sempre. O zelo do Senhor dos Exércitos fará isto (Is 9.7, itálico do autor).

Claramente, o Antigo Testamento fala de um tempo em que o reino messiânico será "estabelecido" por Deus na terra por toda a eternidade com retidão, justiça e amor. Dizer, portanto, que a cruz "estabelece" o reino de Deus é afirmar a morte de Cristo como o momento decisivo em que o reino de Deus é irreversivelmente fixado na terra como no céu, dentro do movimento mais amplo da vinda do reino de Deus na vida, na morte, na ressurreição, na ascensão de Cristo, no Pentecostes e em sua segunda vinda.

---

[122] De acordo com John Watts, 2 Samuel 7.11-16 é o texto messiânico mais fundamental, e Isaías 9.6-7 é a classificação mais alta (*Isaías 1–33* [WBC; Waco, TX: Word, 1985], p. 137).

A CRUZ DENTRO DO ESPECTRO MAIS AMPLO DA OBRA DE CRISTO

Definir a cruz como o momento *decisivo* na vinda do reino de Deus significa dizer, por conseguinte, que ela não é o *único* momento. De fato, a cruz é inseparável dos demais aspectos da obra de Cristo e incompreensível sem eles.[123] O reino de Deus se faz presente por meio da encarnação de Cristo, é vislumbrado em seus milagres e exorcismos, explicado por seu ensinamento, estabelecido em sua morte, inaugurado por sua ressurreição; avançou por sua ascensão, progride pelo envio do Espírito e será consumado em sua segunda vinda.

A conexão entre a cruz e a ressurreição é particularmente significativa. Embora esses eventos estejam inseparavelmente localizados no ponto de virada da história redentora, a ressurreição é as "primícias" da nova criação (1Co 15.20; cf. Cl 1.15; Ap 3.14), enquanto a cruz é o que provoca a transição e, portanto, a árvore que produz o fruto.[124] É nesse sentido que a cruz é o *estabelecimento* do reino e a ressurreição, a sua *inauguração*. Considere a seguinte analogia: na disputa pela presidência americana, o candidato eleito vence a eleição em novembro, mas só é empossado oficialmente em janeiro. Há uma distinção entre *alcançar* a vitória e *implementar* oficialmente seu resultado. Assim é com a morte e ressurreição de Cristo. Por meio de sua morte expiatória, Cristo conquistou a vitória sobre o mal, o perdão dos pecados e um novo êxodo — "Está consumado" (Jo 19.30). No entanto, se Jesus permanece no túmulo, tudo é em

---

123 Estou aqui focalizando a centralidade histórico-redentora da cruz. Para uma discussão sobre a centralidade da cruz na doutrina da expiação, veja abaixo, p. 214-220.

124 Para discussão adicional sobre a conexão entre a cruz e a ressurreição, veja abaixo, p. 218–20.

vão (1Co 15.17). Por sua ressurreição, Jesus inaugurou o reino de Deus do fim dos tempos sobre uma nova criação por meio de seus reis-servos.

O REINO E A CRUZ SÃO MUTUAMENTE INTERPRETATIVOS

O reino de Deus é qualificado pela cruz *e* a morte de Cristo é caracterizada pelo reinado de Deus. Infelizmente, a relação entre reino e cruz é muitas vezes caracterizada por uma influência de mão única. Como vimos no relato de Marcos, no entanto, a cruz é o ápice da missão do reino de Jesus, e o reino é o objetivo da cruz. Marcos não encobriu o sofrimento com glória; ele mostrou que a glória de Deus é ainda mais gloriosa, pois salva por meio de seus meios paradoxalmente sábios de sofrimento. Não é preciso escolher entre o reino e a cruz, pois a cruz possui um caráter régio, e o reino é cruciforme. N. T. Wright, ao falar de todos os quatro Evangelhos, demonstra corretamente a reciprocidade entre o reino e a cruz:

> O fato de o reino ser redefinido pela cruz não significa que ainda não seja o reino. O fato de a cruz ser o evento que traz o reino não significa que ela não seja ainda um ato de injustiça horrível e brutal, por um lado, e um ato de amor divino resgatador e poderoso, por outro. Os dois significados são colocados em relação dramática e chocante, mas permanente.[125]

REINANDO POR MEIO DO SERVIÇO

O reino e a cruz são muitas vezes separados porque Cristo como Rei e Cristo como servo são aparentemente incompatíveis. É

---

125 N. T. Wright, *How God became King: the forgotten story of the Gospels*, p. 220.

coerente falar de alguém como rei *e* servo, como aquele que reina *e* serve? Para começar, o uso geral dos termos rei e servo nas Escrituras não são incompatíveis. O servo de Abraão é o governante de sua casa (Gn 24.2). Davi é um servo e um rei (2Sm 7.8). Em Isaías, vimos que o Rei Messiânico cumpre sua tarefa real como servo (Is 52.13–53.12). Em Marcos, Jesus mantém sua prerrogativa real, mas diz que governará não exercendo o poder mundano, e sim servindo (Mc 10.42-45). Jesus não cessa sua atividade de reinar para servir. Em vez disso, ele *reina servindo*. Embora "reinar servindo" possa inicialmente parecer contraditório, um olhar mais atento revela que se trata não apenas de algo coerente, mas também da sabedoria de Deus.

Reinar é exercer o poder régio para atingir efetivamente o objetivo desejado, seja por meios contundentes, seja por meios servis.[126] O reino de Deus no Antigo Testamento, por exemplo, não se caracteriza principalmente por sua força, mas por sua eficácia. A proclamação do arauto: "Seu Deus reina!", baseia-se na conquista da paz, felicidade e salvação asseguradas (Is 52.7). O salmista diz que o poder de Deus é demonstrado ao dar uma herança ao seu povo (Sl 111.6), enfatizando o resultado (o *telos*) da realização, e não os meios. Portanto, se alguém iguala *reinar* com *forçar*, então certamente *reinar servindo* é ininteligível. Não obstante, se reinar é medido mais por sua eficácia (em alcançar seu objetivo) do que por sua força (os meios), faz sentido dizer que Jesus reina servindo.

A maneira de Jesus reinar servindo pode ser vista no pedido dos zombadores para que Jesus mostre sua realeza descendo da cruz (Mc 15.29-32). De acordo com Eduard Schweizer: "Seria realmente um

---

126 Graham Tomlin define poder como "a capacidade de influenciar pessoas ou situações e transformá-las" (*The power of the cross: theology and the death of Christ in Paul, Luther and Pascal*, PBTM [Carlisle, UK: Paternoster, 1999], p. 313). Reinar é, nas palavras de Tomlin, "concluir as coisas", o que se concentra no fim e não nos meios (p. 99).

milagre surpreendente se Jesus descesse da cruz, mas isso provaria apenas que ele era um super-homem — e não que ele era o Messias e Rei de Israel".[127] Jesus reina não ao descer da cruz para salvar a si mesmo, mas ao permanecer na cruz para salvar os outros. Ele reina salvando, e o maior ato de salvação está na cruz. A missão messiânica de Jesus era trazer o reino, e, à medida que ele o fez na cruz, pode-se dizer verdadeiramente que Jesus reina servindo.[128]

A HISTÓRIA DO CRISTO CRUCIFICADO (HB 2.5-10)

O "panorama geral" do reino e da cruz na história da redenção é apresentada sucintamente em Hebreus 2.5-10. Essa passagem apresenta a mensagem principal de Hebreus ao discutir a intenção régia de Deus para a criação, seu aparente fracasso por causa do pecado humano e sua verdadeira realização na morte de Cristo na cruz.[129] A seção começa citando Salmos 8, em si mesmo um comentário de Gênesis 1, para afirmar que Deus criou as pessoas para a glória e para o domínio sobre a terra (Hb 2.6-8). Um simples olhar para o mundo, no entanto, revela que o plano de Deus para o seu reino não foi realizado (Hb 2.8b). Porém, enquanto todos aqueles sob Adão ficaram aquém de seu destino régio, há um novo Adão — Jesus — que foi "coroado de glória e honra por causa do sofrimento da morte" (Hb 2.9).

Há duas características notáveis nessa afirmação. Primeiro, o desígnio de Deus para a humanidade encontra sua realização em Jesus Cristo. O propósito para o qual o mundo foi criado, e o

---

127 Eduard Schweizer, *The good news according to Mark*, tradução de Donald H. Madvig (Richmond, VA: Knox, 1970), p. 350.

128 Reinar servindo, no entanto, não exclui o entendimento mais tradicional de reinar pela força ou pelo julgamento. Veja abaixo, p. 239–43.

129 Craig Koester, *Hebrews: a new translation with introduction and commentary*, p. 97.

que foi perdido em Adão e Israel, foi recuperado em Cristo. Segundo, a maneira pela qual o Filho do Homem realiza esse ato de restauração, colocando tudo em sujeição, é inimaginável por meio do "sofrimento da morte" (Hb 2.9). O autor de Hebreus antecipa o choque do leitor com a ideia de recuperar o domínio por meio do sofrimento e, portanto, segue com a afirmação de que era "adequado" que Deus agisse dessa maneira (Hb 2.10).[130] Ele então esclarece a adequação do sofrimento de Cristo, dizendo que ele foi "aperfeiçoado pelo sofrimento" (Hb 2.10).

"O sofrimento de Cristo", explica Koester, "não foi um fim em si mesmo, pois 'por meio' do sofrimento ele foi levado à glória, para que aqueles que o seguem possam ter a esperança de compartilhar da glória e da honra para a qual Deus os criou (Hb 2.5-9)".[131] Curiosamente, o verbo usado para "ser aperfeiçoado" (τελειῶσαι) às vezes é usado para morte e outras vezes para glorificação. Trata-se desse "'momento' complexo em que a morte e a exaltação são combinadas".[132] "A cruz é 'glória e honra'", diz Crisóstomo.[133] Em suma, Jesus, como o Novo Adão, restaurou o desígnio de Deus para a criação e recuperou a coroa de glória e honra (Hb 2.7) para a humanidade por meio de sua morte na cruz.

A SABEDORIA DE CRISTO CRUCIFICADO (1CO 1.18–2.5)

Na parte 1, descrevi a relação entre o reino e a cruz conforme ela se desenvolve na teologia da Bíblia. Ao longo de seu enredo,

---

130 Craig Koester define "adequação" como "moralmente congruente [...] com o caráter e os objetivos de Deus" (Craig Koester, *Hebrews: a new translation with introduction and commentary*, p. 226).

131 Ibid., p. 236.

132 Harold Attridge, *The Epistle to the Hebrews: a commentary on the Epistle to the Hebrews*, Hermeneia (Philadelphia: Fortress, 1989), p. 147.

133 Chrysostom, *Homilies on Hebrews*, NPNF[1], 14:383.

vimos pontos altos da profecia (o Rei-servo de Isaías), do cumprimento (o Rei crucificado de Marcos) e de sua reflexão (o sangue da cruz e o reino de Cristo em Cl 1.13-20 e Ap 5.5-10). À medida que nos preparamos para passar da ênfase na história do evangelho (teologia bíblica) para a lógica do evangelho (teologia sistemática), o conceito bíblico de sabedoria proporciona uma transição adequada. Embora a sabedoria tenha estado latente em todo o testemunho bíblico como um conector entre o reino e a cruz, Paulo lhe dá destaque por meio de seu retrato de Cristo crucificado como a sabedoria e o poder de Deus (1Co 1.18–2.5).

O que está implícito em toda a Escritura é revelado explicitamente em 1 Coríntios 1.18: o poder através da fraqueza é a sabedoria de Deus — "a palavra da cruz é loucura para os que se perdem, mas para nós, que somos salvos, poder de Deus". Em 1 Coríntios 1.18–2.5, Paulo contrasta a sabedoria humana com a "mais profunda lógica do evangelho",[134] demonstrando que o "Cristo crucificado" é "o poder de Deus e a sabedoria de Deus" (1Co 1.23-24). A pessoa natural olha para a cruz através da sabedoria do mundo e vê loucura. A pessoa espiritual olha para a cruz através da sabedoria de Deus e vê poder. Em apoio à sua tese de que a cruz é o poder e a sabedoria de Deus, Paulo se refere a duas passagens do Antigo Testamento (Is 29.14; Jr 9.23-24), ambas "retratam Deus como alguém que age para julgar e salvar seu povo de maneiras que desafiam as expectativas humanas".[135] A cruz despedaça todas as noções humanas (caídas) de poder e revela um Deus que "escolheu as coisas loucas do mundo para envergonhar os sábios" (1 Co 1.27).

---

134 Richard Hays, *First Corinthians*, IBC (Louisville: Westminster John Knox, 2011), p. 26.
135 Richard Hays, *First Corinthians*, p. 26.

Como, então, a sabedoria divina do Cristo crucificado caracteriza nossa compreensão do reino e da cruz? Embora a ideia de um "Messias crucificado" pareça um oxímoro, na sabedoria de Deus o ungido prometido de Israel estabeleceu o reino de Deus por meio da cruz. Paulo usa poder e sabedoria, que são tradicionalmente características régias (Sl 145.11; Dn 2.37), para definir a mensagem da cruz. De fato, Paulo usa "poder" para descrever tanto a cruz (1Co 1.18) quanto o reino (1Co 4.20). De maneira semelhante, no livro de Apocalipse, o Cordeiro morto é louvado por seu poder e sabedoria (Ap 5.12). O reino de Deus vem em poder, mas o poder do evangelho é Cristo crucificado.

Deus criou o mundo com sabedoria, logo não deveria ser surpresa que ele também o redimiria com sabedoria (Pv 8.22-31; Cl 1.15-20; 2.3). Em Isaías, Deus prometeu que destruiria a sabedoria dos sábios (Is 29.14), e Jesus confrontou essa sabedoria humana em seus discípulos que buscavam um reino sem cruz (Mc 8.29-33). Finalmente, Deus mostrou sua sabedoria ao enviar seu Filho à cruz para ser crucificado pelos pecados do mundo. Ao longo de toda a história redentora, o sábio plano de Deus era estabelecer seu reino por intermédio da crucificação de seu Messias.

A sabedoria é necessária para entender a expiação e o reino não apenas na história da redenção, mas também na lógica da redenção. O reino é estabelecido na cruz, mas: Qual é a natureza do reino? Quem é esse Jesus? E de que maneira sua morte é redentora? Para apreender como a expiação e o reino se relacionam, devo responder a cada uma dessas perguntas, procurando não apenas entender as próprias doutrinas, mas como elas se inter-relacionam. Portanto, agora me volto para as doutrinas de Cristo, a expiação e o reino de Deus.

TEOLOGIA SISTEMÁTICA

CAPÍTULO 6

CRISTO: O REI NA CRUZ

Na parte 1, discuti a relação entre a expiação e o reino conforme ela se desenrola na história da redenção, focando especificamente na teologia da Bíblia em seus próprios termos, conceitos e contextos. Da mesma forma que a teologia emerge da história da redenção, agora mudo a ênfase do desenrolar da história da redenção para a coerência lógica da redenção, embora as duas sejam mutuamente informativas. A parte 2 estende o estudo da teologia bíblica para a teologia sistemática, focalizando nas doutrinas-chave envolvidas e ampliando a conversa ao dialogar com teólogos da história da igreja e da teologia contemporânea.

No nível mais básico, o reino e a cruz são mantidos juntos por Cristo. Portanto, as doutrinas da cristologia, da expiação e do reino devem ser devidamente compreendidas, especialmente em relação umas com as outras. Discutirei cada uma dessas doutrinas por sua vez.

Neste capítulo, abordo a cristologia. Embora as Escrituras apresentem Cristo como Rei antes da cruz e na cruz, a realeza de Cristo na cruz foi minimizada pela supercategorização frequentemente usada nas doutrinas dos dois estados de Cristo (humilhação e exaltação) e dos três ofícios de Cristo (profeta, sacerdote e rei). Infelizmente, a morte expiatória de Jesus tem sido muitas vezes relegada apenas ao estado de humilhação e ao ofício de sacerdote, o que impossibilita qualquer ligação entre a realeza de Jesus e sua morte. Desse modo, argumentarei a favor do reinado de Cristo na cruz, seguido por uma reconsideração das doutrinas dos estados e ofícios de Cristo à luz das Escrituras e da teologia.

A REALEZA DE CRISTO NA CRUZ

Jesus foi declarado Rei em seu nascimento (Mt 2.2); ungido como Rei e capacitado pelo Espírito para sua missão régia em seu batismo (Mt 3.13-17); reconhecido como Rei, em seu ministério, por seus discípulos (Jo 1.49; 6.15) e por seus inimigos (Jo 19.14), o que ele mesmo disse a seu respeito (Lc 23.2); e finalmente entrou em Jerusalém para morrer na cruz com a aclamação: "Eis aí te vem o teu Rei" (Mt 21.5). Durante seu julgamento, Jesus falou do "meu reino" (Jo 18.36); recebeu uma coroa de espinhos (Jo 19.2); e foi apresentado para crucificação com o anúncio: "Eis aqui o vosso rei!" (Jo 19.14). Embora ridicularizado como rei pelos soldados e fariseus, o sinal acima de sua cabeça — "O Rei dos Judeus" (Mc 15.26) — ironicamente expressava uma verdade reconhecida pelo criminoso ao seu lado (Lc 23.42) e pelo centurião diante da cruz (Mc 15.39). Jesus ressuscitou dos mortos, sendo declarado Rei de uma criação caída (Rm 1.3-4) e inaugurando seu reino como as primícias da nova criação (1Co 15.20-25). Ele subiu ao céu, onde se sentou à direita de Deus, demonstrando a conclusão de sua tarefa terrena (Sl 110.1; Hb 10.11-12) e continuando seu reinado na terra por meio de seu Espírito (At 2.33).

Ao longo de sua encarnação, vida, morte, ressurreição e ascensão, Jesus é Rei. No entanto, há ainda um processo de Jesus *se tornar* Rei, um desenvolvimento em seu reinado. A fim de explorar ainda mais a realeza de Jesus, duas áreas devem ser abordadas: a distinção entre a realeza divina e a realeza humana de Jesus e o *processo* do Antigo Testamento de se tornar rei.

JESUS, O REI

Como o divino Filho de Deus, Jesus é Rei — ontem, hoje e para sempre. "Entronização", diz Webster, "não pode significar adquirir uma honra ou jurisdição não possuída anteriormente; de fato, o governo régio do Filho não é algum status acidental ou papel externo ao seu ser, antes, é o que ele é: ele é Rei".[1] No entanto, como Deus prometeu a Davi, aquele que estabeleceria o reino seria um Filho de Deus *e* um descendente de Davi (2Sm 7.12-14). Como um humano, um Segundo Adão, um descendente de Davi, Jesus veio em semelhança de carne pecaminosa com a tarefa de restaurar a vice-gerência humana sobre toda a terra. Portanto, embora Jesus *seja* Rei como o divino Filho de Deus, sua realeza humana é um processo de estabelecimento do trono de seu Pai assim na terra como no céu. Assim, sua realeza humana está fundamentada em sua realeza divina.

O Antigo Testamento fornece o pano de fundo adequado para o processo de se tornar um rei. Nos tempos bíblicos, tornar-se rei era um processo, cujos pontos altos eram a unção e a entronização (ou estabelecer o trono do rei com vitória).[2] No Antigo Testamento, "a unção real é parte do ato mais abrangente de entronização [...] com várias partes".[3] A unção, no entanto, "é o mais

---

1 John Webster, "One who is Son: theological reflections on the exordium to the Epistle to the Hebrews", in: Richard Bauckham et al., orgs., *The Epistle to the Hebrews and Christian theology* (Grand Rapids: Eerdmans, 2009), p. 91; cf. p. 82, 92.

2 Veja discussão anterior sobre "estabelecer" o reino, p. 139-140.

3 Franz Hesse, "חֹשֶׁם and חָיַשְׁמָ in the Old Testament", in: *TDNT*, 9:498.

importante ou o mais distintivo dos atos individuais".⁴ A razão pela qual a unção é *o* ato distintivo no processo de entronização é que ela afeta a *identidade* do ungido.⁵ Ser ungido *como rei* é ser autorizado por Deus como o governante escolhido, provocando uma "mudança de status"⁶ (altamente significativa para uma discussão sobre os *estados* de Cristo). No entanto, essa nova identidade como rei tem um propósito, isto é, "uma comissão específica é dada ao rei com sua unção".⁷ Em outras palavras, ungir o rei serve ao propósito maior de estabelecer seu reino.

Esse pano de fundo revela várias características da realeza humana de Cristo. Antes de mais nada, o batismo de Jesus é sua unção pública ao reinado. Jesus é declarado o Filho amado de Deus, o ungido de Salmos 2. Embora seu governo seja incompreendido, rejeitado e até escondido, desse ponto em diante Jesus é Rei. Além disso, como no Antigo Testamento, a unção de Jesus para a realeza traz consigo uma comissão. No batismo, Jesus não é apenas declarado o Filho régio de Deus, ele também é capacitado pelo Espírito Santo para realizar sua missão messiânica de estabelecer o reino de Deus (Mc 1.9-11; cf. 2Sm 7.12-14; Sl 2; Is 42.1). Jesus, portanto, aproximou-se da cruz como Rei buscando estabelecer seu reino. Como Horton diz: "Jesus abraçou a cruz exatamente como um rei abraça um cetro".⁸

---

4 Ibid., 9:498; cf. Tryggve Mettinger, *King and Messiah: the civil and sacral legitimation of the Israelite kings* (Lund: Gleerup, 1976), p. 185.

5 Ser ungido é ser ungido *rei* ("e ungiram ali Davi rei", 2Sm 2.4; 5.3).

6 John Walton; Victor Matthews; Mark Chavalas, orgs., *The IVP Bible background commentary: Old Testament* (Downers Grove, IL: InterVarsity Press, 2000), p. 327; cf. p. 305.

7 Franz Hesse, "חשמ and חִישָׁמַ in the Old Testament", in: *TDNT*, 9:499.

8 Michael Horton, *Lord and servant: a covenant Christology* (Louisville: Westminster John Knox, 2005), p. 254.

Embora Jesus *seja* Rei antes da cruz, ainda resta algo a ser feito em relação a sua realeza. Como o Segundo Adão, enviado para restaurar o reinado mediador de Deus na terra, Jesus deve destronar o rei injusto da criação caída a fim de estabelecer seu trono sobre a nova criação. Como argumentei acima, a cruz é o momento decisivo em que Jesus estabeleceu o reino de Deus na terra "por causa" e "por meio do sofrimento" (Hb 2.9-10). Concluo, então, como vimos em Marcos, que o batismo de Jesus é sua unção à realeza, e sua crucificação é sua entronização sobre a nova criação.

Em suma, antes da cruz Jesus é Rei em pelo menos dois sentidos: (1) como o divino Filho de Deus em união com o Pai; e (2) como o humano ungido publicamente como Rei em seu batismo. No entanto, antes da cruz, Jesus *não* é rei nos dois sentidos: (1) ele ainda tem que derrotar definitivamente Satanás e estabelecer o reino de Deus; e (2) ele ainda tem que restaurar a vice-gerência humana. A maneira pela qual propus entender essas diferentes facetas da realeza de Jesus é argumentando que Jesus se aproxima da cruz como Rei buscando estabelecer seu reino. Há uma qualidade "já e ainda não" em sua realeza. Antes da cruz, ele já é Rei, mas ainda não estabeleceu seu reino.

CRUZ E RESSURREIÇÃO

A realeza de Cristo na cruz desafia a visão dominante de que Jesus se tornou rei na ressurreição ou sessão.[9] Essa visão é difícil de conciliar com a evidência bíblica da realeza de Cristo antes da cruz e na cruz, bem como com o fundamento teológico da realeza de Cristo em sua relação eterna com o Pai e o Espírito. A

---

9 Veja, por exemplo, Wolfhart Pannenberg, *Jesus — God and Man*, 2. ed., tradução de Lewis Wilkins; Duane Priebe (Filadélfia: Westminster, 1977), p. 365-77.

ressurreição não é o começo, mas a revelação da realeza de Cristo e a inauguração de seu reino na terra. Como Barth disse: "Sua ressurreição o revelou como aquele que reina em virtude de sua morte".[10] A morte de Jesus não é uma derrota que precisa ser corrigida pela ressurreição, mas uma vitória que precisa ser revelada e implementada na ressurreição. Da mesma forma, a sessão de Cristo não é o início de seu reinado, mas a conclusão de sua tarefa terrena e a continuação de seu reinado por meio do Espírito. É, de acordo com Webster, "a repetição, no tempo, de seu ser eterno".[11] Jesus é ressuscitado dos mortos e sentado no trono não a *fim de se tornar* rei, mas *como* Rei.

JESUS REINA DA CRUZ

Assim como a pessoa e a obra de Cristo são inseparáveis, dizer que Jesus *é* Rei na cruz é também dizer que ele *reina* da cruz. O reinado de Cristo da cruz enfatiza a natureza *ativa* de sua morte expiatória. A obediência ativa e passiva, embora muitas vezes erroneamente dividida entre a vida e a morte de Cristo, são aspectos complementares em toda a obra de Cristo.[12] A cruz, portanto, é o pináculo da obediência de Cristo (Fp 2.6-8) tanto em seus aspectos passivos quanto ativos. Ele cumpre obedientemente sua missão de trazer o reino (ativo) por meio do sofrimento obediente como servo (passivo). O próprio Jesus interpreta o ato de dar a vida como um ato de autoridade (Jo 10.18); embora sofra nas mãos dos outros, Jesus o faz de modo soberano porque voluntariamente

---

10 Karl Barth, *Church dogmatics: the doctrine of reconciliation*, edição de G. W. Bromiley; Thomas Torrance, tradução de G. W. Bromiley (Edinburgh: T&T Clark, 1958), vol. IV/2, p. 291.

11 John Webster, "One who is Son: theological reflections on the exordium to the Epistle to the Hebrews", in: *The Epistle to the Hebrews and Christian theology*, p. 92.

12 John Murray, *Redemption accomplished and applied* (Grand Rapids: Eerdmans, 1978), p. 20–25.

deu a própria vida: "Ninguém a tira de mim, mas eu a dou por mim mesmo" (Jo 10.18; cf. 19.30). Apesar de estar amarrado, ele está no controle total, pois a qualquer momento ele poderia ter apelado ao seu Pai para enviar legiões de anjos (Mt 26.53).

Os pais da igreja primitiva defendiam a realeza de Cristo em todas as coisas, especialmente sua morte expiatória na cruz.[13] Justino Mártir promoveu o mantra: "O Senhor reinou da árvore".[14] Irineu diz: "Aquele que os judeus viram como um homem, e pregaram na cruz, deve ser anunciado como o Cristo, o Filho de Deus, seu Rei eterno".[15] O amplo entendimento de Jesus como "o Rei imortal, que sofreu por nós",[16] é exemplificado nos primeiros retratos artísticos da crucificação, que muitas vezes colocam na cabeça de Jesus uma coroa de ouro.[17] Essa tradição de Cristo reinando da cruz também foi preservada por meio da rica hinologia teológica da igreja primitiva. O exame desses hinos revela como os pais da igreja primitiva entendiam e articulavam as implicações da realeza de Cristo na cruz.

O *Vexilla Regis*, de Venantius Fortunato (530–609), é cantado pelos católicos romanos na Festa da Exaltação da Cruz:

---

13 Veja Per Beskow, Rex gloriae: *the kingship of Christ in the early church* (Estocolmo: Almqvist & Wiksell, 1962).

14 Justin Martyr, *First apology* 41, ANF, 1:176 [edição em português: Justino Mártir, "I e II Apologias", in: Manoel Quinta, org., *Justino de Roma*, 2. ed., Patrística (São Paulo: Paulus, 1995), vol. 3].

15 Irenaeus, *Against heresies* 3.12.6, ANF, 1:432 [edição em português: Irineu de Lião, *Contra as heresias*, 2. ed., organização de Manoel Quinta, Patrística (São Paulo: Paulus, 1995), vol. 4].

16 Dos livros sibilinos, citados em Alois Grillmeier, *Christ in Christian tradition*, tradução de John Bowden (Atlanta: John Knox, 1975), p. 71.

17 Richard Viladesau, *The beauty of the cross: the Passion of Christ in theology and the arts from the catacombs to the eve of the Renaissance* (New York: Oxford University Press, 2008), p. 111.

> No exterior voam as bandeiras régias,
> agora brilha o mistério da cruz:
> sobre ela a vida suportou a morte,
> e, no entanto, pela morte a vida adquiriu. [...]
> Aquilo que o Profeta-rei de há muito
> predisse em versos misteriosos
> agora se cumpre, enquanto vemos
> Deus governando as nações de uma árvore.[18]

Escrito centenas de anos depois de Justino Mártir, o hino ainda mantém o tema de Cristo reinando da árvore. A morte vivificante de Jesus é entendida como o cumprimento do reino de Deus, o cumprimento da profecia.

A Igreja Ortodoxa, em contrapartida, preservou um hino cantado na Sexta-feira Santa, do *Triódio da Quaresma* bizantino:

> Hoje, aquele que pendurou a terra sobre as águas está pendurado na cruz;
> Aquele que é o Rei dos anjos está vestido com uma coroa de espinhos;
> Aquele que envolve o céu em nuvens está envolto em zombaria de púrpura;
> Aquele que no Jordão libertou Adão recebe golpes no rosto;
> O Noivo da igreja é cravado com pregos.[19]

---

[18] Citado em Paul Gavrilyuk, "God's impassible suffering in the flesh: the promise of paradoxical Christology", in: James Keating; Thomas Joseph White, orgs., *Divine impassibility and the mystery of human suffering* (Grand Rapids: Eerdmans, 2009), p.130.

[19] Mother Mary; Kallistos Ware, trads., "The service of the twelve Gospels", in: *The Lenten Triodion* (South Canaan, PA: Saint Tikhon's Seminary Press, 2001), p. 587.

Esse hino revela a natureza paradoxal da realeza de Cristo na cruz. Em vez de diminuir a realeza do reinado de Cristo ou suavizar a severidade de sua morte, esse hino sustenta ambos de uma maneira que torna a majestade de Cristo mais esplêndida e sua morte mais terrível.

Te Deum do século 4 continua a fazer parte da liturgia católica hoje. Seu segundo artigo afirma:

> Tu és o Rei da Glória, ó Cristo;
> tu és o Filho eterno do Pai.
> Quando te encarregaste de libertar o homem,
> não abominaste o ventre da Virgem:
> quando venceste a agudez da morte,
> abriste o reino dos céus a todos os crentes.
> Tu estás sentado à direita de Deus na glória do Pai;
> cremos que tu virás para ser nosso Juiz.
> Pedimos-te, portanto, que ajudes os teus servos
> a quem remiste com o teu precioso sangue.[20]

Unindo muitos dos temas discutidos até agora, *Te Deum* os coloca eloquentemente dentro da grande história da descida e ascensão de Cristo. O Rei se encarna com o propósito de libertar a humanidade, e o faz redimindo-a com seu sangue, abrindo assim o reino dos céus.

O hino do século 6 "Sing my tongue" resume de modo eloquente meu argumento sobre a natureza paradoxal da realeza de

---

20 Francis Pott, *The hymn Te Deum Laudamus* (London: Rivingtons, 1884), p. 1.

Cristo na cruz dentro da história da redenção.[21] Enquanto o longo hino conta a história da obediência de Cristo no madeiro no Gólgota, recapitulando a desobediência de Adão junto à árvore do Éden, ele fala de Cristo tanto como o "Rei moribundo" quanto como o "Cordeiro sobre o altar da cruz." É dentro da visão expansiva do reinado de Deus no Antigo e no Novo Testamentos que Cristo, o Rei, reina na cruz, oferecendo-se como um cordeiro sacrificial.

OS DOIS ESTADOS DE CRISTO: HUMILHAÇÃO E EXALTAÇÃO

A ideia da realeza de Cristo na cruz muitas vezes encontra resistência porque não se encaixa no entendimento comum da doutrina dos dois estados, que coloca a cruz como um ato de humilhação anterior à exaltação.[22] A definição de Wayne Grudem é representativa: "A doutrina do 'estado duplo de Cristo' é o ensino de que Cristo experimentou *primeiro* o estado de humilhação, e, *depois*, o estado de exaltação".[23] Tendo dividido a obra de Cristo em duas categorias temporais sucessivas, Grudem então tipicamente atribui a encarnação, o sofrimento, a morte e o sepultamento de Cristo ao estado de humilhação, e sua ressurreição, ascensão, sessão e parusia ao estado de exaltação.[24]

---

21 Philip Schaff, org., *Christ in song: hymns of Immanuel* (London: Sampson Low, Son, and Marston, 1870), p. 125-28.

22 A realeza na Bíblia está intrinsecamente ligada à glorificação (Sl 24.7-10; Dn 4.30; 5.18; Lc 19.38; 1Tm 1.17) e exaltação (1Sm 2.10; Sl 47.2; Dn 4.17). Em outras palavras, Deus/Cristo é exaltado e glorificado como Rei.

23 Wayne Grudem, *Systematic theology: an introduction to Biblical doctrine* (Grand Rapids: Zondervan, 1995), p. 620 [edição em português: *Teologia sistemática* (São Paulo: Vida Nova, 2015)], itálico do autor; cf. W. Grudem, "States of Jesus Christ", *EDT*, p. 1052-1054.

24 Para tratamentos semelhantes, veja Millard Erickson, *Christian theology*, 2. ed. (Grand Rapids: Baker Academic, 1998), p. 788-97 [edição em português: *Teologia sistemática* (São Paulo: Vida

O problema com essa interpretação, por mais ordenada que seja categoricamente, é que ela não leva em conta todo o testemunho das Escrituras. Embora às vezes a Escritura certamente apresente humilhação e exaltação como uma progressão geral (At 2.33-36; Fp 2.6-9; 1Pe 1.10-11; Hb 2.9-10), ela também revela uma relação mais orgânica e sobreposta entre os dois estados (Jo 12.23-33; Ap 5.5-6). Após um breve levantamento histórico da doutrina dos dois estados, explorarei o que podemos aprender com essa história — tanto por meio de seus *insights* quanto de seus pontos cegos.

UMA BREVE HISTÓRIA DA DOUTRINA DOS ESTADOS DE CRISTO

A distinção sistemática entre os estados de humilhação e exaltação de Cristo foi usada pela primeira vez pelos luteranos no final do século 16 e desenvolvida nos debates que se seguiram com os reformados. Os luteranos, procurando defender a união das duas naturezas de Cristo por meio da *communicatio idiomatum*, interpretaram a exaltação da natureza humana de Cristo como a revelação de sua glória *divina* previamente possuída.[25] Os reformados criticaram os luteranos por divinizar erroneamente a humanidade de Cristo e, portanto, procuraram explicar a exaltação em referência à glória *humana* recém-adquirida de Cristo.[26] Em suma, para os luteranos, a

---

Nova, 2015)]; Louis Berkhof, *Sistematic theology* (Grand Rapids: Eerdmans, 1979), p. 331-55 [edição em português: *Teologia sistemática* (São Paulo: Cultura Cristã, 2012)].

25 Para um levantamento da visão luterana dos dois estados, veja Marvin Hoogland, *Calvin's perspective on the exaltation of Christ in comparison with the post-Reformation doctrine of the two states* (Kampen: Kok, 1966), p. 11–44.

26 Para um levantamento do desenvolvimento reformado dos dois estados, veja Marvin Hoogland, *Calvin's perspective on the exaltation of Christ in comparison with the post-Reformation doctrine of the two states*, p. 45-94.

exaltação é a revelação da glória divina anteriormente possuída. Para os reformados, a exaltação é a recompensa de qualidades humanas recém-adquiridas pela obediência anteriormente exercida.

Um dos desenvolvimentos mais fortes na tradição reformada não foi meramente defender uma transição temporal da humilhação para a exaltação, mas definir o relacionamento entre esses dois estados no que diz respeito a causa ou recompensa. Bavinck, por exemplo, diz: "Todo o estado de exaltação desde a ressurreição até sua vinda, mais uma vez, para julgamento é uma recompensa pelo trabalho que ele realizou como Servo do Senhor nos dias de humilhação".[27] A humilhação é "a causa meritória da exaltação".[28] Embora a doutrina dos dois estados tenha persistido em algum nível na teologia reformada,[29] ela foi desacreditada por Schleiermacher no século 19.[30] Visto que Schleiermacher rejeitou a preexistência de Cristo, não fazia sentido falar da vida de Cristo como humilhação.[31] "Consequentemente", diz Schleiermacher, "temos todo o direito de deixar essa fórmula de lado; ela pode ser confiada com justiça à custódia da história."[32] Barth também rejeitou a distinção tradicional entre humilhação e exaltação, embora, como veremos, por razões bem diferentes.[33]

---

27 Herman Bavinck, "Sin and salvation in Christ", in: John Bolt, org., *Reformed dogmatics*, tradução de John Vriend (Grand Rapids: Baker Academic, 2003), vol. 3 (edição em português: "O pecado e a salvação em Cristo", in: *Dogmática reformada* (Rio de Janeiro: Cultura Cristã, 2012), vol. 2, p. 433.

28 Ibid., p. 434

29 Alguns usam a doutrina como um dispositivo de enquadramento para a obra de Cristo (p. ex., Louis Berkhof, *Systematic theology*, p. 331-55), e outros como uma doutrina individual (p. ex., Wayne Grudem, *Systematic theology*, p. 620).

30 Friedrich Schleiermacher, *The Christian faith* (Edinburgh: T&T Clark, 1986), p. 473–75.

31 Ibid., 475.

32 Ibid.

33 Karl Barth, *Church dogmatics*, IV/1, p. 133; IV/2, p. 106, 110, 135–36.

EXALTAÇÃO NA HUMILHAÇÃO E POR MEIO DELA

Em resposta ao entendimento comum de exaltação *após* humilhação, proponho que a visão apropriada é exaltação *na* humilhação, dentro de uma progressão mais ampla de exaltação *por meio da* humilhação. A "exaltação *na* humilhação" quebra a dicotomia típica ao demonstrar que Cristo é exaltado supremamente em seu sofrimento redentor, cujo ápice é sua morte na cruz. "Exaltação *por meio da* humilhação" mantém uma progressão geral da humilhação para a exaltação, ao mesmo tempo que mostra como elas se sobrepõem e estão inter-relacionadas.

O argumento será baseado nas Escrituras e na teologia e lançaremos mão de Calvino e Barth para revisar a interpretação de humilhação e exaltação como estados temporais estritamente sucessivos. Tanto Calvino quanto Barth exibem um entendimento que difere do esquema linear e oferecem um meio-termo entre as posições reformada e luterana, afirmando a simultaneidade de humilhação e exaltação com a ideia de que Jesus é humilhado em sua divindade e exaltado em sua humanidade. Embora eu me baseie em ambos ao defender a exaltação na humilhação, vou me separar de Barth — que em última análise rejeita a doutrina — e seguir Calvino na afirmação de uma progressão temporal mais ampla.

Exaltação na humilhação: integrando os dois estados

O principal erro da visão padrão dos estados de Cristo é que ela polariza a humilhação e a exaltação. A visão simplista de humilhação *depois* exaltação simplesmente não faz justiça à amplitude do testemunho das Escrituras — ou seja, que Cristo é exaltado antes da ressurreição e humilde após a crucificação. Não apenas a humilhação e a exaltação se sobrepõem na obra de Cristo, mas ambas encontram seu ápice em sua morte expiatória. No que se segue, analisarei a dicotomia "humilhação *depois* exaltação" mostrando que Cristo é exaltado antes da ressurreição e permanece humilde após a crucificação, bem como que a sobreposição de humilhação e exaltação encontra seu ápice na cruz.

Exaltação antes da ressurreição

Do berço à cruz, a vida de Jesus é claramente de humilhação. No entanto, a Escritura revela, e os olhos da fé percebem, que mesmo durante seu tempo de humilhação ele está sendo exaltado, glorificado e entronizado como Rei. A maneira mais comum e explícita pela qual as Escrituras falam da exaltação de Cristo antes da Páscoa é com a linguagem da glorificação. Longe de ser reservada para sua ressurreição e ascensão, a glória de Cristo é exibida desde o momento da encarnação, pois, como João declara: "E o Verbo se fez carne [...] e vimos a sua glória" (Jo 1.14). Embora escondido aos olhos pecaminosos, "Ele [...] *é* o resplendor da glória" (Hb 1.3, itálico do autor). Em Caná, Jesus "manifestou a sua glória" por meio do seu primeiro "sinal" (Jo 2.11), e, por meio da transfiguração, ele "recebeu, da parte de Deus Pai, honra e glória" (2Pe 1.17).

Na transfiguração, onde os discípulos "viram a sua glória" (Lc 9.32), eles receberam uma prévia do que seria plenamente revelado na ressurreição. O próprio Jesus diz: "quem me glorifica é meu Pai" (Jo 8.54), e, depois, fala da "glória que me tens dado" e até da "minha glória" (Jo 17.22, 24). Finalmente, Jesus se refere à sua própria morte como "a hora de ser glorificado o Filho do Homem" (Jo 12.23) e de ser "levantado" (Jo 12.32), combinando assim glorificação e exaltação e centralizando-as na cruz. Como Paulo diria mais tarde, eles "crucificaram o Senhor da glória" (1Co 2.8).

Claramente, nas Escrituras, Cristo é glorificado e exaltado como Rei antes da ressurreição.

Compreender corretamente a pessoa de Cristo é essencial para sua exaltação antes da Páscoa. De acordo com a cristologia calcedônia, Jesus não é apenas verdadeiramente Deus e verdadeiramente homem, mas suas duas naturezas estão *unidas* em sua única pessoa (a união hipostática). Isso significa, antes de tudo, que ele, como Deus-homem, *é* exaltado e glorioso em sua divindade. A majestosa glória da divindade de Cristo, embora "oculta e não exercendo sua força",[34] de modo algum esteve ausente de sua pessoa durante seu ministério na terra.[35] Sua humanidade não precisa ser subsumida em sua divindade (a tendência luterana) nem tratada isoladamente de sua divindade (a tendência reformada), mas em união com ela. Como o eterno Filho de Deus, ele não precisa ser exaltado, mas, como o Filho de Deus encarnado, ele é exaltado por nós.

Cristo também é exaltado antes da ressurreição em sua natureza humana. Embora verdadeiramente humano, Jesus não era um humano *qualquer*. De acordo com Calvino, Cristo foi o humano que foi exaltado acima de todos os outros humanos porque ele era completamente "sem pecado" (Hb 4.15) e capacitado pelo Espírito Santo de forma única, o que era evidente em seus milagres e na proclamação do reino.[36] Barth discute a exaltação da natureza humana de Cristo sob o título "o homem régio", destacando um

---

34 John Calvin, *Calvin's commentaries*, comentário de Jo 12.27 [edição em português: João Calvino, *Evangelho Segundo João* (São José dos Campos: Fiel, 2018), 2 vols.].

35 Essa linha de pensamento vai contra as cristologias kenóticas, as quais argumentam que Cristo se esvaziou dos atributos divinos. Para uma pesquisa sobre cristologias kenóticas, veja Sarah Coakley, "Kenōsis and subversion: on the repression of 'vulnerability' in Christian feminist writing", in: *Powers and submissions: spirituality, philosophy and gender* (Malden, MA: Blackwell, 2002), p. 3-39.

36 *Calvin's commentaries*, comentários de Mt 4.1; Jo 3.39; 5.30.

ponto muitas vezes esquecido: a realeza de Cristo é atribuída principalmente à sua humanidade.[37] O governo de Deus sobre a terra é mediador, e Cristo é o Segundo Adão e o Filho de Davi que estabelecerá o reino de Deus e restaurará seu povo ao seu devido lugar de domínio sobre a terra.

Humilhação depois da cruz

Não só Cristo é exaltado antes da ressurreição, mas também permanece humilde depois da cruz. Embora seu sacrifício expiatório tenha terminado (Jo 19.30) e não precise ser repetido (Hb 9.26), sua identidade e reinado continuam a ser moldados por sua forma de servo e por sua obra na cruz. Mesmo depois de sua ressurreição, ele continua sendo o crucificado (Mc 16.6), e, mesmo quando aparece para seus discípulos em seu estado glorificado, ele ainda está carregando as cicatrizes da cruz (Jo 20.27). Quando João recebe uma visão na sala do trono celestial, surpreendentemente ele vê Cristo como um cordeiro abatido ainda sendo louvado por sua morte redentora (Ap 5.5-12). Mesmo depois de sua ascensão e sessão, ele continua sendo um Rei humilde que intercede em favor de seu povo (Rm 8.34), graciosamente dá o dom do Espírito Santo (At 2.33) e finalmente entregará o reino ao Pai (1Co 15.24).

Calvino diz que a realeza de Cristo permanece humilde porque seu reino ainda "está escondido na terra, por assim dizer, sob a fraqueza da carne".[38] Marvin Hoogland desenvolve a visão de Calvino: "À proporção que o reino ou a igreja de Cristo ainda não são

---

37 Karl Barth, *Church dogmatics*, IV/2, p. 156–268.

38 John Calvin, *Institutes of the Christian religion*, edição de John McNeill, tradução de Ford Lewis Battles, LCC (Louisville: Westminster John Knox, 2006), 2.16.17 [edição em português: João Calvino, *A instituição da religião cristã*, tradução de Carlos Eduardo de Oliveira; Elaine C. Sartorelli; Omayr J. de Moraes Jr. (São Paulo: Editora Unesp, 2008–2009), tomos I e II].

totalmente gloriosos no mundo, a glória do próprio Cristo ainda não está completa, e, nesse sentido, sua humilhação ainda não é uma questão que ficou no passado".[39] Barth concorda: "Nem os Evangelhos nem o Novo Testamento como um todo veem, conhecem e atestam o homem Jesus ressuscitado, vivo e exaltado a não ser como o homem que teve esse fim e resultado, cuja história é, no fim das contas, a história de sua Paixão".[40]

A sobreposição da humilhação e da exaltação em Cristo

Com base nas evidências reunidas acima, qualquer interpretação estritamente sucessiva dos dois estados — "humilhação *depois* exaltação" — deve ser rejeitada. Temporariamente, há sobreposição. Mais importante, como aspectos da pessoa e da obra de Cristo, humilhação e exaltação estão profundamente entrelaçados. Barth fala da "interconexão" entre humilhação e exaltação e, de modo útil, muda a ênfase da sucessão temporal para a simultaneidade cristológica: "A exaltação do Filho do Homem começa e é completada já no acontecimento da humilhação do Filho de Deus e com esse acontecimento; e inversamente [...] a exaltação do Filho do Homem inclui em si mesma a humilhação do Filho de Deus, de modo que Jesus Cristo já é exaltado em sua humilhação e humilhado em sua exaltação".[41]

Como esses aspectos aparentemente contraditórios podem estar simultaneamente presentes em Cristo? A chave para Calvino e Barth é que Jesus é o Deus-homem que é simultaneamente

---

39 Marvin Hoogland, *Calvin's perspective on the exaltation of Christ in comparison with the post-Reformation doctrine of the two states*, p. 192
40 Karl Barth, *Church dogmatics*, IV/2, p. 250.
41 Ibid., IV/2, p. 110.

humilhado em sua divindade e exaltado em sua humanidade.⁴²
De acordo com Barth: "Como Deus, ele foi humilhado para tomar nosso lugar, e, como homem, ele é exaltado em nosso favor".⁴³
Além disso, a simultânea humilhação e exaltação de Cristo não é uma contradição, porque Cristo sempre se humilha (Fp 2.8; cf. Lc 14.11) e sempre é exaltado pelo Pai (Fp 2.9; cf. At 2.33).

Em outras palavras, Cristo não está em dois estados estáticos de humilhação e exaltação, mas está constantemente se humilhando e sendo exaltado pelo Pai. Calvino acrescenta que Cristo é capaz de manter seu status exaltado porque assume a forma de servo *voluntariamente*.⁴⁴ Ou seja, Cristo aceita soberanamente uma missão de servidão. Concluo, com Thomas Torrance, que "não devemos pensar na humilhação e exaltação de Cristo simplesmente como dois eventos que se seguem um após o outro, mas, sim, como duas realidades envolvidas, na medida apropriada e ao mesmo tempo, durante toda a vida encarnada de Cristo."⁴⁵

A majestosa glória da cruz

A humilhação e exaltação de Cristo, tanto em suas dimensões temporais quanto cristológicas, chegam ao ápice na cruz de Cristo. Embora no mundo romano a cruz fosse um instrumento

---

42 Marvin Hoogland, *Calvin's perspective on the exaltation of Christ in comparison with the post-Reformation doctrine of the two states*, p. 214–15.

43 Karl Barth, *Church dogmatics*, IV/1, p. 141; para a visão de Calvino, veja Marvin Hoogland, *Calvin's perspective on the exaltation of Christ in comparison with the post-Reformation doctrine of the two states*, p. 125.

44 *Calvin's commentaries*, comentários de Jo 19.12; Fp 2.6-7 [edição em português: João Calvino, *Gálatas, Efésios, Filipenses, Colossenses*, tradução de Valter Graciano Martins (São José dos Campos: Fiel, 2017)].

45 Thomas Torrance, *Atonement: the person and work of Christ*, organização de Robert Walker (Downers Grove, IL: InterVarsity Press, 2009), 210; cf. Michael Horton, *Lord and servant: a covenant Christology*, p. 254.

de vergonha e humilhação,⁴⁶ Jesus declarou que ela era sua gloriosa exaltação. A glória da cruz é mais explícita no Evangelho de João quando Jesus, falando de sua morte, diz: "É chegada a hora de ser glorificado o Filho do Homem" (Jo 12.23). Ele continua revelando que a glorificação é também exaltação: "E eu, quando for levantado da terra, atrairei todos a mim mesmo" (Jo 12.32). Embora essa linguagem inicialmente pareça mais apropriada para a ascensão ou sessão, no versículo seguinte Jesus deixa claro que ele está se referindo a ser "levantado" em sua morte.

Para que o leitor não confunda esse versículo como um mero desvio na missão de Jesus ou na teologia de João, essa "hora" de sofrimento e glória está na mente de Jesus desde o início de seu ministério (Jo 2.4), é usada por João para focalizar a missão de Jesus no Gólgota (Jo 7.30; 8.20; 13.1) e culmina na noite anterior à crucificação quando Jesus ora: "Pai, é chegada a hora" (Jo 17.1). Dentro desse movimento para a cruz, Jesus fala de ser "levantado" em três ocasiões distintas (Jo 3.14; 8.28; 12.32). Para João, tudo está se movendo para essa hora culminante, quando Jesus, sendo "levantado" na cruz, está realmente sendo entronizado em glória. A cruz torna-se não apenas o centro da história redentora, mas o fulcro sobre o qual a lógica do mundo é virada de cabeça para baixo. A vergonha se transforma em glória, a humilhação em exaltação, a loucura em sabedoria e a cruz é o trono do qual Cristo governa o mundo. Com base nessas passagens em João, Barth conclui que "a exaltação daquele que se humilhou em obediência (Fp 2.9) não é o ato divino para com esse homem que ocorre depois

---

46 Martin Hengel, *Crucifixion in the ancient world and the folly of the message of the cross* (Philadelphia: Fortress, 1977), p. 46–50.

de sua humilhação, mas o que ocorre em sua humilhação e com ela".[47] Calvino escreve: "Na verdade, em todas as criaturas, tanto altas como baixas, a glória de Deus brilha, *mas em nenhum lugar ela brilhou mais intensamente do que na cruz*".[48]

Curiosamente, muitos proponentes da visão estritamente sucessiva reconhecem a imagem de glória e exaltação da cruz em João, mas então simplesmente a ignoram ou descartam como uma falha nas categorias — não fosse isso — nítidas de humilhação e *depois* exaltação.[49] Um olhar mais atento, no entanto, revela que João não é apenas um curinga em um sistema — não fosse isso — uniforme; ele está a par de algo mais amplamente atestado nas Escrituras.[50] O que João afirma explicitamente — Cristo é exaltado na cruz —, Marcos diz por meio de ironia (Marcos 15), e Paulo através dos conceitos sabedoria/loucura e poder/fraqueza (1Co 1.18-25). Martin Hengel diz: "A '*doxa*' do Filho de Deus não pode ser separada da vergonha de sua cruz", uma verdade que ele encontra não apenas em João, mas em Paulo, Marcos e Hebreus.[51]

Como Cristo poderia ser exaltado *em* humilhação? Primeiro, seu sofrimento é glorioso porque realiza a salvação. A exaltação é "o lado bom" da humilhação, diz A. B. Bruce, pois, "embora seja uma humilhação morrer, é glorioso morrer pelos outros".[52] Segundo, Cristo é exaltado em humilhação porque sua morte humilhante

---

47 Karl Barth, *Church dogmatics*, IV/2, p. 256.

48 *Calvin's commentaries*, comentário de João 13.31, itálico do autor.

49 Veja, por exemplo, Herman Bavinck, "Sin and salvation in Christ", in: *Reformed dogmatics*, vol. 3, p. 423.

50 De fato, esse padrão é o padrão que traçamos no desenrolar da história do Antigo Testamento. Veja acima, p. 53–67.

51 Martin Hengel, *The cross of the Son of God* (London: SCM, 1986), p. 85.

52 A. B. Bruce, *The humiliation of Christ: in its physical, ethical, and official aspects* (Grand Rapids: Eerdmans, 1955), p. 30.

revela o caráter glorioso de Deus. Calvino explica apropriadamente a exaltação de Cristo na humilhação:

> Pois a morte da cruz, que Cristo sofreu, está tão longe de obscurecer sua alta posição que, nessa morte, sua alta posição é principalmente exibida, pois ali seu incrível amor à humanidade, sua infinita justiça em expiar o pecado e apaziguar a ira de Deus, seu maravilhoso poder em vencer a morte, subjugar Satanás e, finalmente, abrir o céu, resplandeceu com pleno fulgor.[53]

A exaltação *na* humilhação é loucura aos olhos humanos, mas aos olhos da fé é a sabedoria de Deus. De acordo com Calvino: "Uma vez que apenas a fraqueza aparece na cruz, na morte e no sepultamento de Cristo, a fé deve saltar sobre todas essas coisas para atingir sua plena força".[54] A forma de servo de Cristo tanto esconde quanto revela sua realeza. Ela oculta sua majestade porque, ao olharem para um homem morrendo como um criminoso, as pessoas jamais o assumiriam como Rei. No entanto, sua forma de servo também revela sua majestade, pois sua soberania pode ser expressa em serviço. Como Webster diz: "A 'humilhação' da Palavra não é, portanto, a contradição de sua exaltação; é, antes, o modo escolhido de sua exaltação".[55] Como, então, a realeza de Cristo pode ser escondida e revelada? Ela está oculta aos olhos carnais, mas, pela fé, se vê a graciosa majestade de Deus no Cristo crucificado.

---

[53] *Calvin's commentaries*, comentário de Jo 13.32.
[54] John Calvin, *Institutes of the Christian religion*, 2.16.13.
[55] John Webster, *Word and church: essays in Church dogmatics* (New York: T&T Clark, 2001), p.137.

Exaltação por meio da humilhação: mantendo a progressão mais ampla

Até agora, argumentei contra uma compreensão estritamente linear dos dois estados e procurei substituí-la por uma visão que reconhece a sobreposição temporal e coloca em primeiro plano a simultaneidade cristológica de humilhação e exaltação. Em suma, a exaltação de Cristo não acontece simplesmente *depois* de sua humilhação, mas também *em* sua humilhação. A exaltação *na* humilhação, porém, não exclui um movimento mais amplo da humilhação para a exaltação. Essa progressão é irrefutável à luz das Escrituras. Pedro, por exemplo, fala dos "sofrimentos referentes a Cristo e sobre as glórias que os *seguiriam*" (1Pe 1.11, itálico do autor). O autor de Hebreus diz que Cristo foi "aperfeiçoado pelo sofrimento" (Hb 2.10, ESV).

Declarações como essas indicam que, embora os estados estejam fortemente entrelaçados ao longo da obra de Cristo, há uma transição irreversível que ocorre na ressurreição de Cristo. Talvez seja uma transição da humilhação exaltada para a exaltação humilde, mas, não obstante, uma transição. O Cristo ressurreto não é mais "em semelhança de carne pecaminosa" (Rm 8.3). Ele nunca mais se oferecerá como sacrifício (Hb 9.26). Sua majestade não está mais velada (Ap 1.10-18). Levando em conta essa transição junto com o que foi argumentado acima, podemos dizer que a doutrina dos dois estados de Cristo é devidamente interpretada como exaltação *na* humilhação dentro do quadro mais amplo da exaltação *por meio* da humilhação. A seguir, demonstrarei a validade dessa progressão temporal ao discutir a nova glória da ressurreição de Cristo e o significado da exaltação de Cristo como "para nós".

Temos argumentado contra a posição dominante na teologia reformada contemporânea apelando para dois dos maiores teólogos de sua tradição — Calvino e Barth. Nesse ponto, porém, ao manter o espaço de uma progressão global, distancio-me de Barth, cuja crítica à visão sucessiva dos dois estados o leva a interpretá-la apenas em referência à simultaneidade cristológica (Cristo é ao mesmo tempo humilhado e exaltado).[56] O assunto em questão é a diferença fundamental entre as posições luterana e reformada sobre os estados. Para os luteranos, a exaltação de Cristo é uma *revelação* de sua glória divina previamente possuída, enquanto para os reformados é a *aquisição* de uma nova glória em sua natureza humana. A genialidade de Calvino é que, antes que esses debates reacionários levassem a tais posições polarizadas, ele foi capaz de defender ambos os aspectos da exaltação.[57] A exaltação é uma revelação da glória divina previamente possuída *e* a aquisição de uma nova glória humana.[58] Embora a visão de Calvino sobre os estados certamente não tenha sido sistematizada, irei segui-lo em sua argumentação a fim de ir além da dicotomia luterano/reformado.

Revelação da glória previamente possuída

Para Calvino, a ressurreição é a revelação da glória de Cristo previamente possuída *e* sua glória humana recém-adquirida. Antes

---

56 Karl Barth, *Church dogmatics*, IV/1, p. 133; IV/2, p. 106, p. 110, p. 135–36.

57 Marvin Hoogland, *Calvin's perspective on the exaltation of Christ in comparison with the post-Reformation doctrine of the two states*, p. 206, p. 215-16.

58 Esse argumento não nega a continuidade básica entre Calvino e a ortodoxia reformada sobre os estados de Cristo (veja Hoogland, *Calvin's perspective*, p. 206; Richard Muller, *Christ and the decree: Christology and predestination in reformed theology from Calvin to Perkins* [Durham, NC: Labyrinth, 1986], p. 10); ao contrário, em amplo acordo com a ortodoxia reformada posterior, Calvino compartilhou a ênfase luterana na exaltação de Cristo principalmente como a revelação da glória divina, mesmo durante sua vida e morte.

de falar da nova glória, entretanto, deve-se enfatizar que, para Calvino, a revelação da glória de Cristo previamente possuída é a ênfase principal. Nas palavras de Hoogland: "A honra que vem a Cristo em sua nova exaltação é a honra que é demonstrada em sua morte".[59] Calvino, portanto, está mais próximo da visão luterana, mas, visto que se trata de uma questão de ênfase, ele difere dos reformados apenas formalmente e não materialmente. Não obstante, a chave aqui para Calvino é que a *revelação* da glória previamente possuída é, em si mesma, uma nova glória. Esse movimento é possível porque a revelação não é meramente reveladora, mas efetiva. Nas palavras muito posteriores de Gustaf Aulén, a ressurreição "revela [...] e *realiza* o feito vitorioso contido em sua obra finalizada".[60] Em outras palavras, não apenas a realeza de Cristo é revelada, mas o reino de Cristo é inaugurado.

Exaltado como um ser humano "para nós"/"por nós"
Com relação à revelação da nova glória humana de Cristo, Calvino não insiste em como isso afeta o próprio Cristo, notando principalmente a glorificação de seu corpo físico.[61] A chave é que a exaltação humana de Cristo é, em última análise, "para nós". De acordo com Hoogland: "o 'para nós' parece, na visão de Calvino, ser tão significativo para a ressurreição quanto para a morte de

---

59 Marvin Hoogland, *Calvin's perspective on the exaltation of Christ in comparison with the post-Reformation doctrine of the two states*, p. 175.

60 Gustaf Aulén, *The faith of the Christian church* (Filadélfia: Muhlenberg, 1948), p. 245, itálico do autor.

61 Marvin Hoogland, *Calvin's perspective on the exaltation of Christ in comparison with the post-Reformation doctrine of the two states*, p. 156.

Cristo, e, portanto, tão significativo para a exaltação quanto para a humilhação de Cristo".⁶²

Esse ponto contrasta com a visão reformada posterior de que a exaltação de Cristo é principalmente *sua* recompensa pela humilhação. Calvino pergunta: "Que necessidade havia de o único Filho de Deus descer a fim de adquirir algo novo para si mesmo?".⁶³ No entanto, embora Calvino diga que Cristo não adquiriu nada para si mesmo,⁶⁴ Bavinck afirma exatamente o contrário.⁶⁵ Essa é uma diferença irreconciliável? A exaltação de Cristo é *ou* para si mesmo *ou* para nós? Sustento que há uma terceira via que pode contemplar as preocupações tanto de Calvino quanto de Bavinck. Embora as Escrituras certamente impliquem que a humilhação é a causa da exaltação, ou que a exaltação é a recompensa da humilhação (Is 53.10-12; Mt 23.12; Fp 2.9; Hb 2.10), o objetivo final da exaltação de Cristo é "por nós". Em outras palavras, a exaltação que Cristo adquiriu em si mesmo não foi porque *ele* precisava ser exaltado, mas porque *nós* precisamos ser exaltados; sua exaltação foi "por nós". Ele adquiriu glória "para si mesmo" como Rei *para que* pudesse ser dada "para nós" em seu reino.

Douglas Farrow lança mais luz sobre o "por nós" da exaltação de Cristo. De acordo com Farrow, Cristo entra no ciclo humano de descida e ascensão, e, onde a humanidade ficou aquém de seu destino de ascensão a Deus, Cristo cumpriu como um segundo Adão, e, desse modo, ele conduz a humanidade para cima em direção ao

---

62 Ibid., p. 180.
63 John Calvin, *Institutes of the Christian religion*, 2.17.6.
64 Ibid., 2.17.6.
65 Herman Bavinck, "Sin and salvation in Christ", in: *Reformed dogmatics*, vol. 3, p. 433.

seu propósito original de vice-gerência com Deus sobre a terra.⁶⁶ Nas palavras de Farrow: "Através de sua própria história em forma de U (batismo, morte, ressurreição e ascensão), Jesus recapitula toda a experiência do homem caído".⁶⁷ A característica evidente é que Cristo é exaltado "por nós"; sua exaltação é o precursor recapitulativo de nossa exaltação. Farrow afirma: "O destino de Jesus é o nosso destino; ou melhor, ao alcançar nosso destino, ele o alcançou não apenas para si, mas também para nós".⁶⁸

Jesus não foi exaltado porque precisava de glória ou status régio, mas *para que* pudesse derramar o Espírito Santo para a edificação de sua igreja (At 2.33-36; Ef 4.8-12). Embora Filipenses 2.9 seja muitas vezes mencionado em relação à exaltação de Cristo, muitos negligenciam os seguintes versículos que revelam o propósito da exaltação: "*para que* ao nome de Jesus se dobre todo joelho [...] e toda língua confesse que Jesus Cristo é o Senhor" (Fp 2.10-11, itálico do autor). A exaltação de Cristo como *Rei* visa, em última análise, a sua obra de fazer avançar o seu *reino* na terra como no céu, pois "a sua subida ao céu, como a sua subida à cruz, é um caminho empreendido em nome do povo de Deus e com vista à realização de suas esperanças de reino".⁶⁹

CONCLUSÃO

Tenho argumentado contra uma visão estritamente linear de exaltação *após* humilhação e a favor de um entendimento que se

---

66 Douglas Farrow, *Ascension and ecclesia: on the significance of the doctrine of the ascension for ecclesiology and Christian cosmology* (Grand Rapids: Eerdmans, 1999), p. 15–40; D. Farrow, "Ascension", *DTIB*, p. 65–67; D. Farrow, *Ascension theology* (New York: T&T Clark, 2011), p. 1–14.

67 Douglas Farrow, "Ascension", *DTIB*, p. 67.

68 Douglas Farrow, *Ascension theology*, p. 10.

69 Douglas Farrow, *Ascension and ecclesia*, 23.

concentre na *exaltação na humilhação* dentro da progressão mais ampla da *exaltação por meio da humilhação*. Essa maneira de entender os estados de Cristo destaca a realeza de Cristo na cruz, pois foi durante aquelas horas sombrias e vergonhosas que a majestosa glória de Cristo brilhou para o mundo.

O TRÍPLICE OFÍCIO DE CRISTO: PROFETA, SACERDOTE E REI

Embora o conteúdo do *munus triplex* (tríplice ofício) tenha origem nas Escrituras[70] e seja comum em toda a história da igreja,[71] foi Calvino quem estabeleceu o triplo ofício como uma categoria teológica para interpretar e sistematizar a obra de Cristo.[72] Calvino empregou o *munus triplex* para sustentar a unidade e a integridade da obra multifacetada de Cristo.[73] Mais notavelmente, ele interpretou a *morte* de Cristo levando em conta a revelação de Deus (profeta), a reconciliação (sacerdote) e o reinado (rei).

À medida que o *munus triplex* se tornou difundido como uma forma de interpretar a obra de Cristo,[74] no entanto, os propósitos e

---

70 Profeta (Dt 18.15; Lc 4.18-21; 13.33; At 3.22); Sacerdote (Sl 110.4; Hb 3.1; 4.14-15; 5.5-6; 6.20; 7.26; 8.1); e Rei (Sl 2.6; 45.6; 110.1-2; Is 9.6-7; Lucas 1.33; João 18.36-37; Hb 1.8; 2Pe 1.11; Ap 19.16).

71 Geoffrey Wainwright descobre na tradição da igreja as seguintes referências ao tríplice ofício de Cristo: Eusébio ("Cristo [...] o único Sumo Sacerdote do universo, o único Rei de toda a criação, e, dos profetas, o único Profeta supremo do Pai"); João Crisóstomo ("Cristo deveria ter três dignidades: Rei, Profeta, Sacerdote"); Tomás de Aquino ("Um é legislador, outro é sacerdote, outro é rei; mas todos estes concorrem em Cristo como a fonte de toda graça"); Martin Bucer ("Cristo foi ungido para ser nosso Rei [*rex*], Professor [*doutor*] e Sacerdote [*sacerdos*] para sempre") (*For our salvation: two approaches to the work of Christ* [Grand Rapids: Eerdmans, 1997], p. 104, 110–11).

72 John Calvin, *Institutes of the Christian religion*, 2.15.

73 John Frederick Jansen, *Calvin's doctrine of the work of Christ* (Londres: Clarke, 1956), p. 17, 45.

74 Ludwig Schick mostra o uso do *munus triplex* no catolicismo (*Das dreifache Amt Christi und der Kirche: Zur Entstehung und Entwicklung der Trilogien* [Nova York: Peter Lang, 1982]); John Deschner demonstra o mesmo na teologia de John Wesley (*Wesley's Christology: an interpretation*

as inferências originais de Calvino foram habitualmente alterados. Argumentarei que o *munus triplex* foi supercompartimentalizado e que a realeza de Cristo na cruz foi tanto mal-interpretada quanto subestimada, resultando em uma compreensão reducionista da cruz. Essa afirmação será corroborada ao traçarmos amplas tendências em grandes teólogos que são representativos de seus tempos e tradições. Embora o espaço não permita um estudo exaustivo do uso do *munus triplex* desde Calvino, as mudanças mais radicais ocorreram dentro do liberalismo do século 19 e da consequente resposta dos reformados conservadores; esses serão, portanto, o foco desta pesquisa. O que Calvino empregou em prol da integridade da obra de Cristo tem sido muitas vezes usado como um meio para o reducionismo, e a ênfase régia de Calvino na cruz como a "carruagem triunfal"[75] tem sido negligenciada mesmo dentro de sua própria tradição.

CALVINO SOBRE O *MUNUS TRIPLEX* E A REALEZA DE CRISTO NA CRUZ

O uso do *munus triplex* por Calvino inclui duas características principais. Primeiro, Calvino usou o *munus triplex* como um instrumento para defender a unidade e a integridade da obra de Cristo,[76] advertindo que, "aqueles que separam um ofício do outro, rasgam Cristo em pedaços e subvertem sua própria fé".[77] Assim, Calvino não estrutura sua discussão da obra de Cristo atribuindo cada obra

---

[Grand Rapids: Francis Asbury, 1988]); Geoffrey Wainwright mostra o mesmo na ortodoxia oriental (*For our salvation*, p. 113).

75 John Calvin, *Institutes of the Christian religion*, 2.16.6; Calvino frequentemente falava da cruz como "uma carruagem magnífica" para expressar a vitória da morte de Cristo (veja, por exemplo, *Calvin's commentaries*, comentário de Lc 23.16).

76 O *munus triplex* também mantém a unidade da pessoa e da obra de Cristo, bem como a unidade do Antigo e do Novo Testamentos.

77 John Calvin, *Calvin's commentaries*, comentário de Gn 14.18.

específica a um ofício consequente. Em vez disso, em suas *Institutas* 2.15, Calvino resume o papel de cada ofício e então discute as obras de Cristo nos dois capítulos seguintes, apelando em retrospecto para diferentes aspectos dos ofícios de Cristo. Por exemplo, em 2.15, Calvino descreve que é a realeza de Cristo que explica a vitória sobre o Diabo,[78] e, então, em 2.16, ao discutir a morte de Cristo, ele declara que é na cruz que Cristo alcança seu triunfo régio.[79]

A ênfase de Calvino na unidade e integridade da obra de Cristo leva naturalmente à segunda característica destacada de sua compreensão do *munus triplex*: a realeza de Cristo na cruz. Para Calvino, o ofício de Rei consiste em dois papéis principais: (1) a vitória sobre Satanás, o pecado e a morte;[80] e (2) governar e exercer domínio sobre o reino espiritual.[81] A chave para o primeiro papel é que Cristo já é Rei mesmo enquanto estava na cruz. Jansen diz: "Calvino não tenta fixar nenhum momento na vida de Cristo quando ele começou a reinar, pois o reino vem nele. Ele é Rei — ele não se torna rei. Por conseguinte, Calvino evita a tendência da dogmática protestante posterior que confinou o ofício real ao estado de exaltação.[82] Além dos aspectos sacerdotais e proféticos da morte de Cristo, Calvino entende a cruz como uma conquista régia pela qual Cristo, o Rei, triunfa sobre Satanás, o pecado e a morte.

---

78 John Calvin, *Institutes of the Christian religion*, 2.15.4.

79 Ibid., 2.16.6.

80 "Como se trata de seu reinado régio, o julgamento de Cristo é presente e futuro. Ele venceu os poderes do mal em sua cruz" (John Calvin, *Calvin's commentaries*, comentário de Sl 15.1).

81 De acordo com Calvino, Deus é "um Rei com poder infinito para assegurar nossa salvação e para nos proteger por seu cuidado guardador" (John Calvin, *Calvin's commentaries*, comentário de Gn 14.18).

82 John Frederick Jansen, *Calvin's doctrine of the work of Christ*, p. 86.

TEOLOGIA LIBERAL DO SÉCULO 19

A teologia liberal no século 19 tentou mediar o aparente conflito entre os pressupostos da modernidade pós-iluminista e a ortodoxia cristã histórica. Na vanguarda desse movimento estavam os teólogos alemães Friedrich Schleiermacher e Albrecht Ritschl, que se apropriaram do *munus triplex* para articular a obra de Cristo.

Schleiermacher não apenas usa o *munus triplex*, mas, semelhante a Calvino, defende a primazia do ofício de Rei dentro da estrutura mais ampla de todos os três ofícios unidos na pessoa de Cristo.[83] No entanto, apesar das semelhanças iniciais, o uso do *munus triplex* por Schleiermacher marca uma divergência radical do entendimento da Reforma. Ele declara abertamente que esta se apropriando do *munus triplex* para suas conclusões teológicas já estabelecidas — a atividade redentora de Cristo "assume os crentes no poder de sua consciência de Deus"[84] — para preservar a continuidade com a tradição cristã.[85]

Claramente, o *munus triplex* é flexível como estrutura e pode ser usado para chegar a conclusões extremamente diferentes — nesse caso, a definição da realeza de Cristo. A ênfase primária de Schleiermacher para o *regium munus* é a vida corporativa da comunidade, a igreja.[86] Embora discuta o ofício real sob o título "A obra de Cristo", a explicação da realeza por Schleiermacher é muito mais eclesiológica e, nesse caso, subjetiva. Willem Adolph Visser't Hooft caracteriza Schleiermacher da seguinte forma: "Cristo não é

---

83 Friedrich Schleiermacher, *The Christian faith*, p. 438–40; John Calvin, *Institutes of the Christian religion*, 2.15.2.

84 Friedrich Schleiermacher, *The Christian Faith*, p. 425.

85 Ibid., p. 439.

86 Ibid., p. 444.

mais o ator principal na dramática história da salvação do mundo; ele é a inspiração de uma comunidade de almas".[87]

Outra grande divergência na versão de Schleiermacher da realeza de Cristo é que ele não se apropria do ofício régio para a morte de Cristo. A realeza de Cristo *na cruz* era um tema dominante na igreja primitiva e um tópico proeminente para Calvino também.[88] Para Schleiermacher, no entanto, a morte de Cristo é mencionada apenas sob o ofício sacerdotal. A limitação da morte de Cristo apenas ao ofício sacerdotal será um problema contínuo ao longo do desenvolvimento histórico moderno do *munus triplex*.

Ritschl, como Schleiermacher, se apropria do *munus triplex* para seu próprio sistema teológico e defende a primazia da realeza de Cristo. No entanto, Ritschl critica duramente o uso do termo "ofício" (optando, em seu lugar, por "vocação"), porque sua associação legal supostamente não é adequada para um reino definido pelo amor e não pela lei.[89] Enquanto Schleiermacher usa o reinado para enfatizar a comunidade de crentes, Ritschl acredita que a teologia, em última análise, serve à ética; portanto, ele fala da realeza de Cristo em termos morais. A doutrina do *regium munus* de Ritschl é inteiramente subjetiva, concentrando-se não no que Deus fez por meio de Cristo, mas no que o povo de Deus é chamado a fazer na sociedade. É revelador que a teologia de Ritschl influenciou muito o pensamento de Rauschenbusch e acabou sendo incorporada ao evangelho social do início dos anos 1900.

---

87 Willem Adolph Visser 't Hooft, *The kingship of Christ: an interpretation of recent European theology* (New York: Harper, 1948), p. 18.

88 Robert Peterson, *Calvin's doctrine of the atonement* (Phillipsburg, NJ: P&R, 1983), p. 46.

89 Albrecht Ritschl, *The Christian doctrine of justification and reconciliation: the positive development of the doctrine* (Clifton, NJ: Reference Book, 1966), p. 433.

A característica mais preocupante do uso do *munus triplex* por Ritschl, no entanto, é seu tratamento da morte expiatória de Cristo. Embora Schleiermacher erre ao não associar a realeza de Cristo e a cruz, Ritschl tragicamente coloca os dois em conflito. A vocação de Cristo, de acordo com Ritschl, não era fornecer uma expiação substitutiva para seu povo, mas estabelecer o reino de Deus como uma comunidade transnacional de amor. Ausentes da compreensão de Ritschl dos ofícios de sacerdote e rei estão os conceitos de ira, julgamento, expiação da culpa do pecado e sacrifício. Gerald McCulloh, em sua monografia sobre o uso do *munus triplex* por Ritschl, diz que, para Ritschl, "a reconciliação deve ser deduzida do amor de Deus, e não controlada por noções de ira ou justiça".[90] Depois de examinar minuciosamente a doutrina da reconciliação de Ritschl dentro da estrutura do *munus triplex*, McCulloh conclui que Ritschl, em última análise, se afasta dos fundamentos bíblicos e doutrinários do *munus triplex* e permite que suas preocupações éticas e epistemológicas ditem sua teologia.[91]

Este breve levantamento dos usos de Schleiermacher e Ritschl do *munus triplex* identifica algumas das principais tendências segundo as quais os liberais do século 19 entendiam a realeza de Cristo. Embora o *munus triplex* fosse amplamente usado e a realeza de Cristo o ofício mais celebrado, havia um grande afastamento da compreensão de Calvino sobre essa realeza. Em primeiro lugar, os liberais do século 19 não relacionavam a realeza de Cristo com a morte de Cristo na cruz, o que está muito longe da visão de Calvino da cruz como uma "carruagem triunfal" ou da maneira pela qual

---

90 Gerald McCulloh, *Christ's person and life-work in the theology of Albrecht Ritschl: with special attention to munus triplex* (Lanham, MD: University Press of America, 1990), p. 68.

91 Ibid., p. 145-205.

a igreja primitiva se referia a ela: "o troféu da cruz".[92] A morte de Cristo foi quase exclusivamente relegada ao sacerdócio de Cristo e muitas vezes despojada de temas como a santidade e a ira de Deus.

A segunda grande tendência desse movimento é que a realeza de Cristo foi entendida em termos quase completamente subjetivos. Na tentativa de agradar o pensamento iluminista, havia pouco espaço para um rei sobrenatural governando do céu, motivo pelo qual o foco foi colocado na comunidade do rei e em sua ética. Além disso, com a elevação da razão e da ciência da modernidade, nenhuma atenção foi dada ao tema bíblico da vitória de Cristo sobre Satanás e sobre os demônios na cruz (Cl 2.14-15). Como resultado, a ênfase não estava em Cristo reinando; estava em seus ensinamentos sobre um reino moral e comunitário. Em outras palavras, enquanto os liberais do século 19 reivindicam a realeza de Cristo como primordial, eles na verdade apresentam Cristo como um profeta cuja obra principal é ensinar sobre a moral do reino. Jansen conclui: "O Jesus de Ritschl e Harnack estava vestido com roupas proféticas, mas despojado de suas vestes régias e sacerdotais".[93]

TEOLOGIA REFORMADA DO SÉCULO 19

O liberalismo do século 19 provocou uma forte resposta conservadora de teólogos reformados apaixonados por preservar a tradição e a teologia de Calvino. Um de seus teólogos mais influentes e representativos foi o presidente do seminário de Princeton, Charles Hodge. Hodge testemunhou a influência do liberalismo

---

92   John Calvin, *Institutes of the Christian religion*, 2.16.6; Tertullian, *The five books against Marcion* 4.20, ANF, 3:379.
93   John Frederick Jansen, *Calvin's doctrine of the work of Christ*, p. 20.

teológico alemão durante seus próprios estudos de pós-graduação na Alemanha e ficou profundamente perturbado com a teologia de Schleiermacher em particular. Embora tanto Hodge quanto Schleiermacher usem o *munus triplex* para articular a obra de Cristo, a *Teologia sistemática* de Hodge marca uma mudança drástica na interpretação,[94] concentrando-se quase exclusivamente no ofício sacerdotal de Cristo e minimizando os ofícios real e profético.

A desproporção de ofícios, de fato, é a característica mais notável do uso do *munus triplex* por Hodge. Em sua *Teologia sistemática*, Hodge usa o *munus triplex* para explicar a obra de Cristo, alocando duas páginas para o ofício de profeta, 131 páginas para o ofício de sacerdote e doze páginas para o ofício de rei.[95] Hodge reagiu à tendência liberal de ignorar os temas difíceis da cruz (ira, pena, justiça, propiciação etc.) fazendo-os dominar a totalidade da obra de Cristo. No entanto, por mais que Hodge enfatize a cruz, ele falha em abordar a morte de Cristo em seu tratamento do ofício real.[96] Hodge limita o trabalho de Cristo na cruz apenas ao ofício de sacerdote.

Heinrich Heppe é outro teólogo reformado do século 19 que tentou usar o *munus triplex* em conjunto com Calvino. Embora Heppe concorde com Calvino que o papel régio do Messias envolve o direcionamento da igreja, seu uso geral do *munus triplex* inclui seus próprios contornos distintos. Enquanto muitos já haviam relegado a cruz exclusivamente ao sacerdócio de Cristo, Heppe sistematizou os três ofícios cronologicamente de acordo com a vida,

---

94 Charles Hodge, *Systematic theology* (Grand Rapids: Eerdmans, 1968), 3 vols. [edição em português: *Teologia sistemática* (São Paulo: Hagnos, 2001), volume único].

95 Ibid., 2:462–609.

96 Curiosamente, Hodge explica com sucesso a vitória de Cristo sobre Satanás e os demônios na cruz, mas o faz em seu tratamento da obra sacerdotal de Cristo (Charles Hodge, *Systematic theology*, 2:516-20).

morte e ascensão de Cristo, e o fez com base no que Heinrich Heidegger chamou de "ordem de execução".[97] De acordo com Heppe, Cristo "apresentou-se primeiro como Mestre, depois consumou o sacrifício do Sumo Sacerdote e agora está ativo como Rei".[98]

Essa "ordem de execução" não apenas relega a morte de Cristo ao ofício de sacerdote, mas redefine ainda mais a relação entre o sacerdócio e a realeza de Cristo. Heppe afirma que o ofício real sustenta e aplica o que foi realizado nos ofícios sacerdotais. Ele se refere a Russen, que diz: "O ofício real de Cristo é o poder de aplicar tudo o que ele meritoriamente adquiriu para a salvação daqueles por quem morreu e de afastar o que é contrário".[99] Ao definir a realeza como a aplicação do que Cristo realizou na cruz, Heppe indica que a realeza de Cristo não conquistou nada por si mesma. Mais uma vez, isso reflete um desvio da compreensão de Calvino sobre a cruz como a vitória régia de Cristo, o lugar onde ele derrota Satanás e os demônios.

Embora teólogos reformados do século 19 como Hodge e Heppe tenham reagido fortemente contra o liberalismo teológico de sua época, eles ironicamente cometeram um erro semelhante em relação ao uso do *munus triplex*. Enquanto Schleiermacher e Ritschl interpretam mal o ofício de rei ao redefini-lo em termos subjetivos ou proféticos, Hodge e Heppe balançam o pêndulo para o outro lado e minimizam completamente o ofício régio. Ambos os lados, no entanto, falham em abordar a realeza de Cristo na cruz. Quer a realeza seja definida como moralidade

---

97 Heinrich Heppe, *Reformed dogmatics: set out and illustrated from the sources*, tradução de Ernst Bizer (Grand Rapids: Baker, 1978), p. 454.
98 Ibid., p. 452.
99 Ibid., p. 482.

comunitária, quer como direcionamento do céu, nenhuma das definições inclui a ênfase de Calvino (e das Escrituras) na cruz como o triunfo régio de Deus.

O RESGATE DA REALEZA DE CRISTO NO SÉCULO 20?

Em 1948, Visser't Hooft reconheceu o estado compartimentado do *munus triplex*, alertando que esse reducionismo resultaria em nada menos que um evangelho truncado:

> Uma ênfase unilateral no ministério profético leva inevitavelmente ao moralismo e ao racionalismo: Cristo se torna um grande mestre de idéias e princípios, mas sua obra, passada, presente e futura, desaparece do horizonte. E a ênfase exclusiva na função sacerdotal leva ao pietismo e ao misticismo: Cristo é o Cordeiro de Deus, mas sua palavra penetrante e sua vitória sobre o pecado e a morte não são levadas a sério. A concentração total na realeza de Cristo leva ao utopismo e ao apocaliptismo. Cristo é o Rei glorioso, mas esquecem-se que sua vitória é a vitória invisível da Palavra e que, neste mundo, o caminho para a glória é o caminho da cruz.[100]

Além disso, o teólogo holandês lamentou a negligência em relação ao ofício régio: "Os ministérios sacerdotais e proféticos de Cristo foram fortemente elaborados, mas [...] o ofício régio foi obscurecido".[101]

Um dos teólogos que atendeu a esse duplo apelo por um relato mais completo do *munus triplex* e uma articulação robusta

---

100 Willem Adolph Visser 't Hooft, *The kingship of Christ*, p. 12.
101 Ibid., p. 13.

da realeza de Cristo foi o teólogo suíço Emil Brunner. A respeito do *munus triplex*, Brunner escreve: "Em sua Palavra, ele é tanto o Reconciliador quanto o Rei; em sua soberania, ele é tanto o Revelador quanto o Cordeiro sacrificial; em seu sacerdócio, ele é tanto aquele que proclama o nome de Deus quanto o que afirma a glória e a soberania de Deus".[102] Brunner também entendia a cruz como o pináculo de cada um dos três ofícios de Cristo. A respeito da realeza de Cristo na cruz, Brunner afirma: "Seus sofrimentos e sua morte não são apenas o cumprimento da revelação do Deus oculto, não apenas a reconciliação do Deus irado, mas também a marca mais perfeita do poder daquele que triunfa no ato da derrota".[103] Embora o uso do *munus triplex* por Brunner e sua compreensão da realeza de Cristo na cruz sejam congruentes com Calvino, ele é tristemente um caso de exceção provando a regra.[104] Além disso, o fato de que a cristologia de Brunner teve pouco impacto duradouro na teologia apenas exacerba o problema que Visser 't Hooft abordou.[105]

---

102 Emil Brunner, "The doctrine of Creation and redemption", in: E. Brunner, *Dogmatics* (Philadelphia: Westminster, 1950), vol. 2, p. 274.

103 Emil Brunner, *The Mediator: a study of the central doctrine of the Christian faith* (Philadelphia: Westminster, 1947), p. 559.

104 Uma exceção anterior à regra é Bavinck, que afirma: "Sempre houve tendências unilaterais na igreja cristã que viam nele apenas o Profeta, como os racionalistas, ou que se ocupavam apenas com sua Paixão sacerdotal, como os místicos, ou que ouviriam falar dele apenas como um Rei, como os quiliastas. Mas precisamos de um Cristo que seja os três ao mesmo tempo. Precisamos de um Profeta que nos anuncie Deus, um Sacerdote que nos reconcilie com Deus e um Rei que, em nome de Deus, nos governe e proteja" ("Sin and salvation in Christ", in: *Reformed dogmatics*, vol. 3, p. 335); Barth também resiste a relegar a morte de Cristo ao seu ofício sacerdotal, considerando "sua cruz [como] a característica dominante de seu ofício régio" (*Church dogmatics*, IV/2, 292).

105 Apesar do fato de Brunner ter sido um dos teólogos mais influentes da América durante o século 20, sua teologia entrou em um eclipse virtual. Brunner é agora amplamente referido simplesmente como uma nota de rodapé no desenvolvimento da teologia dialética ou como uma folha útil para explicar a rejeição da teologia natural de Barth. Além disso, a cristologia de Brunner como um todo é altamente problemática, evidenciada pelo fato de que ele rejeita o nascimento virginal e a

Onde esse desenvolvimento histórico nos deixou hoje? Infelizmente, a tendência continua a ser a versão compartimentada do *munus triplex*, com a morte de Cristo relegada apenas ao ofício sacerdotal. A *Teologia sistemática* de Louis Berkhof, um livro texto padrão entre os teólogos reformados, sustenta o tratamento desequilibrado de Hodge do *munus triplex*, bem como a explicação da morte de Cristo levando-se em conta apenas o ofício sacerdotal.[106] O teólogo pós-liberal Robert Sherman argumenta que a realeza de Cristo é o aspecto central da expiação, mas dificilmente menciona a morte de Cristo em todo o seu capítulo sobre o assunto.[107]

Em resumo, a compreensão de Calvino do *munus triplex* tem sido comumente supercompartimentalizada, e o reinado de Cristo na cruz tem sido tanto mal-interpretado quanto subestimado. O reducionismo pendular demonstrado no século 19 e além deve ser combatido com uma teologia que abraça a plenitude da obra de Cristo em favor dos pecadores, que precisam desesperadamente da revelação, de reconciliação e do reinado de Cristo. A realeza de Cristo na cruz deve ser levada a sério de uma maneira que seja fiel ao testemunho bíblico, mas não exclusiva ou dominante em relação a outros aspectos da obra de Cristo. Gerald Bray capta a essência do que deve ser recuperado, ao mesmo tempo que mostra a importância dos ofícios para a tarefa mais ampla de integrar reino e cruz:

> Jesus de Nazaré era o Rei dos judeus, mas também era o Sumo Sacerdote que pagava o preço pelos pecados do povo

---

ressurreição corporal de Cristo. Veja Paul King Jewett, *Emil Brunner: an introduction to the man and his thought* (Downers Grove, IL: InterVarsity Press, 1961), p. 36.

106 Louis Berkhof, *Systematic theology*, p. 356–412.

107 Robert Sherman, *King, Priest, and Prophet: a Trinitarian theology of atonement* (New York: T&T Clark, 2004), p. 116–68.

sacrificando-se na cruz [...] O reinado de Cristo na terra não foi o resultado de conquista humana, mas de uma autorrevelação divina que ia contra todos os cânones normais de realeza. O Rei não veio para "viver para sempre", como era a saudação aos monarcas persas (Ne 2.3), mas para morrer e ressuscitar para um novo e diferente tipo de vida.[108]

CONCLUSÃO

Jesus é Rei na cruz, estabelecendo o reino de Deus assim na terra como no céu. Como Barth disse: "supremamente em sua cruz [...] ele agiu como o Senhor e Rei de todos os homens, [...] ele manteve e exerceu sua soberania".[109] Essa compreensão da realeza de Cristo na cruz exige uma reconsideração das doutrinas comumente supercompartimentalizadas dos estados e ofícios de Cristo. Embora ambas as doutrinas sejam úteis à medida que distinguem aspectos da pessoa e da obra de Cristo, elas fazem mais mal do que bem quando relegam a morte de Cristo apenas ao seu ofício sacerdotal e ao estado de humilhação.

Faríamos bem em retornar às raízes dessas doutrinas, especialmente as expressas por Calvino, buscando integrar, em vez de dividir, os aspectos da obra de Cristo. Horton parece refletir o pensamento de Calvino, e, assim, pavimentar um caminho a ser seguido, expressando a relação adequada entre os estados e ofícios de Cristo conforme eles comunicam sua realeza: "Embora haja uma progressão geral do estado de humilhação para exaltação e de

---

108 Gerald Bray, "The kingdom and eschatology", in: Christopher Morgan; Robert Peterson, orgs., *The kingdom of God*, Theology in Community (Wheaton, IL: Crossway, 2012), p. 210

109 Karl Barth, *Church dogmatics*, IV/2, p. 291.

profeta para sacerdote e então para rei, todos estão presentes simultaneamente na unidade da pessoa e da obra de Cristo. Mesmo pendurado na cruz em abandono como o inimigo de Deus e da humanidade, Cristo estava ganhando nossa redenção como nosso Rei conquistador".[110] Na cruz, como um Rei profético-sacerdotal, Cristo é exaltado em sua humilhação.

As linhas firmes traçadas entre esses aspectos da obra de Cristo tornaram difícil entender como o reino e a cruz se relacionam no ministério e na missão de Cristo. A cruz não é o fracasso do ministério messiânico de Jesus nem simplesmente o prelúdio de sua glória régia, mas o ápice de sua missão no reino — o trono do qual ele governa e estabelece seu reino. Que possamos sempre seguir a exortação de Calvino para imitar o ladrão penitente na cruz que "adora a Cristo como um Rei mesmo quando este pende na cruz, celebra seu reino mesmo em meio a uma humilhação chocante e pior do que revoltante e declara acerca dele, ao morrer, tratar-se do autor da vida".[111]

Tendo mostrado que Jesus é o Rei na cruz exaltado em sua humilhação, devo agora dar mais atenção àquilo que a morte de Cristo realizou *por nós*. Isso leva à doutrina da expiação, a qual, embora seja a fonte de muitos debates, é central para o meu argumento.

---

110 Michael Horton, *The Christian faith: a systematic theology for pilgrims on the way* (Grand Rapids: Zondervan, 2011), p. 524.

111 John Calvin, *Calvin's Commentaries*, comentário de Lc 23.42.

CAPÍTULO 7

EXPIAÇÃO: PARTICULARIDADE EXPANSIVA

O objetivo dos dois capítulos seguintes é entender melhor a natureza da expiação de Cristo para responder à questão mais ampla da relação entre a morte expiatória de Cristo e a vinda do reino de Deus. No próximo capítulo (capítulo 8), tentarei alcançar o ambicioso objetivo de conciliar a substituição penal e o *Christus Victor* (dois aspectos da realização de Cristo que são altamente relevantes para este projeto). Neste capítulo, estabelecerei as bases necessárias para que uma conversa construtiva possa ser desenvolvida. Precisamos de uma abordagem da doutrina da expiação que evite as armadilhas do reducionismo e do relativismo.

CHRISTUS VICTOR OU SUBSTITUIÇÃO PENAL

A cruz de Cristo é a grande joia da fé cristã, que pode ser examinada em suas dimensões, mas como um todo apenas admirada. Duas dimensões da expiação que brilham intensamente nas páginas das Escrituras e nos tomos da história da igreja são a vitória de Cristo sobre Satanás, os demônios e a morte e também a satisfação da ira de Deus, que leva ao perdão dos pecados.[1] Construídas em torno

---

1 Michael Horton vê ambas como sendo as duas categorias bíblico-teológicas primárias para a expiação (*The Christian faith: a systematic theology for pilgrims on the way* [Grand Rapids: Zondervan,

dessas dimensões bíblicas estão duas teorias da expiação: *Christus Victor* e substituição penal. Infelizmente, o que antes era mantido unido agora é frequentemente dilacerado, resultando na falsa dicotomia de Cristo como o vitorioso *ou* o substituto penal. De que modo, então, essas duas dimensões da obra de Cristo se relacionam e as teorias construídas em torno delas podem ser reconciliadas?[2]

Meu objetivo é integrar *Christus Victor* e substituição penal para o propósito final de relacionar adequadamente o reino e a cruz. O reino de Deus envolve a derrota do mal e o perdão para os pecadores, por isso *Christus Victor* e substituição penal são ambos aspectos significativos para a obra de Cristo de estabelecer seu reino na cruz. Embora a conexão entre *Christus Victor* e o reino de Deus seja óbvia e notada por muitos, vou demonstrar que uma compreensão bíblica da vinda do reino de Deus requer uma doutrina da expiação que inclui tanto *Christus Victor quanto* a substituição penal em sua devida relação. Depois de lançar as bases metodológicas para a teologia da expiação em geral, examinarei as interpretações recentes dessas duas teorias e, finalmente, proporei um caminho a seguir: *Christus Victor* por meio da substituição penal.

Como minha tarefa principal é integrar *Christus Victor* e substituição penal, devo (por falta de espaço) assumir definições básicas de cada uma delas. A seguir estão as definições padrão dos principais proponentes de cada teoria.

2011], p. 493-501).

2   Alan Spence está certo ao apontar que as teorias, entendidas como explicações independentes de toda a obra de Cristo, não podem ser reconciliadas (*The promise of peace: a unified theory of atonement* [London: T&T Clark, 2006], p. 3). No entanto, como demonstrarei no que se segue, a maior parte da teologia da expiação na história da igreja não estabeleceu "teorias" exclusivas da expiação nesse sentido. Meu objetivo, portanto, é entender a relação das dimensões bíblicas, recorrendo a várias teorias históricas conforme necessário. Não estou apresentando minha própria teoria, mas procurando esclarecer a relação de dois aspectos predominantes da obra de Cristo.

Christus Victor: "Cristo — *Christus Victor* — luta contra os poderes malignos do mundo e triunfa sobre eles, os 'tiranos' sob os quais a humanidade está em escravidão e sofrimento, e, nele, Deus reconcilia o mundo consigo mesmo".[3]

Substituição penal: "Jesus Cristo, nosso Senhor, movido por um amor que estava determinado a fazer tudo o que fosse necessário para nos salvar, suportou e exauriu o destrutivo julgamento divino para o qual estávamos, não fosse isso, inevitavelmente destinados, e, assim, nos conquistou o perdão, a adoção e a glória".[4]

A polêmica em torno da substituição penal, incluindo uma enxurrada de críticas[5] e defesas[6], bem como a diversidade de ver-

---

3 Gustaf Aulén, *Christus Victor: an historical study of the three main types of the idea of atonement* (New York: Macmillan, 1969), p. 20.

4 J. I. Packer, "What did the cross achieve? The logic of penal substitution", *TynBul* 25 (1974): 25.

5 Para uma amostra das críticas contra a substituição penal, veja Joel Green; Mark Baker, *Recovering the scandal of the cross: atonement in New Testament and contemporary contexts* (Downers Grove, IL: InterVarsity Press, 2000), p. 23-32; Joel Green, "Must we imagine the atonement in penal substitutionary terms?" in: Derek Tidball; David Hilborn; Justin Thacker, orgs, *The atonement debate* (Grand Rapids: Zondervan, 2008), p. 153–171; S. Mark Heim, *Saved from sacrifice: a theology of the cross* (Grand Rapids: Eerdmans, 2006); D. W. S. Belousek, *Atonement, justice, and peace: the message of the cross and the mission of the church* (Grand Rapids: Eerdmans, 2012); J. Denny Weaver, *The nonviolent atonement* (Grand Rapids: Eerdmans, 2001).

6 Para defesas da substituição penal que ouviram atentamente os críticos e ofereceram nuances úteis, veja Hans Boersma, *Violence, hospitality, and the cross: reappropriating the atonement tradition* (Grand Rapids: Baker Academic, 2004), p. 153-181; Stephen Holmes, *The wondrous cross: atonement and penal substitution in the Bible and history* (Bletchley, UK: Paternoster, 2007); S. Holmes, "Can punishment bring peace? Penal substitution revisited", *SJT* 58 (2005): 104–23; Henri Blocher, "The sacrifice of Jesus Christ: the current theological situation", *EuroJTh* 8 (1999); Kevin Vanhoozer, "The atonement in postmodernity: guilt, goats, and gifts", in: Charles Hill; Frank James, orgs., *The glory of the atonement* (Downers Grove, IL: InterVarsity Press, 2004), p. 367–404; Graham Cole, *God the Peacemaker: how atonement brings shalom*, NSBT (Downers Grove, IL: InterVarsity Press, 2009), p. 239–42; Michael Horton, *Lord and servant: a covenant Christology* (Louisville: Westminster John Knox, 2005), p. 157–270. Para uma resposta catalogada às várias críticas à substituição penal, veja S. Jeffery; Michael Ovey; Andrew Sach, *Pierced for our transgressions: rediscovering the glory of penal substitution* (Wheaton, IL: Crossway, 2007), p. 205-336; cf. Garry Williams, "Penal substitution: a

sões, requer alguns comentários a título de esclarecimento. Embora definir e defender a substituição penal de forma suficiente exigisse outro projeto em si, ofereço aqui três pontos teológicos que estruturam minha abordagem.

Primeiro, a substituição penal deve ser entendida dentro do espectro mais amplo da conquista multifacetada de Cristo na cruz. Jesus não apenas suportou a pena da condenação e da morte ao tomar o lugar dos pecadores na cruz, mas também derrotou Satanás, o pecado e a morte (Cl 2.15), demonstrou o amor de Deus (Rm 5.8) e muito mais. A substituição penal é essencial, mas não é tudo.

Segundo, a substituição penal deve ser apresentada como resultado do amor de Deus. Embora a substituição penal destaque corretamente a ira de Deus e a propiciação realizada por Jesus, não haveria expiação se não fosse pelo amor infalível de Deus.[7] Como 1 João 4.10 diz: "Nisto está o amor, não em que nós tenhamos amado a Deus, mas em que ele nos amou e enviou seu Filho para propiciação pelos nossos pecados".

Terceiro, a substituição penal deve ser entendida dentro de uma estrutura e moldura trinitária. A noção de Agostinho da operação inseparável de Deus (*opera Trinitatis ad extra indivisa sunt*) é

---

response to recent criticisms", in: Derek Tidball; David Hilborn; Justin Thacker, orgs., *The atonement debate* (Grand Rapids: Zondervan, 2008), p. 172–191.

7 Para a relação entre o amor e a ira de Deus, veja acima, p. 131, n. 8. Veja também a discussão útil de Calvino sobre a primazia do amor na doutrina da expiação (John Calvin, *Institutes of the Christian religion*, organização de John McNeill, tradução de Ford Lewis Battles, LCC [Louisville: Westminster John Knox, 2006], 2.16.4 [edição em português: *A instituição da religião cristã*, tradução de Carlos Eduardo de Oliveira, et al. (São Paulo: Unesp, 2008-2009), tomos I e II]); S. Holmes diz, a respeito de Calvino: "Aqui, no relato clássico da substituição penal, a nota primária é necessariamente a graça, o amor de Deus por suas criaturas pecadoras. Sua ira queima, é verdade, mas essa não é a realidade básica. Qualquer discussão sobre substituição penal que afirme que a realidade básica é a ira de Deus é uma caricatura" ("Can punishment bring peace? Penal substitution revisited", *SJT* 58 (2005): 112).

útil, visto que, embora se possa distinguir entre os atos do Pai, do Filho e do Espírito no evento da cruz, a expiação é, em última análise, a obra do único Deus.[8] Uma estrutura trinitária protege contra a representação da cruz como uma mera troca entre um pai irado e um filho amoroso.[9] O Pai e o Filho, em vez disso, estão unidos na missão expiatória — o Pai motivado pelo amor (Jo 3.16), e o Filho voluntariamente dando sua vida em completa harmonia com os propósitos do Pai (Jo 10.18).[10]

---

8 Devemos, portanto, ser capazes de falar, de modo geral, da "autossubstituição de Deus", como John Stott faz em *The cross of Christ* (Downers Grove, IL: InterVarsity Press, 1986), p. 133 [edição em português: *A cruz de Cristo* (São Paulo: Editora Vida, 2006)], ou nas palavras de Barth: "O juiz julgado em nosso lugar" (*Church dogmatics*, IV/1, p. 211). Essa noção, é claro, exige mais nuances trinitárias e cristológicas. Veja Stephen Holmes, *The wondrous cross: atonement and penal substitution in the Bible and history*, p. 95-101.

9 Daí a agora famosa crítica da substituição penal como "abuso infantil cósmico" (J. C. Brown; R. Parker, "For God so loved the world", in: J. C. Brown; Carole Bohn, orgs., *Christianity, patriarchy, and abuse: a feminist critique* [New York: Pilgrim, 1989], p. 26). Essa crítica não reconhece a estrutura trinitária da cruz. O Pai e o Filho estão unidos em seu propósito, como claramente demonstrado na disposição de Jesus de ir à cruz (Jo 10.18). O argumento do "abuso infantil cósmico" também mina as crenças cristãs básicas, como a soberania de Deus sobre a cruz (At 2.23) e a possibilidade de sofrimento redentor (Is 52.13–53.12). Sobre a violência/sofrimento redentor, veja acima, p. 59, n. 19. Para uma resposta mais completa à crítica do "abuso infantil", veja S. Jeffery; M. Ovey; A. Sach, *Pierced for our transgressions*, p. 228-33.

10 Há duas outras críticas comuns à substituição penal que também devem ser reconhecidas, ambas relacionadas à questão da justiça. A primeira é a questão de saber se a justiça de Deus é retributiva ou restauradora. Acredito que essa abordagem "ou/ou" estabelece uma falsa dicotomia, pois a justiça de Deus só pode ser verdadeiramente restauradora se for retributiva (veja Henri Blocher, "God and the cross", in: Bruce McCormack, org., *Engaging the doctrine of God: contemporary protestant perspectives* [Grand Rapids: Baker Academic, 2008], p. 139). A segunda é a alegação de que seria injusto que Deus transferisse a penalidade de uma pessoa para outra pessoa que não merecesse tal punição. Essa crítica pode ser respondida com uma teologia de responsabilidade corporativa e união com Cristo (Rm 5). Veja Stephen Holmes, *The wondrous cross: atonement and penal substitution in the Bible and history*, p. 95-100; Hans Boersma, *Violence, hospitality, and the cross: reappropriating the atonement tradition*, p. 177-78.

PARTICULARIDADE EXPANSIVA:
EVITANDO O REDUCIONISMO E O RELATIVISMO

Antes de discutir o *Christus Victor* e a substituição penal com mais detalhes, devo considerar de maneira mais geral como as várias dimensões da expiação se relacionam com o evento da crucificação em si. Em outras palavras, como a teologia da expiação explica a multiplicidade de metáforas usadas nas Escrituras para atribuir significado à morte de Cristo? Na minha opinião, a teologia da expiação tem sido atormentada por dois erros opostos: reducionismo e relativismo. Irei examiná-los e propor um caminho a ser seguido, que chamo de "particularidade expansiva".

REDUCIONISMO
O problema do reducionismo

Quando os teólogos escolhem entre duas verdades bíblicas, a plenitude da verdade é reduzida a uma mera fração da realidade. Na maioria das vezes, no entanto, esse reducionismo surge não apenas de paradoxos verdadeiramente difíceis nas Escrituras (por exemplo, soberania divina e responsabilidade humana), mas do balanço do pêndulo que tem atormentado os debates teológicos ao longo da história da igreja.[11] Esse reducionismo reacionário caracterizou particularmente a teologia da expiação. A emblemática obra de Aulén, *Christus Victor*, dividiu a rica história da teologia da expiação em três teorias bastante simples: a "visão clássica" (*Christus Victor*), a "visão latina"[12] (satisfação) e a visão subjetiva (influência moral).

---

11 Alister McGrath, *The genesis of doctrine: a study in the foundations of doctrinal criticism* (Grand Rapids: Eerdmans, 1997), p. 35-36.

12 Esse é o termo de Gustaf Aulén para a visão de expiação que tem sido dominante no Ocidente.

Aulén defendeu exclusivamente a "visão clássica" como *a* visão das Escrituras e da maior parte da história da igreja.

Aulén havia lançado uma bomba no "parquinho" da teologia da expiação, e, juntamente com a minimização liberal do pecado e da ira de Deus (e, portanto, da substituição penal), seu trabalho provocou uma forte reação conservadora, a qual se concentrou tão intensamente na propiciação como o centro da expiação que empurrou todos os outros aspectos para as margens, se não completamente para fora de cena. Embora poucos de seus defensores digam abertamente que a substituição penal é o único aspecto da obra de Cristo, mesmo Leon Morris (um acérrimo defensor da substituição penal) reconhece um tipo de reducionismo funcional entre seus defensores.[13]

Esse reducionismo, porém, não se aplica apenas às teorias substituição penal e *Christus Victor*, mas está igualmente presente em certas teorias subjetivas. De acordo com Ritschl, o sofrimento de Cristo "serviu como um meio de testar sua fidelidade à sua vocação — isso e nada mais".[14] A crítica de Morris a essa afirmação é perspicaz, ao dizer que são apenas as últimas quatro palavras que são censuráveis.[15] Teorias restritivas como a de Ritschl devem ser apreciadas pelo que afirmam, mas criticadas pelo que negam. O resultado infeliz desses debates históricos é seu efeito dicotomizador

---

13 "Os defensores da teoria penal às vezes enfatizaram tanto o pensamento de que Cristo suportou nossa penalidade que não foram capazes de encontrar espaço para mais nada. Raramente eles negaram teoricamente o valor de outras teorias, mas às vezes as ignoraram na prática" (Leon Morris, *The cross in the New Testament* (Exeter, UK: Paternoster, 1965), p. 401).

14 Albrecht Ritschl, *The Christian doctrine of justification and reconciliation: the positive development of the doctrine* (Clifton, NJ: Reference Book, 1966), p. 480; para uma versão contemporânea dessa visão subjetiva *simpliciter*, veja Andrew Park, *Triune atonement: Christ's healing for sinners, victims, and the whole creation* (Louisville: Westminster John Knox, 2009).

15 Leon Morris, *The cross in the New Testament*, p. 396.

devastador: na cruz, Jesus *ou* suportou a ira de Deus, *ou* derrotou Satanás, *ou* deu um exemplo a ser seguido.

Os problemas com esse reducionismo "ou/ou" são evidentes. Rejeitar a amplitude do testemunho bíblico é rejeitar a autoridade da própria Bíblia. A conquista de Cristo *é* multidimensional e também é *revelada* de diversas maneiras.[16] Reduzir a obra expiatória de Cristo a um aspecto é truncar o evangelho e diminuir a glória de Deus na salvação.

Reducionismo e história revisionista

Essa unilateralidade na teologia da expiação é inédita na maior parte da história da igreja. Embora essa afirmação possa parecer chocante ("E quanto a Anselmo e Abelardo?"), acredito que essa resistência se baseia na história revisionista tão comum na literatura secundária sobre a expiação.[17] Pesquisas históricas sobre a doutrina da expiação normalmente percorrem a história da igreja, atribuindo à igreja primitiva a "teoria do resgate", a Anselmo a "teoria da satisfação", a Abelardo a "teoria exemplarista" e a Calvino a "teoria da substituição penal" — o tempo todo implicando, se não dizendo explicitamente, que cada uma delas é uma teoria

---

16 John McIntyre lista treze modelos diferentes de soteriologia (*The shape of soteriology: studies in the doctrine of the death of Christ* [Edimburgo: T&T Clark, 1995], p. 26-52).

17 A influência do *Christus Victor* de Aulén vai muito além de sua proposta de uma visão da expiação em particular. Sua obra também estabeleceu o padrão para categorizar a história da doutrina da expiação. Muitos estudiosos, no entanto, mostraram que o trabalho histórico de Aulén está longe de ser preciso. Veja Sten Hidal, "En segrande *Christus victor*? Auléns analys av ett forsoningsmotiv i backspegeln", *Svensk teologisk kvartalskrift* 86 (2010): 171–76; Henri Blocher, "Agnus Victor: the atonement as victory and vicarious punishment", in: John Stackhouse, org., *What does it mean to be saved? Broadening evangelical horizons of salvation* (Grand Rapids: Baker Academic, 2002), p. 74–77; Timothy George, "The atonement in Martin Luther's theology", in: Charles Hill; Frank James, orgs., *The glory of the atonement* (Downers Grove, IL: InterVarsity Press, 2004), p. 268; John McIntyre, *The shape of soteriology*, p. 43.

independente que exclui todos os outros aspectos da expiação.[18] O problema com esse resumo histórico, por mais heuristicamente conveniente ele possa ser, é que ele simplesmente não é verdade. Os exemplos a seguir são evidências superficiais, mas suficientes para demonstrar que essas divisões simples são enganosas.

Embora seja verdade que figuras ao longo da história da igreja enfatizaram certos aspectos da expiação e até construíram teorias em torno deles, elas o fizeram dentro de um reconhecimento mais amplo da obra multifacetada de Cristo.[19] Os primeiros pais sustentaram unanimemente a amplitude da realização e conquista de Cristo.[20] Agostinho claramente não pode ser classificado ou estritamente encaixado em uma teoria.[21] Anselmo, muitas vezes descrito como *o* culpado de uma visão estritamente jurídica da expiação, desafia tal categorização. A visão multifacetada de Anselmo acerca do pecado exigia uma visão multifacetada da expiação, que, além de satisfazer a honra de Deus, restaurava a bondade de toda a criação.[22] Em seu *Cur Deus Homo*, Anselmo fala da cruz como a demonstração de amor, recapitulação e vitória de Cristo sobre mal — tudo isso antes mesmo da satisfação ser mencionada:

---

18 Para um exemplo típico, veja Bruce Demarest, *The cross and salvation: the doctrine of salvation*, FET (Wheaton, IL: Crossway, 1997), p. 147-68.

19 "A igreja cristã sempre expressou sua compreensão da redenção com o auxílio de várias metáforas" (Colin Gunton, *The actuality of atonement: a study of metaphor, rationality and the Christian tradition* [Londres: T&T Clark, 1988], p. 53).

20 Joseph Mitros, "Patristic views of Christ's salvific work", *Thought* 42 (1967): 415–47.

21 Rowan Greer, "Christ the Victor and the Victim", *CTQ* 59 (1995): 1–30.

22 Anselm, "Why God became man", in: Brian Davies; G. R. Evans, orgs., *Anselm of Canterbury: the major works*, OWC (Oxford: Oxford University Press, 2008), p. 265, 270, 307-8; veja também Stephen Holmes, "The upholding of beauty: a reading of Anselm's *Cur Deus Homo*", *SJT* 54 (2001): 189-203.

Pois Deus mostrou a magnitude de seu amor e devoção para conosco pela magnitude de seu ato em nos salvar de maneira maravilhosa e inesperada. [...] Pois era apropriado que, assim como a morte entrou na raça humana pela desobediência de um homem, a vida fosse restaurada pela obediência de um homem; e que, assim como o pecado que foi a causa de nossa condenação se originou de uma mulher, da mesma forma o originador de nossa justificação e salvação deveria nascer de uma mulher. Também que o Diabo que derrotou o homem, a quem ele enganou através do gosto de uma árvore, deveria ser derrotado de forma semelhante por um homem através do sofrimento induzido na árvore, o qual ele, o Diabo, infligiu. Há muitas outras coisas também.[23]

Muitos estudiosos destacaram semelhanças entre Anselmo e os pais da igreja primitiva,[24] e Gunton está certo ao concluir que "Anselmo não coloca todas as suas fichas apenas no aspecto da satisfação".[25]

Tomás de Aquino raramente recebe atenção nas discussões sobre a expiação, porque geralmente se pensa que ele segue a "teoria da satisfação" de Anselmo, com apenas alguns pequenos ajustes. Como Anselmo, no entanto, a compreensão de Tomás de Aquino sobre a expiação é muito mais do que apenas a satisfação, embora

---

23 Anselm, "Why God became man", in: *Anselm of* Canterbury, p. 268; nessa mesma obra, Anselmo também oferece tratamentos mais prolongados dos elementos da recapitulação e da vitória (p. 268-74, 307-9) e demonstração de amor/exemplo (p. 331, 349, 353).

24 K. McMahon, "The cross and the pearl: Anselm's patristic doctrine of atonement", *TSR* 91 (2001): 57–70; David Bentley Hart, *The beauty of the infinite: the aesthetics of Christian truth* (Grand Rapids: Eerdmans, 2003), p. 366.

25 Colin Gunton, *The actuality of atonement: a study of metaphor, rationality and the Christian tradition*, p. 93.

certamente não menos.²⁶ A amplitude da doutrina da expiação de Tomás de Aquino pode ser vista na seguinte declaração de seu relato da descida de Cristo ao inferno: "Foi conveniente que Cristo tenha descido aos infernos. Primeiro, porque ele viera assumir nossa pena para dela nos livrar [...] Segundo, porque era conveniente que o Diabo fosse vencido pela Paixão [...] Terceiro, para que, assim como mostrou seu poder na terra ao viver e ao morrer, também o mostrasse nos infernos ao visitá-lo e iluminá-lo".²⁷

Pedro Abelardo, embora sua compreensão da expiação fosse definitivamente subjetiva, também incluía aspectos objetivos, até mesmo a propiciação.²⁸ Na Reforma Protestante, é bastante claro (contra Aulén) que Martinho Lutero defendeu vários aspectos da expiação.²⁹ Calvino, muitas vezes creditado pela primeira expressão de substituição penal, é citado por Robert Peterson como um defensor da plenitude da expiação ao interpretar Cristo como o obediente Segundo Adão, vitorioso, substituto legal, sacrifício,

---

26 Veja Adam Johnson, "A fuller account: the role of 'fittingness' in Thomas Aquinas' development of the doctrine of the atonement", *IJST* 12 (2009): 302–318.

27 Thomas Aquinas, *Summa theologica*, tradução dos padres da província dominicana inglesa (Nova York: Benziger Bros, 1947), 3.52.1 [edição em português: *Suma teológica* (São Paulo: Edições Loyola, 2009)]; citado em Johnson, "A fuller account", *IJST* 12 (2009): 303; veja também o tratamento adicional de Tomás de Aquino sobre a morte de Cristo como satisfação (3.46.2), resgate (3.48.4; 3.49.2) e exemplo (3.46.3).

28 Peter Abelard, "Exposition of the Epistle to the Romans (An excerpt from the second book)", in: *A Scholastic miscellany: Anselm to Ockham*, organização e tradução de Eugene Fairweather, LCC (Philadelphia: Westminster, 1956), p. 279. Não há dúvida, no entanto, de que a compreensão de propiciação de Abelardo era deficiente. Ele também estava aberto a considerar a expiação como redenção do Diabo, caso de fato a autoridade do Diabo fosse subserviente à de Deus (veja p. 281); Thomas Williams reconheceu que a compreensão de Abelardo sobre a expiação foi além da exemplar *simpliciter* ("Sin, grace, and redemption", in: Jeffrey Brower; Kevin Guilfoy, orgs., *The Cambridge companion to Abelard*, CCP [Cambridge: Cambridge University Press, 2004], p. 267).

29 Timothy George, "The atonement in Martin Luther's theology", in: Charles Hill; Frank James, orgs., *The glory of the atonement*.

mérito e exemplo.[30] Stephen Edmondson conclui que "Calvino foi capaz de desenvolver uma imagem mais robusta do evangelho de Cristo do que muitos teólogos no mercado hoje".[31]

Finalmente, talvez um dos maiores exemplos da história revisionista seja contemporâneo, a saber, a maneira pela qual os defensores da substituição penal são regularmente retratados da perspectiva do "isolacionismo doutrinário", o que Garry Williams descreve como "uma incapacidade de olhar além de si mesmo".[32] Embora essa crítica possa ser válida em um nível popular na igreja, certamente está longe de ser precisa ao descrever os mais proeminentes proponentes contemporâneos da substituição penal. James Denney, amplamente conhecido como um defensor da substituição penal no início do século 20, repetidamente clamou pela inseparabilidade da substituição penal e da influência moral, fundamentando cuidadosamente a última na primeira.[33]

Em seu ensaio seminal "What did the cross achieve? The logic of penal substitution" [O que a cruz conquistou? A lógica da substituição penal], J. I. Packer certamente defende a centralidade da substituição penal, mas ele o faz intencionalmente de maneira não reducionista. De acordo com Packer, a substituição penal "não nega nada afirmado pelas outras duas visões, exceto sua suposição

---

30   Robert Peterson, *Calvin's doctrine of the atonement* (Phillipsburg, NJ: P&R, 1983); veja também John Frederick Jansen, *Calvin's doctrine of the work of Christ* (Londres: Clarke, 1956), p. 40.

31   Stephen Edmondson, *Calvin's Christology* (Cambridge: Cambridge University Press, 2004), p. 12.

32   Garry Williams, "Penal substitution: a response to recent criticisms", in: Derek Tidball; David Hilborn; Justin Thacker, orgs., *The atonement debate*, p.173; o próprio Williams é um acérrimo defensor da substituição penal. Para sua resposta à acusação de isolacionismo doutrinário, veja p. 183-188.

33   James Denney, *The death of Christ: its place and interpretation in the New Testament* (Nova York: Armstrong and Son, 1904), p. 179–189, 331–34; para um argumento contemporâneo semelhante, veja Jason Hood, "The cross in the New Testament: two theses in conversation with recent literature (2000–2007)", *WTJ* 71 (2009): 281-95.

de que são completas. A substituição penal concorda que há suporte bíblico para tudo o que as outras duas visões afirmam, mas vai além".[34] Além disso, Packer está ciente dos perigos de se possuir uma abordagem unilateral que, muitas vezes, resulta de debates reacionários e adverte seus leitores sobre essa armadilha.[35] A paixão de Morris pela substituição penal só pode ser igualada por sua insistência na diversidade e na plenitude da realização de Cristo.[36] Stott afirma explicitamente a importância de defender os vários aspectos da obra expiatória de Cristo, o que é evidente na estrutura de *A cruz de Cristo*.[37] Em suma, a história revisionista comum na literatura sobre expiação alimentou o *reducionismo ou/ou* predominante nos debates recentes sobre expiação.

RELATIVISMO
A tendência do relativismo

Na teologia da expiação contemporânea, tem havido amplo reconhecimento dos perigos do reducionismo, o que deu início a uma tendência de defender a pluralidade da obra expiatória de Cristo. Esse movimento da polarização para a pluralização deve ser recebido, é claro, à medida que reconhece as muitas metáforas nas Escrituras e as visões mais holísticas da tradição da igreja. No

---

34 J. I. Packer, "What did the cross achieve? The logic of penal substitution", *TynBul* 25 (1974): 20. Além disso, argumenta Packer, "é uma pena que os livros sobre a expiação tão frequentemente tenham como certo que os relatos da cruz que apareceram como rivais no debate histórico devem ser tratados como intrinsecamente exclusivos" (Ibid., 21).

35 Ibid., 26.

36 Leon Morris, *The cross in the New Testament*, p. 365-93.

37 De acordo com John Stott, "Todas as três principais explicações da morte de Cristo contêm verdade bíblica e podem, até certo ponto, ser harmonizadas [...] Jesus Cristo é sucessivamente o Salvador, o Mestre e o Vitorioso, porque nós mesmos somos culpados, apáticos e estamos em escravidão" (*The cross of Christ*, p. 229-30).

entanto, a reação ao reducionismo, aliada à suspeita pós-moderna de totalização, muitas vezes levou a um tipo de relativismo que busca apenas defender a diversidade em detrimento da ordem e da integração. A declaração dessa abordagem diz: "Todas as metáforas são criadas iguais", e, portanto, ela garante que "não há nenhuma metáfora deixada para trás".

Talvez o maior representante dessa tendência seja Joel Green e sua "visão caleidoscópica".[38] Green argumenta que todas as teorias da expiação são necessárias (exceto, ironicamente, a substituição penal) e que uma metáfora não deve ser privilegiada em detrimento de outra.[39] A vantagem dessa teoria, segundo Green e outros, é que, dependendo do ambiente cultural de cada um, eles podem escolher o aspecto da expiação que mais se aplica ao seu contexto particular.

O perigo do relativismo

Embora eu aceite de todo o coração a abordagem multidimensional da expiação, tenho três preocupações com essa tendência relativista. Primeiro, a ávida aceitação de todas as metáforas bíblicas muitas vezes tem sido estranhamente combinada com a rejeição da substituição penal.[40] O foco aqui é a metodologia, então não apresentarei uma defesa para a

---

38 Joel Green, "Kaleidoscopic view", in: James Beilby; Paul Eddy, orgs., *The nature of the atonement: four views* (Downers Grove, IL: InterVarsity Press, 2006), p.157–85; cf. Joel Green; Mark Baker, *Recovering the scandal of the cross*.

39 Ibid., p. 175; Alan Spence, anteriormente, encontra uma tendência semelhante em Dillistone (Alan Spence, *The promise of peace: a unified theory of atonement*, p. 56).

40 Joel Green, "Must we imagine the atonement in penal substitutionary terms?", in: Derek Tidball; David Hilborn; Justin Thacker, orgs, *The atonement debate*, p. 153–71; Peter Schmiechen, *Saving power: theories of atoement and forms of the church* (Grand Rapids: Eerdmans, 2005); Steve Chalke; Alan Mann, *The lost message of Jesus* (Grand Rapids: Zondervan, 2003).

substituição penal. O ponto de destaque é a inconsistência metodológica. A rejeição da substituição penal não é meramente a rejeição de uma "teoria" que esteve presente pelo menos desde a Reforma Protestante e, de alguma forma, desde a igreja primitiva;[41] é evitar (ou reinterpretar drasticamente) o tema bíblico central da ira de Deus.[42]

Segundo, a ênfase na defesa da diversidade muitas vezes veio à custa da unidade, particularmente da tarefa de integrar e ordenar as diferentes dimensões da expiação. Peter Schmiechen, por exemplo, busca proteger a plenitude da expiação defendendo simultaneamente dez teorias diferentes.[43] Stephen Holmes, que deseja manter a substituição penal como um dos muitos aspectos, defende uma abordagem de "modelos múltiplos", que busca imitar a "prática bíblica, em que [...] muitas imagens diferentes são empilhadas umas sobre as outras sem nenhuma forma ou ordem real".[44] Spence lamenta essa tendência, observando a aparente simplicidade da maneira pela qual se pensa que a teologia da expiação é feita: catalogar os termos metafóricos, estudar os antecedentes de cada um e, então, simplesmente defender a diversidade como fizeram os autores do

---

41 Para substituição penal na igreja primitiva, veja Michael Vlach, "Penal substitution in church history", *MSJ* 20 (2009): 199–214; Garry Williams, "Penal substitutionary atonement in the church fathers", *EvQ* 83 (2011): 195–216; S. Jeffery; M. Ovey; A. Sach, *Pierced for our transgressions*, p. 161–183. Para um contra-argumento, veja Derek Flood, "Substitutionary atonement and the church fathers: a reply to the authors of *Pierced for our transgressions*", *EvQ* (2010): 142–159.

42 O fundamento desse argumento é o trabalho de C. H. Dodd, que reinterpretou a ira de Deus como (apenas) passiva e não pessoal (*The Bible and the Greeks* [London: Hodder & Stoughton, 1935], p. 82-95). Para uma resposta, veja Leon Morris, *The apostolic preaching of the cross*, 3. rev. ed. (Grand Rapids: Eerdmans, 1965), p. 144–213.

43 Peter Schmiechen, *Saving power: theories of atoement and forms of the church*, p. 2.

44 Stephen Holmes, *The wondrous cross: atonement and penal substitution in the Bible and history*, p. 78.

Novo Testamento. A "falha fatal, mas aparentemente despercebida", diz Spence, é que a própria Escritura integra as diferentes dimensões da expiação (p. ex., Rm 3.24-25).[45]

Terceiro, a ênfase na pluralidade se transforma em relativismo quando as várias dimensões da expiação se tornam apenas opções alternativas a serem escolhidas de acordo com o contexto. Certamente toda teologia deve ser contextualizada. De fato, o recente reconhecimento da teologia global pode fornecer o maior potencial para a teologia da expiação em séculos. No entanto, a questão-chave é se a diversidade de diferentes culturas fornece uma compreensão mais profunda da obra multifacetada de Cristo na cruz ou apenas mais alternativas de como entendê-la. A tendência que está sendo traçada aqui assume que os diferentes aspectos da expiação fornecem opções alternativas que podem ser aplicadas conforme necessário, dependendo do contexto cultural. McKnight ilustra essa estratégia com uma analogia com o golfe: há quatorze tacos na sacola e, dependendo da situação, o golfista utilizará o mais apropriado.[46]

Outros vão mais longe e, ecoando as tentativas de Schleiermacher e Ritschl em anos anteriores, observam que as pessoas modernas não pensam nas categorias cristãs tradicionais de pecado e culpa e, portanto, sugerem redefinir o significado da morte de Cristo de modo concorde.[47] Para Green e Baker, porque a linguagem do Novo Testamento da conquista e realização de Cristo é metafórica e os significados das metáforas estão ligados às suas

---

45 Alan Spence, *The promise of peace: a unified theory of atonement*, p. 55–56.

46 Scot McKnight, *A community called atonement* (Nashville: Abingdon, 2007), xiii.

47 Alan Mann, *Atonement for a "sinless" society: engaging with an emerging culture* (Milton Keynes, UK: Paternoster, 2005); Theodore Jennings, *Transforming atonement: a political theology of the cross* (Minneapolis: Fortress, 2009).

culturas, algumas metáforas bíblicas, eles argumentam, simplesmente não serão adequadas para a cultura de hoje e devem ser substituídas por novas.[48]

O problema com essa abordagem relativista de "escolha sua metáfora" não é a ênfase direta na contextualização. Novamente, a contextualização é uma parte indispensável do trabalho teológico. O problema é que essa ênfase veio às custas da busca pela maneira segundo a qual as metáforas se encaixam em uma compreensão coerente e unificada da realização de Cristo. Como Spence diz: "A busca pela verdade teológica mudou sutilmente para a busca pela relevância religiosa".[49] Se uma pessoa pecadora não se *sente* culpada (necessidade percebida) diante de Deus, isso significa que ela não *é* culpada (necessidade real)?

Esse argumento não é meramente mais uma defesa para a substituição penal. Podemos nós, vivendo em uma cultura "sofisticada" que em grande parte não acredita em seres demoníacos sobrenaturais, evitar completamente a verdade bíblica de que esses mesmos seres são parte do problema e, consequentemente, sua derrota, parte da solução? Certamente não. Considerando que o modo padrão da natureza pecaminosa humana é totalmente pelagiana, uma abordagem que se concentre na necessidade realmente sentida acabará sendo um programa

---

[48] Joel Green; Mark Baker, *Recovering the scandal of the cross*, p. 111, 114. A natureza metafórica da linguagem da expiação do Novo Testamento é frequentemente invocada por aqueles que criticam as representações sacrificiais (e especialmente substitutivas penais) da expiação. Para uma defesa do significado da metáfora, veja Janet Soskice, *Metaphor and religious language* (Nova York: Oxford University Press, 1985); Colin Gunton, *The actuality of atonement: a study of metaphor, rationality and the Christian tradition*; Henri Blocher, "Biblical metaphors and the doctrine of the atonement", *JETS* 47 (2004): 629-45; Hans Boersma, *Violence, hospitality, and the cross: reappropriating the atonement tradition*, p. 99-114.

[49] Alan Spence, *The promise of peace: a unified theory of atonement*, p. 55.

de autoajuda e aprimoramento moral no lugar das boas-novas do que *Deus* realizou em Cristo.

A contextualização é necessária, mas não é suficiente para contextualizar um fragmento da obra multifacetada de Cristo. Trevor Hart critica sucintamente essa abordagem de "escolha sua metáfora", apontando em direção àquilo que apresentarei como minha proposta construtiva:

> A pluralidade de imagens bíblicas não parece pretender ser pura ou mesmo primordialmente como que uma caixa de itens da qual podemos tirar o que quisermos de acordo com nossas necessidades e o pré-entendimento de nossa comunidade [...] As metáforas não devem ser entendidas como intercambiáveis, como se uma pudesse simplesmente ser substituída por outra sem ganho ou perda líquida, mas de modo complementar, direcionando-nos para elementos distintos e para as consequências da plenitude da ação salvadora de Deus em Cristo e no Espírito.[50]

Uma maneira melhor é ver a diversidade de várias culturas como um modo de promover uma compreensão mais profunda da obra expiatória de Cristo, e, inversamente, a diversidade da expiação como um modo de fornecer vários *pontos de entrada* para uma compreensão completa da obra de Cristo na cruz.

---

50 Trevor Hart, "Redemption and fall", in: *The Cambridge companion to Christian doctrine*, edição de Colin Gunton (Cambridge: Cambridge University Press, 1997), p. 190; cf. John Stott, *The cross of Christ*, p. 168.

PARTICULARIDADE EXPANSIVA

A história da teologia cristã demonstra a dificuldade de manter a *amplitude* de "todo o desígnio de Deus" (At 20.27) e dar atenção especial àqueles *particulares* que são "antes de tudo" (1Co 15.3). Infelizmente, uma dessas coisas muitas vezes vem à custa da outra, resultando em reducionismo (particularidade sem amplitude) ou relativismo (amplitude sem particularidade). Proponho um caminho a seguir para a metodologia da expiação que evita os erros do reducionismo e do relativismo, empregando as ferramentas de integração, ordem e classificação teológicas. O resultado é o que chamei de "particularidade expansiva": *expansiva* porque evita o reducionismo e *particular* porque evita o relativismo.

A obra expiatória de Cristo é grandiosa e gloriosa; sua realização é tão abrangente quanto o pecado para o qual fornece um remédio. As várias imagens apresentadas nas Escrituras, juntamente com quase dois mil anos de reflexão da igreja sobre seu significado, deixam claro que nunca se pode esgotar a plenitude dessa obra esplendorosa. Qualquer coisa menos do que um relato expansivo da expiação fica aquém da apresentação bíblica da glória de Deus na cruz de Cristo.

A soma, no entanto, é incompreensível sem suas partes. A abrangência não é suficiente sem coerência. Em outras palavras, a expansividade do todo só é propriamente contemplada confome se entende corretamente as partes específicas e como cada uma delas contribui para o todo. Para essa tarefa, precisamos das ferramentas de integração, ordem e classificação.

Integração

Voltando à crítica de Hart apresentada acima, as várias metáforas bíblicas para a expiação não são intercambiáveis (diferentes maneiras de dizer a mesma coisa),[51] mas complementares (uma forma de dizer coisas diferentes sobre diferentes aspectos da mesma coisa). Não precisamos, portanto, simplesmente sustentar as várias imagens, mas integrá-las (Essa não é a tarefa da teologia em primeiro lugar?).[52]

Tomemos, por exemplo, a redenção e a reconciliação. São elas simplesmente maneiras diferentes de dizer a mesma coisa, uma da esfera do comércio e a outra da amizade? Certamente não. A redenção fala de uma libertação da escravidão pelo pagamento de um preço de resgate (focando em *do que* alguém é salvo e *como* isso é alcançado), enquanto a reconciliação é a reunião de partes alienadas (focando no estado resultante). Claramente, os dois aspectos podem se sobrepor (é possível ser redimido da escravidão e ter um relacionamento reconciliado), mas eles são muito diferentes.

Mais amplamente (e obviamente), a vitória de Cristo sobre Satanás e seu perdão dos pecados das pessoas não são maneiras diferentes de dizer a mesma coisa, mas aspectos diferentes da obra de Cristo. O perigo de interpretar as várias imagens como maneiras diferentes de dizer a mesma coisa é que essa abordagem achata a multidimensionalidade da expiação, deslocando o peso da diversidade da conquista objetiva de Cristo para nossa compreensão subjetiva

---

51 Robert Peterson, por exemplo, diz: "As seis imagens não falam de seis realidades diferentes. Em vez disso, são seis maneiras diferentes de falar sobre a mesma realidade — a salvação que Cristo realizou" (*Salvation accomplished by the Son: the work of Christ* [Wheaton, IL: Crossway, 2012], p. 556).

52 Veja A. N. Williams, *The architecture of theology: structure, system, & ratio* (Nova York: Oxford University Press, 2011); um dos argumentos de Williams ao longo da obra é que a teologia é inerentemente sistemática.

dela, da teologia para a epistemologia. Essas distinções, portanto, devem ser feitas não para fins de divisão, mas de integração.

Integrar as diferentes metáforas da obra expiatória de Cristo é necessário porque a própria Escritura faz isso. As metáforas estão "intimamente entrelaçadas", diz Blocher, e "parecem fluir naturalmente uma em relação a outra".[53] Embora muitos exemplos possam ser dados (Rm 5.6-9; Ef 1.5-7; Cl 2.13-15; Ap 5.9), três serão suficientes.

- Em Romanos 3.24-25, Paulo entrelaça três metáforas diferentes de três esferas diferentes da vida, todas perfeitamente no mesmo pensamento. Ele fala daqueles que são "justificados" [tribunal de justiça] por sua graça como um dom, por meio da "redenção" [comércio] que há em Cristo Jesus, a quem Deus propôs como "propiciação" [culto] pelo seu sangue, para ser recebido pela fé.
- Hebreus 2.14-18 fala da vida e da morte de Cristo no que diz respeito à vitória, à propiciação e à influência moral.
- Apocalipse 12.9-11 combina metáforas cultuais, militares e legais.

Além das metáforas, algumas das declarações mais explícitas das Escrituras sobre a realização objetiva da expiação substitutiva também contêm a ênfase subjetiva de seguir o exemplo de Cristo (Mc 10.31-45; Jo 13.1-17; 1Pe 2.21-25).[54] Em 1 João 4.10-11, a declaração de Jesus como a "propiciação pelos nossos pecados" é

---

53 Henri Blocher, "Biblical metaphors and the doctrine of the atonement", *JETS* 47 (2004): 640.

54 Thomas Schreiner, "Penal substitution view", in: James Beilby; Paul Eddy, orgs., *The nature of the atonement: four views* (Downers Grove, IL: InterVarsity Press, 2006), p. 96.

imediatamente seguida pela exortação de que, "se Deus de tal maneira nos amou, devemos nós também amar uns aos outros".

Talvez a tarefa de integrar metáforas de expiação possa ser corroborada pelo conceito de "adequação", que tem sido comumente empregado em discussões sobre a expiação ao longo da história da igreja. Enquanto Atanásio e Anselmo usam o termo principalmente para explorar a razão (ou necessidade) da encarnação e da expiação, Tomás de Aquino, de acordo com Adam Johnson, "o usa para reunir as várias teorias de sua época em um relato mais completo da expiação".[55] Aspectos da expiação não devem ser meramente mantidos em um estado de coexistência; eles devem ser "encaixados" em um todo coerente. Essa adequação requer não apenas coesão, mas ordenação adequada.

Ordem

Dar unidade às metáforas da expiação requer mais do que meramente uma mistura de significados. Deve haver uma ordenação particular, a maneira *correta* em que elas se encaixam. Por exemplo, há aspectos objetivos e subjetivos da expiação, mas colocá-los na ordem correta é crucial para uma compreensão adequada da expiação como um todo. Como Lutero disse: "Quando você tem Cristo como o fundamento e a principal bênção de sua salvação, então a outra parte se segue: que você o tome como seu exemplo".[56] Mais

---

[55] Johnson, "A fuller account: the role of 'fittingness' in Thomas Aquinas' development of the doctrine of the atonement", *IJST* 12 (2009): p. 303.

[56] Martin Luther, "A brief instruction on what to look for and expect in the Gospels" (1522), in: Jaroslav Pelikan; Helmut T. Lehmann, orgs., *Luther's works* [Philadelphia: Muhlenberg; St. Louis: Concordia, 1955–1986], 35:120.

recentemente, Miroslav Volf disse: "A cruz servirá melhor como o modelo se tiver servido primeiro como *fundação*".[57]

Essa ordem adequada, no entanto, foi invertida em grande parte da teologia liberal moderna (Schleiermacher e Ritschl) e, particularmente, em visões contemporâneas que chegam perto de ser subjetivas *simpliciter*.[58] Assim como com essas categorias mais amplas de objetivo e subjetivo, a ordem adequada também deve ser discernida para as metáforas individuais da expiação. Embora as Escrituras não forneçam uma ordenação exaustiva ou definitiva das metáforas (como elas se encaixam adequadamente), ela também não silencia em relação ao assunto.

Classificação

Finalmente, e talvez o ponto mais controverso, o conceito de classificação teológica é necessário para a particularidade expansiva. Dentro da estrutura mais ampla de "todo o desígnio de Deus" (At 20.27), o "buscai [...] em primeiro lugar" de Jesus (Mt 6.33) e o "antes de tudo" de Paulo (1Co 15.3) implicam a existência de certas doutrinas que possuem mais significância teológica do que outras. Os reformadores entenderam esse conceito de "classificação teológica" e, portanto, fizeram uma distinção tripla entre *articuli fundamentales* ("artigos fundamentais"), *articuli fundamentales*

---

57 Miroslav Volf, *Exclusion and embrace: a theological exploration of identity, otherness, and reconciliation* (Nashville: Abingdon, 1996), p. 22, itálico do autor.

58 Andrew Park, *Triune atonement*; Paul Fiddes, *Past event and present salvation: the Christian idea of atonement* (Louisville: Westminster John Knox, 1989). [Sobre o termo *simpliciter*, veja nota 14 acima e a frase a que ela se refere (N. do R.).]

secundarii ("artigos fundamentais secundários") e *articuli non-fundamentales* ("artigos não fundamentais").[59]

Na teologia da expiação, no entanto, muitos estudiosos como Green e Baker deixaram claro que não há lugar para privilegiar um aspecto da expiação em detrimento de outros.[60] Embora esse sentimento seja certamente agradável aos ouvidos pós-modernos, ele tem dois grandes problemas. Primeiro, é impossível na prática. Ninguém pode falar sobre tudo ao mesmo tempo. Do ponto de vista prático, o estudioso está limitado pelo número de páginas e o pastor pelos cinco minutos disponíveis para responder a uma pergunta genuína. Nós precisamos começar em algum lugar. Temos que terminar em algum lugar. E, inevitavelmente, enfatizaremos certos aspectos ao longo do processo. Green e Baker não podem fugir dessa realidade, e, na verdade, contradizem a si mesmos ao dizerem, por fim, que *é* permitido privilegiar um aspecto sobre os outros por uma questão de relevância cultural.[61] Então, seja os dez aspectos de Schmiechen, seja os treze de McIntyre, é simplesmente impossível dar igual atenção a cada um.[62]

O segundo problema em tentar evitar qualquer classificação teológica é que a própria Escritura estabelece o precedente de privilegiar certas metáforas. Paulo não manteve um registro de suas metáforas para garantir que todas recebessem tratamento igual, nem o fizeram nenhum dos outros autores bíblicos. Considere, por exemplo, a metáfora relativamente pouco desenvolvida da morte

---

59 Richard Muller, *Dictionary of Latin and Greek theological terms: drawn principally from Protestant Scholastic theology* (Grand Rapids: Baker, 1985), p. 45–46.

60 Joel Green; Mark Baker, *Recovering the scandal of the cross*, p. 86.

61 Ibid., p. 98.

62 Peter Schmiechen, *Saving power: theories of atoement and forms of the church*; John McIntyre, *The shape of soteriology*.

de Cristo como um grão de trigo que é sepultado e produz muito fruto (Jo 12.24). Essa é uma metáfora fascinante que traz à tona aspectos da expiação que muitas vezes são negligenciados. No entanto, a metáfora do "grão de trigo" deve receber a mesma atenção que a metáfora do "cordeiro sacrificial" na compreensão e apresentação da expiação? Certamente não.

Mas *por que* não? Isso apela para a ideia de "critérios", trazendo-a para a discussão. Como se decide o que deve ser privilegiado? Todos, inevitavelmente, operam com um tipo de classificação teológica, mas raramente são explícitos sobre os critérios. O relato mais direto e abrangente dos critérios para classificação teológica na doutrina da expiação foi apresentado por Blocher, do qual ofereço um breve resumo:[63]

1. Frequência: regularidade, desenvolvimento e relação com outras metáforas;
2. Intencionalidade linguística: quão literalmente o autor pretende usar a metáfora;
3. Gênero: os gêneros mais didáticos oferecem maior clareza conceitual.

A partir desses critérios, Blocher propõe cinco esquemas principais para a compreensão da expiação: sacrificial, judicial, redentor, polêmico (vitória/guerra) e *Pessach*.[64] Das teorias que emergem desses esquemas, talvez as duas mais importantes — pelo menos as mais controversas — sejam a substituição penal e *Christus Victor*.

---
63 Henri Blocher, "Biblical metaphors and the doctrine of the atonement", *JETS* 47 (2004): 639.
64 Ibid., p. 640.

O PROBLEMA: *CHRISTUS VICTOR* VERSUS SUBSTITUIÇÃO PENAL

Vou agora traçar o desenvolvimento recente da relação entre substituição penal e *Christus Victor*, e o farei da hostilidade à compatibilidade, estabelecendo, em última análise, uma proposta de integração.

CHRISTUS VICTOR VERSUS SUBSTITUIÇÃO PENAL

Enquanto muitos proponentes da abordagem do *Christus Victor* rejeitam totalmente a substituição penal, os defensores da substituição penal muitas vezes ignoram o *Christus Victor*. Sinclair Ferguson demonstra que, apesar da insistência das Escrituras de que Jesus veio para destruir as obras do Diabo (1Jo 3.8), os teólogos sistemáticos na tradição reformada ignoraram amplamente esse aspecto da obra de Cristo:

> Turretin, em sua exposição da obra de Cristo na *Institutio Theologiae Elencticae*, tópico 14, não se preocupa com a questão. Charles Hodge divide as teorias da expiação em cinco grupos (*Systematic theology* [Nova York, 1872–1873], 3 vols., 2:563-91), mas trata do efeito da expiação sobre Satanás apenas sob o título "The doctrine of some of the father" [A doutrina de alguns dos pais da igreja]. Nisso ele é seguido por B. B. Warfield (*The person and work of Christ* [Philadelphia: Presbyterian and Reformed, 1952], 356ss.), bem como por Berkhof, que lista sete visões da expiação, incluindo a visão do "resgate de Satanás"; contudo, sua própria exposição não faz

referência ao efeito da cruz sobre Satanás (*Systematic theology* [Grand Rapids: Eerdmans, 1939], 384-99).[65]

Por que um tema bíblico tão claro foi negligenciado nessa tradição? Ferguson oferece três razões.[66] Em primeiro lugar, os debates medievais entre Anselmo (e seus discípulos) e Abelardo (e seus discípulos), concentrando-se tão intensamente nas teorias da satisfação e exemplarista, moldaram grandemente a natureza das discussões durante a maior parte do segundo milênio. Em segundo lugar, embora o século dezessete tenha visto uma maior conscientização na guerra espiritual, a ênfase foi colocada na batalha dos cristãos contra Satanás, e não na vitória de Cristo sobre Satanás. Em terceiro lugar, e provavelmente o mais importante, o tema da vitória foi negligenciado por causa de uma reação exagerada à visão errônea da igreja primitiva acerca de *como* Cristo conquistou a vitória sobre o Diabo — a saber, através do engano.

Não foi apenas a tradição reformada, no entanto, que negligenciou o tema da vitória. Schleiermacher afirma explicitamente que o plano de salvação de Deus não tem nada que ver com o Diabo.[67] Adolf von Harnack declarou: "Não é uma questão de anjos e demônios, tronos e principados, mas de Deus e da alma, a alma e

---

[65] Sinclair Ferguson, "Christus Victor et Propitiator: the death of Christ, substitute and conqueror", in: Sam Storms; Justin Taylor, orgs., *For the fame of God's name* (Wheaton, IL: Crossway, 2010), p. 172. Richard Gaffin também admite a negligência do tema da vitória em sua própria tradição reformada e evangélica ("Atonement in the Pauline Corpus: 'the scandal of the cross'", in: Charles Hill; Frank James, orgs., *The glory of the atonement: biblical,*
theological, and practical perspectives [Downers Grove, IL: InterVarsity Press, 2004]", p. 141).

[66] Sinclair Ferguson, "Christus Victor et Propitiator: the death of Christ, substitute and conqueror", in: Sam Storms; Justin Taylor, orgs., *For the fame of God's name*, p. 172–73.

[67] Friedrich Schleiermacher, *The Christian faith* (Edinburgh: T&T Clark, 1986), p. 163.

seu Deus".[68] Ironicamente, conservadores e liberais em sua maioria negligenciaram a vitória de Cristo sobre Satanás. Embora muitos teólogos liberais tenham defendido a vitória de Cristo na cruz, eles muitas vezes abandonaram a crença em Satanás e nos demônios como entidades espirituais reais. Os conservadores, em contrapartida, lutaram pela realidade dos seres demoníacos, mas negligenciaram sua derrota na obra de Cristo na cruz.

Aulén emergiu desse contexto e abordou a questão em sua obra marcante *Christus Victor*. Aulén deve ser aplaudido por trazer o despertar de um tema que é não apenas fundamental nos Evangelhos e nas cartas de Paulo, mas está presente em toda a narrativa das Escrituras de Gênesis 3.15 em diante.[69] No entanto, junto com a revitalização do tema da vitória por Aulén, veio uma crítica gritante em relação às teorias da satisfação da expiação, e, por essa dupla razão, ele é a figura-chave no debate entre *Christus Victor* e a substituição penal, um herói para uns e um vilão para outros. A tese de Aulén é direta: "Cristo — *Christus Victor* — luta contra os poderes malignos do mundo e triunfa sobre eles, os 'tiranos' sob os quais a humanidade está em escravidão e sofrimento, e, nele, Deus reconcilia o mundo consigo mesmo".[70]

---

68 Adolf von Harnack, *What is Christianity?*, tradução de Thomas Saunders (Philadelphia: Fortress, 1986), p. 56.

69 Para obras contemporâneas que destacam o tema da vitória nas Escrituras, veja Tremper Longman; Daniel Reid, *God is a warrior* (Grand Rapids: Zondervan, 1994); Gregory Boyd, *God at war: the Bible & spiritual conflict* (Downers Grove, IL: InterVarsity Press, 1997); Youssouf Dembele, "Salvation as victory: a reconsideration of the concept of salvation in the light of Jesus Christ's life and work viewed as a triumph over the personal powers of evil", dissertação de Ph.D., Trinity Evangelical Divinity School, 2001; Phillip Bethancourt, "Christ the warrior King: a Biblical, historical, and theological analysis of the Divine warrior theme in Christology", dissertação de Ph.D., Southern Baptist Theological Seminary, 2011.

70 Gustaf Aulén, *Christus Victor: an historical study of the three main types of the idea of atonement*, p. 20.

As respostas a Aulén foram diversas, tanto em apoio quanto em críticas. No entanto, não se deve abordar Aulén com uma mentalidade "tudo ou nada". Uma distinção fundamental deve ser feita, em vez disso, entre o argumento positivo do trabalho de Aulén (o tema da vitória na expiação) e o argumento negativo (a crítica à visão latina).[71] O argumento positivo de Aulén em relação à vitória de Cristo é útil no que diz respeito a restaurar um tema bíblico fundamental, mas ele não vai longe o suficiente.

Michael Ovey afirma o argumento positivo do trabalho de Aulén e propõe duas extensões e uma qualificação. A primeira extensão corrige os elementos demitizados na compreensão de Aulén do demoníaco e, portanto, restaura a força original da vitória de Cristo sobre os poderes.[72] A segunda extensão enfatiza a vitória da cruz como uma vitória *justa*, em vez de uma mera aplicação de força. A natureza justa do caráter de Deus e da salvação vitoriosa, portanto, exige a resolução que somente a substituição penal pode fornecer.[73] A qualificação para o argumento positivo de Aulén destaca sua negligência quanto ao pecado na obra vitoriosa de Cristo. Sem lidar com o pecado, o relato de Aulén fica aquém de fornecer um remédio completo para o problema que exige expiação. O argumento negativo de Aulén é a rejeição da visão latina, no centro da qual está a satisfação da justiça de Deus. Sua crítica gira em torno do critério central da ação contínua divina, que Ovey rejeita porque é evocado de forma inconsistente, aplicado a versões distorcidas da visão latina

---

71 Michael Ovey, "Appropriating Aulén? Employing *Christus Victor* models of the atonement", *Churchman* 124 (2010): 297–330.

72 Ibid., p. 306-8.

73 Ibid., p. 308-11.

e — mais devastadoramente — porque é baseado em uma cristologia que é incongruente com Calcedônia.[74]

Em suma, Ovey afirma o argumento positivo de vitória na expiação feito por Aulén, com as extensões e uma qualificação, e rejeita seu argumento negativo que critica a visão latina. A solução de Ovey aponta para minha própria proposta a seguir, mas a característica mais importante neste ponto é sua capacidade de expor a falsa dicotomia de Aulén entre vitória e satisfação. Para afirmar a vitória não é preciso abandonar a satisfação. Como veremos, a primeira depende da segunda. A influência de Aulén na teologia da expiação é imensurável, o que é especialmente evidente na corrente de teólogos que propagaram e desenvolveram sua teoria de *Christus Victor* sobre a substituição penal e contra ela.[75]

TANTO *CHRISTUS VICTOR* QUANTO SUBSTITUIÇÃO PENAL

À luz da tendência *do* reducionismo *ao* relativismo, a relação entre *Christus Victor* e substituição penal tem se expressado recentemente como um "tanto/quanto": *tanto Christus Victor quanto substituição penal*.[76] Sob a bandeira da multidimensionalidade, muitos têm procurado defender ambos os aspectos da expiação, embora sem avançar para uma compreensão de como eles se encaixam. Embora essa postura seja comum hoje, Ferguson rastreia essa

---

74 Ibid., p. 313-23.

75 Veja, por exemplo, Gregory Boyd, *"Christus Victor* view", in: James Beilby; Paul Eddy, orgs., *The nature of the atonement: four views* (Downers Grove, IL: InterVarsity Press, 2006); J. Denny Weaver, "Narrative *Christus Victor*", in: John Sanders, orgs., *Atonement and violence: a theological conversation* (Nashville: Abingdon, 2006).

76 Colin Gunton, *The Actuality of Atonement: a study of metaphor, rationality and the Christian tradition*; Stephen Holmes, *The wondrous cross: atonement and penal substitution in the Bible and history*.

tendência desde Orígenes,[77] e ela pode ser vista explicitamente na Pergunta 1 do Catecismo de Heidelberg: "Jesus Cristo, que com seu precioso sangue satisfez plenamente [a dívida] por todos os meus pecados, e me redimiu de todo o poder do Diabo". Blocher diz que Calvino se enquadra amplamente nessa categoria, embora pelo menos tenha sugerido um caminho a seguir para integrar as duas dimensões.[78]

CONCLUSÃO

Vimos que a conquista de Cristo é uma obra multifacetada que exige integração, ordem e classificação. As teorias *Christus Victor* e substituição penal — dentre as diversas teorias, aquelas que mais diretamente se relacionam com este projeto —, infelizmente, foram muitas vezes colocadas uma contra a outra. Embora seja bom o fato de que alguns tenham procurado defender as duas teorias em tensão, isso não é suficiente. Manter dois aspectos da obra de Cristo em equilíbrio não será suficiente quando a integração for possível. Portanto, no próximo capítulo, apresentarei meu argumento para a devida integração: *Christus Victor* por meio da substituição penal.

---

77 Sinclair Ferguson, "Christus Victor et Propitiator: the death of Christ, substitute and conqueror", in: Sam Storms; Justin Taylor, orgs., *For the fame of God's name*, p. 173.

78 Henri Blocher, "The atonement in John Calvin's theology", in: Charles Hill; Frank James, orgs., *The glory of the atonement* (Downers Grove, IL: InterVarsity Press, 2004), p. 289–91.

CAPÍTULO 8

EXPIAÇÃO: RECONCILIANDO *CHRISTUS VICTOR* E SUBSTITUIÇÃO PENAL

O objetivo deste capítulo é integrar *Christus Victor* e substituição penal, o que não apenas é essencial para uma compreensão bíblica da expiação, mas também crucial para relacionar o reino e a cruz. Visto que a vinda do reino de Deus implica a derrota do mal por parte de Deus e a reconciliação da humanidade, *Christus Victor* e a substituição penal são aspectos essenciais para a obra de estabelecimento do reino de Cristo na cruz. Infelizmente, como vimos, *Christus Victor* e substituição penal foram muitas vezes colocados em oposição ou, na melhor das hipóteses, mantidos em tensão.

Rejeitando "*Christus Victor versus* substituição penal" e não me conformando com "*tanto Christus Victor quanto* substituição penal", proponho "*Christus Victor* por meio da substituição penal". A proposta construtiva que defendo não é completamente nova, mas, sim, uma que foi negligenciada na história recente; espero recuperá-la e desenvolvê-la ainda mais. Outros fizeram contribuições nessa direção, especialmente Blocher e Ferguson.[1] Neste capítulo,

---

1 Henri Blocher, "Agnus Victor: the atonement as victory and vicarious punishment", in: John Stackhouse, org., *What does it mean to be saved? Broadening evangelical horizons of salvation* (Grand

vou desenvolver o trabalho deles, indo mais fundo nas Escrituras e voltando à tradição teológica da igreja, de modo a levar a conversa adiante. A relação entre *Christus Victor* e substituição penal será definida ao respondermos a cinco questões:

1. Qual é o problema?
2. Quem é Satanás?
3. Como Cristo triunfa sobre Satanás?
4. Quando a vitória de Cristo acontece decisivamente?
5. Por que Cristo vence Satanás?

Cada uma dessas perguntas será respondida interagindo com as Escrituras, a tradição e a teologia contemporânea.

QUAL É O PROBLEMA?

A maneira pela qual se define um problema moldará significativamente sua solução. Na medicina, um diagnóstico equivocado não apenas prejudicará a definição do remédio, mas pode, na verdade, precipitar consequências mortais. Assim é com a teologia. Embora na teologia da expiação se dê muito mais atenção à solução do que ao problema, é na definição (muitas vezes assumida) do problema que as diferenças realmente se originam. Portanto, para responder à pergunta: "O que Cristo realizou na cruz?", deve-se primeiro responder: "Qual é a condição da situação humana que precisa tão desesperadamente de remédio?". Como disse certa

---

Rapids: Baker Academic, 2002); Sinclair Ferguson, "Christus Victor et Propitiator: the death of Christ, substitute and conqueror", in: Sam Storms; Justin Taylor, orgs., *For the fame of God's name* (Wheaton, IL: Crossway, 2010); veja também Graham Cole, *God the Peacemaker: how atonement brings shalom*, NSBT (Downers Grove, IL: InterVarsity Press, 2009); Hans Boersma, *Violence, hospitality, and the cross: reappropriating the atonement tradition* (Grand Rapids: Baker Academic, 2004).

vez o poeta britânico Lord Byron: "O começo da expiação é o sentido de sua necessidade".[2]

O PECADO E SEUS EFEITOS

Os cristãos definem o problema que há por trás de cada problema deste mundo como pecado, juntamente com seus efeitos.[3] Dois aspectos merecem ênfase: (1) o pecado é multifacetado em sua essência e em seus efeitos; e (2) o pecado em seu cerne é contra Deus. Antes de abordar especificamente os "problemas" para os quais a substituição penal e *Christus Victor* propõem soluções, destacarei primeiro a importância desses dois pontos preliminares.

Primeiro, visões reducionistas do pecado levam a visões reducionistas da expiação. Em contrapartida, uma visão multifacetada do pecado levará a uma visão multifacetada da expiação. Enquanto Anselmo incitou a teologia liberal a considerar o *peso* do pecado, eu faria uma pergunta semelhante à teologia reducionista: "Você considerou a *complexidade* do pecado?". A complexidade do pecado deve ser reconhecida em sua essência (ou seja, rebelião, desconfiança, orgulho etc.) e seus efeitos (ou seja, alienação, escravidão, ignorância etc.). Só o Antigo Testamento usa mais de cinquenta palavras hebraicas diferentes para pecado, revelando o que o teólogo africano John Pobee chama de o "caráter multifacetado do pecado".[4] Christopher J. H. Wright

---

2 Baron George Noël Gordon Byron, *The works of Lord Byron: complete in one volume* (London: John Murray, 1841), p. 187.

3 O pecado e seus efeitos podem ser distinguidos, mas não separados em última instância. De acordo com Jay Sklar, havia um entendimento claro no Antigo Testamento e no antigo Oriente Próximo de que "há uma conexão entre pecado e desastre [...] com o desastre vindo como o julgamento de Deus pelo pecado" (*Sin, impurity, sacrifice, atonement: the privestly conceptions* [Sheffield: Sheffield Phoenix, 2005], p. 11).

4 John Pobee, *Toward an African theology* (Nashville: Abingdon, 1979), p. 107.

discute as ramificações multifacetadas do pecado — demonstrando que, no Antigo Testamento, o pecado tem a seguinte "variedade devastadoramente ampla de efeitos":[5]

- um relacionamento que foi rompido: o aspecto relacional
- a perturbação do *šālôm*: o aspecto social
- rebelião contra a autoridade: o aspecto da aliança
- culpa que exige punição: o aspecto legal
- impureza e poluição: o aspecto ritual
- vergonha e desgraça sobre si mesmo e/ou em Deus: o aspecto emocional
- um fardo acumulado: o aspecto histórico
- morte: o aspecto final

Eu acrescentaria à lista de Christopher Wright que há um aspecto *escatológico* no pecado e seus efeitos, culminando em um "reino pecador" (Am 9.8) ou "domínio das trevas" (Cl 1.13). Murray está certo quando escreve: "Devemos ver o pecado e o mal em suas maiores proporções como um reino que abraça a sutileza, astúcia, engenhosidade, poder e atividade incessante de Satanás e suas legiões".[6] Os efeitos de longo alcance do pecado estendem-se a cada centímetro do cosmo e até mesmo moldam nossa compreensão do tempo: a antiga era — sob Adão — é dominada pela lei, carne e morte, enquanto a nova era — inaugurada pelo

---

[5] Christopher J. H. Wright, "Atonement in the Old Testament", in: Derek Tidball; David Hilborn; Justin Thacker, orgs., *The atonement debate: papers from the London Symposium on the Theology of Atonement* (Grand Rapids: Zondervan, 2008), p. 71. A lista a seguir é das p. 69-71.

[6] John Murray, *Redemption accomplished and applied* (Grand Rapids: Eerdmans, 1978), p. 50.

Segundo Adão — é marcada por graça, Espírito e vida.[7] Essa estrutura escatológica para o pecado serve como um lembrete de que o pecado não é meramente uma separação existencial de Deus; é o banimento do Éden, o exílio da terra prometida e, finalmente, o abandono que Jesus experimentou na cruz. Portanto, precisamos não apenas de reconciliação com Deus, precisamos também de um novo rei que dará início a um novo reino.

Segundo, o pecado em seu cerne é contra Deus. Embora os teólogos há muito procurem definir a essência do pecado como rebelião, orgulho ou desconfiança, cada um desses elementos visa, em última análise, o próprio Deus e é uma rejeição de Deus. Talvez o exemplo mais claro nas Escrituras seja o de Davi, que comete adultério contra sua esposa, mata um de seus próprios soldados e depois ora *ao Senhor*: "Pequei contra ti, contra ti somente" (Sl 51.4). Cornelius Plantinga combina de maneira útil os dois pontos apresentados acima, revelando a essência do pecado direcionada contra Deus: "Todo pecado tem primeiro e finalmente uma força voltada contra Deus", bem como a amplitude de seus efeitos resultantes — "o pecado é uma violação culposa do *šālôm*".[8]

INIMIZADE COM DEUS E ESCRAVIDÃO A SATANÁS

Tendo lançado esse fundamento para a natureza do pecado, posso agora discutir especificamente os problemas para os quais *Christus Victor* e a substituição penal propõem soluções. O

---

7 John Stott, *The cross of Christ* (Downers Grove, IL: InterVarsity Press, 1986), p. 246 [edição em português: *A cruz de Cristo* (São Paulo: Editora Vida, 2006)].

8 Cornelius Plantinga, *Not the way it's should to be: a breviary of sin* (Grand Rapids: Eerdmans, 1995), p. 13-14. De maneira semelhante, Scot McKnight defende uma visão "hiper-relacional", onde o pecado "é corrupção ativa em todas as direções" e ainda "começa em rebelião contra Deus" (*A community called atonement* [Nashville: Abingdon, 2007], p. 22–23).

problema central para a abordagem *Christus Victor* é que os seres humanos estão escravizados pelos poderes do mal. Para a substituição penal, o problema é que os seres humanos estão em uma condição de inimizade com Deus, o que acarreta tanto a ira divina quanto a culpa humana. No entanto, como esses dois obstáculos à reconciliação se relacionam? Os humanos são vítimas de Satanás ou violadores da lei de Deus, ou ambos? Um aspecto possui precedência sobre o outro?

Em primeiro lugar, ambas as teorias apresentam aspectos do problema que são claramente ensinados nas Escrituras. Os humanos em seu estado caído estão no "domínio das trevas" (Cl 1.13, ESV) e sob "o poder do maligno" (1Jo 5.19, NVI; cf. 2Co 4.4; Ef 2.2). No entanto, as Escrituras igualmente afirmam que a ira de Deus permanece sobre cada pessoa não regenerada (Rm 1.18–3.20; Ef 2.3; 5.6; Cl 3.6; Ap 6.16). Como diz Barth, o ser humano é "o autor responsável, mas também a pobre vítima do pecado".[9] Efésios 2.2-3 reúne ambos os aspectos (em meio a ainda mais aspectos do pecado), descrevendo os humanos como "segundo o príncipe da potestade do ar" e "por natureza, filhos da ira".

Qual é o problema principal?

Estabelecer a validade de ambos os problemas nas Escrituras leva à questão-chave: Um é anterior ou fundamental em relação ao outro? Como demonstrado acima, a ordem importa. Alguns argumentam que a escravidão a Satanás é o principal problema, resultando em um relacionamento fraturado com Deus. Youssouf Dembele, por exemplo, diz que "o pecado é obra de Satanás" e,

---

9 Karl Barth, *Church dogmatics: the doctrine of reconciliation*, edição de G. W. Bromiley; Thomas Torrance, tradução de G. W. Bromiley (Edinburgh: T&T Clark, 1958), vol. IV/1, p. 138.

portanto, afirma: "Satanás e suas obras são a expressão mais simples e irredutível da situação negativa da qual a humanidade precisa ser salva".[10] Sherman afirma que "os seres humanos estão separados de Deus porque somos mantidos em escravidão a 'principados e postestades' contrários a Deus".[11] Gregory Boyd vai ainda mais longe, argumentando que é a corrupção do mal de toda a criação — da qual a humanidade é apenas uma pequena parte — que é o principal problema. De acordo com Boyd: "Nem o mal nem sua cura dizem respeito, em primeiro lugar, aos seres humanos. Antes, diz respeito [...] principalmente a agentes de livre vontade ('os poderes') cujo poder e influência cósmicos ofuscam a livre agência dos seres humanos.[12] Para Boyd, então, não apenas o problema humano é derivado do problema de Satanás, mas o último é, em última análise, mais significativo do que o primeiro.

As abordagens de Dembele, Sherman e Boyd são infestadas de problemas exegéticos, teológicos e pastorais. Primeiro, em relação à afirmação de Dembele, é exegetica e teologicamente injustificado atribuir o pecado humano principalmente a Satanás. É verdade, claro, que a rebelião de Satanás precedeu a rebelião humana e que "o Diabo vive pecando desde o princípio" (1Jo 3.8). No entanto, a responsabilidade nas Escrituras é sempre colocada em primeiro lugar na humanidade, independentemente de serem tentados (como foi Adão) ou estarem em escravidão (como

---

10 Youssouf Dembele, "Salvation as Victory: a reconsideration of the concept of salvation in the light of Jesus Christ's life and work viewed as a triumph over the personal powers of evil", dissertação de Ph.D., Trinity Evangelical Divinity School, 2001, p. 252, p. 254.

11 Robert Sherman, *King, Priest, and Prophet: a Trinitarian theology of atonement* (New York: T&T Clark, 2004), p. 160.

12 Gregory Boyd, *God at war: the Bible & spiritual conflict* (Downers Grove, IL: InterVarsity Press, 1997), p. 242.

todos sob Adão). Romanos 5.12 não poderia ser mais claro: "por um só homem entrou o pecado no mundo [...] assim também a morte passou a todos os homens, porque todos pecaram". O reino de Satanás, portanto, é parasita do reino do pecado (Rm 5.21). Como George Smeaton diz: "O pecado era a base do domínio de Satanás, a esfera de seu poder e o segredo de sua força".[13] O pecado, em outras palavras, dá ao Diabo um ponto de apoio (Ef 4.26-27). Satanás tenta as pessoas a pecar, engana-as quanto aos efeitos do pecado, acusa-as da culpa do pecado e, assim, leva-as à morte — o salário do pecado.

Após a Queda no Éden, Deus amaldiçoou a serpente (Gn 3.15), mas primeiro responsabilizou Adão ("Onde estás?", Gn 3.9), bem como Eva ("Que é isso que fizeste?", Gn 3.13). Dembele, portanto, inverte essa ordem. Como Blocher aponta: "Tentações [...] requerem a autodeterminação da vontade humana para gerar o pecado".[14] Assim, embora Satanás certamente tenha tido uma influência, foi *Adão* quem trouxe o pecado à humanidade. Satanás tentou Adão antes da Queda, mas não foi senão após *Adão* ter pecado que Satanás ganhou domínio sobre Adão (e sua progênie). Foi somente porque Adão rejeitou a Deus como Rei que Satanás se tornou seu governante. Adão, que havia sido criado à imagem de Deus para governar todos os animais da terra (Gn 1.26, 28), falhou em sua tarefa e agora passou a ser governado pelo mais astuto de todos os animais (Gn 3.1).

---

[13] George Smeaton, *The apostles' doctrine of the atonement* (Grand Rapids: Zondervan, 1957), p. 307–8.

[14] Henri Blocher, "Agnus Victor: the atonement as victory and vicarious punishment", in: John Stackhouse, org., *What does it mean to be saved? Broadening evangelical horizons of salvation*, p. 82.

O testemunho bíblico testifica que o que era verdade para Adão também é verdade para todo descendente de Adão: a escravidão a Satanás é a consequência de rejeitar o domínio de Deus. O fato de que a rebelião de Satanás precedeu a rebelião humana não significa que a *escravidão* humana também precedeu a Queda. A escravidão a Satanás é um *resultado* da rebelião contra Deus e da inimizade que se segue. A rebelião de Satanás antes da Queda, no entanto, mostra que o pecado humano e a influência de Satanás estão profundamente interligados.

A comunidade e o cosmo

O argumento de Boyd de que "a salvação é a libertação de todo o processo mundial do qual sou apenas uma pequena parte"[15] levanta a questão dos lugares apropriados do cosmo e da comunidade nos propósitos redentores de Deus — uma questão importante para o trabalho de relacionar *Christus Victor* e substituição penal. Para Boyd, a redenção visa o alcance cósmico mais amplo da criação de Deus, sem foco especial na humanidade. Assim, Boyd define a solução primariamente como a vitória de Cristo sobre os poderes e, apenas derivativamente, como a reconciliação dos seres humanos.

O dilema, no entanto, com a descrição de Boyd do "problema" é que ela não se ajusta à ordem embutida na criação e, portanto, à sua corrupção. Claramente, Deus tem propósitos cósmicos na criação (Sl 148; Cl 1.15-20); no entanto, há também uma prioridade dada à humanidade como o foco especial da obra de Deus. Em Gênesis 1–2, somente os humanos são feitos à imagem de Deus, e a criação deles

---

15 Gregory Boyd, *God at war: the Bible & spiritual conflict*, p. 267; Boyd cita favoravelmente James Kallas aqui.

é o ápice de toda a criação de Deus, o que produz o sem precedentes "muito bom" (Gn 1.31).[16] Além disso, Romanos 8.19-23 deixa claro que a criação, sendo "sujeita à vaidade" e em "cativeiro da corrupção", está, em última análise, ligada à condição decaída da humanidade. Um relacionamento fraturado entre Deus e a humanidade resulta na quebra do *šālôm* da criação. O movimento da corrupção não é do cosmo para a comunidade, mas da comunidade para o cosmo. Conforme os humanos vão, a criação vai. As implicações para a soteriologia são imensas. A salvação de Cristo visa tanto a igreja quanto o cosmo, mas na ordem correta. A igreja é o *foco* da salvação; o cosmo, o *escopo* da salvação. Como diz Robert Letham: "a igreja de Cristo deve ser a ponta de lança de um cosmo renovado e restaurado".[17]

Violadores e vítimas

Uma crítica final a essa posição é de caráter pastoral. Em essência, essa visão do problema torna as pessoas vítimas que precisam ser salvas *do* problema, em vez de pecadores que são *parte do* problema. Novamente, não precisamos estabelecer uma relação ou/ou; os seres humanos são vítimas *e* violadores. Mas a ênfase exclusiva no problema como escravidão a Satanás remove a forte ênfase bíblica sobre a culpa e a pecaminosidade dos próprios humanos.

Escravidão a Satanás como resultado da inimizade com Deus

O caso positivo, portanto, para entender corretamente a relação entre esses dois problemas de escravidão e alienação pode

---

16 Para um argumento exegético quanto ao lugar especial dos humanos em Gênesis 1–2, veja Peter Gentry, "Kingdom through covenant: humanity as the Divine image", *SBJT* 12 (2008): 22–23.

17 Robert Letham, *The work of Christ* (Downers Grove, IL: InterVarsity Press, 1993), p. 211.

ser declarado da seguinte forma: os humanos estão em escravidão a Satanás *porque* rejeitaram Deus como Rei; eles estão no reino de Satanás *porque* foram banidos do reino de Deus. A inimizade com Deus — implicando a ira de Deus sobre os humanos e a culpa humana diante de Deus — é, portanto, a raiz do problema.[18] A escravidão a Satanás é derivada do problema entre Deus e os humanos, pois, assim que a distância entra no relacionamento, um terceiro é capaz de se infiltrar, que é precisamente o que Satanás fez e continua a fazer.

A maneira mais comum pela qual as Escrituras falam de pecar contra Deus é quebrando sua lei, como fica claro de modo especial em 1 João 3.4: "Todo aquele que pratica o pecado também transgride a lei; pecado é a transgressão da lei". A chave aqui é que a Escritura não apenas descreve o pecado como sendo contra Deus (quebrar a lei *de Deus*), mas o faz principalmente com linguagem judicial (quebrar a *lei* de Deus). Bavinck demonstra bem a natureza multifacetada do pecado e, ainda assim, a ênfase particular no julgamento: "Os castigos que Deus ordenou para o pecado nesta vida são culpa, profanação, sofrimento, morte e o domínio de Satanás. A culpa é o primeiro e mais pesado desses castigos".[19] Assim, embora ambos os problemas de inimizade e escravidão sejam claramente encontrados nas Escrituras, a ordem correta é imperativa: a escravidão a Satanás *é um resultado* da inimizade com Deus.

---

18 Emil Brunner fala da "ira divina como o correlato objetivo da culpa humana. Esse, então, é o obstáculo que nos aliena de Deus. [...] Essa separação é uma realidade objetiva, a dupla realidade da culpa humana e da ira divina" (*The Mediator: a study of the central doctrine of the Christian faith* [Philadelphia: Westminster, 1947], p. 445).

19 Herman Bavinck, "Sin and salvation in Christ", in: John Bolt, org., *Reformed dogmatics*, tradução de John Vriend (Grand Rapids: Baker Academic, 2003), vol. 3, p. 170.

QUEM É SATANÁS?

Se Satanás é o "governante deste mundo" (Jo 12.31, ESV) e "o mundo todo está sob o poder do maligno" (1Jo 5.19, NVI), qual é a natureza de seu reinado e como ele exerce tanto poder? Certamente não é por pura força, pois todo governante reina por algum estratagema, e somente Yahweh é onipotente. Nossas respostas a essas perguntas são significativas, pois não apenas definem melhor o problema, mas também apontam para *como* Cristo vence o domínio de Satanás. A seguir, demonstrarei biblicamente que os meios pelos quais Satanás governa são: (1) a tentação, (2) o engano e (3) a acusação, todos os quais resultam em (4) morte. Essas são as "obras" (1Jo 3.8) ou "ciladas" (Ef 6.11) do Diabo.

Embora esses diferentes esquemas ou ciladas de Satanás sejam frequentemente discutidas individualmente, o seguinte ponto unificador foi esquecido: cada um desses "esquemas" é um instrumento das *palavras* de Satanás. Satanás governa por meio de sua palavra — sua palavra tentadora, enganadora e acusadora —, que leva à morte. A ideia de governar falando é, na verdade, básica para quase todos os conceitos de realeza: um rei fala e sua vontade é feita.

A Bíblia, é claro, retrata o reino de Deus dessa maneira. Gênesis 1–2 descreve Deus como um Rei que reina por meio de sua palavra (cf. Sl 93); ele fala e a criação passa a existir. O contraste não poderia ser mais gritante. Deus governa seu reino de luz por meio de sua palavra verdadeira que traz vida; Satanás governa seu reino de trevas por meio de sua palavra enganosa que traz morte. Uma vez que a teoria do ato de fala foi apropriada por muitos para entender melhor como Deus age ao falar, uma abordagem semelhante é necessária para entender melhor a maneira pela qual Satanás exerce poder sobre os pecadores.[20]

Um ponto preliminar é necessário. Ao falar do "poder" de Satanás, deve-se reconhecer que somente Yahweh é onipotente (Is 40.25-26), o que, portanto, torna impossível um dualismo absoluto. Em outras palavras, o poder de Satanás é exercido debaixo da soberania de Deus e é usado para seus propósitos. Assim como Deus usou a nação perversa da Assíria para trazer *seu* julgamento sobre Israel (Is 10.5-19), e, de modo semelhante, permitiu que Satanás afligisse Jó (Jó 2.6), Deus concede a Satanás poder tendo em vista seus propósitos maiores.

O TENTADOR

Satanás é "o tentador" (Mt 4.3; 1Ts 3.5), e ele realiza seus propósitos por meio de sua palavra tentadora. É essa tática que talvez defina mais amplamente sua atividade. De Adão e Eva no Éden a Jesus no deserto, Satanás procura atrair, seduzir e persuadir os humanos a pecar contra Deus. Clinton Arnold observa que "a capacidade de Satanás de impedir ou romper um relacionamento com Deus vem por meio de seu poder de incitar o pecado e a transgressão".[21]

Esse ponto revela significativamente os limites do poder de Satanás, pois ele não pode forçar os humanos a pecar. Blocher explica que "tentação é sugestão. Requer, para ter sucesso, encontrar

---

20 Kevin Vanhoozer discute brevemente a metafísica de Satanás como um mentiroso em *Remythologizing theology: Divine action, Passion, and authorship* (Cambridge: Cambridge University Press, 2010), p. 342-46. Seguindo a noção de Agostinho do mal como a privação do bem, Vanhoozer diz que o engano de Satanás é "a corrupção da verdadeira agência comunicativa". Ele conclui que "Satanás não pode fazer nada com palavras, a não ser gestos em vão. A agência comunicativa de Satanás nada mais é do que um truque de conjuração com palavras" (p. 344).

21 Clinton Arnold, "Satan, Devil", *DLNT*, p. 1080.

o que não pode criar: o consentimento formalmente livre da pessoa humana".²² É o pecado que, em última análise, é destrutivo neste mundo (Rm 6.23). Satanás então trama para atrair os humanos de modo a tomarem decisões autodestrutivas. Já que não pode forçar as pessoas a pecar, ele as tenta fazendo com que o pecado pareça atraente.

O ENGANADOR

Satanás é "o sedutor de todo o mundo" (Ap 12.9), e ele exerce seu poder por meio de sua palavra enganosa. É "mentiroso e pai da mentira" (Jo 8.44); ele "se disfarça de anjo de luz" (2Co 11.14, NVI) e "cegou o entendimento dos incrédulos" (2Co 4.4). O engano, de fato, tem sido sua tática desde o início (2Co 11.3). Quando Satanás procura atacar a igreja, ele o faz inspirando ensinos desviantes — "ensinos de demônios" (1Tm 4.1) —, o que requer que as igrejas "examinem os espíritos para ver se eles procedem de Deus" (1Jo 4.1, NVI; cf. 2.18-27). Em oposição ao Senhor que fala a verdade (Is 45.19), Satanás realiza seus propósitos por meio do engano.

O ACUSADOR

Satanás é "o acusador" (Ap 12.10), e ele alcança seus propósitos por meio de sua palavra acusatória. "Satanás" é a transliteração do hebraico נָשָׂט, que literalmente significa adversário, não obstante, em seu contexto legal usual, o verbo correspondente נָשָׂט significa enfrentar ou acusar.²³ Como Apocalipse 12.9-11 revela, a guerra que Satanás trava contra Cristo e seu povo é essencialmente

---

22 Henri Blocher, "Agnus Victor: the atonement as victory and vicarious punishment", in: John Stackhouse, org., *What does it mean to be saved? Broadening evangelical horizons of salvation*, p. 82.

23 Ibid., p. 82.

uma batalha legal.[24] O drama das Escrituras, diz Horton, é um "drama de tribunal".[25] Zacarias 3.1-5 antevê uma cena para esse drama do tribunal, com o sumo sacerdote Josué de pé em roupas sujas "e Satanás [שָׂטָן] de pé à sua direita para acusá-lo [שָׂטָן]" (Zc 3.1). A abertura de Jó oferece um vislumbre de um tribunal celestial, onde Satanás se apresenta diante do Senhor para acusar Jó e a integridade de sua devoção.

A característica surpreendente desse aspecto do poder de Satanás (considerando que ele é o "Enganador") é que ele está certo em sua acusação, apelando para o santo padrão da justiça de Deus. Sua arma é a lei; porquanto, assim que é ela é quebrada, ele está pronto para acusar os culpados e pedir as devidas sanções de acordo com a justiça de Deus. Como explica Beale: "A acusação do Diabo é baseada na pressuposição correta de que a pena do pecado exige um julgamento de morte espiritual e não recompensa salvífica".[26] Lutero, baseado em um entendimento semelhante, ofereceu conselhos surpreendentes em resposta às acusações de Satanás:

> Quando o Diabo lança nossos pecados sobre nós e declara que merecemos a morte e o inferno, devemos falar assim: "Reconheço que mereço a morte e o inferno. O que é que tem? Isso significa que serei condenado à condenação eterna? De jeito nenhum. Pois conheço alguém que sofreu e fez uma satisfação em

---

24 G. K. Beale, *The Book of Revelation: a commentary on the Greek Text*, NIGTC (Grand Rapids: Eerdmans, 1999), p. 661–63.

25 Michael Horton, *The Christian faith: a systematic theology for pilgrims on the way* (Grand Rapids: Zondervan, 2011), p. 408.

26 G. K. Beale, *The Book of Revelation: a commentary on the Greek Text*, p. 659.

meu favor. Seu nome é Jesus Cristo, o Filho de Deus. Onde ele estiver, ali estarei também".²⁷

No entanto, deve-se notar que, embora Satanás apele para o padrão justo de Deus, ele está longe de ser um acusador justo. Seu próprio nome (נָטָשׂ) é um lembrete de que ele não é apenas um acusador, mas um caluniador. Ele acusa não para defender a justiça para o louvor de um Deus santo, mas como parte de sua missão de "roubar, matar e destruir" (Jo 10.10).

AQUELE QUE TRAZ A MORTE

As palavras tentadoras, enganadoras e acusadoras de Satanás, em última análise, levam à morte. Ele "tem o poder da morte" (Hb 2.14), e é para esse fim que toda a atividade de Satanás é direcionada (Jo 10.10).²⁸ O poder de morte de Satanás, no entanto, deve ser entendido corretamente. A declaração em Hebreus 2.14 sobre Satanás ter "o poder da morte" deve ser interpretada dentro de seu contexto imediato, bem como à luz do testemunho bíblico mais amplo sobre a morte. Em primeiro lugar, somente Deus tem o poder supremo sobre a vida e a morte (1Sm 2.6). Como observado acima, qualquer "poder" que Satanás tenha é dado por Deus. Em segundo lugar, o "poder da morte" que Satanás tem segundo Hebreus 2.14 é revelado no versículo seguinte como um poder que opera incitando o *medo* da morte. Em outras palavras, o "poder da

---

27 Martin Luther, *Luther: letters of spiritual counsel*, organização e tradução de Theodore Tappert (Vancouver, BC: Regent College Publishing, 2003), p. 85.

28 Peter Bolt diz que o poder da morte é a "principal função" de Satanás e lamenta o fato de que isso é regularmente negligenciado ou negado na demonologia ("Towards a Biblical theology of the defeat of the evil powers", in: Peter Bolt *Christ's victory over evil: Biblical theology e pastoral ministry* [Nottingham, Reino Unido: Apollos, 2009], p. 67).

morte" de Satanás é exercido ao submeter os pecadores à escravidão por medo das consequências de seus pecados.

Além disso, falar de Satanás levando pecadores diretamente à morte é deixar de fora a peça-chave do quebra-cabeça — o pecado. Spence observa que "uma perspectiva de vitória tende a considerar a morte como uma entidade com seu direito próprio".[29] Essa ideia é precária, no entanto, pois a morte "veio ao mundo pelo pecado humano e, em última análise, está relacionada ao julgamento divino. [...] Pecado e morte estão, desse modo, indissociavelmente vinculados.[30]

Paulo desenvolve essa conexão entre pecado e morte mais claramente em Romanos 5–7. A morte veio ao mundo através do pecado, "assim também a morte passou a todos os homens, porque todos pecaram" (Rm 5.12), uma passagem que revela uma clara conexão entre o pecado e a morte (cf. Rm 6.16, 23; 7.11, 13). No entanto, o pecado resulta em morte porque o julgamento de Deus segue o pecado humano e traz condenação (Rm 5.16). A morte não é meramente uma força estranha que Deus deve derrotar, mas, sim, uma penalidade do próprio Deus e surge como consequência da inimizade com Deus. Primeira aos Coríntios 15 corrobora esse entendimento da conexão entre o pecado e a morte, razão pela qual, de acordo com Spence, "a dupla pergunta de Paulo 'Onde está, ó morte, a tua vitória? Onde está, ó morte, o teu aguilhão?" não deve ser interpretada retoricamente. Ela tem uma resposta, e Paulo a fornece: 'O aguilhão da morte é o pecado, e a força do

---

29 Alan Spence, *The promise of peace: a unified theory of atonement* (London: T&T Clark, 2006), p. 17.
30 Ibid., p. 17.

pecado é a lei'" (1Co 15.55-56).³¹ Ninguém derrota a morte simplesmente derrotando a morte. A morte deve ser derrotada pela superação do pecado.

GÊNESIS 3

Todos os aspectos do poder de Satanás sobre os pecadores estão presentes em Gênesis 3, passagem que "pode ser tomada como um paradigma para a maneira pela qual o Diabo tem trabalhado ao longo dos tempos".³² Ao se opor a Deus, a serpente *falante* estabelece uma disputa entre a palavra de Deus e a palavra de Satanás. Adão e Eva obedecerão a palavra de quem? De quem será o reinado que eles servirão? Por meio de sua palavra, Satanás tenta ("e, como Deus, sereis conhecedores do bem e do mal", Gn 3.5) e engana ("É certo que não morrereis", Gn 3.4), levando à acusação — embora não a sua própria — ("A mulher que me deste por esposa..."; "A serpente me enganou...", Gn 3.12-13) e resultando na maldição da morte (Gn 3.19).

COMO CRISTO VENCE SATANÁS?

Aqui, ao passar do problema para a solução, do pecado para a expiação, chegamos ao cerne da questão. As Escrituras deixam claro que Cristo *de fato* derrota Satanás (Cl 2.15; Ap 12.10), mas *como* ele conquista essa vitória? Essa é a pergunta, e, como veremos, sua resposta fornecerá a chave para conciliar *Christus Victor* e substituição penal.³³

---

31 Ibid., p. 17.

32 Peter Bolt, "Towards a Biblical theology of the defeat of the evil powers", in: *Christ's victory over evil: Biblical theology e pastoral ministry*, p. 69.

33 Não sou o primeiro, é claro, a explicar o *"como"* da vitória de Cristo sobre Satanás. O meio da vitória é o impulso da teoria do anzol de Gregório de Níssa (Gregory of Nyssa, "An address on

Até agora, identifiquei (1) a relação entre os dois problemas — escravidão a Satanás *como um resultado da* inimizade com Deus — e (2) a natureza do domínio de Satanás como um rei injusto que governa por meio de sua palavra mortífera que tenta, engana e acusa. Minha resposta à pergunta *"como"* começará respondendo a cada um desses elementos. Primeiro, em resposta ao problema (devidamente ordenado) — inimizade com Deus levando à escravidão de Satanás —, Cristo liberta as pessoas de Satanás ao lidar com a raiz do problema, sua inimizade com Deus. Segundo, visto que Satanás ataca por meio de sua palavra tentadora, enganosa e acusadora, Deus o derrota por meio de sua Palavra obediente, verdadeira e sofredora. Terceiro, embora muitas vezes negligenciada, a humanidade de Jesus é especialmente significativa para sua vitória. Quarto, essencial para a vitória de Cristo é o papel dos cristãos no período entre a cruz e a consumação.

UM REMÉDIO ADEQUADO: *CHRISTUS VICTOR* POR MEIO DA SUBSTITUIÇÃO PENAL

A ordem da condição humana pecaminosa (escravidão a Satanás *por causa da* inimizade com Deus) é determinante para a ordem de seu remédio (*Christus Victor por meio da* substituição penal). Teologicamente, se o problema entre Deus e o ser humano é a raiz do problema entre Satanás e o ser humano, então resolver

---

religious instruction", in: Edward Hardy, org., *Christology of the later fathers*, LCC [Philadelphia: Westminster, 1954], p. 301), da teoria da ratoeira de Agostinho ("Sermon 263: on the fortieth day, the ascension of the Lord", in: *WSA* [Brooklyn: 1990–2009], p. 220) e, mais recentemente, da versão de Gregory Boyd de *Christus Victor* ("*Christus Victor* view", in: James Beilby; Paul Eddy, orgs., *The nature of the atonement: four views* [Downers Grove, IL: InterVarsity Press, 2006], p. 37). Rene Girard, e aqueles que o seguem, argumentam que Cristo derrota o mal ao expor ele (*I see Satan fall like lightning* [New York: Orbis, 2001]; S. Mark Heim, *Saved from sacrifice: a theology of the cross* [Grand Rapids: Eerdmans, 2006]).

o primeiro deve ser o meio de lidar com o segundo. Como Satanás é derrotado? Cristo derrota Satanás (*Christus Victor*) removendo o fundamento da acusação de Satanás, o que Jesus faz ao pagar a penalidade pelo pecado (substituição penal). A justiça de Deus foi mantida e os pecadores foram perdoados: ele é tanto o "justo quanto o justificador" (Rm 3.26). Ferguson resume a maneira pela qual a obra de Cristo para com a humanidade se relaciona com sua vitória sobre Satanás:

> Uma exposição bíblica abrangente da obra de Cristo reconhece que a expiação, que termina em Deus (em propiciação) e no homem (em perdão), também termina em Satanás (na destruição de sua influência sobre os crentes). E realiza esse último efeito precisamente porque realiza os outros dois primeiros.[34]

Portanto, *Christus Victor* de modo independente da substituição penal não explica por que Cristo teve que sofrer para vencer Satanás e, na verdade, mina a vitória. De acordo com Kathryn Tanner: "*Christus Victor* não é de modo algum um modelo, tanto que falha, por si mesmo, em abordar a questão do mecanismo da expiação. Cristo está lutando contra as forças do mal e do pecado na cruz, mas como a batalha é vencida?".[35] Nas palavras de Garry Williams: "Negue a substituição penal e *Christus Victor* está

---

[34] Sinclair Ferguson, "Christus Victor et Propitiator: the death of Christ, substitute and conqueror", in: Sam Storms; Justin Taylor, orgs., *For the fame of God's name*, p. 185; cf. J. I. Packer, que afirma: "A morte de Cristo teve seu efeito primeiro em Deus, que foi, por esse intermédio, propiciado (ou, melhor, o qual, por esse intermédio, se propiciou), e somente porque teve esse efeito tornou-se uma derrubada dos poderes das trevas" ("What Did the Cross Achieve? The logic of penal substitution", *TynBul* 25 (1974): 20); John Stott concorda, dizendo: "Não é o pagamento de nossas dívidas a maneira pela qual Cristo derrubou os poderes? Ao nos libertar delas, ele nos libertou deles" (*The cross of Christ*, p. 234–35).

[35] Kathryn Tanner, *Christ the key* (Cambridge; Cambridge University Press, 2010), p. 253.

obstruído".³⁶ Ou, como Cole diz: "a abordagem do *Christus Victor* precisa do poder explicativo da expiação substitutiva".³⁷

Como o argumento teológico acima (*Christus Victor* por meio da substituição penal) se relaciona com as Escrituras? Há várias passagens que sugerem fortemente essa síntese.

Hebreus 2.5-18

Hebreus 2.5-18 é um turbilhão teológico sobre a pessoa e obra de Cristo. Jesus é o Segundo Adão (Hb 2.5-10), o Sumo Sacerdote (Hb 2.17), o pioneiro da salvação (Hb 2.10) e um verdadeiro humano de "carne e sangue" (Hb 2.14, 17). Por meio de sua morte, ele alcançou a vitória sobre o Diabo (Hb 2.14), a propiciação pelos pecados (Hb 2.17) e uma influência moral (Hb 2.18). Mais importante ainda, o autor de Hebreus declara que Cristo se fez carne para "que, por sua morte, destruísse aquele que tem o poder da morte, a saber, o Diabo" (Hb 2.14). O que há nessa morte que poderia torná-la a causa da vitória?

A chave é que "morte" no contexto mais amplo de Hebreus é a morte sacrificial de Cristo, a qual é de uma vez por todas e carrega o pecado (Hb 9.26-28). Ainda mais próximo no contexto, Hebreus 2.17 diz que Cristo veio "para fazer propiciação pelos pecados do povo", o que ele faria oferecendo seu próprio sangue (Hb 9.14). Portanto, com base no contexto de 2.14, podemos dizer que é a morte *sacrificial e propiciatória* de Jesus que derrota o Diabo.

No entanto, como essa interpretação cultual da morte de Cristo lança luz sobre a maneira pela qual o Diabo é derrotado? A

---

36 Garry Williams, "Penal substitution: a response to recent criticisms", in: Derek Tidball; David Hilborn; Justin Thacker, orgs., *The atonement debate* (Grand Rapids: Zondervan, 2008), p. 187.

37 Graham Cole, *God the Peacemaker: how atonement brings shalom*, p. 184.

morte sacrificial de Cristo purifica a consciência do pecador (Hb 9.14) para que agora tenhamos "confiança para entrar no Santo dos santos pelo sangue de Jesus" (Hb 10.19, NVI). Essa ousadia diante de Deus que flui do perdão do pecado é a antítese do "medo da morte", que o Diabo empunha como sua arma (Hb 2.15, NVI). Além disso, a palavra para "destruir" em 2.14 (καταργήση) também inclui o significado de privar algo de seu poder (Rm 3.31; Ef 2.15).[38] Cristo destrói o Diabo privando-o de seu poder por meio de sua morte sacrificial, reconciliando assim os pecadores e restaurando seu desígnio para o mundo.

Colossenses 2.13-15[39]

Colossenses 2.13-15 contém duas das declarações mais explícitas das Escrituras sobre substituição penal (Cl 2.13-14) e sobre *Christus Victor* (Cl 2.15). E, como veremos, elas estão intrinsecamente relacionadas. Começando com *Christus Victor*, Colossenses 2.15 é o texto fundamental para quase todo o entendimento da vitória de Cristo sobre o mal. É simples: Cristo "triunfou" sobre os poderes. O triunfo, no entanto, também é, de acordo com a parte anterior no versículo, um desarmamento. Como Cristo desarma e, portanto, triunfa sobre os poderes? Colossenses 2.13-14 fornece o poder explicativo em relação ao *"como"* de *Christus Victor*: Cristo desarmou e triunfou sobre os poderes por meio de sua morte na cruz, a qual satisfez as exigências legais, perdoou as transgressões e cancelou as dívidas. Smeaton captura a essência dessa troca:

---

38 Craig Koester, *Hebrews: a new translation with introduction and commentary*, AB (New York: Doubleday, 2001), p. 231.

39 Esta seção se baseia em nossa exegese anterior de Colossenses 2.13-15. Veja acima, pp. 112–19.

Quando a culpa do pecado foi abolida, o domínio de Satanás sobre o povo de Deus terminou; pois o fundamento de sua autoridade era a lei que havia sido violada e a culpa incorrida. Isso aponta o caminho para a interpretação correta, pois todos os erros surgiram de não perceber com clareza suficiente como o triunfo poderia ser celebrado em sua cruz.[40]

Embora Colossenses 2.13-15 não seja uma explicação completa da substituição penal, há uma grande ênfase na estrutura legal da morte de Cristo e em sua realização de cancelar a dívida em favor dos pecadores. A vitória militar de Cristo sobre os poderes (o triunfar) é, portanto, alcançada por meios forenses (o cancelamento da dívida).

Apocalipse 12.9-11

Apocalipse 12.11 declara que Satanás foi vencido "pelo sangue do Cordeiro".[41] Como as passagens acima, o contexto explica *como* o sangue de Cristo efetua a queda de Satanás. Embora o resultado final seja apresentado em linguagem militar (vencer), todo o conflito é descrito essencialmente como uma batalha legal, um drama de tribunal que culmina na remoção da autoridade de Satanás para acusar de modo legítimo.[42] Satanás é o promotor legal ("o acusador dos nossos irmãos", Ap 12.10) que procura condenar o culpado por violar a lei. No entanto, o poder acusatório de Satanás

---

40 George Smeaton, *The apostles' doctrine of the atonement*, p. 307-8.

41 Essa passagem está falando de forma mais ampla da vitória de Cristo na cruz conforme é implementada por Miguel e seus anjos no céu (Ap 12.7-9) e pelos cristãos na terra (12.10-11). Meu foco aqui está na natureza do evento fundamental da vitória de Cristo na cruz; os outros aspectos são discutidos em outro lugar. Veja acima, p. 124–126; e a seguir, p. 211.

42 G. B. Caird, *A commentary on the Revelation of St. John the Divine*, BNTC (London: Black, 1966), p. 155; G. K. Beale, *The Book of Revelation: a commentary on the Greek Text*, p. 661–62.

é desfeito porque Cristo libertou os cristãos de seus pecados (Ap 1.5-6), removendo assim a base das acusações de Satanás.

Além disso, referir-se à morte de Cristo pelo "sangue do Cordeiro" é empregar a linguagem da expiação sacrificial e substitutiva. Portanto, João fala da morte sacrificial de Cristo (culto) como vencer o Diabo (militar) ao remover o poder de acusação de Satanás (legal). Embora essa passagem não descreva a substituição penal em sua plenitude, ela apela para as duas categorias primárias de substituição penal (cultual e legal) para descrever o meio pelo qual Cristo alcança a vitória.

1 João 3.4-9

Primeira João 3.8 é um texto clássico para *Christus Victor*: "Para isto se manifestou o Filho de Deus: para destruir as obras do Diabo". No entanto, ler esse versículo no contexto revela que a vitória não exclui a expiação substitutiva, antes, depende dela. Essa declaração de vitória vem no contexto mais amplo de uma discussão sobre o pecado — ou seja, que "o pecado é a transgressão da lei" e Cristo "se manifestou para tirar os pecados" (1Jo 3.4-5). I. Howard Marshall afirma que, nesse contexto, "pecado" não é "uma questão de 'pecadinhos isolados'", mas uma rebelião contra Deus e ficar do lado do Diabo.[43] Não deveria ser uma surpresa, portanto, que Cristo se manifestou "para tirar pecados" (1Jo 3.5) e "para destruir as obras do Diabo" (1Jo 3.8). Matthew Jensen identifica uma estrutura paralela aqui, concluindo que os paralelos "devem ser

---

43 I. Howard Marshall, *The Epistles of John*, NICNT (Grand Rapids: Eerdmans, 1978), p. 176–77.

lidos juntos e interpretados à luz um do outro. Assim, a destruição da obra do Diabo deve ser entendida como tirar os pecados".[44]

Além disso, embora "tirar os pecados" não diga explicitamente como Cristo faz isso, há ecos claros do Evangelho de João em relação ao "Cordeiro [...] que tira o pecado do mundo" (Jo 1.29), bem como da descrição, em 1 João, da morte de Cristo como "a propiciação pelos [...] pecados [...] do mundo inteiro" (1Jo 2.2; 4.10; cf. 1.7).[45] Por fim, 1 João 3.8 não diz simplesmente que Cristo veio para "destruir o Diabo", mas, sim, para "destruir *as obras* do Diabo" (itálico do autor). Essa distinção é significativa porque a obra do Diabo é, em última análise, atrair os pecadores; ele planeja tentar os humanos a pecar, enganando-os quanto aos efeitos do pecado e acusando-os da culpa pelo pecado. Por meio de sua morte sacrificial, Jesus desfaz os efeitos do pecado e, assim, destrói as obras do Diabo.

Resumo: *Christus Victor* por meio da substituição penal

"*Christus Victor por meio* da substituição penal" resume amplamente o ímpeto das passagens acima. Há, no entanto, dois padrões específicos que devem ser explicitados. Primeiro, cada passagem apresenta uma declaração direta da vitória de Cristo sobre Satanás, juntamente com uma explicação forense e/ou cultual dos meios dessa vitória. O ponto básico é que a substituição penal e *Christus Victor* estão fazendo coisas diferentes na explicação da cruz. A substituição penal explica os meios de vitória — ou como

---

44 Matthew Jensen, "'You have overcome the evil one': victory over evil in 1 John", in: Peter Bolt, org., *Christ's victory over evil: Biblical theology and pastoral ministry* (Nottingham, UK: Apollos, 2009), p. 114.

45 I. Howard Marshall, *The Epistles of John*, p. 177; Stephen Smalley, *1, 2, 3 John*, ed. rev., WBC (Nashville: Nelson, 2007), p. 148-49.

o sofrimento de Cristo desarma Satanás — e geralmente é descrita em termos cultuais e/ou forenses. *Christus Victor* explica o efeito da realização de Cristo sobre Satanás e seu domínio sobre os pecadores. Esses dois aspectos da expiação não precisam competir, pois são explicações de aspectos diferentes (ainda que inseparáveis) da obra de Cristo.

Segundo, ao contrário de Aulén, que defende a vitória de Cristo acima da justiça de Deus e contra ela,[46] a estrutura forense dessas passagens (especialmente Cl 2.13-15 e Ap 12.9-11) deixa claro que a vitória de Cristo foi alcançada de acordo com o padrão de justiça de Deus.[47] Em outras palavras, a vitória de Jesus sobre o Diabo não foi *apenas* uma vitória; foi uma vitória *justa*.

Essa combinação de justiça e vitória é bem atestada no Antigo Testamento, que fala regularmente do trono de Deus sendo estabelecido em retidão e suas vitórias conquistadas em justiça (Sl 97.2). No Novo Testamento, Jesus fala da derrota de Satanás como julgamento (um conceito de justiça; Jo 12.31; 16.11), e Deus é louvado especificamente pela maneira segundo a qual a justiça é mantida na vitória (Ap 19.1-2). Romanos 3.21-26, embora não se refira especificamente à vitória, repetidamente enfatiza que a obra propiciatória de Cristo na cruz foi "manifestar a sua [de Deus] justiça [...] para ele mesmo ser justo e o justificador" (Rm 3.25-26). Ovey capta a importância dessa questão:

---

46 Gustaf Aulén, *Christus Victor: an historical study of the three main types of the idea of atonement*, (New York: Macmillan, 1969), p. 90–91.

47 Deus agindo de acordo com a justiça não deve ser interpretado da perspectiva de que Deus está sendo limitado por um padrão ou lei externa. Em vez disso, porque a lei é um reflexo do caráter de Deus, agir de acordo com a justiça é Deus sendo fiel a si mesmo.

Se excluirmos as considerações de justiça da vitória de Deus, qual é a natureza dessa vitória? Torna-se difícil ver essa vitória como baseada em outra coisa que não no poder: não seria necessariamente imoral, é claro, mas, na melhor das hipóteses, seria amoral. [...] O risco aqui é que a vitória de Deus se torne poder puro. Os conceitos de justiça nos dizem não apenas que Deus é poderoso, mas que seu reinado é justo.[48]

A necessidade de justiça na vitória, portanto, leva à síntese de *Christus Victor* e substituição penal pela qual venho argumentando — "os conceitos de justiça colocam as questões que a substituição penal se propõe a responder, e que a vitória [...] por si mesma não responde".[49]

Vimos que a substituição penal é o "*como*" do *Christus Victor*. No entanto, não argumentamos que a substituição penal sozinha fornece todos os recursos para explicar como Cristo é vitorioso sobre Satanás. Há outros aspectos essenciais da obra de Cristo que são inseparáveis da substituição penal, os quais muitas vezes têm sido negligenciados e ainda estão no centro da forma como Cristo vence. Os próximos três pontos descrevem cada um desses aspectos.

CONTRA-ATAQUE: AS OBRAS DE SATANÁS E OS CAMINHOS DE JESUS

Desde o início da criação, Deus atua na missão de estabelecer seu reino sobre toda a terra. A humanidade caiu, Satanás lançou seu próprio projeto de reino, e a missão do reino de Deus agora se

---

48 Michael Ovey, "Appropriating Aulén? Employing *Christus Victor* models of the atonement", *Churchman* 124 (2010): 309.

49 Ibid., p. 310.

tornou uma missão redentora que requer contra-ataques aos impedimentos de Satanás. Satanás é o rei-serpente que governa por meio de tentação, engano e acusação — resultando em morte. Jesus é o Rei-servo que governa por meio da obediência, verdade e sofrimento — resultando em vida.

Satanás, o Tentador — Jesus, aquele que obedece

Do deserto (Mt 4.1-11) ao Getsêmani (Mt 26.36-46), e, finalmente, na cruz (Mt 27.40), Jesus resistiu à tentação do Diabo e escolheu a obediência ao Pai. A obediência de Cristo, como um contra-ataque à tentação de Satanás, é incrivelmente importante para a compreensão da obra expiatória de Cristo. Aliás, Murray até chama isso de "*o princípio unificador ou integrador*" da teologia da expiação.[50]

A bem conhecida distinção entre a obediência ativa e passiva de Cristo é útil, mas deve-se lançar mão dela com cuidado.[51] Essa distinção *não* deve ser usada para designar certos períodos da vida de Cristo em relação a um aspecto ou outro (ou seja, que a vida de Cristo é obediência ativa e sua morte é obediência passiva). É claro que pode ser usada para descrever diferentes *aspectos* da obra de Cristo. Cristo era ativo em tudo o que fazia, inclusive em seu sofrimento, mas ele também sempre esteve submisso à vontade do Pai.[52] O uso apropriado da distinção ativo/passivo está de acordo com o que Bavinck chama de dupla exigência da lei de Deus: "Pois a exigência feita por Deus à humanidade caída

---

50 John Murray, *Redemption accomplished and applied*, p. 19, itálico do autor.

51 Veja Murray, *Redemption accomplished and applied*, p. 20-24.

52 De acordo com Herman Bavinck, "a obediência ativa e passiva de Cristo [...] coincidem sempre na vida e na morte de Cristo" ("Sin and salvation in Christ", in: *Reformed dogmatics*, vol. 3, p. 395); cf. John Murray, *Redemption accomplished and applied*, p. 21.

era dupla: primeiro, que os humanos guardassem a lei perfeitamente e, segundo, que corrigissem a violação dela por meio de punição".[53] A obediência de Cristo, portanto, atende a essa dupla exigência, cumprindo a lei (obediência ativa) e pagando a penalidade pela violação da lei (obediência passiva). Como Murray coloca: "Ele atendeu perfeitamente tanto ao requisito penal quanto ao requisito preceptivo da lei de Deus".[54]

Em relação a essa discussão, a obediência de Cristo tem duas recompensas específicas. Primeiro, como Horton afirma: "a ênfase reformada na obediência ativa reconcilia a ênfase grega na recapitulação e encarnação e a ênfase latina na cruz".[55] Embora a cruz seja central e a substituição penal seja crucial para entendê-la, nenhuma delas faz sentido a menos que seja entendida como a culminação da vida obediente de Cristo. Cristo se humilhou na encarnação, "tornando-se obediente até à morte e morte de cruz" (Fl 2.8). A obediência mantém a vida e a morte de Cristo juntas em sua obra de expiação (Rm 5.19), evitando assim o erro de localizar a expiação apenas na cruz.[56] Além disso, a obediência ativa proporciona uma ligação entre a substituição penal e *Christus*

---

53 Herman Bavinck, "Sin and salvation in Christ", in: *Reformed dogmatics*, vol. 3, p. 394.

54 John Murray, *Redemption accomplished and applied*, p. 22.

55 Michael Horton, *Lord and servant: a covenant Christology* (Louisville: Westminster John Knox, 2005), p. 173; cf. Hans Boersma, *Violence, hospitality, and the cross: reappropriating the atonement tradition*, p. 126 n. 45.

56 Entre outros, Calvino e Bavinck advertiram contra esse erro (John Calvin, *Institutes of the Christian religion*, organização de John McNeill, tradução de Ford Lewis Battles, LCC [Louisville: Westminster John Knox, 2006], 2.16.5 [edição em português: *A instituição da religião cristã*, tradução de Carlos Eduardo de Oliveira, et al. (São Paulo: Unesp, 2008-2009), tomos I e II]); Herman Bavinck, "Sin and salvation in Christ", in: *Reformed dogmatics*, vol. 3, p. 378).

Victor, pois "Cristo traz não apenas o perdão, mas o cumprimento do desígnio de Deus para uma humanidade obediente".⁵⁷

Satanás, o Enganador — Jesus, a Testemunha fiel e verdadeira

Enquanto Satanás é "o enganador" que "cegou o entendimento dos incrédulos" (2Co 4.4), Jesus é "a verdade" (Jo 14.6) que "ilumina a todos" (Jo 1.9). Jesus vence o Enganador por meio da verdade, expondo seu testemunho como falso, suas afirmações como mentiras e suas promessas como vazias. Jesus é a "testemunha fiel e verdadeira" (Ap 3.14), que, no drama do tribunal, derrota Satanás como promotor legal, expondo seu testemunho como falso. Satanás estava errado. Adão morreu, e toda a sua descendência com ele. Enquanto Satanás reina por sua palavra enganosa, Jesus reina dando testemunho da verdade (Jo 18.37). Enquanto Satanás continua a mentir para atrair pecadores à escravidão, Jesus declara: "Eu sou [...] a verdade" (Jo 14.6), e "a verdade vos libertará" (Jo 8.32).

Satanás, o Acusador — Jesus, o Propiciador

A remoção do poder acusatório de Satanás por Cristo é o golpe mais mortal desferido contra Satanás e é o impulso central do poder explicativo da substituição penal em relação à vitória de Cristo. Embora esse aspecto da obra de Cristo tenha sido mencionado várias vezes até agora, sua importância exige um tratamento mais abrangente.

Satanás é "o acusador", se opondo aos pecadores para acusá-los dia e noite diante de Deus (Zc 3.1; Ap 12.10). Como um promotor do tribunal, ele declara zelosamente: "Culpado!", e exige

---
57 Michael Horton, *The Christian faith: a systematic theology for pilgrims on the way*, p. 502.

a penalidade apropriada para o pecado — a morte. Esse esquema de Satanás é o mais forte porque, ao contrário de seus outros esquemas, seu poder é derivado do fato de apelar para o santo padrão de Deus: a lei. Em outras palavras, Satanás está certo. Os pecadores são culpados perante o santo Juiz e merecem plenamente a sentença da ira de Deus e, em última análise, a morte. Os pecadores ficam sem palavras, incapazes de refutar as acusações de Satanás e, portanto, são escravizados por seu poder acusatório.

É aqui que Jesus entra e muda tudo. À medida que Satanás profere suas palavras acusatórias — empunhando a arma da lei —, elas se tornam ineficazes para Jesus, que não tem pecado e cumpre a lei em todos os aspectos de sua vida.[58] Por essa razão, somente Jesus pode dizer, Satanás "não tem nenhum direito sobre mim" (Jo 14.30, NVI). Em um movimento chocante, o Messias, aquele que cumpre a aliança, guarda a lei e não tem pecado, toma sobre si voluntariamente os pecados do mundo, suportando a maldição da lei — a saber, a ira de Deus e, finalmente, a morte (2Co 5.21; Gl 3.13).

Como propiciação pelos pecados (Rm 3.25), Jesus leva a ira de Deus no lugar dos pecadores, satisfazendo assim a justiça de Deus e expiando o pecado do povo de Deus. Como resultado da expiação substitutiva penal de Cristo, a palavra acusatória de Satanás é silenciada, pois sua arma da lei se tornou ineficaz pela vida de Cristo que guarda a aliança e por sua morte que leva maldição. Quando Paulo faz a pergunta retórica: "Quem intentará acusação contra os eleitos de Deus?" (Rm 8.33), a resposta é claramente ninguém (incluindo Satanás), pois aqueles que colocaram sua fé em Cristo são declarados inocentes (Rm 8.1). O fato de Satanás

---

58 A lei, é claro, não é um código de conduta abstrato e externo a Deus, mas um reflexo do próprio caráter eterno de Deus.

ser "atirado para a terra" em Apocalipse 12.9 (cf. Lucas 10.17-20), portanto, significa que Satanás foi expulso da corte celestial porque sua palavra acusatória se tornou ineficaz pela morte substitutiva de Cristo.[59]

Antes da morte de Cristo, Deus permitiu a Satanás um lugar na corte celestial para acusar o povo de Deus (Jó 1.6-12; 2.1-6; Zc 3.1-2). Beale explica ainda como Satanás perdeu seu lugar por causa da morte de Cristo: "A morte e ressurreição de Cristo baniram o Diabo desse privilégio anteriormente concedido a ele por Deus, porque [...] o Diabo não tinha mais fundamento para suas acusações contra os santos, uma vez que a pena que eles mereciam e que ele pleiteava finalmente fora exigida na morte de Cristo".[60] Ao satisfazer a justiça de Deus e perdoar os pecadores, Cristo tornou ineficaz a acusação de Satanás e, portanto, quebrou o poder acusatório que Satanás usava para dominar sobre os cristãos.

Satanás, aquele que traz a morte — Jesus, o Doador da vida

Embora a morte seja, em última análise, o resultado do julgamento de Deus sobre o pecado (Rm 6.23), Satanás tem um papel instrumental em levar o pecador por esse caminho. É nesse sentido que ele é um "homicida" (Jo 8.44) e tem "o poder da morte" (Hb 2.14). No entanto, enquanto Satanás vem "para roubar, matar e destruir", Jesus veio para que os pecadores "tenham vida e a tenham em abundância" (Jo 10.10). O pecado é a base do domínio de Satanás, e, ao expiar o pecado, Jesus desfaz a autoridade de

---

59 Gerhard Krodel, *Revelation*, ACNT (Minneapolis: Augsburg, 1989), p. 243.
60 G. K. Beale, *The Book of Revelation: a commentary on the Greek Text*, p. 659.

Satanás para reinar. À luz da conexão pecado-morte, Jesus reverte a decadência da morte desfazendo os efeitos do pecado. Paulo pode zombar da própria morte ("Onde está, ó morte, o teu aguilhão?", 1Co 15.55) porque Jesus, ao expiar o pecado, removeu o aguilhão da morte. Ele venceu a morte por meio da morte (Hb 2.14), e, onde o reino da morte é derrotado, prevalece o reino da graça, que resulta em vida (Rm 5.21).

O armamento de batalha (Ef 6.10-20)

Finalmente, ao discutir os contra-ataques de Cristo aos esquemas do Diabo, é apropriado mencionar brevemente o significado da discussão de Paulo sobre a "armadura de Deus" em Efésios 6.10-20. Embora essa passagem esteja abordando o papel dos cristãos em resistir ao Diabo, ela pode ser aplicada a Cristo como o cabeça do corpo e o comandante do exército de Deus. Em outras palavras, essa passagem pode oferecer uma perspectiva de *como* Cristo e os cristãos travam guerra e derrotam Satanás.

Antes de mais nada, essa batalha não é contra "carne e sangue", mas, sim, contra as "forças espirituais do mal" (Ef 6.12). O resultado, portanto, não deve ser determinado por qual lado tem a maior força ou poder (se fosse, não haveria batalha real, pois Deus é onipotente). Em vez disso, essa guerra avança no campo de batalha espiritual do pecado e da salvação, da escravidão e da libertação. O armamento dessa batalha não é a força das armas ou o valor das espadas, mas a verdade, a justiça, o evangelho da paz, a fé, a salvação, a palavra de Deus, a oração e a perseverança (Ef 6.14-18). Essas são as armas com as quais Cristo derrotou o Diabo, as armas que Cristo convidou seus seguidores a usar enquanto continuam a "ficar firmes contra as ciladas do Diabo" (Ef 6.11).

HUMANIDADE VITORIOSA

A insistência de Aulén de que a vitória de Cristo na cruz foi uma vitória *divina* provocou uma das críticas mais comuns e devastadoras: ele deixa pouco espaço para a humanidade de Cristo em sua vitória; isso reflete um afastamento da cristologia calcedônia.[61] Infelizmente, Aulén não está sozinho. Muitos reformadores atribuíram a vitória de Cristo quase completamente à sua divindade;[62] de acordo com Horton: "tem havido uma tendência generalizada ao longo da história da igreja de tratar a vitória de Cristo quase exclusivamente como a vitória de *Deus*".[63]

As Escrituras, no entanto, deixam claro que a humanidade de Cristo é essencial tanto para sua obra sacrificial quanto para a vitoriosa. O único mediador entre Deus e a humanidade é "Jesus Cristo, *homem*" (1Tm 2.5, itálico do autor). De acordo com Hebreus, a humanidade de Cristo é essencial tanto para sua vitória sobre o Diabo (Hb 2.14) quanto para sua obra de propiciação (Hb 2.17). A maneira mais abrangente pela qual o significado da humanidade de Cristo é expresso nas Escrituras é através da obra de Cristo como um Segundo Adão (Rm 5.12-21): "Porque, como, pela desobediência de um só *homem*, muitos se tornaram pecadores, assim também, por meio da obediência de um só [*homem*], muitos se tornarão justos" (Rm 5.19, itálico do autor).

---

61 Eugene Fairweather, "Incarnation and atonement: an Anselmian response to Aulén's *Christus Victor*", *CJT* 7 (1961): 167–75; John McIntyre, *St. Anselm and his critics: a re-interpretation of the Cur Deus Homo* (Edinburgh: Oliver and Boyd, 1954), p. 197–99; Michael Ovey, "Appropriating Aulén? Employing *Christus Victor* models of the atonement", *Churchman* 124 (2010): 317–23.

62 Para a visão de Lutero, veja David Brondos, *Fortress introduction to salvation and the cross* (Minneapolis: Fortress, 2007), p. 93.

63 Michael Horton, *Lord and servant: a covenant Christology*, p. 171, itálico do autor.

Jesus é plenamente Deus e plenamente homem, contudo, como o Segundo Adão, ele recebeu uma tarefa essencialmente humana. Ele vem como um humano para corrigir aquilo em que Adão errou, recapitulando em si mesmo a história de Adão e Israel, mas mantendo a aliança onde fora anteriormente quebrada (p. ex., Mt 4.1-11). Cristo teve que ser plenamente humano para nos salvar porque ele teve que cumprir a aliança como nosso representante, fazer uma oferta de expiação em nosso nome e sofrer a penalidade em nosso lugar. "Essa vida humana meritória", diz Horton, "não é apenas um pré-requisito necessário de uma oferta de sacrifício, mas parte integrante dessa oferta".[64]

Uma compreensão adequada da humanidade de Cristo abre espaço para o lugar do Espírito Santo na obra de Cristo. Enquanto grande parte da tradição atribui o poder de Cristo à sua divindade, Spence argumenta que a ênfase deveria estar na "natureza humana de Cristo capacitada pelo Espírito".[65] Jesus é, afinal, o Messias — o Filho de Davi ungido pelo Espírito, que, como humano, faz a mediação do poder real de Deus para toda a terra. A intenção aqui claramente não é criar uma dicotomia nestoriana entre a humanidade e a divindade de Cristo, mas, sim, como diz Gunton, reconhecer que a cruz é "uma vitória divina apenas porque é uma vitória humana".[66]

A VITÓRIA DE CRISTO E DOS CRISTÃOS

Deus derrota Satanás por meio de Cristo *e* dos cristãos. Embora a obra de Cristo na cruz seja uma obra consumada, ela

---

64 Ibid., p. 172.

65 Alan Spence, *The promise of peace: a unified theory of atonement*, p. 34.

66 Colin Gunton, *The actuality of atonement: a study of metaphor, rationality and the Christian tradition* (Londres: T&T Clark, 1988), p. 59.

ainda precisa ser apropriada e completada. Os cristãos não contribuem para a obra expiatória e vitoriosa de Cristo, mas são envolvidos nela. Paulo diz a seus companheiros cristãos: "E o Deus da paz, em breve, esmagará debaixo dos *vossos* pés a Satanás" (Rm 16.20, itálico do autor). João escreve a seus "jovens" que "*vocês* venceram o Maligno" (1Jo 2.13-14, NVI; itálico do autor). Além de usar a "armadura de Deus" (Ef 6.10-20), a declaração mais clara sobre *como* os cristãos estão envolvidos na derrota de Satanás vem em Apocalipse 12.11: "Eles [os cristãos], pois, o venceram [Satanás] por causa do sangue do Cordeiro e por causa da palavra do testemunho que deram e, mesmo em face da morte, não amaram a própria vida". Como argumentado anteriormente, o exército de cristãos derrota Satanás da mesma forma que seu comandante o faz — por meio do testemunho e do sofrimento.[67]

Primeiro, os cristãos triunfam sobre Satanás por meio de seu testemunho (a "palavra do testemunho que deram", Ap 12.11) da conquista vitoriosa de Cristo na cruz. Embora o poder de acusação de Satanás tenha sido reduzido, o engano permanece como um esquema crucial. Uma testemunha cristã da verdade da vitória de Cristo, portanto, expõe as mentiras de Satanás como falsas e anuncia seu fim inevitável. Segundo, os cristãos tomam parte na vitória de Cristo participando de seu sofrimento vitorioso ("mesmo em face da morte, não amaram a própria vida", Ap 12.11). Embora paradoxal, não deveria ser surpresa que um reino estabelecido pelo sofrimento avançasse por meios semelhantes (1Pe 5.6-11).

---

67 Veja acima, p. 126.

QUANDO A VITÓRIA DE CRISTO ACONTECE DECISIVAMENTE?

Embora a doutrina da expiação seja muitas vezes entendida como a resposta à questão relativa ao que Cristo realizou na cruz, alguns teólogos felizmente recuperaram a apreciação pela amplitude da obra expiatória de Cristo. Outros, no entanto, foram mais longe, mudando o ponto de gravidade da cruz para outro "momento" na obra de Cristo. A seguir, examinarei brevemente os argumentos mais fortes que os estudiosos ofereceram para a centralidade de diferentes "momentos" na obra expiatória de Cristo (isto é, a encarnação, a vida de Jesus, a ressurreição e a ascensão). Meu argumento é que, embora todo o trabalho desses estudiosos deva ser apreciado por fornecer uma compreensão mais holística da obra expiatória de Cristo, a centralidade da cruz nas Escrituras e na teologia é inegável. A pergunta "quando" também fornece mais clareza sobre "como" Cristo conquista a vitória.

ENCARNAÇÃO

De acordo com Thomas Torrance, a encarnação — mais especificamente o momento da união hipostática — é o momento definidor da obra expiatória de Cristo. A teologia de Torrance é moldada em grande medida pela famosa máxima de Gregório: "Aquilo que não é assumido, não é curado", a qual, para Torrance, parece significar automaticamente que o ato de assumir *é* em si a cura.[68] Na pessoa de Cristo, argumenta Torrance, Deus uniu a humanidade e a divindade: "é essa unidade que constitui o coração da

---

[68] Thomas Torrance afirma: "Em sua encarnação, Cristo não apenas tomou sobre si a nossa existência física a partir de Deus, mas, ao tomá-la para si, ao mesmo tempo a curou" (*Atonement: the person and work of Christ*, organização de Robert Walker [Downers Grove, IL: InterVarsity Press, 2009], p. 70).

expiação".⁶⁹ Torrance pode, portanto, dizer: "Jesus é a expiação", e toda a obra expiatória de Cristo, incluindo sua morte, é um resultado dessa união hipostática.⁷⁰

VIDA

A vida de Jesus é uma opção popular como aspecto central da obra expiatória de Jesus. O argumento mais desenvolvido teologicamente pode ser encontrado na obra de Tanner, que apresenta um esquema de "graça aperfeiçoando a natureza" em que a união com Deus é o objetivo e a encarnação é o meio.⁷¹ Tanner pondera sobre os debates da expiação, defendendo uma "visão encarnacional da expiação" que se afasta radicalmente das descrições tradicionais da cruz, e isso em uma tentativa de fazer justiça às críticas das teólogas feministas e mulheristas.⁷² Tanner rejeita qualquer análise forense ou compreensão propiciatória da cruz, redefine o sacrifício como harmonia comunal e defende a encarnação como "o mecanismo primário de expiação".⁷³ Embora haja muita sobreposição com a ênfase de Torrance na unidade da divindade e da humanidade em Cristo, Tanner vai mais longe ao argumentar a favor da vida de Cristo contra sua morte:

> A própria morte é um impedimento para a missão e não sua culminância positiva de qualquer maneira óbvia. Se a missão de

---

69 Thomas Torrance, *Atonement: the person and work of Christ*, p. 75.

70 Ibid., p. 94; cf. p. 125.

71 Kathryn Tanner, *Jesus, humanity and the Trinity: a brief systematic theology* (Edinburgh: T&T Clark, 2001); Tanner, *Christ the Key*.

72 Kathryn Tanner, *Christ the Key*, p. 262. O capítulo 6 dessa obra, intitulado "Death and sacrifice", é uma reimpressão de seu ensaio anterior: "Incarnation, cross, and sacrifice: a feminist-inspired reapraisal", *AThR* 86 (2004): 35-56.

73 Ibid., p. 252.

Deus continua, é apesar da morte de Jesus e não graças a ela [...] presumivelmente, teria sido melhor — um sinal de que o reino já havia chegado — se o sofrimento e a crucificação de Jesus nunca tivessem acontecido.[74]

RESSURREIÇÃO

Embora muitos defendam a centralidade da ressurreição para a expiação,[75] a "Narrativa *Christus Victor*" de Weaver é a mais relevante para essa discussão, defendendo a "vitória por meio da ressurreição".[76] O argumento de Weaver "está fundamentado em pressupostos de não violência" e, portanto, descarta qualquer possibilidade de Deus desejar a morte de Jesus.[77] Na visão mais ampla da missão de Jesus de tornar presente o reino de Deus, sua morte não é mais interpretada positivamente como salvífica, mas negativamente como oposição. Semelhante às afirmações de Tanner, os seres humanos não são salvos *pela* cruz, mas *da* cruz (sofrimento, maldade etc.).

De acordo com Weaver, a morte de Jesus, como a de Martin Luther King Jr., foi "um subproduto da fidelidade e não o objetivo de suas ações".[78] Como, então, Jesus alcança essa vitória não-vio-

---

74 Ibid., p. 251.

75 Robert Sherman, *King, Priest, and Prophet: a Trinitarian theology of atonement*, p. 116-68; Thomas Finger, "*Christus Victor* and the creeds: some historical considerations", *MQR* 72 (1998): 43; Robert Jenson, "The Triune God", in: *Systematic theology* (New York: Oxford University Press, 1997), vol. 1, p. 179-206.

76 J. Denny Weaver, "Narrative *Christus Victor*", in: John Sanders, orgs., *Atonement and violence: a theological conversation* (Nashville: Abingdon, 2006), p. 20; cf. J. Denny Weaver, *The nonviolent atonement* (Grand Rapids: Eerdmans, 2001), p. 21-22.

77 J. Denny Weaver, "Narrative *Christus Victor*", in: John Sanders, orgs., *Atonement and violence*, p. 25.

78 Ibid., p. 25

lenta? Weaver afirma: "Sua morte não compensou ou satisfez nada. Pelo contrário, foi um produto das forças do mal que se opuseram a Jesus e se opuseram ao reino de Deus. O verdadeiro ato salvador de Jesus, nele e com ele, é sua ressurreição".[79]

ASCENÇÃO

Faustus Socinus parece ter separado completamente a expiação da morte de Cristo, interpretando a cruz apenas como um exemplo e localizando a expiação sacrificial de Cristo em sua oferta de si mesmo no céu após a ressurreição e a ascensão.[80] Embora o argumento de Socinus não tenha sido adotado por causa de sua teologia pouco ortodoxa, David Moffitt chegou recentemente a uma conclusão semelhante, pelo menos em relação ao livro de Hebreus.[81] Em sua opinião, a expiação não é realizada na cruz, mas no santuário celestial, onde o Jesus ressuscitado apresenta sua vida (e não sua morte) no altar: "Sua morte põe em movimento a sequência. Sua aparição diante de Deus no céu efetua a expiação".[82]

A CENTRALIDADE DA CRUZ NA EXPIAÇÃO

Embora a encarnação, a vida, a ressurreição e a ascensão de Cristo sejam muito importantes, as Escrituras apresentam a morte de Cristo na cruz como o ponto alto de sua obra expiatória. Ao

---

79 Ibid., p. 26.

80 Faustus Socinus, *De Jesu Christo servatore: Hoc est cur & qua ratione Iesus Christus noster seruator sit* (Rakow: Rodecius, 1594); Faustus Socinus, *Prælectiones theologicæ* (Racoviae: Sebastiani Sternacii, 1609). Para uma tradução parcial de Socinus em inglês, veja Alan Gomes, "Faustus Socinus' *De Jesu Christo Servatore*, Part III: Historical introduction, translation and critical notes", dissertação de Ph.D., Fuller Theological Seminary, 1990.

81 David Moffitt, *Atonement and the logic of resurrection in the Epistle to the Hebrews* (Leiden: Brill, 2011).

82 Ibid., p. 294.

declarar: "Está consumado", pouco antes de sua morte (Jo 19.30), o próprio Jesus revelou a natureza definitiva de sua crucificação. Quando os autores do Novo Testamento procuraram explicar a restauração que Cristo fez daquilo que o pecado havia deturpado, eles regularmente lembraram da cruz de Cristo (p. ex., Ef 2.16) ou do sangue (p. ex., 1Pe 1.19), ambos representando sua morte: "Cristo *morreu* pelos nossos pecados" (1Co 15.3, itálico do autor); "fomos reconciliados com Deus mediante a *morte* de seu Filho" (Rm 5.10, itálico do autor). Paulo poderia resumir toda a sua mensagem com o simples, mas poderoso segmento de frase: "Cristo crucificado" (1Co 1.23; cf. 2.2). Além disso, o fato de que o sistema sacrificial do Antigo Testamento e especialmente Is 52.13–53.12 fornecem o pano de fundo primário para a compreensão da obra expiatória de Cristo certamente sugere uma ênfase na morte de Cristo como o Cordeiro morto e o Servo Sofredor.

A centralidade da cruz na obra expiatória de Cristo certamente foi mantida durante a maior parte da história da igreja. De acordo com McKnight: "Quando uma teoria da expiação afirma que a cruz não é central para o plano do Deus expiatório, essa teoria dissolve a única história que a igreja já conheceu".[83] Atanásio diz que a cruz é "o próprio centro de nossa fé".[84] Embora a igreja primitiva de fato colocasse grande ênfase na encarnação de Cristo, ao falar especificamente sobre a obra expiatória e vitoriosa de Cristo, eles enfatizavam consistentemente a cruz. Mesmo em meio às várias divergências ao longo da história da igreja sobre as

---

83 Scot McKnight, *A community called atonement* (Nashville: Abingdon, 2007), p. 61.

84 Athanasius, *On the incarnation* (Crestwood, NY: St. Vladimir's Seminary Press, 2002), p. 48 [edição em português: "A encarnação do Verbo", in: *Santo Atanásio*, Patrística (São Paulo: Paulus, 2014), vol. 18].

teorias da expiação, não importa se Anselmo, Abelardo ou Aulén, todos concordaram que foi principalmente na cruz onde Cristo realizou sua tarefa.

Chamar a cruz de *central*, é claro, não significa que ela seja o *único* momento da expiação, mas, sim, o mais definitivo. A cruz deve ser *central*, mas nunca *solitária*. Calvino demonstra bem a centralidade da cruz dentro de uma compreensão holística da obra expiatória de Cristo:

> Como Cristo aboliu o pecado? [...] Ele conseguiu isso para nós por todo o curso de sua obediência. [...] Em suma, a partir do momento que assumiu a forma de servo, ele começou a pagar o preço da libertação para nos redimir. No entanto, para definir a salvação com mais precisão, as Escrituras atribuem isso como peculiar à morte de Cristo e próprio dela.[85]

Cada uma das contribuições acadêmicas sobre a encarnação, a vida, a ressurreição e a ascensão de Cristo são úteis à medida que buscam recuperar uma compreensão holística da obra expiatória de Cristo e esclarecer o papel específico que cada um desses elementos desempenha. Precisamos de uma visão expansiva que englobe toda a obra de Cristo, mas de uma forma que ainda sustente o significado particular de cada aspecto por meio da integração, da ordem e da classificação. A cruz deve ser mantida como central dentro da estrutura mais ampla da obra de Cristo *e* deve ser relacionada a cada um desses vários aspectos. Como, então, cada aspecto se relaciona com a cruz?

---

85 John Calvin, *Institutes of the Christian religion*, 2.16.5.

A encarnação de Cristo e a união hipostática são fundamentais para a doutrina da expiação, pois, como a igreja primitiva reconheceu, Jesus tinha que ser plenamente Deus e plenamente humano para ser o Mediador e o Salvador. A vida e o ministério de Cristo são essenciais para sua obra expiatória. Ele não apenas pagou a penalidade por quebrarmos a lei, mas também guardou a aliança e cumpriu a lei em nosso lugar. Além disso, a pregação, as curas, os exorcismos e os milagres de Cristo esclarecem que a jornada intencional de Cristo até a cruz não era um fim em si mesmo, mas o meio pelo qual ele alcançaria seu objetivo maior de reconciliar os pecadores, derrotar o mal e estabelecer o reino de Deus assim na terra como no céu.[86]

Relacionar a morte de Cristo com sua ressurreição é de particular importância, pois ambas são frequentemente emparelhadas juntas (Mc 8.31; Rm 6.5) e, desse modo, consideradas "de primeira importância" (1Co 15.3-4). Se Jesus é o crucificado e ressuscitado, é justificável sustentar a centralidade da cruz para a expiação? De modo proveitoso, Calvino argumenta que, embora a morte e a ressurreição de Cristo sejam inseparáveis,[87] seus papéis devem ser diferenciados na obra de salvação mais ampla de Cristo:

---

86 Para uma discussão útil sobre os milagres, as curas e os exorcismos de Jesus em relação ao reino de Deus, veja Clinton Arnold, "The kingdom, miracles, Satan, and demons", in: Christopher Morgan; Robert Peterson, orgs., *The kingdom of God*, Theology in Community (Wheaton, IL: Crossway, 2012), p. 153-78. De acordo com Arnold, "os milagres, os exorcismos e as curas de Jesus declaram a intervenção do governo régio de Deus em um mundo desfigurado pelo pecado, pela doença e pelo caos opressivo do Maligno" (p. 159).

87 Calvino afirma: "Então, lembremo-nos de que, sempre que se menciona apenas sua morte, devemos entender ao mesmo tempo o que pertence à sua ressurreição. Além disso, a mesma sinédoque se aplica à palavra 'ressurreição': sempre que for mencionada separadamente da morte, devemos entendê-la como incluindo o que tem que ver especialmente com sua morte" (John Calvin, *Institutes of the Christian religion*, 2.16.13).

> Portanto, dividimos a substância de nossa salvação entre a morte e a ressurreição de Cristo da seguinte maneira: por meio de sua morte, o pecado foi eliminado e a morte extinta; por meio de sua ressurreição, a justiça foi restaurada e a vida ressuscitada, de modo que, graças à sua ressurreição, sua morte manifestou seu poder e sua eficácia em nós.[88]

A cruz e a ressurreição estão desempenhando papéis diferentes, e é mais apropriado falar da cruz como o centro da expiação: "sem derramamento de sangue, não há remissão" de pecados (Hb 9.22).

A cruz é central para a doutrina da expiação porque, como diz P. T. Forsyth: "é lá que ele [Cristo] expia, propicia, reconcilia".[89] Propiciação, redenção, vitória sobre Satanás, e assim por diante, formam a linguagem da doutrina da expiação, e todos esses aspectos são realizados primariamente na cruz. A centralidade da cruz na doutrina da expiação não obscurece a ressurreição, mas procura localizar seu significado no lugar certo. Primeira aos Coríntios 15 une cruz e ressurreição, mas a morte de Cristo é "pelos nossos pecados" (1Co 15.3), enquanto sua ressurreição é o começo da nova criação (1Co 15.20).

O que dizer, então, da ressurreição? A típica resposta reformada tem sido que a ressurreição é a vindicação de Cristo. A ressurreição *revela* que Jesus é quem ele disse que era e que ele realizou o que disse que faria. Como diz Bavinck: "A ressurreição é [...] o 'Amém!' do Pai sobre o 'Está consumado!' do Filho".[90]

---

88 John Calvin, *Institutes of the Christian religion*, 2.13.16.
89 Peter Forsyth, *God the holy Father* (London: Independent, 1957), p. 40–41.
90 Herman Bavinck, "Sin and salvation in Christ", in: *Reformed dogmatics*, vol. 3, p. 442; veja também, na mesma obra, o desenvolvimento do significado óctuplo da ressurreição de acordo com o autor.

No entanto, embora a ressurreição como a vindicação de Cristo deva ser afirmada, há mais. Primeiro, se Jesus não ressuscitou dos mortos, a salvação que ele alcançou não pode ser aplicada aos necessitados (cf. 1Co 15.17). Como Denney diz: "Não pode haver salvação do pecado a menos que haja um Salvador vivo: isso explica a ênfase colocada pelo apóstolo na ressurreição. Mas o Vivo só pode ser um Salvador porque ele morreu: isso explica a ênfase colocada na cruz".[91] Se todos os benefícios da salvação são encontrados em união com Cristo, é ao Cristo *ressuscitado* que estamos unidos.

Segundo, e mais importante, a ressurreição de Cristo é o começo da nova criação.[92] Embora esse aspecto da ressurreição seja claro nas Escrituras (1Co 15.35-49; Ef 1.15-23; Cl 1.15-20; Ap 3.14), a preocupação contemporânea em interpretar a ressurreição de Cristo da perspectiva apologética (ele realmente ressuscitou dos mortos) obscureceu o significado teológico primário: a ressurreição dos mortos no fim dos tempos começou no corpo ressurreto de Jesus. A ressurreição constitui Cristo como o "Espírito que dá vida" (1Co 15.45). Em suma, embora a cruz e a ressurreição sejam inseparáveis e ambas estejam no centro da salvação de Deus em Cristo, a doutrina da expiação depende especificamente da morte de Cristo na cruz.

A ascensão de Cristo também é importante para sua obra expiatória. O valor expiatório da oferta de Cristo no santuário celestial (Hb 9.11-14) não precisa ser contraposto à realização

---

91 James Denney, *The death of Christ: its place and interpretation in the New Testament* (Nova York: Armstrong and Son, 1904), p. 123.

92 Herman Ridderbos, *Paul: an outline of his theology* (Grand Rapids: Eerdmans, 1975, p. 57; N. T. Wright, *The resurrection of the Son of God* (Christian Origins and the Question of God; Minneapolis: Fortress, 2003), p. 712.

expiatória de Cristo na cruz, antes, pode mostrar a amplitude da obra expiatória de Cristo — de modo específico, a maneira pela qual a expiação, assim como no sistema sacrificial do Antigo Testamento, era um processo.[93] Além disso, é o Cristo ressuscitado e assunto que envia seu Espírito para continuar sua obra na terra. "*O Pentecostes pertence à expiação*", diz Torrance, "pois a presença do Espírito é a atualização entre nós da nova e redimida vida".[94] Como Horton diz: "O derramamento do 'sangue da nova aliança' (Mt 26.28) é a pressuposição do derramamento do Espírito no Pentecostes (At 2)".[95]

A segunda vinda de Cristo também está incluída porque é a consumação de sua obra expiatória vitoriosa na cruz, não um passo além dela. Em suma, a expiação alcançada por Cristo abrange sua obra desde a concepção até a consumação e é centralizada em sua crucificação.

POR QUE CRISTO VENCE SATANÁS?

Cristo não derrota Satanás simplesmente para derrotar Satanás. Em outras palavras, sua conquista da vitória serve a um objetivo ainda maior — a reconciliação. Embora a substituição penal lide com a inimizade com Deus e *Christus Victor* com a escravidão a Satanás, ambas tratam de barreiras referentes à grande necessidade de reconciliação entre Deus e o mundo. Gregório de Nazianzo disse que o objetivo da vitória de Cristo era "que Deus, vencendo

---

93 Para uma proposta construtiva do papel da ascensão na obra expiatória de Cristo, veja Douglas Farrow, *Ascension theology* (New York: T&T Clark, 2011), cap. 7: "Ascension and atonement".

94 Thomas Torrance, *Atonement: the person and work of Christ*, p. 178, grifo no original.

95 Michael Horton, *Lord and servant: a covenant Christology*, p. 177.

o tirano, pudesse nos libertar e nos reconciliar consigo mesmo por meio de seu Filho".[96]

Aulén não poderia ser mais claro sobre o objetivo da reconciliação: "É impossível enfatizar exageradamente que, quando isso [a derrota do Diabo] foi realizado, a expiação ocorreu; pois uma nova relação entre Deus e o mundo é estabelecida pelo fato de que Deus libertou a humanidade dos poderes do mal e reconciliou o mundo consigo mesmo".[97] O objetivo *reconciliação com Deus*, portanto, ajuda a reconciliar a obra propiciatória e a obra vitoriosa de Cristo, pois ambas removem barreiras a serviço do objetivo maior de Deus de constituir um povo reconciliado em um reino renovado.

A reconciliação, no entanto, prova ser o penúltimo alvo, pois o objetivo final da obra expiatória de Deus é — como em todas as coisas — a glória de Deus. Se Deus criou pessoas para sua glória (Is 43.6-7), escolheu Israel para sua glória (Jr 13.11), redimiu Israel da escravidão no Egito para sua glória (Êx 14.4, 18), sustentou Israel no deserto para sua glória (2Sm 7.23) e restaurou Israel do Exílio para sua glória (Ez 36.22-23), é alguma surpresa que ele tenha expiado o pecado e derrotado Satanás *para sua glória*? Este é precisamente o testemunho da Escritura: a propiciação, a redenção, o perdão e a vitória são todos, em última instância, para a glória de Deus, por amor do seu nome e "para louvor da glória de sua graça" (Ef 1.6; cf. Êx 14.4, 18; Sl 79.9; Is 43.25; 48.9-11; Rm 3.24-25; 1Jo 2.12). Gunton observa de maneira útil que a adoração está no cerne do próprio

---

96 Citado em Gustaf Aulén, *Christus Victor: an historical study of the three main types of the idea of atonement*, p. 42.

97 Gustaf Aulén, *Christus Victor: an historical study of the three main types of the idea of atonement*, p. 30. É por essa razão que Aulén demanda que a vitória de Cristo pertença à doutrina da expiação. Segundo Aulén, a vitória de Cristo é "a expiação no sentido pleno da palavra, pois é uma obra em que Deus reconcilia consigo o mundo e é, ao mesmo tempo, reconciliado" (p. 4).

sistema sacrificial.[98] O sacrifício de Cristo não é apenas expiação pelo pecado, mas uma oferta de louvor a Deus, que então permite que outros se unam a seu propósito concebido de adorar a Deus.[99]

Todas as diferentes dimensões da obra de Cristo na cruz, especialmente a substituição penal e *Christus Victor*, estão unidas à medida que servem ao objetivo maior da reconciliação para a glória de Deus.

ALÉM DA RETÓRICA

Respondi à questão de como substituição penal e *Christus Victor* se relacionam, mas uma questão controversa permanece: Existe uma metáfora central ou dominante para a doutrina da expiação? Fornecerei uma taxonomia de como essa pergunta tem sido respondida e, em seguida, irei sugerir brevemente um caminho a seguir.

Segundo seus defensores, a substituição penal é o "centro",[100] o "coração",[101] o "fundamento",[102] a "base",[103] a "grande ideia da

---

[98] Colin Gunton, "Atonement: the sacrifice and the sacrifices, From metaphor to transcendental?" in: *Father, Son, and Holy Spirit: essays toward a fully Trinitarian theology* (New York: T&T Clark, 2003), p. 181–200.

[99] Ibid., p. 198.

[100] Henri Blocher, "The sacrifice of Jesus Christ: the current theological situation", *EuroJTh* 8 (1999): 31; Graham Cole, *God the Peacemaker: how atonement brings shalom*, p. 238; John Stott, *The cross of Christ*, p. 159; Garry Williams, "Penal substitution: a response to recent criticisms", in: Derek Tidball; David Hilborn; Justin Thacker, orgs., *The atonement debate*, p. 187; S. Jeffery; M. Ovey; A. Sach, *Pierced for our transgressions: rediscovering the glory of penal substitution* (Wheaton, IL: Crossway, 2007), p. 211.

[101] Donald Bloesch, "Christian Foundations", in: *Jesus Christ: Savior and Lord* (Downers Grove, IL: InterVarsity Press, 1997), vol. 4, p. 158; Henri Blocher, "The sacrifice of Jesus Christ: the current theological situation", *EuroJTh* 8 (1999): 31.

[102] Jarvis Williams, "Violent atonement in Romans: the foundation of Paul's soteriology", *JETS* 53 (2010): 583.

[103] Henri Blocher, "The sacrifice of Jesus Christ: the current theological situation", *EuroJTh* 8 (1999): 31.

expiação",[104] a "âncora de todas as outras teorias",[105] a "essência da expiação",[106] a "teoria soteriológica normativa",[107] o "*modus operandi* dos diferentes entendimentos da cruz"[108] e o "princípio subjacente presente em todas as outras [teorias] e o fator que as torna coerentes".[109] Os proponentes da posição *Christus Victor*, não menos imponentes, reivindicam a vitória de Cristo como "a metáfora final",[110] "uma estrutura unificadora",[111] "dominante",[112] "o coração",[113] "o conteúdo central de toda a interpretação da cruz"[114] ou "o tema central na teologia da expiação, em torno do qual todos os outros significados variados da cruz encontram seu nicho particular".[115]

Receio que afirmações como "essa teoria é *o centro* da expiação" sejam, muitas vezes, formas retóricas de basicamente dizer o seguinte: "Minha teoria é melhor que a sua", em vez de explicações teológicas bem pensadas que buscam defender e integrar os

---

[104] Bruce Demarest, *The cross and salvation: the doctrine of salvation*, FET (Wheaton, IL: Crossway, 1997), p. 171.

[105] Thomas Schreiner, "Penal substitution view", in: James Beilby; Paul Eddy, orgs., *The nature of the atonement: four views* (Downers Grove, IL: InterVarsity Press, 2006), p. 93.

[106] Robert Letham, *The work of Christ*, p. 174-75.

[107] Mark Chan, "The gospel and the achievement of the cross", *ERT* 33 (2009): 30.

[108] I. Howard Marshall, *Aspects of the atonement: cross and resurrection in the reconciling of God and humanity* (London: Paternoster, 2007), p. 51.

[109] I. Howard Marshall, "The theology of the atonement", in: Derek Tidball; David Hilborn; Justin Thacker, orgs., *The atonement debate* (Grand Rapids: Zondervan, 2008), p. 50.

[110] Hans Boersma, *Violence, hospitality, and the cross: reappropriating the atonement tradition*, p. 181.

[111] Gregory Boyd, "*Christus Victor* View", in: James Beilby; Paul Eddy, orgs., *The nature of the atonement: four views*, p. 24.

[112] Thomas Finger, "*Christus Victor* and the creeds: some historical considerations", *MQR* 72 (1998): 32.

[113] N. T. Wright, *Evil and the justice of God* (Downers Grove, IL: InterVarsity Press, 2006), p. 95 [edição em português: *O mal e a justiça de Deus* (Viçosa, MG: Editora Ultimato, 2009)].

[114] Karl Heim, *Jesus, the world's perfecter: the atonement and the renewal of the world* (Edinburgh: Oliver and Boyd, 1959), p. 70-71.

[115] N. T. Wright, *Evil and the justice of God*, p. 114.

aspectos essenciais das posições substituição penal e *Christus Victor*. Concordo plenamente que a substituição penal é central. Mas o que isso significa? E o que isso implica em relação a *Christus Victor*? Isso podeira ser interpretado de forma positiva, significando que *Christus Victor* é o escopo da expiação, ou de forma negativa, resultando no mero afastamento do conceito para a periferia.

A confusão pode ser vista nas diferentes abordagens de Blocher e Boersma. Ambos os teólogos concordam que a substituição penal é o *"como"* de *Christus Victor*, mas, com base nessa síntese, cada um faz uma afirmação oposta. Para Boersma, a substituição penal é "subordinada" porque é um meio direcionado para um fim: *Christus Victor*.[116] Blocher, no entanto, afirma que a substituição penal tem primazia porque *Christus Victor* depende dela como meio.[117] O reconhecimento da instrumentalidade não deve levar à conclusão de que substituição penal ou *Christus Victor* são subordinados, mas à ideia de que esses elementos desempenham papéis diferentes. Os proponentes de cada lado precisam perceber que, na verdade, não estão tratando do assunto de modo equânime e, então, parar com isso, substituindo afirmações retóricas reducionistas por explicações teológicas holísticas e reconhecendo que cada aspecto desempenha um papel essencial na obra expiatória de Cristo.

Conceitualmente, a substituição penal aborda o *"como"* da expiação e *Christus Victor* aborda seus efeitos sobre Satanás, os demônios e a morte — ambas dentro do objetivo mais amplo da reconciliação para a glória de Deus. Á medida que *Christus Victor* é visto não apenas como uma vitória sobre Satanás, mas como o

---

116 Hans Boersma, *Violence, hospitality, and the cross: reappropriating the atonement tradition*, p. 182.

117 Henri Blocher, "The sacrifice of Jesus Christ: the current theological situation", *EuroJTh* 8 (1999): 31.

estabelecimento do reino de Deus — a recuperação de sua realidade e comissão edênica —, *Christus Victor* fornece o contexto mais amplo para a substituição penal. Metaforicamente, talvez possamos explorar a linguagem do "coração". Se a substituição penal é o *coração* da expiação, bombeando vida nos outros aspectos, então talvez *Christus Victor* seja o *calcanhar*, esmagando a cabeça da serpente e revertendo a maldição que obstaculiza a humanidade quanto ao seu reino edênico. Mas não esqueçamos que precisamos de ambos, coração *e* calcanhar. Um coração sem calcanhar não tem chance na batalha. Mas um calcanhar sem coração não tem poder para conquistar.

Isso não quer dizer que não haja lugar para prioridade na doutrina da expiação, mas, sim, que ela deve ser dada de uma forma que sustente e integre os outros aspectos da obra de Cristo.[118] Como argumentei antes, a categoria "antes de tudo" de Paulo (1Co 15.3) demonstra que há um lugar para a classificação dogmática na teologia.[119] Portanto, com essas ressalvas, e com base na fundamentação estabelecida acima acerca da definição da relação entre substituição penal e *Christus Victor* (ou seja, *Christus Victor* por meio da substituição penal, em que a última se concentra nos meios e a primeira nos efeitos em relação a Satanás), eu acredito que o lugar de prioridade pertence à substituição penal em pelo menos dois sentidos.

---

118 Segundo James Beilby e Paul Eddy, essa busca está de acordo com a tradição da igreja: "Do período patrístico em diante, os teólogos cristãos geralmente reconheceram a rica diversidade de maneiras pelas quais múltiplos aspectos da expiação podem ser expressos, embora, ao mesmo tempo, procurassem identificar o coração da expiação — a imagem primária que, de modo mais poderoso e completo, expressa o ponto crucial da obra salvadora de Cristo" ("Atonement", in: W. Dyrness; Veli-Matti Kärkkäinen, orgs., *Global dictionary of theology* [Downers Grove, IL: InterVarsity Press, 2008], p. 85).

119 Para minha discussão sobre classificação dogmática, veja acima, p. 187-189.

Primeiro, em termos teológicos, a substituição penal tem prioridade por seu poder explicativo. Uma vez que a teologia sistemática se engaja explicitamente com a doutrina e a teoria, o fato de que a substituição penal explica o *"como"* de *Christus Victor* dá-lhe prioridade na doutrina da expiação. A substituição penal não faz tudo, mas proporciona compreensão em relação a muitos outros aspectos da expiação, especialmente *Christus Victor*.

Segundo, a substituição penal tem prioridade no sentido de estar mais diretamente associada ao relacionamento entre Deus e o ser humano, que é o foco especial da criação, da Queda e da redenção. Em outras palavras, a substituição penal aborda *diretamente* a raiz do problema entre Deus e a humanidade (ira/culpa), enquanto *Christus Victor* aborda o problema *derivado* da escravidão humana a Satanás. No entanto, devo mais uma vez deixar claro que manter esse tipo de prioridade para a substituição penal não implica que ela faça tudo. A substituição penal é necessária, mas não suficiente para a compreensão da doutrina da expiação em sua totalidade.

CONCLUSÃO

Como, então, essa síntese de *"Christus Victor* por meio da substituição penal" ajuda a responder à questão primordial da relação entre o reino e a expiação? A resposta, em suma, é que substituição penal e *Christus Victor* (em sua devida relação) são *ambos* essenciais para uma compreensão correta da vinda do reino de Deus.

A conexão entre *Christus Victor* e o reino de Deus é bastante óbvia, pois a vitória divina é, em última análise, a vitória régia e tem como objetivo o reino de Deus. A primeira frase do livro *Christus Victor* de Aulén revela ainda mais a conecção: "A ideia central relativa a *Christus Victor* é a visão de Deus e do Reino de Deus lutando contra os poderes do mal que assolam a humanidade."[120] É apenas natural, então, que estudiosos tenham apelado para *Christus Victor* como o caminho para conectar o reino e a cruz. A cruz é a vitória do reino de Deus. Sim, isso certamente está correto. Cristo é vitorioso na cruz, e sua vitória não é outra senão o estabelecimento do reino de Deus. Mas o que demonstrei neste capítulo é que a vitória da cruz depende do sofrimento vicário de Cristo. Portanto, uma conexão mais completa do reino e da cruz reconhece não apenas a vitória de Cristo, mas o meio pelo qual a vitória de Cristo se dá — a substituição penal. Na cruz, Jesus carrega a pena do pecado tomando o lugar dos pecadores, derrotando assim Satanás e estabelecendo o reino de Deus na terra. Há pelo menos três razões pelas quais a substituição penal deve ser anexada a *Christus Victor* ao conectar reino e cruz.

Primeiro, se nossos pecados não foram tratados, a vinda do reino de Deus *não* é uma boa notícia. A vitória de Cristo sobre Satanás, os demônios e a morte é uma realização gloriosa, contudo, se nossos pecados não foram expiados, permanecemos sob a ira de Deus e fora de seu reino. A posição *Christus Victor* em si mesma implica que os humanos são meramente vítimas de Satanás que devem ser resgatados do problema, e não pecadores que são parte do problema. Porém, mesmo com Satanás derrotado e as algemas quebradas, somente aqueles cuja penalidade foi paga podem entrar no reino de Deus como cidadãos.

---

120 Gustaf Aulén, *Christus Victor: an historical study of the three main types of the idea of atonement*, ix; veja também Colin Gunton, que diz: "As noções de vitória e a reafirmação da autoridade régia de Deus permanecer juntas" (*The actuality of atonement: a study of metaphor, rationality and the Christian tradition*, p. 59).

Segundo, a substituição penal é crucial para o enredo das Escrituras culminando no reino de Deus. *Christus Victor* foi recentemente aclamado por estudiosos que buscaram recuperar a estrutura escatológica da cruz. De Gênesis 3.15 em diante, a vitória de Cristo é crucial para a história. Sim, mas esse argumento geralmente é feito em oposição à substituição penal, que é retratada como resultado de uma teologia sistemática abstrata e a-histórica. O problema dessa interpretação é que ela extrai a substituição penal da história da redenção, exatamente o contexto no qual ela deveria ser compreendida. Os conceitos pecado e ira de Deus são entrelaçados ao longo do desdobramento da história de Israel, culminando no cântico do Servo Sofredor (Is 52.13–53.12). Como Cole diz: "Se removermos o tema da ira das Escrituras, seu enredo será eviscerado".[121]

Terceiro, a substituição penal é imperativa para sustentar a justiça da vinda do reino de Deus. A ironia é densa: embora o reino de Deus e uma interpretação penal substitutiva da cruz apelem fortemente ao conceito de justiça, os dois raramente são associados.[122] O Antigo Testamento declara: "justiça e juízo são a base do seu [do Senhor] trono" (Sl 97.2), e profetiza que o Messias estabelecerá e sustentará seu reino com justiça e retidão (Is 9.7; cf. Sl 89.14; Jr 23.5). Então, se o reino é estabelecido com justiça, onde a justiça de Deus é revelada em sua plenitude? Ela é revelada na cruz, onde

---

[121] Graham Cole, *God the Peacemaker: how atonement brings shalom*, p. 75; cf. D. A. Carson, "The wrath of God", in: Bruce McCormack, org., *Engaging the doctrine of God: contemporary protestant perspectives* (Grand Rapids: Baker Academic, 2008), p.11.

[122] Parte do problema é que existem diferentes visões de justiça — a saber, se ela é restaurativa ou retributiva. Como mencionado acima (veja p. 177, n. 10), acredito que a justiça deve ser retributiva para ser verdadeiramente restaurativa. Mais especificamente, nas palavras de Boersma: "A justiça restaurativa só pode funcionar se estivermos dispostos a incluir a noção de punição" (*Violence, hospitality, and the cross: reappropriating the atonement tradition*, p. 10).

Jesus foi "oferecido como propiciação [...] para manifestar a justiça de Deus" (Rm 3.24-25, ESV).¹²³ Em outras palavras, a substituição penal sustenta a justiça de Deus na expiação, que é um aspecto essencial da vinda do reino de Deus. A vinda do reino, incluindo a derrota do mal e a salvação de seu povo, deve estar de acordo com o caráter justo de Deus.

Então, para os defensores da posição *Christus Victor*, eu diria que se você perder a substituição penal, você perde o reino. Boersma expressa o perigo de ignorar a ira de Deus na busca por enfatizar o amor de Deus: "Ironicamente, ao excluir a ira e a violência de Deus na tentativa de sustentar seu amor, acabamos perdendo a própria coisa que estamos buscando salvaguardar: a restauração do *šālôm* e, portanto, o prazer da presença do amor de Deus".¹²⁴ E aos defensores da substituição penal, eu diria que a justiça de Deus possui uma aplicação mais ampla que a justificação de indivíduos. Gunton adverte apropriadamente contra uma bifurcação de justificação e justiça:

> É um erro interpretar a metáfora jurídica de uma forma estritamente personalista ou individualista. O centro é, sem dúvida, a justificação dos pecadores, mas eles são vistos no contexto de um mundo que permanece ou cai com eles [...] A justificação

---

123 Douglas Moo explica o objetivo dessa declaração dentro do contexto de Romanos 3.21-26: "Essa cláusula faz uma importante contribuição para nossa compreensão do mecanismo 'interno' da expiação, explicando a necessidade da obra propiciatória de Cristo levando-se em conta o caráter santo de Deus. A restrição passada de Deus quanto a punir os pecados com toda a medida de punição que eles mereciam põe em questão sua justa e imparcial 'justiça', ou santidade, criando a necessidade de que essa justiça seja 'satisfeita', uma satisfação proporcionada pelo sacrifício propiciatório de Cristo" (*The Epistle to the Romans*, NICNT [Grand Rapids: Eerdmans, 1996], p. 238).

124 Hans Boersma, "Violence, the cross, and Divine intentionality: a modified reformed view", in: John Sanders, org., *Atonement and Violence* (Nashville: Abingdon, 2006), p. 65.

do pecador, então, é apenas uma parte do que se entende por justiça de Deus, que é concebida mais amplamente levando-se em conta a transformação de toda a ordem criada, e isso como resultado — como veremos — da lealdade de Deus à sua criação.[125]

O estabelecimento do reino será uma grande vitória que é conquistada com justiça. Por isso, precisamos de uma conquista que seja vitoriosa tanto quanto mantenha a justiça de Deus: *Christus Victor* por meio da substituição penal.

Neste capítulo, vimos a natureza real da expiação. No próximo capítulo, veremos a natureza cruciforme do reino. Isso completará a imagem de Jesus, o Rei crucificado.

---

[125] Colin Gunton, *The actuality of atonement: a study of metaphor, rationality and the Christian tradition*, p. 102–3.

CAPÍTULO 9

REINADO: O REINO CRUCIFORME DE DEUS

Nos três capítulos anteriores, vimos como o vindouro reino de Deus molda o significado da pessoa e da obra de Cristo. Jesus é Rei na cruz — expiando o pecado, derrotando o mal e, assim, estabelecendo seu reino na terra. No entanto, tendo afirmado anteriormente que reino e cruz são mutuamente enriquecedores, o que podemos dizer agora sobre o reino à luz da cruz? Neste capítulo, apresentarei uma proposta construtiva para a maneira segundo a qual o reino é moldado pela cruz: trata-se do reino *cruciforme* de Deus. Depois de argumentar a favor do reino cruciforme de Deus, desenvolverei o argumento em diálogo com Jürgen Moltmann, concentrando-me principalmente na doutrina de Deus e brevemente na maneira pela qual Deus faz avançar o reino entre o já e ainda não.[1]

O REINO CRUCIFORME DE DEUS

A morte expiatória de Cristo na cruz cria uma comunidade de pessoas resgatadas que passam a viver sob o reinado de Deus (Ap 1.6). Visto que o reino de Deus é fundado pela cruz, inserido pela

---

1 Jürgen Moltmann é o interlocutor primário aqui, porque ele incorporou o reino de Deus à teologia sistemática tanto quanto ou até mais do que qualquer outro teólogo. Ele também apresenta o reino de uma forma que integra a cruz, em vez de exclui-la. Com relação ao foco na doutrina de Deus, embora o tema expansivo do reino deva moldar toda a teologia (como mostrado nos dois capítulos anteriores), trata-se de algo especialmente relevante para a doutrina de Deus porque o reino de Deus é, antes de tudo, uma declaração sobre Deus — isto é, que ele é rei.

cruz e moldado pela cruz, é verdadeiramente um reino cruciforme. Até agora, concentrei-me no *estabelecimento* do reino de Deus por meio da cruz de Cristo, mas aqui procuro identificar a natureza do reino e a maneira pela qual ele *avança*. O reino de Deus é um reino cruciforme, e, assim como foi estabelecido e inaugurado pela morte e ressurreição de Cristo, ele avançará por meio do reinado de Deus sobre aqueles que o Espírito une a Cristo em sua morte e ressurreição e por meio dessas pessoas.

A TEOLOGIA DA CRUZ DE LUTERO

A natureza cruciforme do reino de Deus baseia-se em um conceito latente ao longo deste projeto — a saber, a teologia da cruz de Lutero.[2] Contra o pano de fundo da escolástica medieval, Lutero zombou dos "teólogos da glória" que buscavam conhecer a Deus de modo independente de sua revelação no evangelho de Jesus Cristo, afirmando, em vez disso, que *"CRUX sola est nostra theologia"* ("somente a cruz é nossa teologia").[3] A cruz é o padrão pelo qual toda teologia deve ser julgada. A teologia da cruz de Lutero, portanto, concentra-se na cruz como o meio escolhido por Deus não apenas de *salvação*, mas também de *revelação*.[4] É através

---

2 Para a explicação mais clara de Lutero sobre a teologia da cruz, veja Martin Luther, "Heidelberg Disputation (1518)", in: Jaroslav Pelikan; Helmut T. Lehmann, orgs., *Luther's works* (Philadelphia: Muhlenberg; St. Louis: Concordia, 1955–1986), 31:35–70, especialmente as teses 19 a 24. Para um comentário sobre esse texto, veja Gerhard Forde, *On being a theologian of the cross: reflections on Luther's Heidelberg Disputation, 1518* (Grand Rapids: Eerdmans, 1997). Para os antecedentes históricos e teológicos, veja Alister McGrath, *Luther's theology of the cross: Martin Luther's theological breakthrough* (Nova York: Blackwell, 1985).

3 Martin Luther, "Operationes in Psalmos (1519–1521)", in: *Luthers Werke: Kritische Gesamtausgabe* (Weimar: Böhlaus, 1883–2014), 5:176. Gerhaard Forde faz o importante destaque de que, na teologia da cruz de Lutero, "cruz" é "a abreviação para toda a narrativa de Jesus crucificado e ressuscitado" (*On being a theologian of the cross*, p. 1).

4 Graham Tomlin, *The power of the cross: theology and the death of Christ in Paul, Luther and Pascal*, PBTM (Carlisle, UK: Paternoster, 1999), p. 115.

dos meios humildes da morte de Cristo na cruz que Deus salva os pecadores *e* se revela. Walther von Loewenich resume cinco aspectos essenciais da teologia da cruz de Lutero:

1. A teologia da cruz como teologia da revelação está em nítida antítese à especulação.
2. A revelação de Deus é uma revelação indireta e oculta.
3. Portanto, a revelação de Deus é reconhecida não nas obras, mas no sofrimento.
4. Esse conhecimento de Deus que está oculto em sua revelação é uma questão de fé.
5. A maneira pela qual Deus é conhecido se reflete no pensamento prático do sofrimento.[5]

Como, então, a teologia da cruz se aplica ao reino de Deus? Lutero insinuou a ideia de um reino cruciforme, falando do "reino da fé no qual a cruz de Cristo domina"[6] e notando que, no "reino (que consiste em nada mais que fortalecer os fracos, curar os enfermos e encorajar os fracos de coração), a santa cruz não faltará".[7] De acordo com Lutero, o fato de que "esse Rei não governa sem a cruz"[8] significa que "este deve ser um reino da cruz".[9] Infelizmente,

---

5 Walther von Loewenich, *Luther's theology of the cross* (Minneapolis: Augsburg, 1976), p. 22. Esse resumo é aceito por Alister McGrath (*Luther's theology of the cross: Martin Luther's theological breakthrough*, p. 149–50) e Graham Tomlin (*The power of the cross: theology and the death of Christ in Paul, Luther and Pascal*, p. 114).

6 Martin Luther, "Operationes in Psalmos (1519-1521)", *WA* 5:128.

7 Martin Luther, "John X. From the 11th to the 16th verses, inclusive", in: *A selection of the most celebrated sermons of M. Luther and J. Calvin: eminent ministers of the gospel, and principal leaders in the Protestant Reformation* (Nova York: Bentley, 1829), p. 111.

8 Martin Luther, "The interpretation of the Second Psalm (1532)", *LW* 12:66.

9 Martin Luther, "Lectures on Zechariah (1526)", *LW* 20:304.

Lutero nunca discutiu a natureza cruciforme do reino de maneira contínua, que é precisamente o que farei, buscando estender a teologia da cruz de Lutero à doutrina do reino de Deus.

A NATUREZA CRUCIFORME DO REINO

Existem cinco maneiras principais pelas quais a teologia da cruz se aplica ao reino de Deus. Primeiro, a teologia da cruz revela a grande continuidade entre os meios de estabelecer e de avançar o reino de Deus na terra. De acordo com Graham Tomlin: "A percepção fundamental que está no coração da teologia da cruz é a noção de que Deus age no presente em continuidade com a maneira pela qual agiu no passado".[10] Portanto, continua Tomlin, "Assim como Deus se revelou e operou a salvação por meio de um Messias crucificado, Deus ainda opera de uma forma que é, para o entendimento humano convencional, fraco, impotente e aparentemente irracional, e não pelo que é forte, poderoso e razoável".[11] Esse paradoxo é evidente no ministério de poder dos apóstolos por meio da fraqueza (1Co 1.26-31), que foi moldado segundo o próprio Cristo (1Co 1.18-25).[12] Essa continuidade entre Cristo e os cristãos, no entanto, não se baseia apenas na imitação de Cristo, mas principalmente na união com Cristo.[13] O Cristo crucificado e ressurreto avança seu reino por meio daqueles a quem o Espírito une a Cristo em sua morte e ressurreição.

---

10 *The power of the cross: theology and the death of Christ in Paul, Luther and Pascal*, p. 278.

11 Ibid., p. 279.

12 Ibid., p. 11–107; Timothy Savage, *Power through weakness: Paul's understanding of the Christian ministry in 2 Corinthians* (Nova York: Cambridge University Press, 1996).

13 Esse apelo à união com Cristo segue a crítica de J. Todd Billings ao "ministério encarnacional" presente em *Union with Christ: reframing theology and ministry for the Church* (Grand Rapids: Baker Academic, 2011), p. 123–67.

Segundo, a teologia da cruz esclarece a natureza *oculta* do reino de Deus durante "a presente era". Central para a teologia da cruz é a ideia de que "a revelação de Deus na cruz está *abscondita sub contrario*, de modo que a força de Deus seja revelada sob aparente fraqueza, e sua sabedoria sob aparente loucura".[14] Notavelmente, a ideia de que a cruz é *abscondita sub contrario* se sobrepõe à maneira pela qual os reformadores falaram do reino de Deus como "oculto sob a cruz e sob oposição" (*tectum sub cruce et sub contrario*).[15] Em suma, entre a ressurreição de Cristo e sua segunda vinda, o reino de Deus está escondido debaixo da cruz. É, como os reformadores a chamavam, a "forma de servo do reino".[16] Esse segundo ponto se sobrepõe ao primeiro, pois o *poder por meio da fraqueza* do rei e de seu reino é também *poder escondido pela fraqueza* para um mundo pecaminoso.

Terceiro, o reino de Deus não estará oculto pela cruz para sempre, uma declaração que requer uma distinção entre o reino "neste presente século", onde o governo de Deus está oculto, e "o século vindouro", onde ele será revelado. Os reformadores se referiam a essa distinção como o reino da graça (*regnum gratiae*)

---

14 Alister McGrath, *Luther's theology of the cross: Martin Luther's theological breakthrough*, p. 165.

15 Citado em Jürgen Moltmann, *Theology of hope: on the ground and the implications of a Christian eschatology*, tradução de James Leitch (Minneapolis: Fortress, 1993), p. 223 [edição em português: *Teologia da esperança: estudos sobre os fundamentos e as conseqüências de uma escatologia cristã* (São Paulo: Loyola, 2005)]. Calvino, por exemplo, diz que, "embora [Jesus] agora reine no céu e na terra, até o presente momento seu reinado não é claramente manifestado, mas, ao contrário, está obscuramente escondido sob a cruz e é violentamente assaltado pelos inimigos" (John Calvin, *Calvins's comentaries*, comentário em 2Tm 4.1).

16 Heinrich Heppe; Ernst Bizer, *Die Dogmatik der evangelisch-reformierten Kirche* (Neukirchen: Moers, 1958), p. 557; citado em Jürgen Moltmann, *The trinity and the kingdom: the doctrine of God* (New York: Harper & Row, 1981), p. 210.

e o reino da glória (*regnum gloriae*).[17] No entanto, posso falar de ambas as formas do reino como cruciformes, embora de maneiras diferentes. O reino é *para sempre* cruciforme no sentido de que a cruz sempre permanece a base do reino e sempre moldará sua existência. Entretanto, *neste presente século* (entre a primeira e a segunda vindas de Cristo), o reino é cruciforme particularmente no sentido de que avança pelo ato de tomar a cruz e de que está escondido aos olhos caídos sob a fraqueza e loucura da cruz. Como Horton diz: "Do mesmo modo que seu Senhor durante seu ministério terreno, no presente este reino tem uma glória que está escondida sob a cruz".[18]

Quarto, embora o poder régio de Deus esteja oculto sob a cruz, ele é reconhecido pela fé, isto é, para aqueles que têm olhos para ver. Na teologia da cruz, a ênfase na revelação divina é inseparável da fé humana. A cruz, que é loucura e fraqueza para o mundo, é revelada por Deus e recebida por pessoas de fé como a sabedoria e o poder de Deus. Somente pela fé (e não pela sabedoria terrena) o reino pode ser percebido na cruz de Cristo.

Finalmente, a teologia da cruz revela que a vinda do reino não torna a cruz obsoleta. Certamente, a morte sacrificial de Cristo é "de uma vez por todas" e não precisa ser repetida (Hb 9.26), antes, permanece para sempre o ato fundador e o fator formador do reino e, portanto, alcança a eternidade. O Cristo ressurreto e governante ainda apareceu a seus discípulos carregando as cicatrizes da cruz (Jo 20.27), e o vislumbre de João na sala do

---

17 Michael Horton, *Lord and servant: a covenant Christology* (Louisville: Westminster John Knox, 2005), p. 258.

18 Michael Horton, *The Christian faith: a systematic theology for pilgrims on the way* (Grand Rapids: Zondervan, 2011), p. 537.

trono do céu centrou-se em Cristo reinando *como o Cordeiro que foi morto* (Ap 5.6, ESV).

JÜRGEN MOLTMANN:
UM REINO CRUCIFORME SEM REI?

Jürgen Moltmann é um dos teólogos sistemáticos contemporâneos mais significativos, e ele é especialmente relevante para esta discussão porque: (1) integra o reino de Deus em sua teologia tanto quanto qualquer teólogo sistemático; e (2) argumenta especificamente a favor da natureza cruciforme do reino.[19] No coração da teologia de Moltmann está a esperança do reino encontrada na ressurreição do Cristo crucificado. A maneira pela qual esses temas se desenvolveram e se encaixam no pensamento de Moltmann pode ser vista em algumas de suas obras mais influentes.

Teologia da esperança (1964) foi a primeira grande contribuição de Moltmann, obra na qual ele argumentou que, "do início ao fim, e não apenas no epílogo, o cristianismo é escatologia" — uma escatologia que dá esperança para o reino, fundamentada na ressurreição do Messias.[20] Em *O Deus crucificado* (1972), Moltmann

---

19 Para uma visão geral da teologia de Moltmann, veja Richard Bauckham, *Moltmann: Messianic theology in the making* (Basingstoke, UK: Pickering, 1987); Richard Bauckham, *The theology of Jürgen Moltmann* (Edimburgo: T&T Clark, 1995). O próprio Moltmann diz que os dois livros de Bauckham são "de longe os melhores relatos de minha teologia" (Jürgen Moltmann, "The world in God or God in the world?", in: Richard Bauckham, org., *God will be all in all: the eschatology of Jürgen Moltmann* [Edimburgo: T&T Clark, 1999], p. 35). Para uma extensa bibliografia sobre Moltmann até 2001, veja James Wakefield, *Jürgen Moltmann: a research bibliography* (Lanham, MD: Scarecrow, 2002). Para engajamentos mais recentes com a teologia de Moltmann, veja Tim Chester, *Mission and the coming of God: eschatology, the Trinity and mission in the theology of Jürgen Moltmann and contemporary evangelicalism*, PTM (Waynesboro, GA: Paternoster, 2006); Poul Guttesen, *Leaning into the future: the kingdom of God in the theology of Jürgen Moltmann and in the Book of Revelation*, PTMS (Eugene, OR: Pickwick, 2009); Sung Wook Chung, *Jürgen Moltmann and evangelical theology: a critical engagement* (Eugene, OR: Pickwick, 2012).

20 Jürgen Moltmann, *Theology of hope*, p. 16.

continua seu foco na esperança para o reino, mas com uma drástica mudança de ênfase para a cruz de Cristo como a revelação de Deus (ou, melhor dizendo, o tornar-se de Deus) e, portanto, a resposta para a questão da teodicéia.[21] A teologia radicalizada da cruz de Moltmann[22] exige uma completa reformulação do reino, e, especialmente, de seu Deus, que Moltmann fornece plenamente em *Trindade e reino de Deus* (1981). A seguir, apresentarei um panorama de sua compreensão do reino cruciforme seguido de uma avaliação e proposta construtiva.

O REINO DE DEUS SEGUNDO MOLTMANN

O reino de Deus é uma constante em todos os escritos de Moltmann, mas raramente ele faz uma pausa para explicar seu conteúdo. Em um desses casos, ele diz: "O cumprimento escatológico do senhorio libertador de Deus na história é chamado de reino de Deus. A palavra grega *basileia* pode significar tanto o governo efetivo de Deus no mundo quanto o objetivo universal desse governo divino."[23] Nessa definição, Moltmann concede muita flexibilidade em sua compreensão do reino. Seu significado pode ser tão específico quanto "o senhorio libertador de Deus"[24] ou tão amplo quanto "Deus em

---

21 Jürgen Moltmann, *The crucified God: the cross of Christ as the foundation and criticism of Christian theology* (New York: Harper & Row, 1974) [edição em português: *O Deus crucificado: a cruz de Cristo como base e crítica da teologia cristã* (São Paulo: Academia Cristã, 2020)].

22 O próprio Moltmann reconhece ter levado a teologia da cruz muito além de Lutero (*The crucified God: the cross of Christ as the foundation and criticism of Christian theology*, p. 72–73). Para uma comparação de Lutero e Moltmann sobre a teologia da cruz, veja Burnell Eckardt Jr., "Luther and Moltmann: the theology of the cross", *CTQ* 49 (1985): 19–28.

23 Jürgen Moltmann, *The church in the power of the Spirit: a contribution to Messianic ecclesiology* (Minneapolis: Fortress, 1993), p. 190.

24 Ibid.

todas as coisas e todas as coisas em Deus".²⁵ Certamente, ele usa o reino para capturar o impulso de todo o seu projeto: "O reino de Deus é a unidade *pericorética* aperfeiçoada de Deus e do mundo".²⁶

Timothy Harvie tenta resumir a definição de reino de Moltmann, mas diz que a *importância* do reino para a teologia de Moltmann só é igualada pela *ambiguidade* de seu conteúdo verdadeiro.²⁷ Há, no entanto, pelo menos dois temas básicos que prevalecem na compreensão de Moltmann sobre o reino. Primeiro, o reino é completamente cristológico, especialmente na corporificação do reino de Jesus para os pobres e oprimidos.²⁸ Segundo, nas palavras de Poul Guttesen, "o reino funciona como um símbolo de esperança para a humanidade".²⁹

A NATUREZA CRUCIFORME DO REINO SEGUNDO MOLTMANN

A natureza cruciforme do reino é uma característica-chave da teologia de Moltmann. Com base na ideia da Reforma Protestante de que o reino está oculto em seu oposto, Moltmann escreve: "O vindouro senhorio de Deus toma forma aqui no sofrimento dos cristãos", e: "o reino de Deus foi visto na forma do

---

25 Jürgen Moltmann, *Sun of righteousness, arise! God's future for humanity and the earth* (Minneapolis: Fortress, 2010), p. 32.

26 Ibid., p. 30.

27 Timothy Harvie, *Jürgen Moltmann's ethics of hope: eschatological possibilities for moral action* (Burlington, VT: Ashgate, 2009), p. 39–40. Nessa mesma obra, Harvie diz que essa ambiguidade ocorre porque "Moltmann usa a noção do Reino de Deus como um contraste para criticar situações sociais que ele percebe serem injustas, contudo, menos frequentemente, ele empregará a noção para oferecer uma descrição positiva do conteúdo da esperança cristã" (p. 40).

28 Ibid., p. 54.

29 Poul Guttesen, *Leaning into the future: the kingdom of God in the theology of Jürgen Moltmann and in the Book of Revelation*, p. 14; cf. Geiko Müller-Fahrenholz, *The kingdom and the power: the theology of Jürgen Moltmann*, tradução de John Bowden (Minneapolis: Fortress, 2001), p. 221.

senhorio do crucificado".³⁰ Visto que a cruz é a "base" e a "forma" do reino vindouro, Moltmann argumenta que "o Cristo crucificado não desaparece quando o cumprimento vem, mas torna-se o fundamento para a existência redimida em Deus".³¹ Moltmann não poderia ser mais claro sobre a natureza cruciforme do reino: "Na história do pecado e da morte, o reino da liberdade assume a forma do Cristo crucificado".³²

REINO CRUCIFORME SEM REI?

Claramente, Moltmann defende um reino cruciforme. Mas em que sentido a cruz molda o reino? Para Moltmann, uma teologia radical da cruz exige uma "revolução no conceito de Deus"³³ — o Rei do reino. Essa "revolução" começou para Moltmann em *O Deus crucificado*, mas foi totalmente desenvolvida em *Trindade e reino de Deus*.³⁴ A doutrina de Deus é especialmente pertinente para o reino porque o reino de Deus "nos fala mais sobre *Deus* (o fato de que ele reina) do que sobre qualquer outra coisa".³⁵

Em *Trindade e o reino de Deus*, Moltmann configura toda a sua discussão como uma resposta ao seguinte "problema teológico":

> Qual é a relação da história trinitária de Deus — o Pai, o Filho e o Espírito —, que o Novo Testamento relata, com a soberania

---

30 Jürgen Moltmann, *Theology of hope*, p. 222, 223.
31 Jürgen Moltmann, *The crucified God*, p. 106, 185, 266.
32 Jürgen Moltmann, *The Trinity and the kingdom*, p. 211.
33 Jürgen Moltmann, *The crucified God*, p. 152.
34 O capítulo seis de *The crucified God* [*O Deus crucificado*] é a teologia da cruz de Moltmann aplicada à doutrina de Deus. A obra *The Trinity and the kingdom* [*Trindade e o reino de Deus*] é em sua totalidade a doutrina de Deus de Moltmann.
35 Peter Gentry; Stephen Wellum, *Kingdom through covenant: a Biblical-theological understanding of the covenants* (Wheaton, IL: Crossway, 2012), p. 596, grifo do original.

de Deus? Meus próprios professores, Karl Barth e Karl Rahner, decidiram a questão a favor da soberania do Deus Único [...] Eu mesmo propus que a questão fosse decidida a favor da Trindade.³⁶

Moltmann estabelece uma dicotomia entre Deus como Rei (monarquismo monoteísta) e Deus como Trindade (Trindade social). *Ou* Deus é um único governante autoritário, *ou* uma comunidade de comunhão. Moltmann defende fortemente a última opção, "superando assim a noção de uma monarquia universal do Deus único", pois "é impossível formar a figura do monarca universal onipotente, que se reflete nos governantes terrenos, fora da unidade desse Pai, esse Filho e esse Espírito".³⁷

Por que Moltmann apresenta um contraste tão gritante entre essas duas interpretações de Deus? Sua própria experiência como prisioneiro de guerra, juntamente com a consciência premente da opressão no terceiro mundo, provaram ser determinantes em toda a teologia de Moltmann. Moltmann acredita que a noção de um rei divino capacita e legitima governantes opressivos e estruturas hierárquicas na terra,³⁸ e "é somente quando a doutrina da Trindade vence a noção monoteísta do grande monarca universal no céu, e seus patriarcas divinos no mundo, que os governantes, ditadores e tiranos terrenos deixem de encontrar quaisquer arquétipos religiosos justificativos".³⁹ Segundo ele, essa visão da realeza de Deus

---

36 Jürgen Moltmann, *The Trinity and the kingdom*, viii.
37 Ibid., p. 197.
38 Ibid., p. 191-92.
39 Ibid., p. 197.

(monarquismo monoteísta) não se origina das Escrituras, mas nas culturas patriarcais e na filosofia grega.⁴⁰

Moltmann, portanto, não poderia ser mais claro sobre sua solução: a cruz exige uma redefinição da doutrina de Deus como a comunidade de liberdade e comunhão, levando à *exclusão da* ideia de Deus como rei:

> A *basileia* só existe no contexto da paternidade de Deus. Nesse reino, Deus não é o Senhor; ele é o Pai misericordioso. Nesse reino, não há servos; existem apenas os filhos livres de Deus. Nesse reino, o que se requer não é obediência e submissão; é amor e participação livre.⁴¹

> Na amizade, a distância imposta pela soberania deixa de existir [...] Deus não quer a humildade dos servos ou a gratidão dos filhos para sempre. Ele quer a ousadia e a confiança dos amigos, que compartilham seu governo com ele.⁴²

O que Guttensen chama de "desaparecimento da soberania de Deus" tem sido uma constante no pensamento de Moltmann, mas tornou-se cada vez mais prevalente ao longo de sua carreira.⁴³ Um dos principais fatores que orientam Moltmann nessa direção é a ênfase na amizade mútua e recíproca entre Deus e humanidade, pois esse é o ápice da história trinitária de Deus. Seguindo Joaquim de Fiore, Moltmann vê uma progressão do reino do Pai para o

---

40   Ibid., p. 130-31, 165.

41   Ibid., p. 70.

42   Ibid., p. 221.

43   Poul Guttesen, *Leaning into the future: the kingdom of God in the theology of Jürgen Moltmann and in the Book of Revelation*, p. 102-3.

reino do Filho para o reino do Espírito, em que o relacionamento de uma pessoa com Deus progride do medo para a servidão para a amizade.[44] O argumento se move em direção ao que Moltmann descreve como o objetivo último para Deus e a humanidade: amizade e liberdade. Ele afirma: "A amizade com Deus é o estágio mais alto da liberdade".[45]

A ênfase na liberdade é o motivo pelo qual Moltmann entende o reino como o "senhorio *libertador*"[46] de Cristo e diz: "*A doutrina trinitária do reino é a doutrina teológica da liberdade*".[47] Moltmann rejeita a realeza de Deus, porque ela é, em última análise, contrária à sua compreensão do reino de liberdade, onde não há mais distinção entre rei e servo. Por isso, Moltmann afirma: "Onde reina o grande Senhor do universo, não há espaço para a liberdade".[48]

Em suma, vimos que a teologia radical da cruz de Moltmann requer "mudanças fundamentais na doutrina de Deus"[49] — ou seja, a rejeição da ideia de que Deus é Rei.[50] A conclusão não é

---

44 Jürgen Moltmann, *The Trinity and the kingdom*, p. 205. Moltmann não segue Joaquim de Fiore na ideia de que os três reinos são atribuídos a três fases distintas e sucessivas da história (p. 209).

45 Ibid., p. 206.

46 Ibid., p. 210, itálico do autor.

47 Ibid., p. 218, grifo do original.

48 Ibid., p. 203; Moltmann está aqui citando favoravelmente Ernst Bloch.

49 Ibid., p. 134.

50 Moltmann não é o único a rejeitar a realeza de Deus. Sallie McFague argumenta que a realeza é um conceito ultrapassado que foi útil durante uma era da igreja, mas que, nos dias de hoje, deveria ser aposentado (*Models of God: theology for an ecological, nuclear age* [Philadelphia: Fortress, 1987], p. 29). Walter Rauschenbusch e o Movimento do Evangelho Social, apesar de enfatizarem o reino de Deus, procuraram substituir a ideia de Deus como Rei pela de Deus como Pai (*A theology for the social gospel* (New York: Macmillan, 1917), p. 174–75 [edição em português: *Uma teologia para o evangelho social* (Vitória: Editora Unida; São Paulo: Aste, 2019)]). Uma crítica semelhante é feita a um movimento americano contemporâneo (Todd Miles, "A kingdom without a king? Evaluating the kingdom ethic[s] of the emerging church", *SBJT* 12 [2008]: 88–103). Muitos teístas abertos também procuraram acabar com a realeza de Deus ou pelo menos a primazia de seu lugar. Gregory Boyd diz que o cosmo é "mais uma democracia do que uma monarquia" (*God at war: the Bible & spiritual*

apenas irônica, mas devastadora: no meio de sua paixão pelo reino cruciforme de Deus, Moltmann eclipsa a realeza de Deus.[51]

UMA AVALIÇÃO DO PENSAMENTO DE MOLTMANN

Ao avaliar a contribuição de Moltmann para esta discussão sobre o reino cruciforme de Deus, oferecerei vários pontos fortes e pontos fracos de sua abordagem, que levarão a avançar ainda mais minha própria proposta construtiva.

OS PONTOS FORTES DE MOLTMANN

Existem dois pontos fortes principais da proposta de Moltmann. Primeiro, em uma era de teologia sistemática que tem ignorado ou deslocado amplamente o reino de Deus, Moltmann fornece um excelente exemplo de como permitir que o reino tenha impacto em todos os aspectos de seu pensamento. Conclusões materiais à parte, Moltmann deve ser elogiado pela maneira segundo a qual o reino molda formalmente sua cristologia e teologia propriamente ditas.

Segundo, Moltmann defendeu de forma abrangente e consistente a natureza cruciforme do reino. Embora tanta teologia do reino tenha sido produzida às custas do lugar da cruz, Moltmann

---

conflict [Downers Grove, IL: InterVarsity Press, 1997], p. 58). John Sanders diz: "De fato, a leitura do Antigo Testamento legitimamente fornece um messias governante mundial, mas, em Jesus, Deus simplesmente escolheu de maneira diferente" (*The God who risks: a theology of providence* [Downers Grove, IL: InterVarsity Press, 1998], p. 300); Alfred North Whitehead disse: "A igreja deu a Deus os atributos que pertenciam exclusivamente a César" (*Process and reality: an essay in cosmology* [New York: Harper & Row, 1960], p. 342).

51 Essa discussão sobre a rejeição da realeza de Deus por Moltmann baseou-se apenas no livro *Trindade e reino de Deus*, que, embora seja seu tratamento mais sustentado da doutrina de Deus, foi publicado há mais de trinta anos. Será que Moltmann reconsiderou sua posição à luz de críticas persistentes (veja Randall Otto, "Moltmann and the Anti-Monotheism Movement", *IJST* 3 [2001]: 293–308)? A resposta é claramente não. Desde de 2010, Moltmann mantém sua tese de que Deus não é um monarca universal (*Sun of righteousness, arise!*, p. 85-100).

entrelaçou os dois ao longo de sua obra. Ele descreve claramente que a morte de Cristo foi direcionada para um objetivo mais amplo do reino, e o reino avança não apenas além da cruz, mas pela cruz. Por essas realizações, Moltmann deve ser muito elogiado como alguém que ainda fornece uma voz muito necessária na teologia sistemática hoje.

OS PONTOS FRACOS DE MOLTMANN

Embora eu pudesse criticar a teologia de Moltmann em muitos níveis diferentes,[52] especialmente o fato de que para ele a cruz não tem tanto que ver com a expiação do pecado, mas com a revelação do tornar-se de Deus,[53] vou me concentrar na doutrina de Deus de Moltmann, particularmente em seu destronamento de Deus.[54] Apesar de defender vigorosamente o reino, Moltmann re-

---

52 Para um excelente levantamento das respostas recentes à teologia de Moltmann, veja Tim Chester, *Mission and the coming of God*, p. 91-196.

53 A teologia de Moltmann tem sido criticada por falhar em sustentar uma soteriologia adequada, uma vez que ele acaba colapsando a Queda na criação. Para Moltmann, a salvação não é tanto sobre Deus salvar o mundo do pecado, mas sobre superar o espaço abandonado por Deus na criação e no próprio Deus, que é o resultado de Deus criar ao abrir espaço dentro de si mesmo (Poul Guttesen, *Leaning into the future: the kingdom of God in the theology of Jürgen Moltmann and in the Book of Revelation*, p. 55-67; Tim Chester, *Mission and the coming of God*, p. 65-72; Douglas Schuurman, "Creation, eschaton, and ethics: an analysis of theology and ethics in Jürgen Moltmann", *CTJ* 22 [1987]: 65). Portanto, Moltmann raramente fala da cruz como expiatória, mas principalmente como sendo a revelação do sofrimento companheiro de Deus para com a humanidade. Richard Bauckham diz que, para Moltmann, "a cruz não resolve o problema do sofrimento, mas o encontra com o sofrimento companheiro e voluntário do amor" (*The theology of Jürgen Moltmann*, p. 12). Tim Chester diz: "A cruz não efetua a expiação tanto quanto revela a expiação por meio da 'dor de Deus'" (*Mission and the coming of God*, p. 71-72). Em última análise, para Moltmann, a cruz é o evento do tornar-se de Deus. Ele diz: "'Deus' não é outra natureza ou uma pessoa celestial ou uma autoridade moral, mas, na verdade, um 'evento'" (*The crucified God*, p. 247). E ainda: "Deve-se pensar na Trindade como um evento dialético, de fato, como o evento da cruz" (*The crucified God*, p. 255).

54 Outro aspecto relacionado da doutrina de Deus de Moltmann é sua rejeição da impassibilidade. Para Moltmann, a impassibilidade representa a intrusão da filosofia grega na teologia cristã e torna impossível a capacidade de Deus de amar verdadeiramente (*The Trinity and the kingdom*, p. 21-60). Karl Rahner critica Moltmann nesse ponto, afirmando sem rodeios que "não me ajuda a escapar da

jeita, com o mesmo vigor, a idéia de Deus como Rei.[55] Essa rejeição é preocupante, pois, como vimos, a ênfase do reino é que esse é o reino *de Deus*. Ofereço cinco críticas à rejeição de Moltmann da realeza de Deus.

Primeiro, a rejeição da realeza de Deus por Moltmann não se enquadra no relato bíblico e, de fato, mina precisamente o que ele procura defender. A Escritura é enfática: "O Senhor é rei" (Sl 10.16). Além disso, a realeza de Deus é evidente antes da Queda na criação (Sl 93.1-2) e ao longo da história da redenção (Zc 14.9; Mc 1.15), e ela é central para o quadro escatológico de Deus no livro de Apocalipse (Ap 22.1). Esse testemunho bíblico não é totalmente problemático para o próprio Moltmann, que diz: "Tomo as Escrituras como um estímulo para meu próprio pensamento teológico, não como um modelo autoritário e limite confinante".[56] Essa abordagem é lamentável, pois as Escrituras revelam que a própria coisa que Moltmann rejeita (a realeza de Deus) é a única coisa

---

minha confusão, desordem e desespero se Deus estiver na mesma situação" (citado em Jürgen Moltmann, *History and the triune God: contributions to Trinitarian theology* [New York: Crossroad, 1992], p. 122). Infelizmente, embora Moltmann reconheça que essa crítica toca o cerne de sua teologia, ele não responde diretamente à acusação de Rahner, antes, conta a história de sua experiência em um campo de concentração, concluindo assim: "é com base nessa experiência de Deus que eu acredito e penso" (*History and the triune God: contributions to Trinitarian theology*, p. 123). Para as recentes defesas da impassibilidade, embora com nuances diferentes, veja Thomas Weinandy, *Does God suffer?* (Notre Dame, IN: Universidade de Notre Dame, 2000); Paul Gavrilyuk, *The suffering of the impassible God: the dialectics of patristic thought*, OECS (Oxford: Oxford University Press, 2004); Kevin Vanhoozer, *Remythologizing theology: Divine action, Passion, and authorship* (Cambridge: Cambridge University Press, 2010), p. 387–468.

55 Alguns podem queixar-se de pontos triviais de nossa caracterização de que Moltmann rejeita (em vez de redefine) a realeza de Deus. No entanto, as declarações acima deixam claro que, embora Moltmann continue a usar a linguagem do reino, ele se opõe a qualquer ideia de Deus como Rei. Portanto, embora esteja redefinindo o reino, ele está rejeitando a realeza de Deus.

56 Jürgen Moltmann, *Experiences in theology: ways and forms of Christian theology* (Minneapolis: Fortress, 2000), xxii. Para uma visão geral e crítica do uso das Escrituras por Moltmann, veja Poul Guttesen, *Leaning into the future*, p. 16-37.

que pode garantir o que ele procura afirmar (uma comunidade escatológica de paz).[57] O quadro escatológico em Apocalipse 22.3-5, onde a maldição é removida e os humanos são restaurados ao domínio sobre a terra, não se dá às custas do trono de Deus, antes, só é possível por causa dele (Ap 22.1). Bauckham também observa que, enquanto Moltmann sacrifica a realeza de Deus por causa da liberdade humana, nas Escrituras é precisamente o reino de Deus que permite a liberdade de seu povo.[58]

Segundo, a rejeição da realeza de Deus por Moltmann é baseada na interconexão imprecisa e insustentável do monoteísmo e do monarquismo humano. Para começar, Moltmann está se baseando no trabalho amplamente desacreditado de Erik Peterson, cujo argumento aborda o monoteísmo como um problema político.[59] Randall Otto demonstra que não há relação intrínseca entre monoteísmo e monarquia humana. Israel era monoteísta e, às vezes, *não* monárquico, e as nações vizinhas de Israel eram politeístas e monárquicas.[60] Concordo com a avaliação de Otto de que "abdicar do cristianismo como sendo monoteísta é um divisor de águas na história da teologia" e que "o exercício injusto de poder é melhor atribuído à rebelião pecaminosa contra Deus do que a conceituações monoteístas ou trinitárias".[61]

---

57 Poul Guttesen, *Leaning into the future: the kingdom of God in the theology of Jürgen Moltmann and in the Book of Revelation*, p. 219.

58 Richard Bauckham, *The theology of Jürgen Moltmann*, p. 182.

59 Erik Peterson, *Theologische Traktate* (Munich: Wild, 1951), p. 45–147. Alfred Schindler demonstra que a tese de Peterson é "insustentável, tanto em suas especificidades históricas quanto em suas generalizações sistemáticas" ("Einführung", in: Alfred Schindler, org., *Monotheisms als politisches Problem? Erik Peterson und die Kritik der politischen Theologie* [Gütersloh: Gütersloher Verlagshaus Mohn, 1978], p. 12).

60 Randall Otto, "Moltmann and the Anti-Monotheism Movement", *IJST* 3 [2001]: 296.

61 Ibid., p. 295, 307.

A contraproposta de Moltmann de substituir o Deus soberano pela Trindade social revela os mesmos pressupostos errôneos. Moltmann assume uma correlação necessária entre o ser de Deus (tornar-se?) e as estruturas sociais humanas. Em outras palavras, para proteger a natureza igualitária da comunidade humana, ele sente que é necessário falar de Deus apenas como uma comunidade igualitária. Entretanto, o argumento de Moltmann assume erroneamente que o objetivo de *participar* do Deus triúno é alcançado pela *imitação* de sua natureza. Guttesen está certo em apontar que "o que os seres humanos são não se baseia primeiro em *quem Deus é*, mas *quem ele propôs que eles fossem*".[62]

Terceiro, Moltmann erroneamente iguala autoridade com dominação.[63] Não conseguindo distinguir entre a autoridade abusiva e a autoridade em si, Moltmann rejeita todas as formas de autoridade ou hierarquia. No reino de Deus, afirma Moltmann, "autoridade e obediência são substituídas por diálogo, consenso e harmonia".[64] Assim como em outros lugares Moltmann derruba a distinção ontológica entre criador e criatura (panenteísmo), aqui ele eliminou a distinção relacional entre rei e servos. Em suma, Moltmann não reconheceu que, quando se trata de autoridade, o uso indevido não anula o uso adequado (*abusus non tollit usum*).

Quarto, enquanto Moltmann apela para uma relação de mão dupla entre Deus e a humanidade para acabar com a posição de autoridade régia de Deus, o conceito bíblico de aliança na verdade

---

62 Poul Guttesen, *Leaning into the future: the kingdom of God in the theology of Jürgen Moltmann and in the Book of Revelation*, p. 106, itálicos do autor.

63 Richard Bauckham, *The theology of Jürgen Moltmann*, p. 135.

64 Jürgen Moltmann, *The Trinity and the kingdom*, p. 202.

sustenta a realeza de Deus no relacionamento com seu povo.⁶⁵ Certamente uma aliança é um relacionamento de mão dupla, mas é um tipo particular de relacionamento — a saber, um relacionamento entre um rei e seus servos. A aliança, portanto, não oblitera a identidade e o poder régio de Deus, mas fornece o contexto apropriado para a realeza — realeza que é exercida para o bem de seu povo.

Finalmente, e mais importante (pois distinguirá fortemente minha proposta e servirá para avançá-la), a rejeição da realeza de Deus por Moltmann é problemática porque falha em reconhecer o poder de Deus na salvação *e* no julgamento.

Anteriormente, destaquei a afirmação de Moltmann de que Deus governa por meio do amor de autoentrega, e com isso estou de acordo. Eu me afasto de Moltmann, no entanto, quando ele afirma que Deus governa *apenas* por meio do amor de autoentrega ou autodoação. Em outras palavras, muitos concordam com Moltmann quando ele diz: "Em nenhum outro lugar Deus é maior do que em sua humilhação".⁶⁶ Outra coisa, porém, é dizer que Deus *só* é grande em sua humilhação. Moltmann sustenta precisamente esse argumento: "A *única* onipotência que Deus possui é o poder onipotente do amor sofredor".⁶⁷ "É seu amor apaixonado e passível que é todo-poderoso, *nada mais*."⁶⁸ Guttenen expõe a fraqueza de Moltmann apelando para o conceito bíblico de julgamento:

> Enquanto a visão de Moltmann da maneira que o governo de Deus é orientado para a liberdade da humanidade enfatiza

---

65 Moltmann realmente emprega a ideia de aliança para apagar a distinção entre rei e servo (*Sun of righteousness, arise!*, p. 91).

66 Jürgen Moltmann, *The Trinity and the kingdom*, p. 119.

67 Ibid., p. 31, itálico do autor, cf. p. 68.

68 Ibid., p. 197, itálico do autor.

corretamente como Jesus radicalmente vira de cabeça para baixo as noções de poder e governo em sua proclamação e em seu próprio exemplo, isso de maneira alguma, nem nos Evangelhos ou [sic] em outros lugares da Escritura, nega o fato de que Deus não apenas afirma o direito de um soberano, mas também exerce esse direito em atos decisivos de julgamento e redenção.[69]

Portanto, embora Moltmann continue falando do "governo" de Deus, ele acabou colapsando o termo ao equipará-lo apenas com o amor sofredor.

Esse último ponto fornece uma transição adequada para o avanço de minha proposta construtiva. Embora eu tenha discutido a natureza cruciforme do reino, devemos também procurar cuidadosamente entender o Rei. Se o reino é cruciforme, o que posso dizer então sobre a realeza do Rei? Veremos que, embora o reino seja certamente um reino *cruciforme*, trata-se do reino cruciforme do Rei compassivo e justo.

O REI COMPASSIVO E JUSTO

Deus é Rei (Êx 15.18; Nm 23.21; Dt 33.5, 26; Jz 8.23; 1Sm 8.7; 10.19; 12.12; Sl 93.1; 96.10; 97.1; 99.1).[70] Mas que tipo de Rei ele é? A cruz revela que Deus é um Rei compassivo — um Rei-pastor

---

69 Poul Guttesen, *Leaning into the future: the kingdom of God in the theology of Jürgen Moltmann and in the Book of Revelation*, p. 105, cf. p. 222.

70 Muitos estudiosos do Antigo Testamento veem a realeza/reinado de Deus como o princípio unificador do Antigo Testamento (John Bright, *The kingdom of God: the Biblical concept and its meaning for the church* [Nashville: Abingdon, 1957], p. 7; Edmond Jacob, *Theology of the Old Testament* [New York: Harper & Row, 1958], p. 37; Eugene Merrill, *Everlasting dominion: a theology of the Old Testament* [Nashville: Broadman & Holman, 2006], p. 129). Da mesma forma, muitos estudiosos do Novo Testamento fazem a mesma afirmação em relação à totalidade de ambos os testamentos (p. ex., George Eldon Ladd, *A theology of the New Testament* [Grand Rapids: Eerdmans, 1974], xi).

que governa servindo.⁷¹ No entanto, o fato de que ele pode governar servindo não significa que ele governa *apenas* servindo. Como Rei-pastor, Deus reina não apenas dando a vida por suas ovelhas, mas também defendendo-as contra lobos vorazes. Ele governa servindo *e* guardando. Ele exerce poder através da fraqueza *e* da força. A vinda de seu reino implica salvação *e* julgamento. Deus é o Rei compassivo *e* justo.

O REI COMPASSIVO

A realeza de Deus é inseparável de seu caráter. No Salmo 145, onde Davi exalta a Deus como Rei e medita no esplendor de sua majestade, ele também louva a Deus por sua abundante bondade e justiça (Sl 145.1-7). Esse Rei é "compassivo e misericordioso, tardio em irar-se e grande em amor" (Sl 145.8, ESV). É em relação a esse tipo de realeza que "[os teus santos] falarão da glória do teu reino e confessarão o teu poder" (Sl 145.11). Que tipo de Rei é Deus? Ele é um Rei bom, justo, gracioso, misericordioso e amoroso. A realeza de Deus deve ser entendida à luz de todos os seus atributos.

Essa realeza benevolente é evidente na narrativa da criação, onde o primeiro ato de Deus como o Rei-Criador é abençoar os portadores de sua imagem (Gn 1.28). Foi mentira da serpente retratar o reino de Deus como opressivo e tirânico. Após a Queda, a realeza de Deus é revelada no contexto de sua aliança com Abraão e seus descendentes. Porque Deus é um Rei de aliança que se comprometeu com seu povo, ele não é um déspota desinteressado que

---

71 "Reinar" ou "governar" é exercer o poder régio. Graham Tomlin define poder como "a capacidade de influenciar pessoas ou situações e transformá-las" (*The power of the cross: theology and the death of Christ in Paul, Luther and Pascal*, p. 313); Michael J. Gorman oferece uma definição semelhante (*Cruciformity: Paul's narrative spirituality of the cross* [Grand Rapids: Eerdmans, 2001], p. 269).

tira proveito de seus servos, mas um Rei atencioso que busca o bem-estar de seu povo.

Talvez a maior imagem que o Antigo Testamento usa para capturar a natureza benevolente da realeza de Deus seja a de um pastor (Ez 34).[72] Como Goldingay diz: "De modo semelhante à realeza, o pastoreio sugere, por um lado, autoridade absoluta e o poder de vida e morte, e, por outro, uma obrigação de cuidar adequadamente dos súditos dessa autoridade e poder".[73] Nesse sentido, o Rei é o servo do povo,[74] pois "sua exaltação acima de seus súditos é inseparável de sua devoção altruísta ao bem-estar deles".[75]

A ideia de Deus como um Rei-pastor deriva da interação entre a realeza divina e a realeza humana. Essa interação divina/humana é importante, pois, se a questão diz respeito a que tipo de rei Deus é, um lugar para o qual se deve olhar é onde estão aqueles que carregam a imagem dessa realeza. Em outras palavras, se a humanidade deve refletir a realeza de Deus na terra (Gn 1.26-28), então a maneira pela qual eles são instruídos a reinar também deve revelar algo sobre a maneira pela qual Deus reina. A chave é, como apontei anteriormente, que a comissão de Adão para governar a terra em Gênesis 1.26-28 é definida em 2.15 como servir e guardar.[76] Portanto, um bom rei não simplesmente governa *e* serve, mas governa *por meio do* serviço (cf. Dt

---

72 Walter Brueggemann, *Genesis,* IBC (Atlanta: John Knox, 1982), p. 33.

73 John Goldingay, *Israel's faith*, Old Testament Theology (Downers Grove, IL: InterVarsity Press, 2006), 2:63.

74 Moshe Weinfeld, "The King as the servant of the people: the source of the idea", *JJS* 33 (1982): 189-94.

75 Jon Levenson, *The death and resurrection of the Beloved Son: the transformation of child sacrifice in Judaism and Christianity* (New Haven, CT: Yale University Press, 1993), p. 145.

76 Veja acima, p. 55, esp. n. 7.

17.14-20). O rei Roboão, por exemplo, rejeitou o sábio conselho dos anciãos de "ser servo desse povo hoje e servi-lo" (1Rs 12.7, ESV), o que resultou na divisão do reino.

No Novo Testamento, o reinado benevolente de Deus é visto através do evangelho de Jesus Cristo. No caminho para Jerusalém, Jesus redefine a realeza para Tiago e João como serviço e autoentrega (Mc 10.32-45). Jesus governa servindo, o que para ele significa dar sua vida em resgate por muitos (Mc 10.45). No cenáculo, Jesus lava os pés dos discípulos e declara: "Vós me chamais [...] Senhor, e dizeis bem; porque eu o sou" (Jo 13.13). Ele não diz: "Eu não sou Senhor, sou um servo". Em vez disso, por meio de suas palavras e ações, ele diz: "Eu sou Senhor e estou mostrando minha autoridade lavando seus pés". Em última análise, como demonstrei, Jesus é crucificado como o Rei que governa servindo.

Embora Moltmann capte de maneira útil as ideias do poder de autodoação de Deus e do governar por meio do serviço, esses temas não são de forma alguma exclusivos dele ou originais. De fato, há uma rica tradição na igreja que entende que o poder e o governo de Deus são exibidos supremamente na cruz. De acordo com Gregório de Níssa: "Que a natureza onipotente fosse capaz de descer à posição inferior do homem é uma evidência mais clara de poder do que [...] fazer coisas grandes e sublimes".[77] De acordo com Anselmo, Cristo determinou "que a maneira pela qual ele demonstraria a exaltação de sua onipotência não deveria ser outra senão através de sua morte".[78] Barth argumentou repetidamente

---

77 Gregory of Nyssa, "An address on religious instruction", in: Edward Hardy, org., *Christology of the later fathers*, LCC (Philadelphia: Westminster, 1954), p. 300–301.

78 Anselm, "Why God became man", in: Brian Davies; G. R. Evans, orgs., *Anselm of Canterbury: the major works*, OWC (Oxford: Oxford University Press, 2008), p. 278.

que a onipotência de Deus "pode assumir a forma de fraqueza e impotência e fazê-lo como onipotência, triunfando nessa forma".[79]

O REI JUSTO

Deus não é apenas um Rei benevolente; ele é um Rei justo. O Salmo 89 diz que a justiça e a retidão são o fundamento do trono de Deus, à frente do qual vão o amor e a fidelidade (Sl 89.14). A realeza, por definição, implica autoridade,[80] e Deus pode afirmar sua autoridade justa para salvar ou julgar.[81] A realeza expressa por meio da salvação ou do julgamento não implica arbitrariedade da parte de Deus, mas enfatiza que, como Rei, ele permanece fiel ao seu caráter. Ele é digno de ser louvado como o "Rei dos céus, porque todas as suas obras são verdadeiras, e os seus caminhos, justos" (Dn 4.37; cf. Ap 15.3). Portanto, embora o poder régio de Deus possa assumir a forma de fraqueza, de forma alguma ele é limitado por isso.

A natureza justa da realeza de Deus pode ser vista em seu exercício de poder, no julgamento do pecado e na vitória sobre o mal. Primeiro, Michael Gorman explica como a reinterpretação do poder divino por Paulo (como sendo aperfeiçoado na fraqueza) não exclui os aspectos mais tradicionais:

> A reinterpretação do poder divino por Paulo é, portanto, surpreendente e não deve ser subestimada. Ao fazê-la, no entanto, ele não nega completamente os entendimentos mais

---

79 Karl Barth, *Church dogmatics: the doctrine of reconciliation*, edição de G. W. Bromiley; Thomas Torrance, tradução de G. W. Bromiley (Edinburgh: T&T Clark, 1958), vol. IV/1, p. 186-87; cf. p. 129-30, 158-59, 179-80, 192.

80 K. M. Heim, "Kings and kingship", *DOTHB*, p. 610.

81 Gerald Bray diz: "O direito de executar o julgamento é fundamental para qualquer governante significativo" ("The Kingdom and eschatology", in: Christopher Morgan; Robert Peterson, orgs., *The kingdom of God*, Theology in Community [Wheaton, IL: Crossway, 2012], p. 223).

tradicionais do poder divino. O poder de Deus é demonstrado na criação (Rm 1.20). O poder de Deus foi a fonte da ressurreição de Jesus e será a fonte da ressurreição dos crentes (1Co 6.14; cf. Rm 1.4). O poder de Deus é demonstrado nas manifestações extraordinárias do Espírito, tanto no ministério de Paulo (1Ts 1.5; 1Co 2.4; 2Co 12.12; Rm 15.19) quanto na vida de suas comunidades (Gl 3.5; 1Co 12.10, 28-29).[82]

Segundo, a natureza justa da realeza de Deus também é evidente em seu julgamento do pecado, pois como um Rei santo que está comprometido em proteger a pureza de seu reino, Deus "jamais inocenta o culpado" (Na 1.3). Embora esse aspecto da realeza de Deus esteja ausente da teologia de Moltmann, está claro nas Escrituras que a vinda do reino implica o "conteúdo duplo" de salvação *e* julgamento.[83]

Terceiro, a realeza justa de Deus é demonstrada em sua vitória sobre o mal. Seja vitória sobre as nações no Antigo Testamento, seja sobre Satanás no Novo Testamento, Deus deve destronar e destruir os próprios inimigos que procuram impedir seu reino de paz. Esse padrão é estabelecido no Êxodo, onde a realeza de Deus é proclamada por causa de sua vitória sobre seus inimigos (Êx 15.7, 18).

Finalmente, a natureza justa do reinado de Deus não é relaxada quando Jesus vem para trazer o reino como o Servo Sofredor. Pelo contrário, era a missão do servo trazer "justiça às nações" (Is 42.1, NVI; cf. 9.7; Jr 23.5). E, enquanto Jesus mostrava o reino por meio da cura e do perdão, ele também sustentou que não há lugar no reino de Deus para aqueles que se opõem ao Rei (p. ex., Mt 7.21).

---

82 Michael J. Gorman, *Cruciformity: Paul's narrative spirituality of the cross*, p. 280.
83 Herman Ridderbos, *The coming of the kingdom* (Philadelphia: P&R, 1962), p. 20.

Demonstrei que Deus é um Rei benevolente e justo. Enquanto Moltmann observa corretamente a qualificação da realeza de Jesus no que tange a servir, ele erroneamente exclui qualquer noção do reino de Deus por meio do julgamento. Na cruz, no entanto, o reinado benevolente e justo de Deus é colocado em plena exibição, pois a morte de Cristo revela não apenas o amor de Deus (Rm 5.8), mas também sua justiça (Rm 3.25).

A REALEZA TRINITÁRIA DE DEUS

Uma observação final que precisa ser feita a respeito da doutrina de Deus em relação ao reino é que a vinda do reino é completamente trinitária. Contra a falsa dicotomia de Moltmann entre triunidade e soberania, a natureza trinitária de Deus não mina sua realeza, antes, a define. O reino cruciforme do Deus triúno irrompe na história quando o *Pai* envia o *Filho* no poder do *Espírito*. Entre o já e ainda não, Deus avança seu reino pelo *Espírito*, que aplica a obra consumada do *Filho* para que o reino possa finalmente ser entregue ao *Pai*. Não é preciso escolher entre um Deus relacional e um Deus soberano — "Ele é o Rei que se importa".[84]

SEGUINDO O REI AO TOMAR A CRUZ

Até agora, neste capítulo, discuti o reino de Deus à luz das doutrinas da expiação e da teologia propriamente dita. O reino é o reino cruciforme do Rei compassivo e justo. No entanto, visto que Deus reina sobre seu povo e *por meio* dele, o que pode ser dito sobre o papel dos cristãos no avanço do reino entre o já e ainda não? Minha

---

84 John Feinberg, *No one like him: the doctrine of God*, FET 2 (Wheaton, IL: Crossway, 2001), p. 799.

resposta é tripla: *Deus* avança seu reino por meio da *igreja* à medida que ela se conforma à *cruz*.

Primeiro, para ser claro, o reino não é construído ou promovido por seres humanos, antes, é recebido (Hb 12.28). Contra a teologia do evangelho social, o reino de Deus não é a culminação do potencial e esforço humanos, mas a intervenção da graça soberana de Deus em um mundo pecaminoso e decaído. A soberania de Deus não elimina a participação ou o envolvimento humano em sua reconciliação régia de todas as coisas, antes, protege a verdade fundamental do reino — isto é, que esse é o reino *de Deus*.

Segundo, Deus avança seu reino principalmente por meio *da igreja* — congregações locais de servos-reis reconciliados com Deus.[85] Embora o refrão do reino seja "O SENHOR reina!" (Sl 96.10), a restauração da vice-gerência humana é uma harmonia essencial no cântico régio da Bíblia. Deus reina, mas ele reina por meio daqueles que estão sendo renovados à imagem de seu criador. Contra Moltmann, que em grande parte negligencia a igreja em sua ênfase no reino, a igreja é o meio de Deus para avançar seu reino. Para falar sobre o lugar da igreja no avanço do reino de Deus, o relacionamento entre a igreja e o reino deve primeiro ser definido.

A igreja *não* é o reino. O reino é uma noção mais abrangente do reinado escatológico de Deus sobre a terra, enquanto a igreja é o povo do Rei entre o já e ainda não do reino.[86] No entanto, assim como são distintos, a igreja e o reino também são inseparáveis. A igreja é um sinal do reino, uma exibição para esta presente era maligna da

---

[85] Meu propósito não é entrar em discussões sobre eclesiologia (que levantariam muitas outras questões), mas discutir o lugar e a forma da igreja *no avanço do reino*.

[86] Herman Ridderbos, *The coming of the kingdom*, p. 354; George Eldon Ladd, *The presence of the future: the eschatology of Biblical realism* (Grand Rapids: Eerdmans, 1974), p. 262.

realidade proléptica do reinado de Deus na era vindoura. Em suma, a igreja é distinta do reino, mas central para seu avanço.

Como, então, Deus avança seu reino por meio da igreja? O terceiro e mais importante ponto é que Deus avança o reino por meio dos cristãos da mesma forma que estabeleceu o reino por meio de Cristo.[87] Como diz Leslie Newbigin: "Do Calvário em diante, todo reinado é testado e julgado pelo padrão do verdadeiro reinado estabelecido ali".[88] O "segue-me" inicial de Jesus (δεῦτε ὀπίσω μου, Mc 1.17, ESV), dado como um convite ao reino, é posteriormente qualificado com a advertência: "Se alguém quer vir após mim (ὀπίσω μου ἀκολουθεῖν), a si mesmo se negue, tome a sua cruz e siga-me" (Mc 8.34). Em outras palavras, seguir Jesus como Rei nesta era é tomar a cruz. Assim como o Cristo crucificado é declarado ser o poder de Deus (1Co 1.23-24), Timóteo é encarregado, por Paulo, de: "participa[r] comigo dos sofrimentos, a favor do evangelho, segundo o poder de Deus" (2Tm 1.8).

Esse *poder* para sofrer pelo evangelho e "tom[ar] [a] cruz" deve ser, em última análise, o "poder do Espírito de Deus" (Rm 15.19, NVI). Visto que a vinda do reino envolve o derramamento do Espírito de Deus (Is 32.15-18; Ez 36.26-30), o reino oculto sob a cruz é, ao mesmo tempo, o reino no poder do Espírito. O poder do Espírito, porém, é um poder para o serviço cristão. Richard Gaffin diz: "Assim como o Espírito da glória veio sobre Jesus em seu batismo no Jordão, abrindo diante dele o caminho da obediência

---

87 Os cristãos seguem Cristo em seu exemplo de amor autodoador. No entanto, os cristãos não expiam os pecados, antes, testemunham da morte expiatória de Cristo. Embora haja muito a ser elogiado na obra *A community called atonement* de McKnight, ele falha em fazer essa distinção entre Cristo como aquele que expia o pecado e os cristãos como aqueles que testemunham dessa realidade.

88 Lesslie Newbigin, *Foolishness to the Greeks: the gospel and western culture* (Grand Rapids: Eerdmans, 1986), p. 126.

sofredora que o levou à cruz, assim o mesmo Espírito Santo, com o qual a igreja foi batizada no Pentecostes, aponta para o caminho do sofrimento".[89] O Espírito Santo, portanto, é o elo mediador entre a presença do reino em Cristo e seu avanço por meio dos cristãos. Jesus trouxe o reino como o Messias capacitado pelo Espírito. O Espírito faz o reino avançar aplicando a obra consumada de Cristo.

Se, como argumentei, o reino avança pela cruz, então certamente trata-se de uma cruz *vazia*. O Rei crucificado está vivo; de modo que o reino avança não simplesmente olhando para trás, para a cruz, mas caminhando adiante com o Rei crucificado e ressuscitado. Em Filipenses 3.10, Paulo anseia por Cristo para "o conhecer, e o poder da sua ressurreição, e a comunhão dos seus sofrimentos, conformando-[se] com ele na sua morte". A sequência aqui pode inicialmente parecer estranha, mas prova ser a lógica do avanço do reino. Onde normalmente se esperaria a ordem morte-ressurreição, Paulo inverte a ordem para mostrar que o poder da ressurreição é exercido a fim de conformar o cristão à cruz de Cristo. Gaffin oferece a seguinte conclusão sobre essa passagem:

> Essa passagem nos diz, juntamente com 2 Coríntios 4.10, 11, que o poder da ressurreição de Cristo é realizado exatamente como a comunhão de seus sofrimentos e a conformidade com sua morte. Ela nos fala do poder formador e modelador da ressurreição; a ressurreição é uma energia conformadora, uma energia que produz conformidade com a morte de Cristo. O impacto, a marca da ressurreição na existência de Paulo, é a cruz.[90]

---

89 Richard Gaffin, "The usefulness of the cross", *WTJ* 41 (1979): 239.
90 Ibid.: 234; veja também Michael J. Gorman, que diz: "O poder da ressurreição opera no presente como o poder de conformidade com a morte de Cristo" (*Cruciformity: Paul's narrative spirituality of the cross*, p. 332).

O poder da ressurreição conforma os indivíduos e a igreja como um todo à cruz. Deus avança seu reino por meio de sua igreja, embora seu poder de ressurreição seja velado pela fraqueza e sua glória pela aparente loucura. Entre a ressurreição e o retorno de Cristo, o reino não só está escondido sob a cruz, mas também avança pela cruz. Chester capta a essência dessa interação entre o Espírito, a ressurreição e a cruz: "Por meio do Espírito Santo, experimentamos o poder da ressurreição para seguir o caminho da cruz".[91]

Os seguidores de Jesus estão destinados à glória. Mas o que é verdade para Cristo é verdade para aqueles que estão "em Cristo": a glória vem por meio do sofrimento. Paulo diz que, como coerdeiros de Cristo, "sofremos com ele para que também com ele sejamos glorificados" (Rm 8.17, ESV). O poder de Deus está sendo aperfeiçoado através da fraqueza (2Co 12.9). Isso não torna o sofrimento fácil, mas o torna significativo. Deus está conosco em nosso sofrimento, ele nos transforma por meio de nosso sofrimento e, um dia, porá fim ao nosso sofrimento. E isso é verdade não apenas para o povo de Deus, mas também para a criação de Deus. "A própria criação será redimida do cativeiro da corrupção, para a liberdade da glória dos filhos de Deus" (Rm 8.21). Para Cristo, os cristãos e toda a criação, o caminho da glória é o caminho da cruz.

CONCLUSÃO

Embora muita teologia do reino seja feita apesar da cruz, tenho procurado entender o reino à luz da cruz. Com a ajuda da teologia da cruz de Lutero, o olho da fé percebe que a sabedoria e o poder do reino estão escondidos sob a loucura e a fraqueza da cruz. No entanto, o fato de Deus governar servindo não significa que ele

---

91 Tim Chester, *Mission and the coming of God*, p. 220.

sacrifica seu reinado por causa do serviço. Contra Moltmann, Deus é o Rei compassivo e justo, cujo reino implica salvação e julgamento. Nesta era, Deus avança seu reino por meio da igreja conforme ela se conforma com a cruz. Assim como o reino foi estabelecido e inaugurado por meio da morte e ressurreição de Cristo, Deus avança seu reino por meio de cristãos que foram unidos a Cristo e que, pelo poder de sua ressurreição, são conformados à sua cruz.

CAPÍTULO 10

CONCLUSÃO: COROA DE ESPINHOS

Muitos cristãos ou defendem o reino ou se apegam à cruz. No entanto, as Escrituras apresentam uma relação mutuamente enriquecedora entre os dois, que se baseia significativamente na história de Israel e culmina na crucificação de Cristo, o Rei. Em suma, o reino e a cruz são mantidos juntos pelo Cristo — o Messias de Israel — que traz o reino de Deus na terra por meio de sua morte expiatória na cruz. O reino é o objetivo final da cruz, e a cruz é o meio pelo qual o reino vem. A morte de Jesus não é o fracasso de seu ministério messiânico nem simplesmente o prelúdio de sua glória real. Sua morte é o ápice de sua missão do reino; a cruz é o trono do qual Jesus governa e estabelece seu reino. O chocante paradoxo do reinado de Deus por meio do Cristo crucificado certamente parece uma simples tolice para a lógica humana caída; porém, percebido pela fé, é o poder e a sabedoria de Deus. Essa interação entre o reino e a cruz pode ser vista na *história* e na *lógica* da redenção.[1]

---

1 Leitores interessados na forma como este projeto se relaciona com o trabalho de N. T. Wright devem olhar para minha interação ao longo deste trabalho em questões específicas. Em resumo, minha ideia principal é congruente com o pensamento de Wright — a saber, que Jesus traz o reino por meio da cruz (veja acima, p. 31, 39, 48, 65, 112–19, 141). Nossas diferenças estão nas seguintes áreas: (1) Método: o trabalho acadêmico de Wright contribui principalmente para discussões nos estudos históricos de Jesus; eu incorporo a teologia bíblica e sistemática (veja acima, p. 31–37). (2) No diagnóstico do problema: Wright culpa principalmente os credos e os reformadores por separarem o reino e a cruz; em minha opinião, essa divisão é um problema mais moderno (veja acima, p. 26–28). Em outras palavras, acredito que a tradição da igreja reforça amplamente a relação entre o

A HISTÓRIA DA REDENÇÃO

Desde o início (Gn 1-2), o reino de Deus é a visão télica do reinado de Deus exercido por meio de seus vice-regentes sobre toda a criação, cujo coração é o relacionamento de aliança entre o Rei divino e seus servos portadores de sua imagem. A Queda, portanto, fratura a relação de aliança entre Deus e seu povo *e* desmorona o projeto que tem como objetivo o reinado de Deus sobre toda a terra.

Após a Queda, a visão télica do reino permanece, contudo, tendo em vista a realidade do pecado, ela deve ser alcançada de uma nova maneira. O primeiro vislumbre de esperança está embutido na própria maldição, quando Deus diz à serpente que a semente de uma mulher esmagará sua cabeça (Gn 3.15). No entanto, a vitória da semente, que vencerá a maldição induzida pelo pecado e reconciliará o povo de Deus como reis-servos, acarretará sofrimento para o vencedor. Doravante, surge um padrão na história de Adão e Israel pelo qual a vitória vem por meio do sofrimento, a exaltação por meio da humilhação e, finalmente, o reino por meio da cruz.

A graciosa promessa de Deus a Abraão em Gênesis 12.1-3 se propõe a reverter a maldição de Gênesis 3–11 e, assim, recuperar a abençoada realidade de Gênesis 1–2 — ou seja, terra e povo sob o bom reinado de Deus. A comissão dada a Adão e Eva torna-se uma promessa a Abraão, que é então assegurada por uma aliança (Gn 15.1-21; 17.1-14), na qual Deus se vincula ao seu povo, surpreendentemente concordando em tomar sobre *si mesmo* a maldição

---

reino e a cruz, em vez de impedi-la. (3) Expiação: embora Wright reconheça alguma forma de substituição penal, ela desempenha pouco papel em seu relato da história da redenção ou da conexão entre o reino e a cruz (veja acima, p. 131–34, 138 n. 36, 222). Para mim, a substituição penal (uma vez que integrada com *Christus Victor*) é essencial para relacionar o reino e a cruz (veja acima, p. 192-226). Além disso, Wright iguala o perdão dos pecados ao retorno do Exílio e, assim, minimiza o aspecto individual do perdão; eu distingo entre os dois, embora defenda o perdão corporativo e individual (veja acima, p. 133–34).

caso a aliança fosse quebrada (Gn 15.17). O fato de Deus administrar seu reino por meio de uma série de alianças com seu povo lança grande luz sobre o caminho pelo qual o reino vem. Assim como a aliança com Abraão foi selada pelo sacrifício, a vinda do reino é finalmente administrada por meio da *nova* aliança, que é ratificada pelo sangue de Cristo, "derramado em favor de muitos, para remissão de pecados" (Mt 26.28).

No Êxodo, Deus redime seu povo da aliança ao julgar os egípcios (bem como os cordeiros da Páscoa no lugar dos judeus), resultando na declaração de Deus como Rei (Êx 15.7, 18) e de Israel como um "reino de sacerdotes" (Êx 19.6). Ecos do Éden abundam; entretanto, em um mundo manchado pelo pecado, o estabelecimento do reino de Deus na terra prometida deve vir após a instalação do sistema sacrificial. A expiação é essencial para manter a pureza do reino.

A monarquia unida representa o ponto alto de cumprimento no Antigo Testamento. Davi é o rei ideal, um segundo Adão que governa em nome de Deus com retidão e justiça. A realeza de Davi, no entanto, representa o padrão expresso ao longo de todo o Antigo Testamento — a saber, que sua ascensão ao trono foi de humilhação e exaltação, e sua realeza é caracterizada por sofrimento justo (p. ex., Sl 22). A aliança de Deus com Davi captura todas as esperanças anteriores de Israel e as conecta a um futuro Rei Davídico (Filho de Davi e Filho de Deus) que "estabelecerá" o reino de Deus na terra para sempre (2Sm 7.12-14; cf. Sl 89.35). O reino vindouro também incluirá um templo, que é significativamente o lugar do governo de Deus *e* da expiação do pecado. O templo conecta a expiação e o reino, pois somente por meio da expiação um povo impuro pode habitar com o santo Rei divino. Jesus substitui o templo em ambos os sentidos. Ele é a morada de Deus, *e* sua morte, o meio final e definitivo para a expiação (Hb 10.10-14).

Isaías 52.13–53.12 representa o ápice do desenvolvimento do sofrimento e da vitória que começou em Gênesis 3.15, pois o cântico do Servo Sofredor não é apenas a explicação mais direta da expiação substitutiva, mas também está fortemente ligado ao seu contexto imediato da vinda do reino de Deus. Isaías esclarece não apenas o sofrimento da semente como *expiatório* e a vitória como uma vitória do *reino*, mas também que a vitória régia virá *por meio* do sofrimento expiatório. O reino de Deus ("O teu Deus reina!", Is 52.7) é causado pelo sofrimento expiatório do servo ("levou sobre si o pecado de muitos", Is 53.12).

Zacarias se baseia na mensagem de Isaías de que a expiação é instrumental na vinda do reino de Deus, falando de um rei humilde que governará a terra como alguém que redime seu povo com o sangue de sua aliança (Zc 9.9-12). O Antigo Testamento termina com a mesma visão com que começou: "O Senhor será rei sobre toda a terra" (Zc 14.9).

O Novo Testamento apresenta a história de Jesus como o clímax da história de Israel. O Evangelho de Marcos, por exemplo, enquadra o ministério de Jesus da perspectiva do tão esperado novo êxodo de Isaías, culminando no reinado de Deus sobre a terra (Is 40–55). Jesus proclama o reino na Galileia (Mc 1.1–8.21) e morre na cruz no Gólgota (Mc 11.1–16.8); porém, no "caminho" de um para o outro (Mc 8.22–10.52), ele explica que sua missão no reino culminará em sua morte expiatória. Jesus é o Rei crucificado que traz o reino pelo "caminho" da cruz.

Em Colossenses, o "sangue da sua cruz" (Cl 1.20) é o meio para a reconciliação cósmica realizada por Cristo (Cl 1.15-20), dentro do contexto mais amplo da transferência escatológica para o reino de Cristo (Cl 1.12-14), com o efeito de desarmar os poderes do mal (Cl 2.13-15). Hebreus 2.5-10 capta sucintamente o "panorama geral" do reino e da cruz, apresentando Jesus como o Último Adão que restaurou o desígnio régio de Deus para a criação e recuperou a "coroa de glória e honra" para a humanidade por meio de sua morte na cruz. O livro de Apocalipse diz explicitamente que o Rei Jesus "pelo seu sangue, nos libertou dos nossos pecados, e nos constituiu reino, sacerdotes para o seu Deus e Pai" (Ap 1.5-6). Essa afirmação é posteriormente descrita como a vitória de um semelhante a leão que é alcançada por meio de um semelhante a cordeiro (Ap 5.5-6), o que implica a derrota de Satanás por Cristo e por seus seguidores (Ap 12.10-11). Em suma, desde o calcanhar machucado de Gênesis 3.15 até o Cordeiro reinante de Apocalipse 22.1, a Bíblia é a história redentora de um Messias crucificado que traz o reino por meio de sua morte expiatória na cruz.

Há quatro pontos-chave sobre o reino e a cruz que emergem dessa história de redenção. (1) O Antigo Testamento (especialmente Is 40–55) é a estrutura adequada para a compreensão do reino e da cruz. Não apenas a história de Adão e Israel fornece todas as categorias corretas (e como relacioná-las), mas as promessas centrais do reino no Antigo Testamento encontram seu cumprimento por meio da cruz no Novo Testamento (isto é, vitória sobre inimigos, perdão dos pecados, novo êxodo).

(2) Reino e cruz não precisam disputar posição na história da redenção porque desempenham papéis diferentes. A cruz é central (entre as eras), e o reino é télico (o *telos* das eras). A glória da sabedoria de Deus, no entanto, é exibida na maneira que o reino do

fim dos tempos irrompeu no meio da história por meio da morte do Messias.

(3) A cruz é o ponto de virada causativo para a era vindoura — o reino de Deus. Como Paulo diz, Jesus "se deu a si mesmo por nossos pecados, para nos livrar do presente século mau" (Gl 1.4, ARC). A grande troca (a morte de Cristo pelos nossos pecados) efetua a grande transição (a vinda do reino).

(4) Finalmente, o reino de Deus é estabelecido na terra pela morte expiatória de Cristo na cruz. Nesse contexto, a palavra "*estabelecido*" significa que a morte expiatória de Cristo é o momento decisivo, embora certamente não seja o único momento significativo. O reino de Deus estava presente na vida de Jesus, foi proclamado em sua pregação, vislumbrado em seus milagres e exorcismos, estabelecido por sua morte e inaugurado por meio da ressurreição. Agora está sendo promovido pelo Espírito Santo e será consumado na volta de Cristo.

A LÓGICA DA REDENÇÃO

Uma vez que o reino e a cruz são mantidos juntos por Cristo, as doutrinas da cristologia, expiação e reino devem ser devidamente compreendidas, em especial conforme se definem mutuamente. Em vista disso, discuto a realeza de Cristo (cristologia) e sua morte na cruz (expiação), e examino como essas doutrinas caracterizam o reinado de Deus sobre a terra (reino).

Jesus é ungido Rei em seu batismo (Mt 3.13-17); ele é reconhecido como Rei em todo o seu ministério (Jo 1.49; 6.15); e, como a entrada triunfal deixa claro (Mt 21.1-11), Jesus se aproxima da cruz *como um Rei* buscando estabelecer seu reino. Infelizmente, a realeza de Cristo na cruz foi minimizada pela supercategorização comumente empregada nas doutrinas dos dois estados de Cristo (humilhação e exaltação) e dos três ofícios de Cristo (profeta, sacerdote e rei). A morte de Cristo muitas vezes foi relegada apenas ao estado de humilhação e ao ofício de sacerdote, impossibilitando assim qualquer conexão entre o reino e a cruz.

À luz da realeza de Cristo na cruz, os estados de Cristo são melhor compreendidos não de maneira estritamente sucessiva (exaltação *após* humilhação), mas como exaltação *em* humilhação dentro do movimento mais amplo de exaltação *por meio* da humilhação. Essa estrutura mantém a progressão mais ampla do sofrimento para a glória (1Pe 1.11), mas reconhece que a morte de Cristo é ao mesmo tempo humilhação *e* exaltação (Jo 12.32-33). A realeza de Cristo na cruz também exige uma reformulação dos ofícios de Cristo, por meio da qual as linhas firmes entre os ofícios sacerdotal e régio de Cristo são apagadas, e a morte de Cristo é entendida como um ato sacerdotal *e* régio.

A doutrina da expiação é particularmente importante para integrar o reino e a cruz, pois o que Cristo realiza na cruz deve ser entendido em conjunto com sua proclamação do reino. Os debates contemporâneos sobre a expiação colocaram em grande parte o *Christus Victor* e a substituição penal um contra o outro — o primeiro enfatizando a cruz como a vitória sobre governantes injustos, e o último focando na reconciliação das pessoas. No entanto, visto que a vinda do reino de Deus implica a derrota do mal e a reconciliação dos pecadores realizadas por Deus, *Christus Victor* e a substituição penal são ambos aspectos essenciais para a morte na cruz que estabelece o reino de Cristo.

Portanto, ao invés de colocar *Christus Victor* e substituição penal em oposição, ou mesmo sustentar ambos separadamente, uma maneira melhor é reconhecer que a vitória de Cristo sobre Satanás é alcançada por meio de seu pagamento da penalidade pelos pecados — *Christus Victor* por meio da substituição penal. Na cruz, Jesus suporta a pena do pecado tomando o lugar dos pecadores, desarmando Satanás de seu poder acusatório e estabelecendo o reino de Deus na terra.

Finalmente, o reino de Deus deve ser entendido à luz da morte expiatória de Cristo, o Rei. Visto que o reino de Deus é fundado e moldado para sempre pela cruz de Cristo, trata-se verdadeiramente de um reino *cruciforme*. Embora *já* estabelecido *e ainda não* consumado, nesta era o reino está oculto sob a loucura da cruz, ainda que seja percebido pela fé como o próprio poder e sabedoria de Deus. Além disso, porque o reino de Deus é principalmente uma declaração sobre *Deus* (que ele reina), a natureza cruciforme do reino tem implicações significativas para a doutrina de Deus. Embora a cruz revele que Deus governa por meio de seu amor autodoador, ela não exige que ele governe *apenas* dessa maneira. Deus é um Rei compassivo *e* justo, que governa salvando *e* julgando. Deus, em Cristo, é o Rei-pastor que dá a vida por suas ovelhas e as guarda contra lobos ferozes. Por fim, assim como Deus *estabeleceu* seu reino por intermédio do meio humilde da cruz de Cristo, ele também *avança* seu reino por intermédio de cristãos que se uniram ao Cristo ressurreto e que, pelo poder de seu Espírito, estão sendo conformados à cruz.

A COROA DE ESPINHOS

O ladrão na cruz olhou para o homem de Nazaré sendo crucificado ao lado dele e disse: "Jesus, lembra-te de mim quando vieres no teu Reino" (Lc 23.42). De alguma forma, esse homem concebeu Jesus crucificado como governando um reino. Embora o título da cruz de Cristo — "O Rei dos Judeus" — deixa explícito *que há* uma conexão entre o reino e a cruz, talvez a coroa de espinhos forneça a melhor imagem para explicar *como* eles se relacionam. Afinal, essa não é a primeira vez que espinhos aparecem na história.

Adão deveria ser um rei-servo no jardim, mas, porque ele não exerceu domínio sobre a terra e os animais, a serpente governou sobre ele, e a terra foi amaldiçoada por Deus. Os espinhos aparecem pela primeira vez como resultado direto e manifestação da maldição (Gn 3.17-18). Jesus vem como o Último Adão, o fiel Rei-servo que não apenas cumpre a comissão de Adão de governar a terra, mas remove a maldição tomando-a sobre si. Ao usar a coroa de espinhos, Jesus levou sobre si a maldição de Deus. Ele é a "[semente] de uma mulher" que esmagou Satanás com o calcanhar ferido (Gn 3.15). Ele é a semente de Abraão que "nos resgatou da maldição da lei, fazendo-se maldição por nós [...] para que a bênção de Abraão chegasse aos gentios por Jesus Cristo" (Gl 3.13-14). Os espinhos, que eram sinal da maldição e derrota de Adão, são paradoxalmente transformados em sinal da realeza e vitória de Jesus. Como disse Agostinho, a coroa de espinhos é um símbolo de que "o reino que não era deste mundo venceu aquele mundo orgulhoso, não pela ferocidade da luta, mas pela humildade do sofrimento".[2]

Jesus é o Rei que reina levando a maldição do povo a quem ele tanto ama. A conexão entre a cruz e a maldição, no entanto, revela que o título dado a Jesus durante sua crucificação — "O Rei dos Judeus" — estava apenas parcialmente correto. Visto que a tarefa dos judeus era trazer a bênção de Deus para *toda a terra* (Gn 12.3)

---

2 Augustine, *Tractate 116: John:19:1–16*, NPNF[1], 7:425.

e assim reverter a maldição do pecado em Gênesis 3-11, Jesus — o Messias judaico — estava reivindicando seu trono não apenas sobre Israel, mas sobre toda a terra. Deus cumpriu sua missão de restaurar sua criação por meio de Jesus quando ele foi entronizado como Rei na cruz. O reino de Deus vem em poder, mas o poder do evangelho é Cristo crucificado.

BIBLIOGRAFIA

ABELARD, Peter. "Exposition of the Epistle to the Romans (An excerpt from the second book)." In: *A scholastic miscellany: Anselm to Ockham*. Organização e tradução de Eugene Fairweather. LCC (Philadelphia: Westminster, 1956). p. 276-87.

AHN, Yong-Sung. *The reign of God and Rome in Luke's Passion narrative: an East Asian global perspective* (Leiden: Brill, 2006).

ALEXANDER, T. Desmond. "Genealogies, seed and the compositional unity of Genesis." *TynBul* 44 (1993): 25-70.

———. "Royal expectations in Genesis to Kings: their importance for Biblical theology." *TynBul* 49 (1998): 191-212.

———. *The Servant King: the Bible's portrait of the Messiah* (Vancouver, BC: Regent College, 2003).

ALLIS, Oswald Thompson. *The unity of Isaiah: a study in Prophecy* (Philadelphia: Presbyterian & Reformed, 1950).

ALLISON, D. C. *The end of the ages has come* (Philadelphia: Fortress, 1985).

ANDERSON, Bernhard. "Exodus typology in Second Isaiah." In: *Israel's prophetic heritage: essays in honor of James Muilenburg*. Organização de Bernhard Anderson; W. Harrelson (New York: Harper, 1962). p. 177-95.

ANSELM. "Why God became man." In: *Anselm of Canterbury: the major works*. Organização de Brian Davies; G. R. Evans. OWC (Oxford: Oxford University Press, 2008). p. 260-356.

AQUINAS, Thomas. *Summa theologica*. Tradução dos padres da English Dominican Province (New York: Benziger Bros, 1947).

——— [AQUINO, Tomás de]. *Suma teológica* (São Paulo: Edições Loyola).

ARNOLD, Clinton. "Satan, Devil." In: *DLNT*. Organização de Ralph P. Martin; Peter H. Davids (Downers Grove, IL: InterVarsity Press, 1997). p. 1077-82.

———. *The Colossian syncretism: the interface between Christianity and folk belief at Colossae* (Grand Rapids: Baker, 1996).

———. "The kingdom, miracles, Satan, and demons." In: *The kingdom of God*. Organização de Christopher Morgan; Robert Peterson. Theology in Community (Wheaton, IL: Crossway, 2012). p. 153-78.

ATHANASIUS. *On the incarnation* (Crestwood, NY: St. Vladimir's Seminary Press, 2002).

——— [ATANÁSIO]. "A encarnação do Verbo." In: *Atanásio*. Patrística (São Paulo: Paulus, 2014). Vol. 18.

ATTRIDGE, Harold. *The Epistle to the Hebrews: a commentary on the Epistle to the Hebrews* (Hermeneia. Philadelphia: Fortress, 1989).

AUGUSTINE. *WSA. Works of Saint Augustine*. Organização de John E. Rotelle (Brooklyn: New City, 1990-2009).

AULÉN, Gustaf. *Christus Victor: an historical study of the three main types of the idea of atonement* (New York: Macmillan, 1969).

———. *The faith of the Christian church* (Philadelphia: Muhlenberg, 1948).

BARTH, Karl. "The doctrine of reconciliation." In: *Church dogmatics*. Edição de G. W. Bromiley; Thomas Torrance. Tradução de G. W. Bromiley (Edinburgh: T&T Clark, 1958). Vol. IV/1.

———. "The doctrine of reconciliation." In: *Church dogmatics*. Edição de G. W. Bromiley; Thomas Torrance. Tradução de G. W. Bromiley (Edinburgh: T&T Clark, 1958). Vol. IV/2.

BARTH, Markus; BLANKE, Helmut. *Colossians: a new translation with introduction and commentary*. AB (New York: Doubleday, 1994).

BARTHOLOMEW, Craig; GOHEEN, Michael. "Story and Biblical theology." In: *Out of Egypt: Biblical theology and biblical interpretation*. Edição de Craig Bartholomew; Mary Healy; Karl Möller; Robin Parry (Grand Rapids: Zondervan, 2004). p. 144–71.

———. *The drama of Scripture: finding our place in the Biblical story* (Grand Rapids: Baker Academic, 2004).

———. *O drama das Escrituras: encontrando nosso lugar na história bíblica* (São Paulo: Vida Nova, 2017).

BAUCKHAM, Richard. *Moltmann: Messianic theology in the making* (Basingstoke, UK: Pickering, 1987).

———. *The theology of Jürgen Moltmann* (Edinburgh: T&T Clark, 1995).

———. *The theology of the Book of Revelation* (New York: Cambridge University Press, 1993).

———. "Where is wisdom to be found? Colossians 1:15–20 (2)." In: *Reading texts, seeking wisdom: Scripture and theology*. Organização de David Ford; Graham Stanton (Grand Rapids: Eerdmans, 2004). p. 129–38.

BAVINCK, Herman. "Sin and salvation in Christ." In: *Reformed dogmatics*. Organização de John Bolt. Tradução de John Vriend (Grand Rapids: Baker Academic, 2003). Vol. 3.

———. "O pecado e a salvação em Cristo." In: *Dogmática reformada* (Rio de Janeiro: Cultura Cristã, 2012). Vol. 2.

BEALE, G. K. *A New Testament Biblical theology: the unfolding of the Old Testament in the New* (Grand Rapids: Baker Academic, 2011).

———. *Teologia bíblica do Novo Testamento: a continuidade teológica do Antigo testamento no Novo* (São Paulo: Vida Nova, 2018).

———. *The Book of Revelation: a commentary on the Greek text*. NIGTC (Grand Rapids: Eerdmans, 1999).

———. *The Temple and the church's mission: a Biblical theology of the Temple*. NSBT (Downers Grove, IL: InterVarsity Press, 2004).

———. *O templo e a missão da Igreja: uma teologia bíblica sobre o lugar da habitação de Deus* (São Paulo: Vida Nova, 2021).

BEATON, Richard. *Isaiah's Christ in Matthew's Gospel* (Cambridge: Cambridge University Press, 2002).

BECKER, Jürgen. *Jesus of Nazareth* (New York: de Gruyter, 1998).

BEILBY, James; EDDY, Paul. "Atonement." In: *Global dictionary of theology*. Organização de William Dyrness; Veli-Matti Kärkkäinen (Downers Grove, IL: InterVarsity Press, 2008). p. 84-92.

———; ———, orgs. *The nature of the atonement: four views* (Downers Grove, IL: InterVarsity Press, 2006).

BELCHER, Jim. *Deep church: a third way beyond emerging and traditional* (Downers Grove, IL: InterVarsity Press, 2009).

BELOUSEK, Darrin W. Snyder. *Atonement, justice, and peace: the message of the cross and the mission of the church* (Grand Rapids: Eerdmans, 2012).

BERKHOF, Louis. *Systematic theology* (Grand Rapids: Eerdmans, 1979).

———. *Teologia sistemática*. 4. ed. rev. (São Paulo: Cultura Cristã, 2012).

BESKOW, Per. *Rex gloriae: the kingship of Christ in the early church* (Stockholm: Almqvist & Wiksell, 1962)

BETHANCOURT, Phillip. "Christ the warrior King: a Biblical, historical, and theological analysis of the divine warrior theme in Christology." Dissertação de Ph.D. Southern Baptist Theological Seminary, 2011.

BETZ, Hans Dieter. *Galatians: a commentary on Paul's Letter to the Churches in Galatia* (Hermeneia. Philadelphia: Fortress, 1979).

BEUKEN, W. A. M. "The main theme of trito-Isaiah 'the Servants of YHWH.'" *JSOT* 15 (1990): 67–87.

BILLINGS, J. Todd. *The Word of God for the people of God: an entryway to the theological interpretation of Scripture* (Grand Rapids: Eerdmans, 2010).

———. *Union with Christ: reframing theology and ministry for the church* (Grand Rapids: Baker Academic, 2011).

BIRD, Michael. "Mark: interpreter of Peter and disciple of Paul." In: *Paul and the Gospels: Christologies, conflicts and convergences*. Organização de Michael Bird; Joel Willitts (London: T&T Clark, 2011). p. 30–61.

———. "The crucifixion of Jesus as the fulfillment of Mark 9:1." *TJ* 24 (2003): 23–36.

BIRD, Michael; WILLITTS, Joel, orgs. *Paul and the Gospels: Christologies, Conflicts and Convergences* (London: T&T Clark, 2011).

BLENKINSOPP, Joseph. *Isaiah 56-66: a new translation with introduction and commentary*. AB (New York: Doubleday, 2003).

BLOCHER, Henri. "Agnus Victor: the atonement as victory and vicarious punishment." In: *What does it mean to be saved? Broadening evangelical horizons of salvation*. Organização de John Stackhouse (Grand Rapids: Baker Academic, 2002). p. 67-91.

———. "Atonement." In: *DTIB*. Organização de Kevin J. Vanhoozer (Grand Rapids: Baker, 2005). p. 72-76.

———. "Biblical metaphors and the doctrine of the atonement." *JETS* 47 (2004): 629-45.

———. *Evil and the cross: Christian thought and the problem of evil* (Downers Grove, IL: InterVarsity Press, 1994).

———. "God and the cross." In: *Engaging the doctrine of God: contemporary protestant perspectives*. Organização de Bruce McCormack (Grand Rapids: Baker Academic, 2008). p. 125-41.

———. *La doctrine du péché et de la rédemption* (Vaux-sur-Seine, France: EDIFAC, 2000).

———. *Songs of the Servant: Isaiah's good news* (Downers Grove, IL: InterVarsity Press, 1975).

———. "The atonement in John Calvin's theology." In: *The glory of the atonement*. Organização de Charles Hill; Frank James (Downers Grove, IL: InterVarsity Press, 2004). p. 279-303.

———. "The sacrifice of Jesus Christ: the current theological situation." *EuroJTh* 8 (1999): 23-36.

BLOCK, Daniel. "My servant David: ancient Israel's vision of the Messiah." In: *Israel's Messiah in the Bible and the Dead Sea Scrolls*. Organização de Richard Hess; Daniel Carroll R. (Grand Rapids: Baker Academic, 2003). p. 17-56.

BLOESCH, Donald. *Jesus Christ: Savior and Lord* (Downers Grove, IL: InterVarsity Press, 1997).

BOERSMA, Hans. *Violence, hospitality, and the cross: reappropriating the atonement tradition* (Grand Rapids: Baker Academic, 2004).

———. "Violence, the cross, and divine intentionality: a modified Reformed view." In: *Atonement and violence*. Organização de John Sanders (Nashville: Abingdon, 2006). p. 47-72.

BOLT, Peter. "'... With a view to the forgiveness of sins': Jesus and forgiveness in Mark's Gospel." *RTR* 57 (1998): 53-69.

———. *Jesus' defeat of death: persuading Mark's early readers* (Cambridge: Cambridge University Press, 2003).

———. "Mark 13: an Apocalyptic precursor to the Passion narrative." *RTR* 54 (1995): 10-32.

———. *The cross from a distance: atonement in Mark's Gospel*. NSBT (Downers Grove, IL: InterVarsity Press, 2004).

———. "Towards a Biblical theology of the defeat of the evil powers." In: *Christ's victory over evil: Biblical theology and pastoral ministry*. Organização de Peter Bolt (Nottingham, UK: Apollos, 2009). p. 35-81.

BONHOEFFER, Dietrich. "Thy kingdom come: the prayer of the church for God's kingdom on Earth." In: *Preface to Bonhoeffer: the man and two of his shorter writings*. Organização de John Godsey (Philadelphia: Fortress, 1965). p. 27-47.

BORG, Marcus J.; WRIGHT, N. T. *The meaning of Jesus: two visions* (San Francisco: HarperSanFrancisco, 1999).

BORING, Eugene. *Revelation*. IBC (Louisville: Westminster John Knox, 1989).

BORSCH, Frederick Houk. *Power in weakness: new hearing for gospel stories of healing and discipleship* (Philadelphia: Fortress, 1983).

BOTTERWECK, G. Johannes; RINGGREN, Helmer; FABRY, Heinz-Josef, orgs. *Theological dictionary of the Old Testament*. Tradução de David E. Green (Grand Rapids: Eerdmans, 1974–2006).

BOYD, Gregory. "Christus Victor view." In: *The nature of the atonement: four views*. Organização de James Beilby; Paul Eddy (Downers Grove, IL: InterVarsity Press, 2006). p. 23–49.

———. *God at war: the Bible and spiritual conflict* (Downers Grove, IL: InterVarsity Press, 1997).

BRAY, Gerald. "The kingdom and eschatology." In: *The kingdom of God*. Organização de Christopher Morgan; Robert Peterson. Theology in Community (Wheaton, IL: Crossway, 2012). p. 207–28.

BRIGHT, John. *The kingdom of God: the Biblical concept and its meaning for the church* (Nashville: Abingdon, 1957).

BRONDOS, David. *Fortress introduction to salvation and the cross* (Minneapolis: Fortress, 2007).

———. "Why was Jesus crucified? Theology, history and the story of redemption." *SJT* 54 (2001): 484–503.

BROWER, Kent. "Mark 9:1: Seeing the kingdom in power." *JSNT* (1980): 17–41.

BROWN, Francis; DRIVER, S. R.; BRIGGS, Charles A. *A Hebrew lexicon of the Old Testament with an appendix containing Biblical Aramaic* (Oxford: Clarendon, 1977).

BROWN, Joanne Carlson; PARKER, Rebecca. "For God so loved the world." In: *Christianity, patriarchy, and abuse: a feminist critique*. Organização de Joanne Carlson Brown; Carole Bohn (New York: Pilgrim, 1989). p. 1-30.

BRUCE, A. B. *The humiliation of Christ: in its physical, ethical, and official aspects* (Grand Rapids: Eerdmans, 1955).

BRUCE, F. F. "Christ as conqueror and reconciler." *BSac* 141 (1984): 291-302.

BRUEGGEMANN, Walter. *Genesis*. IBC (Atlanta: John Knox, 1982).

BRUNNER, Emil. "The doctrine of Creation and redemption." In: BRUNNER, Emil. *Dogmatics* (Philadelphia: Westminster, 1950). Vol. 2.

―――. *The Mediator: a study of the central doctrine of the Christian faith* (Philadelphia: Westminster, 1947).

BUCHANAN, George Wesley. "The Day of Atonement and Paul's doctrine of redemption." *NovT* 32 (1990): 236-49.

BULTMANN, Rudolf. *Jesus Christ and mythology* (New York: Scribner, 1958).

―――. *The history of the synoptic tradition*. Tradução de John Marsh (New York: Harper & Row, 1963).

BYRON, George Noël Gordon (Baron). *The works of Lord Byron: complete in one volume* (London: John Murray, 1841).

CAIRD, G. B. *A commentary on the Revelation of St. John the Divine.* BNTC (London: Black, 1966).

CALVIN, John. *Calvin's commentaries*. Tradução de Calvin Translation Society (Grand Rapids: Baker, 1999).

———. [CALVINO, João]. *Evangelho Segundo João* (São José dos Campos: Editora Fiel, 2018). Vols. 1 e 2.

———. [CALVINO, João]. *Pastorais* (São José dos Campos: Editora Fiel, 2018).

———. [CALVINO, João]. *Gálatas, Efésios, Filipenses, Colossenses*, tradução de Valter Graciano Martins (São José dos Campos: Editora Fiel, 2017)].

———. *Institutes of the Christian religion*. Edição de John McNeill. Tradução de Ford Lewis Battles. LCC (Louisville: Westminster John Knox, 2006).

———. [CALVINO, João] *A instituição da religião cristã*. Tradução de Carlos Eduardo de Oliveira; Elaine C. Sartorelli; Omayr J. de Moraes Jr. (São Paulo: Editora Unesp, 2008–2009). 2 tomos.

CAMERY-HOGGATT, Jerry. *Irony in Mark's Gospel: text and subtext* (Cambridge: Cambridge University Press, 1992).

CANEDAY, Ardel. "Christ's baptism and crucifixion: the anointing and enthronement of God's Son." *SBJT* 8 (2004): 70–85.

CAREY, Holly. *Jesus' cry from the cross: towards a first-century understanding of the intertextual relationship between Psalm 22 and the narrative of Mark's Gospel* (New York: T&T Clark, 2009).

CARROLL, Daniel. "The power of the future in the present: eschatology and ethics in O'Donovan and beyond." In: *A royal priesthood? The use of the Bible ethically and politically: a dialogue with Oliver O'Donovan*. Organização de Craig Bartholomew. SHS (Carlisle, UK: Paternoster, 2002). p. 116–43.

CARSON, D. A. "Matthew." *EBC* (Grand Rapids: Zondervan, 1995).

———. *O comentário de Mateus* (São Paulo: Shedd Publicações, 2011).

———. "Systematic theology and Biblical theology." In: *NDBT*. Organização de T. Desmond Alexander; Brian Rosner (Downers Grove, IL: InterVarsity Press, 2000). p. 89–103.

———. *The Gospel according to John*. PiNTC (Grand Rapids: Eerdmans, 1991).

———. *O comentário de João* (São Paulo: Shedd Publicações, 2007).

———. "The wrath of God." In: *Engaging the doctrine of God: contemporary protestant perspectives*. Organização de Bruce L. McCormack (Grand Rapids: Baker Academic, 2008). p. 37–66.

CASSUTO, Umberto. *A commentary on the Book of Genesis* (Jerusalem: Magnes, 1989). Vol. 1.

CHALKE, Steve; MANN, Alan. *The lost message of Jesus* (Grand Rapids: Zondervan, 2003).

CHAN, Mark. "The gospel and the achievement of the cross." *ERT* 33 (2009): 19–31.

CHATRAW, Josh. "Balancing out (Wright): Jesus' theology of individual and corporate repentance and forgiveness in the Gospel of Luke." *JETS* 55 (2012): 299–322.

CHESTER, Tim. *Mission and the coming of God: eschatology, the Trinity and mission in the theology of Jürgen Moltmann and contemporary evangelicalism*. PTM (Waynesboro, GA: Paternoster, 2006).

CHILDS, Brevard. *Isaiah*. OTL (Louisville: Westminster John Knox, 2001).

CHRUPCALA, Lesław. *The kingdom of God: a bibliography of 20th century research* (Jerusalem: Franciscan, 2007).

CHUNG, Sung Wook. *Jürgen Moltmann and evangelical theology: a critical engagement* (Eugene, OR: Pickwick, 2012).

CIAMPA, Roy. "The history of redemption." In: *Central themes in Biblical theology: mapping unity in diversity*. Organização de Scott Hafemann; Paul House (Grand Rapids: Baker Academic, 2007). p. 254-308.

CLEMENTS, Ronald. "Beyond tradition-history: deutero-Isaianic development of First Isaiah's themes." *JSOT* 31 (1985): 95-113.

COAKLEY, Sarah. "Kenōsis and subversion: on the repression of 'vulnerability' in Christian feminist writing." In: *Powers and submissions: spirituality, philosophy and gender* (Malden, MA: Blackwell, 2002). p. 3-39.

COLE, Graham. *God the peacemaker: how atonement brings shalom*. NSBT (Downers Grove, IL: InterVarsity Press, 2009).

———. "The peril of a 'historyless' systematic theology." In: *Do historical matters matter to faith? A critical appraisal of modern and postmodern approaches to Scripture*. Organização de James Hoffmeier; Dennis Magary (Wheaton, IL: Crossway, 2012). p. 55-70.

COLLINS, Adela Yarbro. *Mark: a commentary* (Hermeneia. Minneapolis: Fortress, 2007).

COLLINS, Jack. "A syntactical note (Genesis 3:15): Is the woman's seed singular or plural?" *TynBul* 48 (1997): 139-48.

CONZELMAN, Hans. *The theology of St. Luke* (New York: Harper & Row, 1961).

CREACH, Jerome. *The destiny of the righteous in the Psalms* (St. Louis: Chalice, 2008).

CULLMANN, Oscar. *Christ and time: the primitive Christian conception of time and history* (Philadelphia: Westminster, 1964).

———. *Cristo e o tempo* (São Paulo: Fonte Editorial, 2020).

DALMAN, Gustaf. *The words of Jesus*. Tradução de D. M. Kay (Edinburgh: T&T Clark, 1902).

DAUTZENBERG, G. "Psalm 110 im Neuen Testament." In: *Liturgie und Dichtung*. Organização de H. Becker; R. Kacyznski (St. Ottilien: Eos, 1983). Vol. 1. p. 141-71.

DAVIES, John. *Royal priesthood: literary and intertextual perspectives on an image of Israel in Exodus 19:6*. JSOTSup 395 (London: T&T Clark, 2004).

DAVIES, W. D.; ALLISON, D. C. *A critical and exegetical commentary on the Gospel according to saint Matthew*. ICC (Edinburgh: T&T Clark, 1988-1997). 3 vols.

DEMAREST, Bruce. *The cross and salvation: the doctrine of salvation*. FET (Wheaton, IL: Crossway, 1997).

DEMBELE, Youssouf. "Salvation as victory: a reconsideration of the concept of salvation in the light of Jesus Christ's life and work viewed as a triumph over the personal powers of evil." Dissertação de Ph.D. Trinity Evangelical Divinity School, 2001.

DEMPSTER, Stephen. *Dominion and dynasty: a Biblical theology of the Hebrew Bible*. NSBT (Downers Grove, IL: InterVarsity Press, 2003).

———. "The Servant of the Lord." In: *Central themes in Biblical theology: mapping unity in diversity*. Organização de Scott Hafemann; Paul House (Grand Rapids: Baker Academic, 2007). p. 128-78.

DENNEY, James. *The atonement and the modern mind* (London: Hodder & Stoughton, 1903).

———. *The death of Christ: its place and interpretation in the New Testament* (New York: A. C. Armstrong and Son, 1904).

DESCHNER, John. *Wesley's Christology: an interpretation* (Grand Rapids: Francis Asbury, 1988).

DEWEY, Joanna. "Literary structure of the controversy stories in Mark 2:1-3:6." *JBL* 92 (1973): 394-401.

———. *Markan public debate: literary technique, concentric structure, and theology in Mark 2:1-3:6*. SBLDS 48 (Chico, CA: Scholars, 1979).

DIAMOND, John. "The interpretation of the demonic in the theologies of Gustaf Aulén and Karl Heim." Dissertação de Ph.D. Boston University, 1969.

DODD, C. H. *According to the Scriptures: the sub-structure of New Testament theology* (London: Nisbet, 1952).

———. *The Bible and the Greeks* (London: Hodder & Stoughton, 1935).

DONAHUE, S. J. "Temple, trial, and royal Christology (Mark 14:53-65)." In: *The Passion in Mark: studies on Mark 14-16*. Organização de Werner Kelber (Philadelphia: Fortress, 1976). p. 61-79.

DRURY, John. *The parables in the Gospels: history and allegory* (New York: Crossroad, 1985).

DUBY, S. "The cross and the fulness of God: clarifying the meaning of divine wrath in penal substitution." *SBET* 29 (2011): 165–76.

DUHM, Bernhard. *Das Buch Jesaia*. KKHS (Göttingen: Vandenhoeck & Ruprecht, 1892).

DUMBRELL, William. *Covenant and Creation: a theology of the Old Testament covenants* (Grand Rapids: Baker, 1993).

———. *The faith of Israel: a theological survey of the Old Testament*. 2. ed. (Grand Rapids: Baker Academic, 2002).

———. "The role of the Servant in Isaiah 40–55." *RTR* 48 (1989): 105–13.

———. *The search for order: Biblical eschatology in focus* (Grand Rapids: Baker, 1994).

DUNN, James. *Jesus remembered* (Grand Rapids: Eerdmans, 2003).

———. *The Epistles to the Colossians and to Philemon: a commentary on the Greek text*. NIGTC (Grand Rapids: Eerdmans, 1996).

ECKARDT, Burnell, Jr. "Luther and Moltmann: the theology of the cross." *CTQ* 49 (1985): 19–28.

EDMONDSON, Stephen. *Calvin's Christology* (Cambridge: Cambridge University Press, 2004).

EISENBISE, Kate. "Resurrection as victory? The eschatological implications of J. Denny Weaver's 'narrative Christus Victor' model of atonement." *BLT* 53 (2008): 9–22.

EISSLER, Tobias. "Die Heilstat Jesu Christi in altkirchlicher, mittelalterlicher und reformatorischer Sicht." In: *Warum das Kreuz? Die Frage nach der Bedeutung des Todes Jesu*. Organização de Volker Gäckle. Wuppertal: Brockhaus, 1998). p. 107–37.

ELLER, Vernard. *The most revealing Book of the Bible: making sense out of Revelation* (Grand Rapids: Eerdmans, 1974).

ERICKSON, Millard. *Christian theology*. 2. ed. (Grand Rapids: Baker Academic, 1998).

———. *Teologia sistemática* (São Paulo: Vida Nova, 2015).

EVANS, Craig. "Inaugurating the kingdom of God and defeating the kingdom of Satan." *BBR* 15 (2005): 49-75.

FAIRWEATHER, Eugene. "Incarnation and atonement: an Anselmian response to Aulén's Christus Victor." *CJT* 7 (1961): 167-75.

FARROW, Douglas. "Ascension." In: *DTIB*. Organização de Kevin Vanhoozer (Grand Rapids: Baker, 2005). p. 65-68.

———. *Ascension and ecclesia: on the significance of the doctrine of the ascension for ecclesiology and Christian cosmology* (Grand Rapids: Eerdmans, 1999).

———. *Ascension theology* (New York: T&T Clark, 2011).

FEINBERG, John S. *No one like him: the doctrine of God*. FET (Wheaton, IL: Crossway, 2001).

FENTON, John C. "Paul and Mark." In: *Studies in the Gospels: essays in memory of R. H. Lighfoot*. Organização de D. E. Nineham (Oxford: Blackwell, 1967). p. 89-112.

FERGUSON, Sinclair. "Christus Victor et Propitiator: the death of Christ, substitute and conqueror." In: *For the fame of God's name*. Organização de Sam Storms; Justin Taylor (Wheaton, IL: Crossway, 2010). p. 171-89.

FIDDES, Paul. *Past event and present salvation: the Christian idea of atonement* (Louisville: Westminster John Knox, 1989).

FINGER, Thomas. "Christus Victor and the creeds: some historical considerations." *MQR* 72 (1998): 31-51.

FISHBANE, Michael. *Biblical interpretation in ancient Israel* (New York: Clarendon, 1985).

FLOOD, Derek. "Substitutionary atonement and the Church fathers: a reply to the authors of pierced for our transgressions." *EvQ* 82 (2010): 142-59.

FORDE, Gerhard. *On being a theologian of the cross: reflections on Luther's Heidelberg disputation, 1518* (Grand Rapids: Eerdmans, 1997).

―――. "Robert Jenson's soteriology." In: *Trinity, time, and church: a response to the theology of Robert W. Jenson*. Organização de Colin Gunton (Grand Rapids: Eerdmans, 2000). p. 126-38.

FORSYTH, Peter. *God the holy Father* (London: Independent, 1957).

FRANCE, R. T. *Divine government: God's kingship in the Gospel of Mark* (London: SPCK, 1990).

―――. "Kingdom of God." In: *DTIB*. Organização de Kevin Vanhoozer (Grand Rapids: Baker Academic, 2005). p. 420-22.

―――. *Matthew: evangelist & teacher*. NTP (Downers Grove, IL: InterVarsity Press, 1998).

―――. *The Gospel of Mark: a commentary on the Greek text*. NIGTC (Grand Rapids: Eerdmans, 2002).

FREI, Hans W. *The eclipse of Biblical narrative: a study in eighteenth and nineteenth century hermeneutics* (New Haven, CT: Yale University Press, 1974).

GAFFIN, Richard. "Atonement in the Pauline Corpus: 'the scandal of the cross.'" In: *The glory of the atonement: biblical, theological, and practical perspectives*. Organização de Charles Hill; Frank James (Downers Grove, IL: InterVarsity Press, 2004). p. 140-62.

———. "By faith, not by sight": Paul and the order of salvation (Bletchley, UK: Paternoster, 2006).

———. "The usefulness of the cross." *WTJ* 41 (1979): 228–46.

GALVIN, John. "Jesus' approach to death: an examination of some recent studies." *TS* 41 (1980): 713–44.

GATHERCOLE, Simon. "The gospel of Paul and the gospel of the Kingdom." In: *God's power to save*. Organização de Chris Green (Downers Grove, IL: InterVarsity Press, 2006). p. 138–54.

GAVRILYUK, Paul. *The suffering of the impassible God: the dialectics of patristic thought*. The Oxford Early Christian Studies (Oxford: Oxford University Press, 2004).

———. "God's impassible suffering in the flesh: the promise of paradoxical Christology." In: *Divine impassibility and the mystery of human suffering*. Organização de James Keating; Thomas Joseph White (Grand Rapids: Eerdmans, 2009). p. 127–49.

GENTRY, Peter. "Kingdom through covenant: humanity as the divine image." *SBJT* 12 (2008): 16–42.

———. "The atonement in Isaiah's Fourth Servant Song (Isaiah 52:13–53:12)." *SBJT* 11 (2007): 20–47.

GENTRY, Peter; WELLUM, Stephen. *Kingdom through covenant: a Biblical-theological understanding of the covenants* (Wheaton, IL: Crossway, 2012).

GEORGE, Timothy. "The atonement in Martin Luther's theology." In: *The glory of the atonement*. Organização de Charles Hill; Frank James (Downers Grove, IL: InterVarsity Press, 2004). p. 263–78.

GESE, Hartmut. *Vom Sinai zum Zion: alttestamentliche Beiträge zur biblischen Theologie* (Munich: Kaiser, 1974).

GILKEY, Langdon. "Cosmology, ontology, and the travail of Biblical Language." *JR* 41 (1961): 194-205.

GIRARD, Rene. *I see Satan fall like lightning* (New York: Orbis, 2001).

GOLDINGAY, John. *Isaiah*. NIBCOT 13 (Peabody, MA: Hendrickson, 2001).

———. *Israel's faith*. Old Testament Theology (Downers Grove, IL: InterVarsity Press, 2006). Vol. 2.

GOLDINGAY, John; PAYNE, David. *A critical and exegetical commentary on Isaiah 40-55*. ICC (London: T&T Clark, 2006).

GOLDSWORTHY, Graeme. "The gospel in Revelation." In: *The Goldsworthy trilogy* (Carlisle, UK: Paternoster, 2000). p. 149-328.

———. "The kingdom of God as hermeneutic grid." *SBJT* 12 (2008): 4-15.

GOMES, Alan. "De Jesu Christo Servatore: Faustus Socinus on the satisfaction of Christ." *WTJ* 55 (1993): 209-31.

———. "Faustus Socinus' de Jesu Christo Servatore, part III: historical introduction, translation and critical notes." Dissertação de Ph.D. Fuller Theological Seminary, 1990.

GORDLEY, Matthew. *The Colossian hymn in context: an exegesis in light of Jewish and Greco-Roman hymnic and epistolary conventions* (Tübingen: Mohr Siebeck, 2007).

GORMAN, Michael J. *Cruciformity: Paul's narrative spirituality of the cross* (Grand Rapids: Eerdmans, 2001).

———. *Inhabiting the cruciform God: kenosis, justification, and theosis in Paul's narrative soteriology* (Grand Rapids: Eerdmans, 2009).

GRAPPE, Christian. *Le royaume de dieu: avant, avec et après Jésus.* MB (Genève: Labor et Fides, 2001).

GREEN, Joel. "Kaleidoscopic view." In: *The nature of the atonement: four views.* Organização de James Beilby; Paul Eddy (Downers Grove, IL: InterVarsity Press, 2006). p. 157-85.

———. "Must we imagine the atonement in penal substitutionary terms?" In: *The atonement debate.* Organização de Derek Tidball, David Hilborn; Justin Thacker (Grand Rapids: Zondervan, 2008). p. 153-71.

GREEN, Joel; BAKER, Mark. *Recovering the scandal of the cross: atonement in New Testament and contemporary contexts* (Downers Grove, IL: InterVarsity Press, 2000).

GREER, Rowan. "Christ the victor and the victim." *CTQ* 59 (1995): 1-30.

GREGORY OF NYSSA. "An address on religious instruction." In: *Christology of the later fathers.* Organização de Edward Hardy. LCC (Philadelphia: Westminster, 1954). p. 268-325.

GRILLMEIER, Alois. *Christ in Christian tradition.* Tradução de John Bowden (Atlanta: John Knox, 1975).

VAN GRONINGEN, Gerard. *Messianic revelation in the Old Testament* (Grand Rapids: Baker, 1990).

GROVES, J. Alan. "Atonement in Isaiah 53: for he bore the sins of many." In: *The glory of the atonement.* Organização de Charles Hill; Frank James III (Downers Grove, IL: InterVarsity Press, 2004). p. 61-89.

GRUDEM, Wayne. "States of Jesus Christ." In: *EDT.* Organização de Walter Elwell (Grand Rapids: Baker, 1989). p. 1052-54.

———. *Systematic theology: an introduction to Biblical doctrine* (Grand Rapids: Zondervan, 1995).

———. *Teologia sistemática* (São Paulo: Vida Nova, 2011).

GUNDRY, Robert. *Mark: a commentary on is apology for the cross* (Grand Rapids, 2000).

GUNTON, Colin. "Atonement: the sacrifice and the sacrifices, from metaphor to transcendental?" In: *Father, Son, and Holy Spirit: essays toward a fully Trinitarian theology* (New York: T&T Clark, 2003). p. 181-200.

———. *The actuality of atonement: a study of metaphor, rationality and the Christian tradition* (London: T&T Clark, 1988).

GURTNER, Daniel. *The torn veil: Matthew's exposition of the death of Jesus* (Cambridge: Cambridge University Press, 2007).

GUTTESEN, Poul. *Leaning into the future: the kingdom of God in the theology of Jürgen Moltmann and in the Book of Revelation*. PTMS (Eugene, OR: Pickwick, 2009).

HAAG, Herbert. *Der Gottesknecht bei Deuterojesaja*. EdF 233 (Darmstadt: Wissenschaftliche Buchgesellschaft, 1985).

HAFEMANN, Scott. *The God of promise and the life of faith: understanding the heart of the Bible* (Wheaton, IL: Crossway, 2001).

HAHN, Scott. *Kinship by covenant: a canonical approach to the fulfillment of God's saving promises* (New Haven, CT: Yale University Press, 2009).

HAMILTON, James. "The seed of the woman and the blessing of Abraham." *TynBul* 58 (2007): 253-73.

———. "The skull crushing seed of the woman: inner-Biblical interpretation of Genesis 3:15." *SBJT* 10 (2006): 30-54.

HARNACK, Adolf von. *What is Christianity?* Tradução de Thomas Saunders (Philadelphia: Fortress, 1986).

HARRIS, R. Laird; ARCHER, Gleason Leonard; WALTKE, Bruce, orgs. *Theological wordbook of the Old Testament* (Chicago: Moody Press, 1981).

HART, David Bentley. *The beauty of the infinite: the aesthetics of Christian truth* (Grand Rapids: Eerdmans, 2003).

HART, Trevor. "Redemption and fall." In: *The Cambridge companion to Christian doctrine*. Organização de Colin Gunton (Cambridge: Cambridge University Press, 1997). p. 189–206.

–––. "Systematic — In what sense?" In: *Out of Egypt: Biblical theology and Biblical interpretation*. Organização de Craig Bartholomew; Mary Healy; Karl Möller; Robin Parry (Grand Rapids: Zondervan, 2004). p. 341–51.

HARVIE, Timothy. *Jürgen Moltmann's ethics of hope: eschatological possibilities for moral action* (Burlington, VT: Ashgate, 2009).

HAYS, Richard. *First Corinthians*. IBC (Louisville: Westminster John Knox, 2011).

–––. "Knowing Jesus: story, history, and the question of truth." In: *Jesus, Paul, and the people of God: a theological dialogue with N. T. Wright*. Organização de Nicholas Perrin; Richard Hays (Downers Grove, IL: InterVarsity Press, 2011). p. 41–61.

–––. *The moral vision of the New Testament: community, cross, new creation: a contemporary introduction to New Testament ethics* (San Francisco: HarperSanFrancisco, 1996).

HEIM, K. M. "Kings and kingship." In: *DOTHB*. Organização de Bill T. Arnold; H. G. M. Williamson (Downers Grove, IL: InterVarsity Press, 2005). p. 610–23.

HEIM, Karl. *Jesus, the world's Perfecter: the atonement and the renewal of the world* (Edinburgh: Oliver and Boyd, 1959).

HEIM, S. Mark. *Saved from sacrifice: a theology of the cross* (Grand Rapids: Eerdmans, 2006).

HENGEL, Martin. *Crucifixion in the ancient world and the folly of the message of the cross* (Philadelphia: Fortress, 1977).

―――. *The cross of the Son of God* (London: SCM, 1986).

―――. "The kingdom of Christ in John." In: *Studies in early Christology* (Edinburgh: T&T Clark, 1995). p. 333–58.

HENGSTENBERG, Ernst Wilhelm. *Christology of the Old Testament: and a commentary on the Messianic predictions* (Edinburgh: T&T Clark, 1861).

HEPPE, Heinrich. *Reformed dogmatics: set out and illustrated from the sources*. Tradução de Ernst Bizer (Grand Rapids: Baker, 1978).

HEPPE, Heinrich; BIZER, Ernst. *Die Dogmatik der evangelisch-reformierten Kirche* (Neukirchen: Moers, 1958).

HESSE, Franz. "חשם and חישם in the Old Testament." In: *TDNT*. Organização de Gerhard Kittel; Gerhard Friedrich. Tradução de Geoffrey Bromiley (Grand Rapids: Eerdmans, 1974). Vol. 9. p. 496–509.

HIDAL, Sten. "En segrande Christus Victor? Auléns analys av ett forsoningsmotiv i backspegeln." *Svensk teologisk kvartalskrift* 86 (2010): 171–76.

HODGE, Charles. *Systematic theology* (Grand Rapids: Eerdmans, 1968). 3 vols.

―――. *Teologia sistemática* (São Paulo: Hagnos, 2001).

HOLMES, Michael, org. *The apostolic fathers in English*. Tradução de Michael Holmes. 3. ed. (Grand Rapids: Baker Academic, 2006).

HOLMES, Stephen. "Can punishment bring peace? Penal substitution revisited." *SJT* 58 (2005): 104-23.

———. "The upholding of beauty: a reading of Anselm's Cur Deus Homo." *SJT* 54 (2001): 189-203.

———. *The wondrous cross: atonement and penal substitution in the Bible and history* (Bletchley, UK: Paternoster, 2007).

HOOD, Jason. "The cross in the New Testament: two theses in conversation with recent literature (2000-2007)." *WTJ* 71 (2009): 281-95.

HOOGLAND, Marvin. *Calvin's perspective on the exaltation of Christ in comparison with the post-reformation doctrine of the two states* (Kampen: Kok, 1966).

HOOKER, Morna. *From Adam to Christ: essays on Paul* (Cambridge: Cambridge University Press, 1990).

———. *The Son of Man in mark: a study of the background of the term "Son of Man" and its use in St. Mark's Gospel* (Montreal: McGill University Press, 1967).

———. "Where is wisdom to be found? Colossians 1:15-20 (1)." In: *Reading texts, seeking wisdom: Scripture and theology.* Organização de David Ford; Graham Stanton (Grand Rapids: Eerdmans, 2004). p. 116-28.

HORTON, Michael. *Covenant and eschatology: the divine drama* (Louisville: Westminster John Knox, 2002).

———. *Lord and Servant: a covenant Christology* (Louisville: Westminster John Knox, 2005).

———. *The Christian faith: a systematic theology for pilgrims on the way* (Grand Rapids: Zondervan, 2011).

———. *Doutrinas da fé cristã: uma teologia sistemática para os peregrinos no Caminho* (Rio de Janeiro: Cultura Cristã, 2017).

HUGENBERGER, G. "The Servant of the LORD in the 'Servant Songs' of Isaiah: a second Moses figure." In: *The Lord's anointed: interpretation of Old Testament Messianic texts*. Organização de P. Satterthwaite; Richard Hess; Gordon Wenham. THS (Carlisle, UK: Paternoster, 1995). p. 105–40.

JACKSON, Howard. "The death of Jesus in Mark and the miracle from the cross." *NTS* 33 (1987): 16–37.

JACOB, Edmond. *Theology of the Old Testament* (New York: Harper & Row, 1958).

JANSEN, John Frederick. *Calvin's doctrine of the Work of Christ* (London: Clarke, 1956).

JEFFERY, S.; OVEY, Michael; SACH, Andrew. *Pierced for our transgressions: rediscovering the glory of penal substitution* (Wheaton, IL: Crossway, 2007).

JENNINGS, Theodore. *Transforming atonement: a political theology of the cross* (Minneapolis: Fortress, 2009).

JENSEN, Matthew. "'You have overcome the evil one': victory over evil in 1 John." In: *Christ's victory over evil: Biblical theology and pastoral ministry*. Organização de Peter Bolt (Nottingham, UK: Apollos, 2009). p. 104–22.

JENSON, Robert. "The Triune God". In: *Systematic Theology* (New York: Oxford University Press, 1997). Vol. 1.

JEWETT, Paul King. *Emil Brunner: an introduction to the man and his thought* (Downers Grove, IL: InterVarsity Press, 1961).

JIPP, Joshua. "Luke's Scriptural suffering Messiah: a search for precedent, a search for identity." *CBQ* 72 (2010): 255–74.

JOHNSON, Adam. "A fuller account: the role of 'fittingness' in Thomas Aquinas' development of the doctrine of the atonement." *IJST* 12 (2009): 302–18.

———. *God's being in reconciliation: the theological basis of the unity and diversity of the atonement in the theology of Karl Barth* (New York: T&T Clark, 2012).

KAHLER, Martin. *The so-called historical Jesus and the historic, Biblical Christ* (Philadelphia: Fortress, 1964).

KAISER, Otto. *Der königliche Knecht: eine traditionsgeschichtlich--exegetische Studie über die Ebed-Jahwe-Lieder bei Deuterojesaja.* FRLANT (Göttingen: Vandenhoeck & Ruprecht, 1959).

KEE, Howard Clark. "The function of Scriptural quotations and allusions in Mark 11–16." In: *Jesus und Paulus*. Organização de E. Ellis; E. Grässer (Göttingen: Vandenhoeck & Ruprecht, 1975). p. 165-85.

———. "The terminology of Mark's exorcism stories." NTS 14 (1968): 232-46.

KELBER, Werner. *The kingdom in Mark: a new place and a new time* (Philadelphia: Fortress, 1974).

KIM, Seyoon. *The "Son of Man" as the Son of God*. WUNT 30 (Tübingen: J. C. B. Mohr, 1983).

KLINE, Meredith. *Kingdom prologue: Genesis foundations for a covenantal worldview* (Overland Park, KS: Two Age, 2000).

KLINK, Edward; LOCKETT, Darian. *Understanding Biblical theology: a comparison of theory and practice* (Grand Rapids: Zondervan, 2012).

KOESTER, Craig. *Hebrews: a new translation with introduction and commentary*. AB (New York: Doubleday, 2001).

KRODEL, Gerhard. *Revelation*. ACNT (Minneapolis: Augsburg, 1989).

KÜNZI, Martin. *Das Naherwartungslogion Markus 9.1* (Tübingen: J. C. B. Mohr, 1977).

LADD, George Eldon. *A commentary on the Revelation of John* (Grand Rapids: Eerdmans, 1972).

———. *A theology of the New Testament* (Grand Rapids: Eerdmans, 1974).

———. *Teologia do Novo Testamento* (São Paulo: Hagnos. 2003).

———. "The kingdom of God: reign or realm?" *JBL* 81 (1962): 230–38.

———. *The presence of the future: the eschatology of Biblical realism* (Grand Rapids: Eerdmans, 1974).

LEE-POLLARD, Dorothy. "Powerlessness as power: a key emphasis in the Gospel of Mark." *SJT* 40 (1987): 173–88.

LEGASPI, Michael C. *The death of Scripture and the rise of Biblical studies* (New York: Oxford University Press, 2010).

LETHAM, Robert. *The work of Christ* (Downers Grove, IL: InterVarsity Press, 1993).

LEUNG, Mavis. *The kingship-cross interplay in the Gospel of John: Jesus' death as corroboration of his royal messiahship* (Eugene, OR: Wipf & Stock, 2011).

———. "The roman empire and John's Passion narrative in light of Jewish royal Messianism." *BSac* 168 (2011): 426–42.

LEVENSON, Jon. *The death and resurrection of the beloved Son: the transformation of child sacrifice in Judaism and Christianity* (New Haven, CT: Yale University Press, 1993).

LEVERING, Matthew; DAUPHINAIS, Michael. *Holy people, Holy Land: a theological introduction to the Bible* (Grand Rapids: Brazos, 2005).

LEWIS, C. S. *Mere Christianity: comprising the case for Christianity, Christian behaviour, and beyond personality* (New York: Touchstone, 1996).

———. *Cristianismo puro e simples* (Rio de Janeiro: Thomas Nelson Brasil, 2017).

LIGHTFOOT, J. B. *Saint Paul's Epistles to the Colossians and to Philemon* (New York: Macmillan, 1900).

LINNEMANN, Eta. *Studien zur Passionsgeschichte* (Göttingen: Vandenhoeck & Ruprecht, 1970).

LINTS, Richard. *The fabric of theology: a prolegomenon to evangelical theology* (Grand Rapids: Eerdmans, 1993).

LOEWENICH, Walther von. *Luther's theology of the cross* (Minneapolis: Augsburg, 1976).

LOHSE, Eduard. *Colossians and Philemon: a commentary on the Epistles to the Colossians and to Philemon* (Hermeneia. Philadelphia: Fortress, 1971).

LONG, Stephen. "Justification and atonement." In: *The Cambridge companion to evangelical theology*. Organização de Daniel Treier; Timothy Larsen (Cambridge: Cambridge University Press, 2007). p. 79–92.

LONGMAN, Tremper; REID, Daniel. *God is a warrior* (Grand Rapids: Zondervan, 1994).

LUDLOW, Morwenna. "Suffering Servant or King of glory? Christological readings of the Old Testament in the patristic era." In: *Christology and Scripture: interdisciplinary perspectives*. Organização de Andrew Lincoln; Angus Paddison (London: T&T Clark, 2007). p. 104–19.

LUNDE, Jonathan. *Following Jesus, the Servant King: a Biblical theology of covenantal discipleship* (Grand Rapids: Zondervan, 2010).

LUTHER, Martin. "John X. From the 11th to the 16th verses, inclusive." In: *A selection of the most celebrated sermons of M.*

Luther and J. Calvin: eminent ministers of the gospel, and principal leaders in the protestant reformation (New York: Bentley, 1829). p. 100-113.

———. *Luther: letters of spiritual counsel.* Organização e tradução de Theodore Tappert (Vancouver, BC: Regent College Publishing, 2003).

———. *Luther's works.* Organização de Jaroslav Pelikan (vols. 1-30); Helmut T. Lehmann (vols. 31-55) (Philadelphia: Muhlenberg; St. Louis: Concordia, 1955-1986).

———. *Luthers Werke: Kritische Gesamtausgabe* (Weimar: Böhlaus, 1883-). 67 vols. até 2014.

MALBON, Elizabeth Struthers. *Mark's Jesus: characterization as narrative Christology* (Waco, TX: Baylor University Press, 2009).

MALLEN, Peter. *The reading and transformation of Isaiah in Luke-Acts* (New York: T&T Clark, 2008).

MANGINA, Joseph. *Revelation.* BTCB (Grand Rapids: Brazos, 2010).

MANN, Alan. *Atonement for a "sinless" society: engaging with an emerging culture* (Milton Keynes, UK: Paternoster, 2005).

MARCUS, Joel. "Crucifixion as parodic exaltation." *JBL* 125 (2006): 73-87.

———. *Mark 1-8: a new translation with introduction and commentary.* AYBC (New York: Doubleday, 2000).

———. "Mark 4:10-12 and Marcan epistemology." *JBL* 103 (1984): 557-74.

———. *Mark 8-16: a new translation with introduction and commentary.* AYBC (New Haven, CT: Yale University Press, 2009).

———. "Mark — interpreter of Paul." *NTS* 46 (2000): 473-87.

———. *The way of the Lord: Christological exegesis of the Old Testament in the Gospel of Mark* (Louisville: Westminster John Knox, 1992).

MARSHALL, Christopher. *Faith as a theme in Mark's narrative* (Cambridge: Cambridge University Press, 1994).

MARSHALL, I. Howard. *Aspects of the atonement: cross and resurrection in the reconciling of God and humanity* (London: Paternoster, 2007).

———. "Kingdom of God (of heaven)." In: *ZEB*. Organização de Merrill Tenney; Moisés Silva (Grand Rapids: Zondervan, 2009). Vol. 3. p. 911-22.

———. *The Epistles of John*. NICNT (Grand Rapids: Eerdmans, 1978).

———. "The Hope of a New Age: The Kingdom of God in the New Testament." Themelios 11 (1985): 5-15.

———. "The theology of the atonement." In: *The atonement debate*. Organização de Derek Tidball; David Hilborn; Justin Thacker (Grand Rapids: Zondervan, 2008). p. 49-69.

MARTIN, R. P. "Reconciliation and forgiveness in the Letter to the Colossians." In: *Reconciliation and hope: New Testament essays on atonement and eschatology presented to L. L. Morris on his 60th birthday*. Organização de Robert Banks (Carlisle, UK: Paternoster, 1974). p. 116-23.

MATERA, Frank. *The kingship of Jesus: composition and theology in Mark 15*. SBLDS (Chico, CA: Scholars, 1982).

MCCARTNEY, Dan. "Ecce homo: the coming of the kingdom as the restoration of human vicegerency." *WTJ* 56 (1994): 1-21.

MCCULLOH, Gerald. *Christ's person and life-work in the theology of Albrecht Ritschl: with special attention to munus triplex* (Lanham, MD: University Press of America, 1990).

MCFAGUE, Sallie. *Models of God: theology for an ecological, nuclear age* (Philadelphia: Fortress, 1987).

MCGRATH, Alister. *Luther's theology of the cross: Martin Luther's theological breakthrough* (New York: Blackwell, 1985).

———. *Lutero e a teologia da cruz: a rupture teológica de Martinho Lutero* (São Paulo: Cultura Cristã, 2014).

———. *The Genesis of doctrine: a study in the foundations of doctrinal criticism* (Grand Rapids: Eerdmans, 1997).

———. *A Gênese da doutrina: fundamentos da crítica doutrinária* (São Paulo: Edições Vida Nova, 2015).

———. *The mystery of the cross* (Grand Rapids: Academie, 1988).

MCINTYRE, John. *St. Anselm and his critics: a re-interpretation of the Cur Deus Homo* (Edinburgh: Oliver and Boyd, 1954).

———. *The shape of soteriology: studies in the doctrine of the death of Christ* (Edinburgh: T&T Clark, 1995).

MCKNIGHT, Scot. *A community called atonement* (Nashville: Abingdon, 2007).

———. *Jesus and his death: historiography, the historical Jesus, and atonement theory* (Waco, TX: Baylor University Press, 2005).

MCMAHON, K. "The cross and the pearl: Anselm's patristic doctrine of atonement." *TSR* 91 (2001): 57–70.

MEED, James. *Biblical theology: issues, methods, and themes* (Louisville: Westminster John Knox, 2007).

MERKLEIN, Helmut. "Der Tod Jesu als stellvertretender Sühnetod." In: *Studien zu Jesus und Paulus*. WUNT 43 (Tübingen: Mohr Siebeck, 1987). p. 181–91.

MERRILL, Eugene. *Everlasting dominion: a theology of the Old Testament* (Nashville: Broadman & Holman, 2006).

METTINGER, Tryggve. "Die Ebed-Jahwe-Lieder: Ein fragwürdiges Axiom." *ASTI* (1978): 68-76.

―――. *King and Messiah: the civil and sacral legitimation of the Israelite kings* (Lund: Gleerup, 1976).

MEYER, Paul. "An exegetical reflection on Matthew 21:1-11." In: *The Word in this world: essays in New Testament exegesis and theology*. Organização de J. T. Carroll (Louisville: Westminster John Knox, 2004). p. 277-81.

MILES, Todd. "A kingdom without a king? Evaluating the kingdom ethic(s) of the emerging church." *SBJT* 12 (2008): 88-103.

MITCHELL, David. *The message of the Psalter: an eschatological programme in the book*. JSOTSup 252 (Sheffield: Sheffield Academic, 1997).

MITROS, Joseph. "Patristic views of Christ's salvific work." *Thought* 42 (1967): 415-47.

MOFFITT, David. *Atonement and the logic of resurrection in the Epistle to the Hebrews* (Leiden: Brill, 2011).

MOLTMANN, Jürgen. *Experiences in theology: ways and forms of Christian theology* (Minneapolis: Fortress, 2000).

―――. *History and the Triune God: contributions to Trinitarian theology* (New York: Crossroad, 1992).

―――. *Sun of righteousness, arise! God's future for humanity and the earth* (Minneapolis: Fortress, 2010).

―――. *The church in the power of the Spirit: a contribution to Messianic ecclesiology* (Minneapolis: Fortress, 1993).

―――. *The crucified God: the cross of Christ as the foundation and criticism of Christian theology* (New York: Harper & Row, 1974).

―――. *The Trinity and the kingdom: the doctrine of God* (New York: Harper & Row, 1981).

―――. "The world in God or God in the world?" In: *God will be all in all: the eschatology of Jürgen Moltmann*. Organização de Richard Bauckham (Edinburgh: T&T Clark, 1999). p. 35–42.

―――. *Theology of hope: on the ground and the implications of a Christian eschatology*. Tradução de James Leitch (Minneapolis: Fortress, 1993).

MOO, Douglas. *The Epistle to the Romans*. NICNT (Grand Rapids: Eerdmans, 1996).

―――. *The Letters to the Colossians and to Philemon*. PiNTC (Grand Rapids: Eerdmans, 2008).

―――. *The Old Testament in the gospel Passion narratives* (Eugene, OR: Wipf & Stock, 2008).

MOORE, Russell. *The kingdom of Christ: the new evangelical perspective* (Wheaton, IL: Crossway, 2004).

MORRIS, Leon. *The apostolic preaching of the cross*. 3. rev. ed. (Grand Rapids: Eerdmans, 1965).

―――. *The cross in the New Testament* (Exeter, UK: Paternoster, 1965).

MOTHER Mary; WARE, Kallistos, trad. "The service of the Twelve Gospels." In: *The lenten triodion* (South Canaan, PA: Saint Tikhon's Seminary Press, 2001).

MOTYER, J. A. *The prophecy of Isaiah: an introduction & commentary* (Downers Grove, IL: InterVarsity Press, 1993).

MOTYER, Stephen. "The rending of the veil: a Markan Pentecost?" *NTS* 33 (1987): 155–57.

MOUNCE, Robert. *The Book of Revelation.* NICNT (Grand Rapids: Eerdmans, 1977).

MULLER, Richard. *Christ and the decree: Christology and predestination in Reformed theology from Calvin to Perkins* (Durham, NC: Labyrinth, 1986).

———. *Dictionary of Latin and Greek theological terms: drawn principally from Protestant Scholastic Theology* (Grand Rapids: Baker, 1985).

MÜLLER-FAHRENHOLZ, Geiko. *The kingdom and the power: the theology of Jürgen Moltmann.* Tradução de John Bowden (Minneapolis: Fortress, 2001).

MURRAY, John. *Redemption accomplished and applied* (Grand Rapids: Eerdmans, 1978).

NEWBIGIN, Lesslie. *Foolishness to the Greeks: the gospel and Western culture* (Grand Rapids: Eerdmans, 1986).

NGEWA, Samuel. *Galatians.* ABCS (Nairobi, Kenya: Hippo, 2010).

NICHOLS, Stephen. "The kingdom of God: the kingdom in historical and contemporary perspectives." In: *The kingdom of God.* Organização de Christopher Morgan; Robert Peterson. Theology in Community (Wheaton, IL: Crossway, 2012). p. 25–48.

NIEBUHR, H. Richard. *The kingdom of God in America* (New York: Harper & Row, 1937).

NORTH, Christopher. *The Suffering Servant in Deutero-Isaiah: an historical and critical study* (London: Oxford University Press, 1948).

O'BRIEN, Kelli. *The use of Scripture in the Markan Passion narrative* (London: T&T Clark, 2010).

O'BRIEN, Peter. *Colossians, Philemon*. WBC (Waco, TX: Word, 1982).

———. "Was Paul a covenantal nomist?" In: *Justification and variegated nomism: the paradoxes of Paul*. Organização de D. A. Carson; Mark Seifrid; Peter O'Brien (Grand Rapids: Baker Academic, 2004). Vol. 2. p. 249-96.

OECUMENIUS. "Commentary on the Apocalypse." In: *Traditio Exegetica Graeca* (Louvain: Peeters, 1991).

ORLINSKY, Harry. "The so-called 'Servant of the Lord' and 'Suffering Servant' in Second Isaiah." In: *Studies on the Second Part of the Book of Isaiah*. Organização de Harry Orlinsky; N. Snaith (Leiden: Brill, 1967). p. 1-133.

OSBORNE, Grant. *Revelation*. BECNT (Grand Rapids: Baker Academic, 2002).

———. *Apocalipse*. Comentário Exegético (São Paulo: Vida Nova, 2014).

———. *The hermeneutical spiral: a comprehensive introduction to Biblical interpretation* (Downers Grove, IL: InterVarsity Press, 2006).

———. *Espiral hermenêutica: uma nova abordagem à interpretação bíblica* (São Paulo: Edições Vida Nova, 2009).

OSWALT, John. *The Book of Isaiah: chapters 40-66*. NICOT (Grand Rapids: Eerdmans, 1998).

OTTO, Randall. "Moltmann and the Anti-Monotheism Movement." *IJST* 3 (2001): 293-308.

OVEY, Michael. "Appropriating Aulén? Employing Christus Victor models of the atonement." Churchman 124 (2010): 297–330.

PACKER, J. I. "What did the cross achieve? The logic of penal substitution." *TynBul* 25 (1974): 3–45.

PANNENBERG, Wolfhart. *Jesus — God and man*. Tradução de Lewis L. Wilkins; Duane A. Priebe. 2. ed. (Philadelphia: Westminster, 1977).

PAO, David. *Acts and the Isaianic new exodus* (Grand Rapids: Baker Academic, 2002).

PARK, Andrew. *Triune atonement: Christ's healing for sinners, victims, and the whole creation* (Louisville: Westminster John Knox, 2009).

PATTERSON, Richard; TRAVERS, Michael. "Contours of the Exodus motif in Jesus' earthly ministry." *WTJ* 66 (2004): 25–47.

PENNINGTON, Jonathan. *Heaven and earth in the Gospel of Matthew*. NovTSup 126 (Boston: Brill, 2007).

———. *Reading the Gospels wisely: a narrative and theological introduction* (Grand Rapids: Baker Academic, 2012).

PEROWNE, J. Stewart. *The Book of Psalms* (Grand Rapids: Zondervan, 1976).

PERRIN, Nicholas. "Where to begin with the Gospel of Mark." *CurTM* 35 (2008): 413–19.

PERRIN, Norman. "The High Priest's question and Jesus' answer (Mark 14:61-62)." In: *The Passion in Mark: studies on Mark 14–16*. Organização de Werner Kelber (Philadelphia: Fortress, 1976). p. 80–95.

PETERSON, Anthony. *Behold your King* (New York: T&T Clark, 2009).

PETERSON, Erik. *Theologische Traktate* (Munich: Wild, 1951).

PETERSON, Robert. *Calvin's doctrine of the atonement* (Phillipsburg, NJ: P&R, 1983).

———. *Salvation accomplished by the Son: the work of Christ* (Wheaton, IL: Crossway, 2012).

PLANTINGA, Cornelius. *Not the way it's supposed to be: a breviary of sin* (Grand Rapids: Eerdmans, 1995).

POBEE, John. *Toward an African theology* (Nashville: Abingdon, 1979).

POTT, Francis. *The hymn Te Deum Laudamus* (London: Rivingtons, 1884).

POYTHRESS, Vern. "Kinds of Biblical theology." *WTJ* 70 (2008): 129–42.

———. *The returning King: a guide to the Book of Revelation* (Phillipsburg, NJ: Presbyterian & Reformed, 2000).

RAD, Gerhard von. "Typological interpretation of the Old Testament." In: *Essays on Old Testament hermeneutics*. Organização de Claus Westermann (Atlanta: John Knox, 1963). p. 17–39.

RAUSCHENBUSCH, Walter. *A theology for the social gospel* (New York: Macmillan, 1917).

REES, Thomas. *The Racovian Catechism, with notes and illustrations, translated from the Latin to which is prefixed a sketch of the history of unitarianism in Poland and the adjacent countries* (Lexington, KY: American Theological Library Association, 1962).

RIDDERBOS, Herman. *Matthew's witness to Jesus Christ: the King and the kingdom* (London: Lutterworth, 1958).

———. *Paul: an outline of his theology* (Grand Rapids: Eerdmans, 1975).

———. *The coming of the kingdom* (Philadelphia: P&R, 1962).

RITSCHL, Albrecht. *The Christian doctrine of justification and reconciliation: the positive development of the doctrine* (Clifton, NJ: Reference Book, 1966).

ROBERTSON, O. Palmer. *The Christ of the covenants* (Grand Rapids: Baker, 1980).

ROSNER, Brian. "Salvation, history of." In: *DTIB*. Organização de Kevin Vanhoozer (Grand Rapids: Baker, 2005). p. 714–17.

ROSNER, Brian; Roy Ciampa. *The First Letter to the Corinthians*. PiNTC (Grand Rapids: Eerdmans, 2010).

RUPPERT, Lothar. *Der leidende Gerechte: Eine motivgeschichtliche Untersuchung zum Alten Testament und zwischentestamentlichen Judentum* (FzB: Würzburg: Echter, 1972).

SAILHAMER, John. *Pentateuch as narrative* (Grand Rapids: Zondervan, 1992).

SANDERS, John, org. *Atonement and violence: a theological conversation* (Nashville: Abingdon, 2006).

SANDERS, John. *The God who risks: a theology of providence* (Downers Grove, IL: InterVarsity Press, 1998).

SANDYS-WUNSCH, J.; Eldredge, L. "J. P. Gabler and the distinction between Biblical and dogmatic theology: translation, commentary, and discussion of his originality." *SJT* 33 (1980): 133–58.

SANTOS, Narry. *Slave of all: the paradox of authority and servanthood in the Gospel of Mark*. JSNT 237 (London: Sheffield Academic, 2003).

SAPPINGTON, Thomas. *Revelation and redemption at Colossae* (Sheffield: JSOT, 1991).

SAVAGE, Timothy. *Power through weakness: Paul's understanding of the Christian ministry in 2 Corinthians* (New York: Cambridge University Press, 1996).

SCHAFF, Philip, org. *Christ in song: hymns of Immanuel* (London: Sampson Low, Son, and Marston, 1870).

SCHICK, Ludwig. *Das dreifache Amt Christi und der Kirche: Zur Entstehung und Entwicklung der Trilogien* (New York: Peter Lang, 1982).

SCHINDLER, Alfred. "Einführung." In: *Monotheisms als politisches Problem? Erik Peterson und die Kritik der politischen Theologie*. Organização de Alfred Schindler (Gütersloh: Gütersloher Verlagshaus Mohn, 1978).

SCHLEIERMACHER, Friedrich. *The Christian faith* (Edinburgh: T&T Clark, 1986).

SCHLOSSER, Jacques. Jésus de Nazareth (Paris: Noesis, 1999).

SCHMIDT, T. E. "Mark 15.16–32: the crucifixion narrative and the Roman triumphal procession." NTS 41 (1995): 1–18.

SCHMIECHEN, Peter. *Saving power: theories of atonement and forms of the church* (Grand Rapids: Eerdmans, 2005).

SCHNECK, Richard. *Isaiah in the Gospel of Mark I–VIII* (Vallejo, CA: BIBAL, 1994).

SCHREINER, Thomas. *Galatians*. ZECNT (Grand Rapids: Zondervan, 2010).

–––. "Penal substitution view." In: *The nature of the atonement: four views*. Organização de James Beilby; Paul Eddy (Downers Grove, IL: InterVarsity Press, 2006). p. 67–98.

SCHULTZ, Richard. "Servant/Slave." In: *New international dictionary of Old Testament Theology & Exegesis*. Organização de Willem VanGemeren (Grand Rapids: Zondervan, 1997). Vol. 4. p. 1183-98.

———. "The King in the Book of Isaiah." In: *The Lord's Anointed: interpretation of Old Testament Messianic texts*. Organização de P. Satterthwaite; Richard Hess; Gordon Wenham. THS (Carlisle, UK: Paternoster, 1995). p. 141-65.

SCHÜRMANN, Heinz. *Gottes Reich, Jesu Geschick: Jesu ureigener Tod im Licht seiner Basileia-Verkündigung* (Freiburg, Breisgau: Herder, 1983).

———. "Jesu ureigenes Todesverständnis: Bemerkungen zur 'impliziten Soteriologie' Jesu." In: *Jesus, Gestalt und Geheimnis: Gesammelte Beiträge*. Organização de Klaus Scholtissek (Paderborn: Bonifatius, 1994). p. 202-40.

SCHÜSSLER-FIORENZA, Elisabeth. *The Book of Revelation: justice and judgment* (Philadelphia: Fortress, 1985).

SCHUURMAN, Douglas. "Creation, eschaton, and ethics: an analysis of theology and ethics in Jürgen Moltmann." *CTJ* 22 (1987): 42-67.

SCHWEITZER, Albert. *The mystery of the kingdom of God: the secret of Jesus' Messiahship and Passion*. Tradução de Walter Lowrie (New York: Macmillan, 1950).

SCHWEIZER, Eduard. *The good news according to Mark*. Tradução de Donald H. Madvig (Richmond, VA: Knox, 1970).

SEIFRID, Mark. "Unrighteous by faith: apostolic proclamation in Romans 1:18-3:20." In: *Justification and variegated nomism: the paradoxes of Paul*. Organização de D. A. Carson; Mark

Seifrid; Peter O'Brien (Grand Rapids: Baker Academic, 2004). Vol. 2. p. 105-46.

SHERMAN, Robert. *King, Priest, and Prophet: a Trinitarian theology of atonement* (New York: T&T Clark, 2004).

SHOGREN, G. S. "Presently entering the kingdom of Christ: the background and purpose of Col 1:12-14." *JETS* 31 (1988): 173-80.

SKLAR, Jay. *Sin, impurity, sacrifice, atonement: the priestly conceptions* (Sheffield: Sheffield Phoenix, 2005).

SMALLEY, Stephen. *1, 2, 3 John*. Revised ed. WBC (Nashville: Nelson, 2007).

SMEATON, George. *The apostles' doctrine of the atonement* (Grand Rapids: Zondervan, 1957).

SMIT, D. J. "Kingdom of God." In: *DEM*. Organização de Nicolas Lossky (Grand Rapids: Eerdmans, 1991). p. 566-68.

SMITH, Gary V. *Isaiah 40-66*. NAC 15b (Nashville: Broadman & Holman, 2009).

SOCINUS, Faustus. *De Jesu Christo servatore: Hoc est cur & qua ratione Iesus Christus noster seruator sit* (Rakow: Rodecius, 1594).

———. *Prælectiones theologicæ* (Racoviæ: Sebastiani Sternacii, 1609).

SOSKICE, Janet. *Metaphor and religious language* (New York: Oxford University Press, 1985).

SPENCE, Alan. *The promise of peace: a unified theory of atonement* (London: T&T Clark, 2006).

STENDAHL, Krister. "Biblical theology, contemporary." In: *IDB*. Organização de George Buttrick (New York: Abingdon, 1962). Vol. 1. p. 418-32.

STOTT, John. *The cross of Christ* (Downers Grove, IL: InterVarsity Press, 1986).

———. *Understanding the Bible* (Grand Rapids: Zondervan, 1984).

STRAUSS, Mark. *The Davidic Messiah in Luke-Acts: the promise and its fulfillment in Lukan Christology* (Sheffield, England: Sheffield Academic, 1995).

STROMBERG, Jake. *Isaiah after exile: the author of Third Isaiah as reader and redactor of the book* (Oxford: Oxford University Press, 2011).

SWARTLEY, William. "The structural function of the term 'way' in Mark." In: *The new way of Jesus: essays presented to Howard Charles*. Organização de W. Klassen (Newton, KS: Faith and Life, 1980). p. 73–86.

SWEENEY, Marvin. "On the road to Duhm: Isaiah in the nineteenth-century critical scholarship." In: *"As those who are taught": the interpretation of Isaiah from the LXX to the SBL*. Organização de Claire Mathews McGinnis; Patricia Tull (Atlanta: SBL, 2006). p. 243–62.

SYKES, Stephen. *The story of atonement* (London: Darton, Longman & Todd, 1997).

TANNER, Kathryn. *Christ the key*. CIT (Cambridge: Cambridge University Press, 2010).

———. "Incarnation, cross, and sacrifice: a feminist-inspired reappraisal." *AThR* 86 (2004): 35–56.

———. Jesus, humanity and the Trinity: a brief systematic theology. (Edinburgh: T&T Clark, 2001).

TELFORD, William. *The theology of the Gospel of Mark*. (Cambridge: Cambridge University Press, 1999).

THÜSING, Wilhelm. *Die Erhöhung und Verherrlichung Jesu im Johannesevangelium*. (Münster: Aschendorff, 1959).

TIDBALL, Derek; HILBORN, David; THACKER, Justin, orgs. *The atonement debate: papers from the London Symposium on the Theology of Atonement* (Grand Rapids: Zondervan, 2008).

TOMLIN, Graham. The power of the cross: theology and the death of Christ in Paul, Luther and Pascal. PBTM (Carlisle, UK: Paternoster, 1999).

TORRANCE, Thomas. *Atonement: the person and work of Christ*. Organização de Robert Walker (Downers Grove, IL: InterVarsity Press, 2009).

———. *Divine meaning: studies in patristic hermeneutics* (Edinburgh: T&T Clark, 1995).

Treier, Daniel. "Biblical theology and/or theological interpretation of Scripture?" *SJT* 61 (2008): 16–31.

———. *Introducing theological interpretation of Scripture: recovering a Christian practice* (Grand Rapids: Baker Academic, 2008).

UHLIG, Torsten. "Too hard to understand? The motif of hardening in Isaiah." In: *Interpreting Isaiah: issues and approaches*. Organização de David Firth; H. G. M. Williamson (Downers Grove, IL: InterVarsity Press, 2009). p. 62–83.

VANDENBERG, Mary. "Redemptive suffering: Christ's alone." *SJT* 60 (2007): 394–411.

VANHOOZER, Kevin. "Atonement." In: *Mapping modern theology: a thematic and historical introduction*. Organização de Kelly Kapic; Bruce McCormack (Grand Rapids: Baker Academic, 2012). p. 175–202.

———. "Interpreting Scripture between the rock of Biblical studies and the hard place of systematic theology: the state of the evangelical (dis)union." In: *Renewing the evangelical mission*. Organização de Richard Lints (Grand Rapids: Eerdmans, 2013).

———. *Remythologizing theology: divine action, Passion, and authorship* (Cambridge: Cambridge University Press, 2010).

———. "The atonement in postmodernity: guilt, goats, and gifts." In: *The glory of the atonement*. Organização de Charles Hill; Frank James (Downers Grove, IL: InterVarsity Press, 2004). p. 367–404.

———. *The drama of doctrine: a canonical-linguistic approach to Christian theology* (Louisville: Westminster John Knox, 2005)

———. *O drama da doutrina: uma abordagem canônica-linguística da teologia cristã* (São Paulo: Voda Nova, 2016).

VERMEYLEN, Jacques. "L'unité du livre d'Isaïe." In: *The Book of Isaiah*. Organização de Jacques Vermeylen. BETL (Leuven: Leuven University Press, 1989). p. 11–53.

VILADESAU, Richard. *The beauty of the cross: the Passion of Christ in theology and the arts from the catacombs to the eve of the Renaissance* (New York: Oxford University Press, 2008).

VISSER 'T HOOFT, Willem Adolph. *The kingship of Christ: an interpretation of recent European theology* (New York: Harper, 1948).

VIVIANO, Benedict. *The kingdom of God in history* (Wilmington, DE: Glazier, 1988).

VLACH, Michael. "Penal substitution in church history." *MSJ* 20 (2009): 199–214.

VÖGTLE, A. "Todesankündigungen und Todesverständnis Jesu." In: *Der Tod Jesu: Deutungen im Neuen Testament*. Organização de Karl Kertelge (Herder: Freiburg, 1976). p. 51–113.

VOLF, Miroslav. *Exclusion and embrace: a theological exploration of identity, otherness, and reconciliation* (Nashville: Abingdon, 1996).

VOS, Geerhardus. *Biblical theology: Old and New Testaments* (Grand Rapids: Eerdmans, 1948).

———. *Teologia bíblica: Antigo e Novo Testamento* (São Paulo: Cultura Cristã, 2019).

———. *The Pauline eschatology* (Grand Rapids: Eerdmans, 1961).

WAGNER, J. Ross. "The heralds of Isaiah and the mission of Paul: an investigation of Paul's use of Isaiah 51–55 in Romans." In: *Jesus and the Suffering Servant: Isaiah 53 and Christian origins*. Organização de W. H. Bellinger; William Reuben Farmer (Harrisburg, PA: Trinity Press International, 1998). p. 193–222.

WAINWRIGHT, Geoffrey. *For our salvation: two approaches to the work of Christ* (Grand Rapids: Eerdmans, 1997).

WAKEFIELD, James. *Jürgen Moltmann: a research bibliography* (Lanham, MD: Scarecrow, 2002).

WALL, Robert. *Revelation*. NIBC (Peabody, MA: Hendrickson, 1991).

WALSH, Brian; KEESMAAT, Silvia. *Colossians remixed: subverting the empire* (Downers Grove, IL: InterVarsity Press, 2004).

WALTKE, Bruce. "The kingdom of God in the Old Testament: definitions and story." In: *The kingdom of God*. Organização de Christopher Morgan; Robert Peterson. Theology in Community (Wheaton, IL: Crossway, 2012). p. 49–72.

WALTON, John. *Genesis*. NIVAC (Grand Rapids: Zondervan, 2001).

———. "The imagery of the substitute king ritual in Isaiah's Fourth Servant Song." *JBL* 122 (2003): 734-43.

WALTON, John; MATTHEWS, Victor; CHAVALAS, Mark, orgs. *The IVP Bible background commentary: Old Testament* (Downers Grove, IL: InterVarsity Press, 2000).

WATTS, John. *Isaiah 1-33*. WBC (Waco, TX: Word, 1985).

WATTS, Rikki. "Consolation or confrontation: Isaiah 40-55 and the delay of the new exodus." *TynBul* 41 (1990): 31-59.

———. *Isaiah's new exodus in Mark* (Grand Rapids: Baker Academic, 2001).

———. "Mark." In: *Commentary on the New Testament use of the Old Testament*. Organização de G. K. Beale; D. A. Carson (Grand Rapids: Baker Academic, 2007). p. 111-249.

———. "The Psalms in Mark's Gospel." In: *The Psalms in the New Testament*. Organização de Steve Moyise and Maarten Menken (London: T&T Clark, 2004). p. 25-46.

WEAVER, J. Denny. "Narrative Christus Victor." In: *Atonement and violence: a theological conversation*. Organização de John Sanders (Nashville: Abingdon, 2006). p. 1-32.

———. *The nonviolent atonement* (Grand Rapids: Eerdmans, 2001).

———. "The nonviolent atonement: human violence, discipleship and God." In: *Stricken by God? Nonviolent identification and the victory of Christ*. Organização de Brad Jersak; Michael Hardin (Grand Rapids: Eerdmans, 2007). p. 316-55.

WEBB, Barry. *The message of Isaiah: on eagles' wings*. BST (Leicester: InterVarsity Press, 1996).

WEBSTER, John. "Biblical theology and the clarity of Scripture." In: *Out of Egypt: Biblical theology and Biblical interpretation*.

SHS. Organização de Craig Bartholomew; Mary Healy; Karl Möller; Robin Parry (Grand Rapids: Zondervan, 2004). p. 352-84.

———. "One who is Son: theological reflections on the exordium to the Epistle to the Hebrews." In: *The Epistle to the Hebrews and Christian theology*. Organização de Richard Bauckham; Daniel Driver; Trevor Hart; Nathan MacDonald (Grand Rapids: Eerdmans, 2009). p. 69-94.

———. "Principles of systematic theology." *IJST* 11 (2009): 56-71.

———. *Word and Church: essays in Church dogmatics* (New York: T&T Clark, 2001).

WEEDEN, Theodore. "Cross as power in weakness (Mark 15:20b-41)." In: *The Passion in Mark: studies on Mark 14-16*. Organização de Werner Kelber (Philadelphia: Fortress, 1976). p. 115-34.

WEGNER, Paul. *An examination of kingship and Messianic expectation in Isaiah 1-35* (Lewiston, NY: Mellen, 1993).

WEINANDY, Thomas. *Does God suffer?* (Notre Dame, IN: University of Notre Dame, 2000).

WEINFELD, Moshe. "The King as the Servant of the people: the source of the idea." *JJS* 33 (1982): 189-94.

WEISS, Johannes. *Die Predigt Jesu vom Reiche Gottes* (Göttingen: Vandenhoeck & Ruprecht, 1900).

WENHAM, Gordon. *Genesis 1-15*. WBC (Waco, TX: Word, 1987).

WESTERMANN, Claus. *Isaiah 40-66: a commentary*. OTL (Philadelphia: Westminster, 1969).

WHITEHEAD, Alfred North. *Process and reality: an essay in cosmology* (New York: Harper & Row, 1960).

WHYBRAY, R. N. *Isaiah 40-66*. NCB (Greenwood, SC: Attic, 1975).

———. *Thanksgiving for a liberated prophet: an interpretation of Isaiah chapter 53*. JSOT 4 (Sheffield: University of Sheffield, 1978).

WILLARD, Dallas. *The divine conspiracy: rediscovering our hidden life in God* (San Francisco: HarperSanFrancisco, 1998).

WILLIAMS, A. N. *The architecture of theology: structure, system, & ratio* (New York: Oxford University Press, 2011).

WILLIAMS, David. *Paul's metaphors: their context and character* (Peabody, MA: Hendrickson, 1999).

WILLIAMS, Garry. "Penal substitution: a response to recent criticisms." In: *The atonement debate*. Organização de Derek Tidball; David Hilborn; Justin Thacker (Grand Rapids: Zondervan, 2008). p. 172-91.

———. "Penal substitutionary atonement in the church fathers." *EvQ* 83 (2011): 195-216.

WILLIAMS, Jarvis. "Violent atonement in Romans: the foundation of Paul's soteriology." *JETS* 53 (2010): 579-600.

WILLIAMS, Joel. "Is Mark's Gospel an apology for the cross?" *BBR* 12 (2002): 97-122.

———. "Literary approaches to the end of Mark's Gospel." *JETS* 42 (1999): 21-35.

WILLIAMS, Michael. "Systematic theology as a Biblical discipline." In: *All for Jesus: a celebration of the 50th anniversary of Covenant Theological Seminary*. Organização de Robert

Peterson and Sean Michael Lucas (Fearn, UK: Christian Focus, 2006). p. 167-96.

WILLIAMS, Thomas. "Sin, grace, and redemption." In: *The Cambridge companion to Abelard*. Organização de Jeffrey Brower; Kevin Guilfoy. CCP (Cambridge: Cambridge University Press, 2004). p. 258-78.

WILLIAMSON, H. G. M. "Recent issues in the study of Isaiah." In: *Interpreting Isaiah: issues and approaches*. Organização de David Firth; H. G. M. Williamson (Downers Grove, IL: InterVarsity Press, 2009). p. 21-42.

———. Variations on a Theme: King, Messiah and Servant in the Book of Isaiah (Carlisle, UK: Paternoster, 2000).

WILLIAMSON, Paul. *Sealed with an oath: covenant in God's unfolding purpose*. NSBT (Downers Grove, IL: InterVarsity Press, 2007).

WINK, Walter. *Engaging the powers: discernment and resistance in a world of domination* (Minneapolis: Fortress, 1992).

———. *Naming the powers: the language of power in the New Testament* (Philadelphia: Fortress, 1984).

———. *Unmasking the powers: the invisible forces that determine human existence* (Philadelphia: Fortress, 1986).

WREDE, William. *The Messianic secret*. Tradução de J. Grieg (Cambridge: Clarke, 1971).

WRIGHT, Christopher J. H. "Atonement in the Old Testament." In: *The atonement debate: papers from the London Symposium on the Theology of Atonement*. Organização de Derek Tidball; David Hilborn; Justin Thacker (Grand Rapids: Zondervan, 2008). p. 69-82.

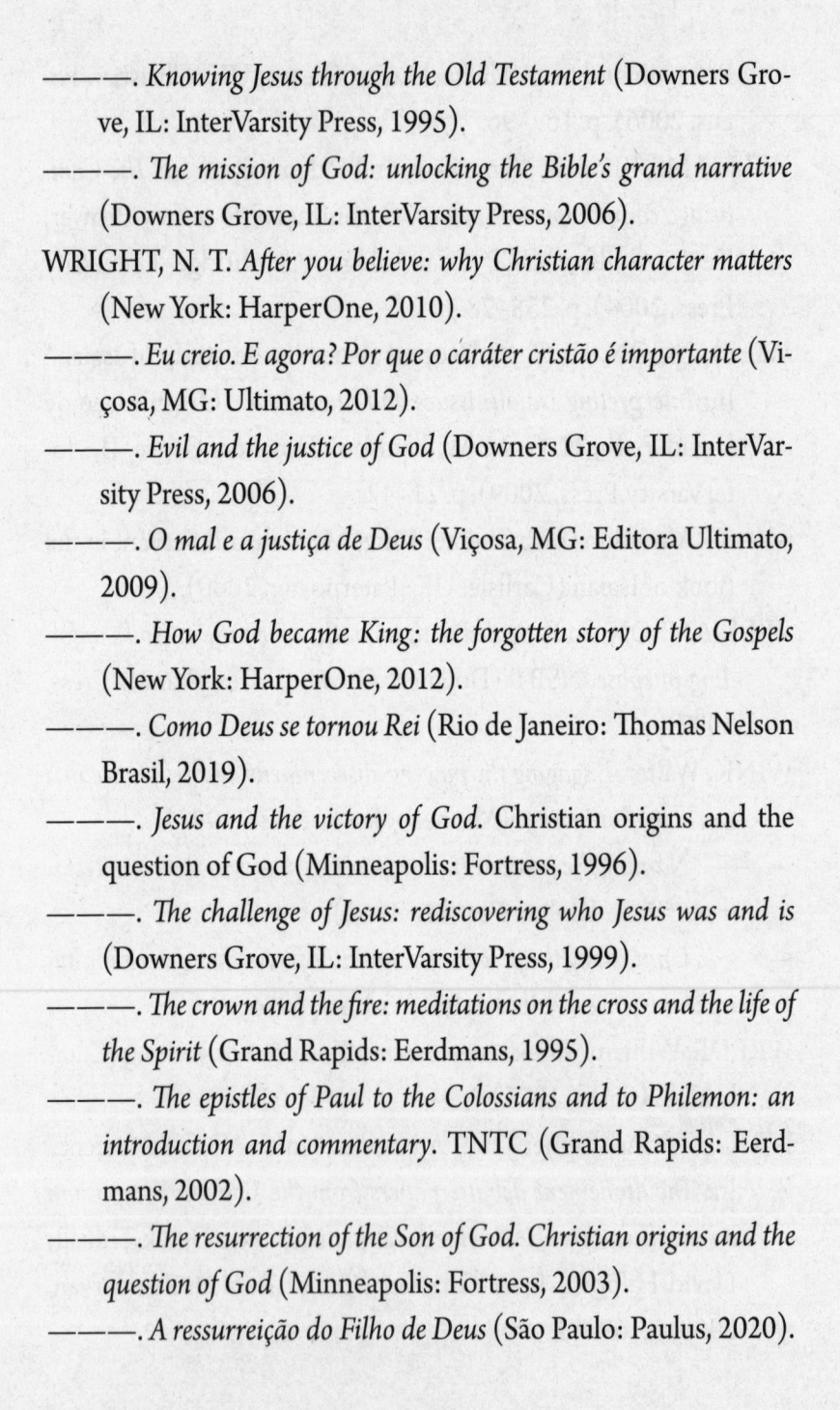

———. *Knowing Jesus through the Old Testament* (Downers Grove, IL: InterVarsity Press, 1995).

———. *The mission of God: unlocking the Bible's grand narrative* (Downers Grove, IL: InterVarsity Press, 2006).

WRIGHT, N. T. *After you believe: why Christian character matters* (New York: HarperOne, 2010).

———. *Eu creio. E agora? Por que o caráter cristão é importante* (Viçosa, MG: Ultimato, 2012).

———. *Evil and the justice of God* (Downers Grove, IL: InterVarsity Press, 2006).

———. *O mal e a justiça de Deus* (Viçosa, MG: Editora Ultimato, 2009).

———. *How God became King: the forgotten story of the Gospels* (New York: HarperOne, 2012).

———. *Como Deus se tornou Rei* (Rio de Janeiro: Thomas Nelson Brasil, 2019).

———. *Jesus and the victory of God*. Christian origins and the question of God (Minneapolis: Fortress, 1996).

———. *The challenge of Jesus: rediscovering who Jesus was and is* (Downers Grove, IL: InterVarsity Press, 1999).

———. *The crown and the fire: meditations on the cross and the life of the Spirit* (Grand Rapids: Eerdmans, 1995).

———. *The epistles of Paul to the Colossians and to Philemon: an introduction and commentary*. TNTC (Grand Rapids: Eerdmans, 2002).

———. *The resurrection of the Son of God*. Christian origins and the question of God (Minneapolis: Fortress, 2003).

———. *A ressurreição do Filho de Deus* (São Paulo: Paulus, 2020).

---. "Whence and whither historical Jesus studies in the life of the church?" In: *Jesus, Paul, and the people of God: a theological dialogue with N. T. Wright*. Organização de Nicholas Perrin; Richard Hays (Downers Grove, IL: InterVarsity Press, 2011). p. 115-58.

YARBROUGH, Robert. "Atonement." In: *NDBT*. Organização de T. Desmond Alexander; Brian Rosner (Downers Grove, IL: InterVarsity Press, 2000). p. 388-93.

---. "The practice and promise of Biblical theology: a response to Hamilton and Goldsworthy." *SBJT* 12 (2008): 78-86.

YEAGO, David. "Crucified also for us under Pontius Pilate." In: *Nicene Christianity: the future for a new ecumenism*. Organização de Christopher Seitz (Grand Rapids: Brazos, 2001). p. 87-106.

---. "The New Testament and the Nicene dogma: a contribution to the recovery of theological exegesis." *ProEccl* 3 (1994): 152-64.

YOUNG, Edward. *The Book of Isaiah: with English text, with introduction, exposition, and notes*. NICOT (Grand Rapids: Eerdmans, 1965).

ÍNDICE DE PASSAGENS BÍBLICAS

ANTIGO TESTAMENTO		3.14	85
Gênesis		3.15	52, 75, 76, 77, 81, 82,
1–2	57, 60, 77, 79, 80, 81,		83, 84, 85, 86, 87, 88,
	85, 88, 91, 132, 196,		89, 90, 92, 96, 196,
	303, 304, 306, 386		290, 348, 302, 386,
1	77, 79		388, 389, 393
1.1	72, 132	3.17-18	393
1.26-28	59, 78, 79, 85, 374	3.17	85
1.26	302	3.19	312
1.28	78, 79, 80, 82, 86,	4.11	85
	126, 184, 190, 373	5	86
1.31	304	5.29	85
2	78	9.1	82
2.15	78, 79, 374	9.7	82
3–11	386, 394, 85,	9.25	85
3	80, 81, 312	11	86
3.1-5	192	12.1-3	85, 86, 211, 386
3.1	302	12.2-3	82
3.4	312	12.2	86
3.5	312	12.3	394
3.9	302	12.7	86
3.12-13	312	14	86
3.13	302	14.18	250, 251

15	86, 87	10.22	207
15.1-21	386	12	157
15.17	88, 387	12.6	188
17	86	14.4	341
17.1-14	386	14.18	341
17.2	82	14.30	172
17.6	82, 86	15.1-18	111
17.8	82	15.7	91, 112, 377, 387,
17.16	82	15.18	62, 91, 112, 372, 377, 387
22	88, 89		
22.17-18	89	19–23	157
22.18	83, 86	19.4	184
24.2	216	19.6	91, 112, 125, 157, 184, 194, 387
26.3-4	82		
26.24	82	23.20	132
28.3-4	82	24.8	157, 197
28.14	82	34.6-7	200, 202
35.11-12	82		
47.27	82	Levítico	
48.3	82	4.20	62
48.15-16	82	4.26	62
49.9-10	186, 187	4.31	62
49.10-11	153	4.35	62
49.10	90, 92, 96	5.10	62
		5.13	62
Êxodo		5.14–6.7	121
1.7-14	90	5.16	62
2.23-25	90	5.18	62
6.1-8	90	6.7	62
6.6	172	7.1-10	121
10.21	162, 202	8–9	89

16	89	8.23	372
19.22	62	15.15	92
23.28	64		
26.9	82	**1 Samuel**	
26.32-33	152, 201	2.6	310
26.38	152, 201	2.10	232
		8.7	372
Números		10.19	372
2.17	93	12.12	372
3.7-8	78	16.1-13	92
8.26	78	16.13	212
18.5-6	78	17	92
23.19	143		
23.21	372	**2 Samuel**	
24	90	2.3-4	212
24.14-19	90	2.4	226
24.17	90	5.3	212, 226
24.19	90	5.5	212
		5.6-11	212
Deuteronômio		5.12	212
7.13	82	7.8	216
12.12	172	7.11-16	213
17.14-20	373	7.12-14	93, 135, 153, 154, 212, 225, 226, 387
18.15	249		
19.10	172	7.12-14a	213
21.22-23	201	7.12-13	212
33.5	372	7.13	93, 94, 198
33.26	372	7.16	213
		7.23	341
Juízes		8	92
7	92	23.5	93

1 Reis
1.33-34 153
1.38-39 153
2.45 213
12.7 374

2 Reis
9.12-13 153

1 Crônicas
14.2 212
17.12-14 213
22.10 212
28.2 94
28.7 212

2 Crônicas
17.5 212

Esdras
9.6-15 204
9.7 152, 201

Neemias
2.3 261
9.6-37 204

Jó
1.6-12 326
2.1-6 326
2.6 307
38.33 212

Salmos
2 226, 97
2.2 135
2.6 135, 249
2.7 135, 172
2.9 135
7 95
8 59, 79, 80
8.1 79
8.3-8 79
8.4 143
8.9 79
9.7 212
10.16 367
11.6 152, 201
15.1 251
22 156, 163, 387
22.1 162
22.3 163
22.6-8 163
22.7 160
22.18 163
22.28 163
24.7-10 232
39 202
45.6 249
47.2 232
51.4 299
59.13 201
69 95, 152
72 95, 97

75.8	152, 201	132.7	94
79	202	132.12	93
79.9	341	136.1-9	77
89	97, 375	144.3	143
89.14	348, 375	145	372
89.35	93, 387	145.1-7	372
93	306	145.8	372
93.1-2	77, 367	145.11	220, 373
93.1	372	148	303
93.2	212		
95.3-6	77	Provérbios	
96.10	77, 372, 379	8.22-31	220
97.1	372	16.12	213
97.2	320, 348	25.5	213
99.1	372		
99.5	94	Isaías	
102	202	1–39	99, 100, 101, 103, 108, 109, 110, 111, 126,
103.19	212		
104	77		
106.41	152, 201	6	94, 104, 106
109	95	6.1	104, 105, 106
110.1-4	97	6.5	94
110.1-2	249	6.7	94
110.1	224	6.9-10	106, 107, 139
110.4	249	6.10	106
111.6	216	9	103, 109, 111
118	153	9.1-7	126, 137
118.22-23	154	9.2	102
118.22	149	9.4-7	61
118.26	153	9.6-7	212, 213, 249,
127	95	9.6	106, 109, 127

9.7	102, 103, 106, 108, 109, 119, 127, 212, 213, 348, 377		125, 126, 132, 135, 151, 156, 157, 174, 195, 388, 389
10.5-19	307	40–48	113, 122
11	100, 103, 109, 111	40.1–52.12	141
11.1-9	61	40.1-21	119
11.1	61, 186	40.1–11	137, 141
11.2	108, 134	40.1–2	203, 204
11.4	109	40.1	113, 115, 119, 141
11.10-16	61	40.2	62, 139, 202
11.10	103	40.3-5	112
13.9-16	207	40.3	132, 141
16.5	61, 213	40.9-11	112
24.18-20	207	40.9-10	112, 133
29.14	219	40.10	105, 112, 115, 116, 126
30.30	116		
32	100, 109, 111	40.11	112
32.1-5	61	40.25-26	307
32.1	104	41.17-20	112
32.3-4	108	41.21	112
32.3	102	42.1-9	61, 100
32.14-20	61	42.1-4	102
32.15-18	380	42.1	100, 135, 172, 226, 377
33.10	104		
33.24	62, 202	42.6-7	102
35.1-7	141	42.7	102, 108
37.35	102	42.14-16	112
40–66	111	42.16	141
40–55	53, 99, 100, 101, 105, 107, 109, 110, 111, 112, 113, 115, 119,	42.18-20	100
		43.1–3	112
		43.6-7	341

43.14-21	112	51.1-8	115, 116
43.15-19	112	51.1	115, 116
43.15	112	51.2	115
43.16-21	141	51.3	115
43.25–44.3	204	51.4	115, 116
43.25	62, 202, 341	51.5	115, 116
44.1-2	100	51.7	115, 116
44.6	112	51.9-16	116
44.22	62, 202	51.9-11	116
45.19	308	51.9-10	112, 141
48.9-11	341	51.9	115, 118
48.14	116	51.11	172
48.20-21	112	51.12-16	114, 116
49–55	113, 117, 123, 124	51.12	116, 143
49–53	125	51.16	116
49.1–52.12	113	51.17–23	114, 116
49.1-7	100	51.17-20	116
49.3	100	51.17	116, 152, 201
49.5-6	100	51.21-23	116
49.5	100	51.22	117, 201
49.6	164, 174	51.23	117
49.7	103	52–55	204
49.8-12	112	52.1-12	114, 118, 141
50.4-9	100	52.1-6	118
50.4–5	107	52.1	118
50.6	158, 160	52.2	118
50.10	107	52.3-6	118
51–54	100	52.3	172
51.1–53.12	116	52.7-12	137
51.1–52.12	110, 114, 115, 117, 119, 123, 127	52.7-10	118, 119

52.7	112, 114, 118, 127, 133, 216, 388	53.5	121, 122, 124, 127, 174, 203
52.8	118	53.6	149
52.9	119	53.7-9	101
52.10	115, 116	53.7	109, 158, 160, 188
52.11-12	63, 112, 119	53.8	109, 138
52.11	115	53.9	100, 103
52.12-13	103	53.10-12	101, 150, 247
52.13–53.12	76, 96, 99, 100, 106, 107, 108, 110, 111, 113, 114, 115, 117, 120, 121, 122, 123, 124, 126, 127, 133, 135, 141, 145, 150, 151, 196, 267, 335, 348, 388	53.10	105, 109, 121, 122, 125, 145
		53.11	102, 122
		53.12	121, 122, 127, 150, 157, 388
		54–66	125
		54	123, 124
		54.1–55.13	113
52.13-15	101, 104, 106	54.1-17	110, 114, 121, 122, 123, 127
52.13	100, 102, 103, 104, 105, 106, 114, 126, 127	54.1-10	122, 123
		54.1-3	123
52.14-15	103	54.1	122
52.14	160	54.3	122
52.15	106, 107, 121, 125	54.4-5	123
53	145, 151	54.7-8	123
53.1-3	101	54.8	123, 127
53.1	105, 106, 116, 126	54.10	122, 124
53.2	103, 109	54.11-17	122, 124, 125
53.3	109, 121	54.11-12	124
53.4-7	121	54.13-14	124
53.4-6	101, 107, 120, 121	54.13	122, 124
53.4	109, 127	54.15-17	124

54.17	122, 124, 125, 152	23.31-34	97
55.3	93, 103	30.21-22	61
55.12-13	112	31.31-34	61, 62, 197, 204
56–66	99, 100, 125, 126	33.4-11	204
56.1-8	125	33.6-8	61
57.15	104	33.15-26	61
59.16	116	34.18	87
59.21–60.3	125	50.40	143
61.1-3	61	51.29	207
61.6	125		
62.1-3	61	Lamentações	
62.8	116	4.22	204
62.10-12	141		
63.5	116	Ezequiel	
63.12	116	4.1-6	97
65.17-25	132	18.31	62
65.17	63	20.33	201
66.21	125	23.31-34	152, 201
		34	373
Jeremias		36.22-28	62
4.27-28	207	36.22-23	341
6.30	201	36.24-26	204
7.29	201	36.26-30	380
8.9	201	36.33	204
9.23-24	219	37	208
10.10	201	37.21-25	61
13.11	341	37.21-23	204
14.19	201	37.24-28	97
15.9	207	38.20	207
23.5-8	97	43.1-7	61
23.5	348, 377		

Daniel
2.37	220
2.44	62
4.17	232
4.30	232
4.37	376
5.18	232
7	97, 144, 145, 146, 151, 156
7.13	143
7.14	152
7.25-27	149
7.27	152
9.16-19	204
9.24-27	97
9.24	62
12.1-2	207

Oseias
1.9	81
6.6-7	80
6.7	81
8.10	152, 201

Joel
2.10	207
2.28-29	61
3.2	61
3.12-13	61

Amós
5.18	207
5.20	207
8.9-10	162, 202, 207
9.8	298
9.11	61
9.13-15	61

Miqueias
4.6-8	61
4.8	111
7.18-20	62

Naum
1.3	377

Habacuque
2.16	152

Zacarias
3.1-5	309
3.1-2	326
3.1	309, 324
3.8	61
6.12-13	61
8.20-23	61
9–14	96, 156
9.9-12	388
9.9-11	153
9.9-10	61, 97, 157
9.11	97, 153, 157, 197
12.10	97, 203
13.1-2	203

13.1	62, 97	22.1-14	207
13.7	97, 157	23.12	247
14.4-5	207	24.2	207
14.9	58, 367, 388	24.3	206
		24.7	207
Malaquias		26.28	197, 200, 340, 387
3.1	132, 153	26.36-46	322
		26.53	229
		27.40	322

NOVO TESTAMENTO

		27.45	207
Mateus		27.51	207
2.2	224	27.52	207
3.13-17	224, 390	27.54	207
4.1-11	322, 329		
4.1	237	Marcos	
4.3	307	1.1–8.26	132
4.23	35	1.1–8.21	52, 131, 167, 388
6.9-13	62	1.1	165
6.10	60	1.2-3	63, 132, 136, 141
6.33	285	1.2	153
7.21	377	1.4-8	133
8.5-13	207	1.4-5	203
12.28-29	62	1.4	133
12.32	206	1.7	133, 139
13.39	206	1.9-15	133
13.40	206	1.9-11	134, 226
13.49	206	1.11	135, 136, 148, 154
18.23-27	63	1.14-15	137, 146, 198,
21.1-11	390	1.14	133
21.5	224	1.15	64, 76, 136, 164, 167, 367
21.43	207		

1.16-45	137	8.27–9.1	147
1.16-17	146	8.27-30	142
1.17	380	8.27	140, 143
2.1–3.6	137	8.29-33	220
2.10	145, 203	8.31-33	142
2.20	138, 142, 162	8.31	141, 143, 144, 145, 149, 154, 201, 337
3.13-19	138		
3.14	133	8.32-33	141
3.20–35	138	8.32	140
3.27-28	139	8.33	145, 146, 147, 165, 166, 167
3.27	139, 159		
4.1-35	139	8.34-38	142
4.11	139	8.34-37	142
4.12	161, 165, 167	8.34-35	161
4.13	139	8.34	146, 380
4.31-32	160	8.35	146, 160
5.26	144	8.38–9.1	142, 146
6.6b–8.21	140	8.38	143, 146
6.6b-13	140	9.1	146
6.14-29	140	9.2-13	147
6.14-16	140	9.2-3	148
6.30-44	140	9.2	148, 158
6.35-37	140	9.4	148
6.52	140	9.5	148
7.17-18	140	9.7	148, 154
8.14-21	140	9.12	76, 144
8.21-26	142	9.30-37	149
8.21	140	9.30-32	141
8.22–10.52	52, 167, 141, 388,	9.31	149
8.22-26	141	9.32	140
8.27–10.52	140, 156	9.33-34	141

9.33	140	13.2	163
9.34	140, 149	13.9	133
9.35-37	142	13.24	162, 202
9.35	160	13.26	143
10.30	206	14–16	142
10.31-45	283	14–15	155
10.31	160	14.12	156
10.32-45	149, 150, 374	14.21	155
10.33	152, 201	14.22-24	156
10.35–41	142	14.24	157
10.35-40	140	14.25	156
10.38-39	201	14.26-31	157
10.38	151	14.32-42	157
10.42-45	142, 216	14.33	158
10.43-44	160	14.35	158
10.45	150, 151, 156, 157, 374	14.36	158, 201
		14.37	158
10.45b	151	14.38	158
10.46-52	141	14.49	155
10.52	140	14.50	148
11.1–16.8	52, 131, 153, 167, 388	14.53-65	158
		14.61	158
11.1–13.37	153	14.62	143
11.9	153	14.65	158
11.10	153	15	159, 242
12.1-12	154	15.1	159, 201
12.6	154	15.2	159
12.10-11	160	15.9	159
12.10	154	15.12	159
12.41-44	160	15.15	133
13	155	15.16–32	131, 160

15.16-20a	159, 160	9.32	236
15.18	159	10.17-20	326
15.20	178	13.33	249
15.20b-41	136	14.11	240
15.20b-26	160	18.30	206
15.24	148, 163	19.38	232
15.25-26	160	20.34	206
15.26	148, 159, 167, 224	22.20	197
15.27-32	159, 161	22.37	76, 196
15.27	148	23.2	224
15.29-32	216	23.16	250
15.29	163	23.42	33, 224, 262, 393
15.31-32	161	24.26	76
15.31	160	24.44	76
15.32	159, 160, 161, 198	24.46	76
15.33	148, 162, 202		
15.34	160, 202	João	
15.35-36	159	1.9	324
15.35	148	1.14	236
15.37-39	134	1.29	319
15.37	163	1.49	224, 390
15.38	163, 198	2.4	241
15.39	160, 163, 164, 165, 224	2.11	236
		2.19	198
15.40	165	3.14	169, 241
16.6	166, 238	3.16	267
16.8	153	3.39	237
		4.20-24	207
Lucas		5.30	237
1.33	249	6.15	224, 390
4.18-21	249	7.30	241

8.20	241	19.2	224
8.28	169, 241	19.3	169
8.32	324	19.12	169, 240
8.44	308, 326	19.14	169, 224
8.54	236	19.15	169
10.10	310, 326	19.19-22	169
10.18	228, 229, 267	19.30	214, 229, 238, 335
11.24	207	20.27	238, 357
12.23-33	169, 233		
12.23	169, 236, 241	Atos	
12.24	287	2	340
12.27	237	2.23	267
12.31	62, 199, 306, 320	2.33-36	233, 248
12.32-33	169, 391	2.33	224, 238, 240
12.32	236, 241	3.18	76
13.1-17	283	3.22	249
13.1	241	20.27	281, 285
13.13	374	26.18	63
13.31	242	26.22-23	76
13.32	243		
14.6	324	Romanos	
14.30	325	1.3-4	224
16.11	320	1.4	376
17.1	241	1.18–3.20	300
17.22	236	1.20	376
17.24	236	1.25	192
18.33-37	169	3.21-26	320, 349
18.36-37	249	3.24-25	278, 283, 341, 349
18.36	224	3.24	199
18.37	324	3.25-26	320
18.39	169	3.25	200, 325, 378

3.26	314	1.23-24	219, 380
3.31	316	1.23	335
5–7	311	1.24	188
5.6-9	283	1.26-31	355
5.8	266, 378	1.27	219
5.10	335	2.2	335
5.12-21	328	2.4	376
5.12	302, 311	2.6-8	178, 206
5.16	311	2.8	236
5.19	323, 328	3.18	206
5.21	302, 327	4.20	220
6.5	337	5.7	188
6.16	311	6.14	376
6.23	308, 311, 326	11.25	197
7.11	311	12.10	376
7.13	311	12.28-29	376
8.1	325	15	311, 338
8.3	244	15.3-4	35, 337
8.17	382	15.3	65, 68, 76, 209, 281, 285, 335, 338, 345
8.19-23	304		
8.21	382	15.17	215, 339
8.33	325	15.20-25	224
8.34	238	15.20	214, 338
12.2	206	15.24	238
15.19	376, 380	15.35-49	339
16.20	330	15.45	339
		15.55	327
1 Coríntios		15.55-56	312
1.18–2.5	170, 218, 219		
1.18-25	242, 355	2 Coríntios	
1.18	146, 219, 220	1.20	196
1.20	206	4.4	206, 300, 308, 324

4.10	381-382	2.14-16	75, 208
4.11	381-382	2.15	316
5.14-17	75	2.16	335
5.18-19	64	4.8-12	248
5.21	211, 325	4.26-27	302
11.3	308	5.6	300
11.14	208	6.10-20	327, 330
12.9	382	6.11	306, 327
12.12	376	6.12	327
		6.14-18	327

Gálatas

1.3-4	75, 170, 208	Filipenses	
1.4	71, 206, 210, 390	2.6-9	233
3.5	376	2.6-8	228
3.10-14	210	2.6-7	240
3.13-16	208	2.8	240, 323
3.13-14	393	2.9	240, 241, 247, 248
3.13	210, 211, 325	2.10-11	248
3.14	211	3.10	381
3.16	196		
6.14-16	75, 208, 210	Colossenses	
		1.1–2.5	171, 174
Efésios		1.3-8	171
1.5-7	283	1.9-23	171
1.6	341	1.9-11	172
1.7	199, 200	1.12-23	171
1.15-23	339	1.12-14	171, 172, 174, 180, 181, 389
1.21	206		
2.2-3	300	1.12	171
2.2	300	1.13-20	129, 170, 219
2.3	300	1.13-14	63, 172

1.13	52, 172, 298, 300	2.15	171, 175, 176, 177, 179, 181, 266, 312, 316, 374
1.14	172, 173		
1.15-20	170, 171, 172, 174, 175, 176, 181, 220, 303, 339, 389	2.16-23	175
		2.18	175
1.15	171, 214	2.19	175
1.16	171, 176, 181	2.20-23	175
1.18	174, 176	2.22	175
1.19-20	176	3.6	300
1.19	176		
1.20	52, 170, 172, 174, 176, 181, 389	1 Tessalonicenses	
		1.5	376
		3.5	307
2.3	220		
2.6-7	174, 175	1 Timóteo	
2.6	171	1.17	232
2.8-23	174	2.5	328
2.8-15	175, 176	4.1	308
2.8	171, 175, 181	6.17	206
2.9-10	175		
2.9	176	2 Timóteo	
2.10-13	175	1.8	380
2.10	171, 176	4.1	355
2.12-13	175		
2.13-15	171, 174, 175, 176, 179, 180, 181, 199, 283, 316, 317, 320, 389	Tito	
		2.12	206
		2.14	199
2.13-14	179, 316	Hebreus	
2.14-15	176, 255	1.3	236
2.14	181	1.8	249

2.5-18	315	10.11-12	224
2.5-10	170, 217, 315, 389	10.19	316
2.5-9	218	12.28	378
2.6-8	217		
2.7	218	1 Pedro	
2.8b	217	1.10-11	233
2.9-10	227, 233	1.11	244, 391
2.9	217, 218	1.18-19	188
2.10	244, 218, 247, 315	1.19	335
2.14-18	283	2.21-25	283
2.14	199, 310, 315, 326, 327, 328	5.6-11	330
2.15	316	2 Pedro	
2.17	315, 328	1.11	249
2.18	315	1.17	236
3.1	249		
4.14-15	249	1 João	
4.15	237	1.7	319
5.5-6	249	2.2	200, 319
6.5	206	2.12	341
6.20	249	2.13-14	330
7.26	249	2.18-27	308
8.1	249	3.4	305
9.9	206	3.4-9	318
9.11-14	339	3.4-5	318
9.12	199	3.5	318
9.14	315, 316	3.8	288, 301, 318, 319
9.22	200, 338	4.1	308
9.26-28	315	4.10-11	283
9.26	208, 238, 244, 357	4.10	200, 266, 319
10.10-14	388	5.19	300, 306

Apocalipse
1.5-6	53, 318, 389	5.12-13	189
1.5	184, 190, 191	5.12	220
1.5b-6	183, 184, 185, 192, 194	6–22	185
		6.16	187, 300
1.6	352	7.4-14	193
1.10-18	244	12.7-12	184
2.7	188	12.7-9	190, 317
2.11	188	12.9-11	283, 308, 317, 320
2.17	188	12.9-10	192
2.26	188	12.9	191, 192, 308
3.5	188	12.10-11	53, 183, 190, 194, 199, 317, 389
3.12	188		
3.14	192, 214, 324, 339	12.10	191, 308, 312, 317, 324
3.21	184, 188, 193		
4–5	183, 185	12.11	188, 191, 193, 317, 330
4.1	185		
4.3-7	185	12.12	193
4.8-11	185	13.14	191, 339
5	53, 185	14.5	191
5.1-8	189	15.2	188, 193
5.1-2	185	15.3	376
5.5-12	238	17.14	188, 193
5.5-10	129, 170, 183, 185, 219	19.1-2	320
		19.16	249
5.5-6	53, 194, 233, 389	19.21	191
5.5	186, 188, 190, 193	20.2-3	191
5.6	183, 186, 357	20.7-8	191
5.9-10	183, 189, 190, 193, 194	21.7	188
		22.1	77, 196, 367, 368, 389,
5.9	190, 283		
5.10	190	22.3-5	368

ÍNDICE REMISSIVO

A

abandono, 163, 202
Abordagem de modelos múltiplos, 277
Abraão, 81, 82, 85-87, 88, 89, 90, 92, 93, 115, 211, 216, 373, 386, 387, 393
abscondita sub contrario, 355
abstrata, teologia 203
"abuso infantil cósmico", 267
Acusador, 308-310, 324-326
Adão e Eva, 78, 80, 81, 82, 84, 307, 312, 386
adequação, 284
adoração/culto, 175, 341
aliança, 60, 87-89, 90, 91, 387
    abraâmica, 85, 115, 386
    conceito bíblico de, 370
    conexão com o reino e o Êxodo, 156
    davídica, 93, 103, 198, 387
    definição de, 87-89
    entre o Rei divino e o seu povo servo, 81, 386
    entre Deus e seu povo, 157
    entre Deus e Israel, 80, 97, 157
    e o reino, 87
    e a interação reino-cruz, 131, 135, 147, 155, 170, 197
    de paz, 124
alienação, 297, 304
"alto e sublime", 104-106
amizade com Deus, 264
amor, 272
    de Cristo, 184
    de Deus, 200, 254, 266, 349, 378
    auto-doador/autoentrega, 189, 370, 380, 392
amor de autoentrega/autodoador, 370, 392
anjos, 175, 190, 229, 230, 289, 317

Antigo Testamento,
    e o Filho do homem de
        Daniel, 145
    perdão dos pecados em, 94
    integração de expiação e
        reino, 205
    Jesus como cumprimento do,
        129
    a crença de Jesus no
        cumprimento da
        profecia do, 76-77
    justiça e vitória, 320
    interação reino-cruz, 195-204
    e reinado, 95-96
    e Marcos, 155-158
    esperanças messiânicas do,
        186
    e reino messiânico, 212
    processo de se tornar rei,
        224-225
    e pecado, 297
    e sofrimento, 95-96
    compreensão do reino e da
        cruz, 53, 389
    vitória por meio do sacrifício,
        75-97
    e ira de Deus, 200-201
apologética, 339
apóstolos, 354
aquele que traz a morte, 310-312, 326

"armadura de Deus", 327, 330
articuli fundamentales, 285
ascensão, 334
ascetismo, 175
Assíria, 307
ativo/passivo, distinção, 322
"a troca maravilhosa", 211
autoridade, 370
autossubstituição de Deus, 267

B

basileia, 359, 363
batismo, Jesus, 134, 135, 148, 149, 152, 226, 227
Belzebu, 138
benção e maldição, 211
"braço do Senhor", tema, 105, 106, 114, 115, 116, 118

C

cálice, tema, 152, 201
caminho do Senhor, 140-141
Cântico de Moisés, 111-112
Cântico do Servo Sofredor, 102-108, 120-121, 126, 149-150, 347-348, 388
casamento, 80, 122
Catecismo de Heidelberg, 293
Catolicismo, 249
ceia do Senhor, 197
cetro, 89-90

cidade, tema, 122-124
Ciro, 113
classificação teológica, 281, 285-287
comida, tema, 140
communicatio idiomatum, 233
comunidade, 303-304
conceito de poder/fraqueza, 92-93, 219, 242-243, 354-355
Consolação, Livro da, 111
contextualização, 280
Cordeiro,
    e o Leão, 185-190
    Páscoa, 91, 156, 188, 197, 199, 387
    sacrificial, 121, 232, 259, 287
    morto no trono, 183
coroa de espinhos, 385-394
cosmo, 298
Christus Victor, 22, 41, 54, 263-265, 392
    e obediência ativa, 323-324
    e expiação, 295-350
    conexão com o reino de Deus, 264, 265, 346-350
    problema central para, 300
    definição de, 265
    como estabelecimento do reino de Deus, 344-345
    influência de, 269
    e substituição penal, 288-293, 295, 313-321, 342, 346-350
Credo Niceno, 69
Criação, 77-80, 197
    o propósito de Deus para, 77, 78, 217, 303
    e o reino de Deus, 57-60
    mandato, 190
    nova, 125, 210, 339
criação-consumação, 79
cristãos, 329-330, 378-383
Cristo. *Veja também* Jesus,
    aceita missão de servidão, 240
    ascensão de, 334, 339
    morte expiatória de, 53, 55
    obra expiatória, 331, 332
    crucificação, 217-218
    morte de (*veja também* morte de Cristo)
    destrói Satanás, 255, 263, 282, 312-330, 340-342, 347, 389-390, 392
    divindade de, 237, 328-329
    exaltação antes da ressurreição, 236-238
    como a "testemunha fiel e verdadeira", 192, 324
    exaltação humana, 246

humanidade de, 237-238, 328, 329
hino, 170-171
como Rei e servo, 215-217
seu trabalho de estabelecimento do reino na cruz, 152, 167, 264
o Rei na cruz, 223-262
amor de, 184
obediência de, 228
os ofícios de, 37, 54, 224, 251, 259, 261, 391
como o Cordeiro pascal, 197
o ofício sacerdotal de, 256
a justiça/retidão de, 22
como o Segundo Adão, 225, 227, 238, 247, 273, 299, 315, 328, 329, 387
como o "o homem régio", 237
triunfo sobre os principados e potestades, 178
os dois estados de, 37, 224, 232-248, 391
unidade e a integridade de sua obra, 249
quando a vitória acontece decisivamente, 331-340
a sabedoria da crucificação, 218-220
obra de, 214

cristologia, 54, 146, 158, 223, 259, 365, 390
calcedônia, 237, 292, 238
kenótica, 237
Crucificação, 159-165, 217-218, 226, 227. *Veja também* morte de Cristo
cruciforme, reino, 351-383, 392
a opinião de Moltmann sobre, 357-365
visão global, 352-357
sem rei, 361-365
cruz,
a visão de Calvino sobre o *munus triplex*, 250-251
centralidade da, 35, 68, 208, 211, 214, 331, 334-340
e a obra de Cristo, 214-215
como eixo da história redentora, 209
conexão com maldição, 393-394
conexão com os poderes, 181
conexão com a ressurreição, 55
trabalho de cancelamento de dívidas de, 179
como vitória divina, 330
e estabelecimento do reino, 153-165, 195-220
a autopercepção de Jesus, 44-45

e o reino, 33-72
e inseparabilidade do reino, 52,
promessas do reino cumpridas em, 198-199
a teologia da c., de Lutero, 352-354
como "carruagem magnífica", 250
majestosa glória de, 240-243
moderna divisão do reino, 39-40
reciprocidade com o reino, 215
no Antigo Testamento, 389
ou o reino, 33-45
como pináculo da obediência de Cristo, 228
e reconciliação, 171-174
redefine o reino de Deus, 140-152
e ressurreição, 227-228
papel na redenção, 53
papel dos cristãos em tomar a sua c., 378-383
sombra de, 132-140
teologia de, 383
como carruagem triunfal, 254
culpa humana, 300, 305
Cur Deus Homo (Anselmo), 271

D

Davi, 92-93, 387
   ungido como rei, 212
   como servo de Deus, 95
   como justo sofredor, 95-96
davídica, aliança, 93, 198, 387-388
davídico, rei, 52, 100, 102, 109, 135, 136, 153, 387
derrota de Satanás, 190-193
descendência, 125
Deus,
   avança o reino através da igreja, 383
   como rei compassivo e justo, 372-378, 392
   propósitos cósmicos em, 40, 155, 303
   aliança com Abraão, 90, 373, 387
   aliança com Davi, 93
   aliança com Israel, 80-81
   reinado cruciforme de, 351-383
   o desígnio para a criação, 77
   inimizade com, 299-305
   como Pai, 364
   graça de, 94
   operação inseparável de, 266
   julgamento do pecado, 376-377
   e justiça, 267, 291

como Rei justo, 375-378
como Rei, 55, 63, 302, 305, 361, 362, 364, 367, 372, 387
reino de (*veja* reino),
amor de, 200, 254, 266, 349, 378
misericórdia de, 67
a doutrina de D., de Moltmann, 366-371
as interpretações de D., de Moltmann, 362
e o novo êxodo, 111-113
poder na salvação e no julgamento, 370-371
e povo resgatado, 123
amizade recíproca com a humanidade, 363-364
redefinição da doutrina de, 362
reinado de, 58-59, 60-61, 78, 111, 126-127, 137, 173
rejeição de, através do pecado, 299
rejeição da realeza de, 365
relacionamento com, 123, 307
julgamento justo de, 113
e amor de autoentrega/ autodoador, 370, 392
autossubstituição de, 267

e reis-servos, 210-211
como Rei-pastor, 372, 392
soberania de, 243
realeza trinitária de, 378
como Trindade, 361-362
ira de, 91, 114, 116, 117, 142, 152, 163, 200, 201, 202, 211, 243, 255, 263, 266, 269, 270, 277, 300, 305, 325, 347, 348, 349
zelo de, 119
Deus crucificado, O (Moltmann), 358, 361
Dia da Expiação, 88-89, 94
Dia do Senhor, 162, 207
Diabo. *Veja* Satanás
discípulos, 139-140, 146
dominação, 369
domínio das trevas, 180, 181, 298, 300
doutrina da expiação, 36, 37, 40, 54, 65, 67, 68-69, 214, 262, 263, 266, 270, 273, 287, 331, 337, 338, 339, 341, 342, 345, 346, 391
doutrina dos dois estados [de Cristo], 224-248, 391
doutrina teológica da liberdade, 364
doxologia, 183
dualismo, 307
dualismo absoluto, 307

E

Éden, 63, 78, 79, 93, 115, 197, 299, 302, 307
Egito, 90
"em Cristo", tema, 175, 178-179
encarnação, 21, 331-332
engano, 289, 208, 324
entronização, 131, 133, 134, 135, 141, 149, 151, 161, 225, 226, 227
"era vindoura", 206, 209, 379, 390
escatologia, 34, 38, 60, 64, 79, 155, 173, 206, 355, 358
escravidão, 112, 120, 141, 299-305, 313-314
Escritura,
    fragmentação da, 35
    cumprimento da, 155-158
    declarações sobre substituição penal, 316-317
    interpretação teológica da, 50
    unidade da, 48,
esperança, 127, 357-358
espinhos, 393
Espírito Santo, 226, 237, 238, 248, 329, 381, 382, 390
espíritos elementares, 175
esquema de "duas eras", 206, 207, 208
esquema "graça aperfeiçoando a natureza", 332
"estabelecer," 212-213
estados, doutrina dos, 37
estrutura trinitária, 266-268, 378
estudos bíblicos, 36, 37
ética, 253
Evangelhos, 37, 130, 169, 208, 239, 290, 371
Evangelhos Sinóticos, 208
exaltação, 37, 76, 104-106, 127, 128, 223, 232-248, 391
    e humilhação, 83, 89, 92, 128, 239-240, 387
    pré-Páscoa, 236
    propósito da, 248
    antes da ressurreição, 236-238
    pela humilhação, 244-248, 391
    na humilhação e por meio dela, 235
    objetivo final de Cristo, 247
exílio, 203-204
Êxodo, 90-91, 387
    conexão com a aliança e o reino, 156-157
    imagens do, 190
    novo (*veja* novo êxodo)

expiação, 64-71, 126, 205, 210-211, 314
   centralidade da cruz na, 334-340
   como vitória de Cristo sobre Satanás,
   teologia contemporânea da,
   definição da, 65
   dimensões da, 68-71
   doutrina da, 36, 37, 40, 54, 65, 68, 69, 214, 262, 263, 264, 266, 270, 273, 287, 331, 338, 339, 341, 342, 345, 346, 391
   particularidade expansiva, 363-394
   e encarnação, 21, 284
   dimensões integradas e ordenadas da, 277
   e reino, 45, 205, 220, 223, 387
   e o reinado de Cristo, 228
   metáforas, 22, 268
   resultados e meios, 66-67
   e a pureza do reino, 387
   reconciliando *Christus Victor* e substituição penal, 295-350
   e redenção, 38
   e ressurreição, 333, 338-340
   teorias da satisfação da, 290
   substitutiva, 35, 70, 88, 89, 120, 121, 126, 254, 283, 315, 318, 325, 388
   e sofrimento, 121, 388
   teologia da, 68, 69, 210, 264, 268, 269, 270, 275, 277, 278, 286, 292, 296, 322, 343
   teorias da, 22, 264, 276, 288, 336
   e vitória, 91

F
falsidade e verdade, temas, 191
fariseus, 138
fé, humana, 357
felicidade, 118-119
Filho de Deus, 147-148, 163-165
filho do homem, 142-143, 151, 157, 217-218
Filho do homem do livro de Daniel, 145, 149
fraqueza, 92, 219, 243, 354-355

G
Getsêmani, 157
Gideão, 83
glória, 76, 356
   da cruz, 240-243
   divina, 233, 234, 245

revelação da g. prévia,
   245-246
e sofrimento, 382-383
teologia da, 130
glória divina, 233
glorificação, 218, 232, 236, 241,
   246
Golias, 92
graça, 94, 266, 356
Grande Libertação, 113
grande transição, 70-71, 210-211
grande troca, 70-71, 390

H
Hamã, 92
harmonia edênica, 196
Herodes, 140
Hierarquias, 362
hinos, 189-190, 229-231
histórias de restauração da visão,
   140-142
"hora" de sofrimento, 241
humanidade,
   condição decaída da, 304
   amizade recíproca com Deus,
      78
   reinado da, 85
   relacionamento com Deus,
      346
   vitoriosa, 328-329

humilhação, 37, 76, 128, 223, 232-
   248, 370, 391
depois da cruz, 238-239
e exaltação, 37, 76, 83, 89,
   92, 223, 232-234, 235,
   235-236, 239-240, 244,
   387, 391

I
igreja, 379
Iluminista, 255
imagem botânica, 102-103
impassibilidade, 366-367
imperativo duplo, 114, 116, 118,
   119
influência moral, 268
inimizade com Deus, 299-305
integração, 282-284
interação divina/humana, 373-374
interação entre reino-cruz, 40, 131,
   135, 147, 155, 169, 170, 195,
   197-198, 385
ira de Deus, 116-118, 152-153,
   163, 199-200, 200-201, 263,
   266, 276, 300-303, 305, 349,
ironia, 160-161, 178, 242
Isaque, 82, 88, 90
Isaías, 94, 96, 156, 196
Isaías, livro de, 99-128
isolacionismo doutrinário, 274

Israel, 76, 90-91, 184, 368, 386-387
    e Adão e Eva, 80
    como servo cego e rebelde, 113
    corporativo, 82, 83, 100
    libertação de, 114
    destino no Egito, 89-90
    esperança escatológica de, 58
    o exílio é fruto dos pecados, 203-204
    a aliança de Deus com, 80-81
    o desejo de Deus para, 115
    a rejeição de Deus para com, 201
    e a ira de Deus, 116-118
    reino de, 145, 198, 202
    como reino de sacerdotes, 387
    e o justo sofredor, 95
    sistema sacrificial de, 121
    infiel corporativo, 100
Israel corporativo, 82, 83, 100

J

"já, mas ainda não", tema, 53
Jacó, 89, 90, 102
Jesus. *Veja também* Cristo
    o batismo de, 134-135, 152, 226, 227
    como Filho amado, 89
    ligação entre a realeza e a morte, 224
    crucificação de, 159-165
    como Rei davídico, 136
    morte de (*veja* morte de Cristo)
    declarado Servo Sofredor, 135
    derrota de Satanás, 139
    determinação para cumprir o plano divino, 145
    fala sobre discipulado, 146
    distinção entre a realeza humano e divino, 224-225
    entra em Jerusalém, 153
    entronização na cruz, 134
    características da realeza humana, 226-227
    como cumprimento do Antigo Testamento, 129
    como Deus-homem, 237, 239
    e a ira de Deus, 201
    histórico, 42-43, 129, 143
    identificado como Messias, 143
    interpreta a morte como um ato de serviço, 149

e missão do reino, 52, 130, 131, 146, 150, 166, 215, 386
autoridade régia de, 153
realeza de, 159, 225-227
como Último Adão, 389, 393
como doador da vida, 326-327
vida de, 332-333
retrato de J. por Marcos, 129
como Rei Messiânico, 153
mentalidade de, 42
ministério de, 132-133
zombado, 159-161, 165, 216
como aquele que obedece, 322-324
e o Antigo Testamento, 76
percepção da própria morte, 42
como a semente prometida, 196
como propiciador, 324-326
como provedor de maná no deserto, 140
morte redentora de, 150
referência à morte como beber "um cálice", 152, 201
reina da cruz, 228-232
ressurreição de, 130, 149, 166, 376
como régio Filho de Deus, 148
diz que será libertado, 149
como Segundo Adão, 227, 315, 329
autopercepção do reino e da cruz, 42, 44
como Rei-servo, 322
como Filho de Deus, 134, 147, 148, 207
como "o mais poderoso", 133
submisso à vontade do Pai, 322-323
morte substitutiva de, 44
tentado por Satanás, 307
e a transfiguração, 147-149
julgamento perante o Sinédrio, 158
como testemunha fiel e verdadeira, 324
caminhos de, 321-327
no deserto, 307
Jesus and the victory of God [Jesus e a vitória de Deus] (Wright), 42
Jesus histórico, 42, 43, 129, 130, 143
João, 133-134, 169
José, 89-90
Judá, 89-90, 186

Judaísmo do Segundo Templo, 62, 134, 154, 206
julgamento,
    apocalíptico, 207
    livro de, 111
    do fim dos tempos, 207
    advertência de Malaquias quanto à demora do, 132
    justo, 113
justiça, 102, 267, 291, 320-321, 348-350

L
Leão e Cordeiro, 185-190
liberdade, 118, 119, 173, 264
libertação, 113
Livro da Consolação, 111
Livro do Julgamento, 111
loucura, 241
Lutero, 352-354
luteranos, 233, 245

M
mal, 61, 62, 173, 177, 199, 264, 301, 376
Malaquias, 132
maldição, 211, 393-394
maldição da dívida, 22
maná, 140
Marcos, livro de, 129-167
Messias, davídico, 102
metáfora do "grão de trigo", 287
metáforas, 122, 276, 278-280, 282, 283-284, 284-285, 286-287, 342-346
Miguel (anjo), 190-193
misericórdia, 123
missão do reino, 130, 143, 146
misticismo, 258
Moisés, Cântico de, 111-112
monarquianismo,
    humano, 368
    monoteísta, 361, 362
monoteísmo, 368
morte, 251, 310-312, 326
morte de Cristo, 137-139. *Veja também* a crucificação
    como ápice da missão do reino, 385
    e expiação, 53, 55, 126, 210, 254, 389-391
    conexão com seu reinado, 223-224
    e derrota de Satanás, 199
    natureza escatológica de, 206-207
    e cumprimento das promessas do reino, 198
    e reino de Deus no Antigo Testamento, 76-77

como manifestação da ira de
Deus, 202
significado de, 21-22,
156-157
redentora, 150, 190
relação com a vinda do reino,
75
e ressurreição, 227-228
sacrificial, 67
substitutiva, 44, 55
como vitória e expiação, 188
morte sacrificial, 67
morte substitutiva, 44, 55, 211,
326
Movimento Evangélico Social, 34,
58, 364
munus triplex, 54, 249-261
visão de Calvino sobre,
250-251
estado compartimentado de,
258
e Hodge, 255-258

N

narrativa da Paixão, 36, 131, 154,
155, 156, 163
Noé, 81-82
noivo, tema, 138
nova criação, 125, 210, 339
novo êxodo, 63-64, 100, 110-113,
119, 121, 125, 126, 132, 133,
135, 136, 141, 145, 147, 151,
152, 153, 156, 164, 166, 172,
195, 199, 201, 202, 204, 214,
388
novo Moisés, 101
Novo Testamento, 170, 186, 195-
204, 374

O

obediência, de Cristo, 228, 232,
322-324
ofício de profeta, 223, 256, 391
ofício de rei, 251, 252, 256, 257,
391
ofício sacerdotal, 253, 256, 259,
260, 261, 391
ofícios, doutrina dos, 37, 83, 249-
261, 391
*opera Trinitatis ad extra indivisa
sunt*, 266
opressão, 362
"O que a cruz realizou?" (Packer),
274
ordem, 284-285, 300
ordem de execução, 257
Ortodoxia Oriental, 250
"ou/ou" reducionismo, 270

P

pacificação, 181

Parábola dos Lavradores Maus, 154
"para nós", conceito, 246-248
paródia, 160
particularidade expansiva, 263-293
    definição de, 281
patriarcado, 362
paz, 118, 121, 124
pecado, 90-91, 123-124, 183-184
    maldição do, 393-394
    e morte, 312-313
    aspecto escatológico do, 298
    perdão do, 61, 62-63, 94, 136, 139, 173, 177, 180, 199, 200-204, 205, 214, 265, 282, 316, 386, 389,
    o julgamento de Deus sobre, 326, 372-373
    e o exílio de Israel, 202-203
    e seus efeitos, 297-299
    negligência em relação ao, 291-292
    no Antigo Testamento, 297-299
    pena do, 347
    presença do, 82, 91
    e reducionismo, 297-299
    como rejeição a Deus, 299
    remoção do, 65, 318-319
    vitória sobre, 258
Pedro, 142, 143, 145, 157
Pentecostes, 340
perdão, 123
perdão, 62, 173, 179, 180, 198, 200-204, 263, 282
    e vinda do reino de Deus, 202-204
    no Antigo Testamento, 94
perícope, 142, 150
piedade, 203
Pilatos, 159-160
plano divino, 145
pluralidade, 278
poder,
    conexão com cruz, 181
    derrota de, 182
    explicativo, 346
    da ressurreição, 381-382
    vitória por meio do, 146
povo de Deus, 123
predição da ressurreição/Paixão, 142-149, 149, 149-152
presente era maligna. *Veja* "era maligna"
"presente século mau", 206, 208, 209, 210, 356, 390
profecias, messiânicas, 213
propiciação, 256, 266, 269, 273, 283, 314, 315, 319, 325, 328, 338, 341, 349
protoevangelium, 77, 81-84, 196
pureza, 118, 387
purificação, 91

Q

Queda, a, 80-81, 91, 302
quiasmo, 137-138, 142
quiliastas, 259

R

racionalismo, 258
"raiz de Davi", 195-190
realizada, escatologia, 64, 173
recapitulação, 21
reconciliação, 41, 52, 65-67, 170, 171-174, 180-182, 284,
redenção,
    antecipação para, 113, 114-120
    e expiação, 37
    e a vinda do reino, 60-63
    escatológica, 183
    interação reino-cruz na, 53
    coerência lógica da, 243
    lógica da, 390-392
    sofrimento como ingrediente-chave na, 83
Redentor, 126
reducionismo,
problema do, 268-270,
e a história revisionista, 270-275
e pecado, 297-299
Reforma, 272-274, 276
regium munus, 252, 253,
regnum gloriae, 356
regnum gratiae, 356
Rei, crucificado, 129-194
Rei Messiânico, 36, 101-110, 126
Rei-pastor, 372-373, 392
rei-servo, 57, 59-60, 61, 78, 79, 80, 81, 87, 210, 215, 386
reinado/realeza,
    nos tempos bíblicos, 225
    a visão de Calvino sobre *munus triplex*, 250-251
    como aspecto central da expiação, 260
    de Cristo na cruz, 224-225
    definição do, 257
    distinção entre o Jesus divino e o Jesus humano, 225
    de Deus, 55
    interação entre o divino e o humano, 372-375
    e sacrifício, 87
    e sofrimento no Antigo Testamento, 95-96
    trinitária, 378
    resgate da r. no século 20, 258-261
    dois papéis principais do, 251
reino, 135-137
    de acordo com Moltmann, 359-360
    avança por meio da igreja, 379-380

e a expiação, 76, 346
e o sangue da cruz, 169-194
e *Christus Victor*, 264, 344-345
vinda do, 111
conexão com o Êxodo e a aliança, 156
consumação do, 183
e a aliança, 87
aspecto pactual/relacional de, 60
e a criação, 57-60
e a cruz, 33-72, 289-390
cruciforme, 351-383, 392
e derrota do mal, 264, 296, 349, 391
definição do, 57, 61
doutrina do, 40, 223, 354
fim dos tempos, 53, 82, 209, 215, 390
implicações do, 61-64
escatológico, 60, 205, 359, 379
estabelecido pela cruz, 153-165, 195-220
estabelecido na terra por meio do sofrimento, 227
e o perdão dos pecados, 202-204
natureza oculta do, 355-356
história da interpretação do, 39-45
e a inseparabilidade da cruz, 52
a autopercepção de Jesus, 42, 44-45
como senhorio libertador, 359, 364
messiânico, 111, 212, 213
missão de, 385
divisão moderna da cruz, 40
mistério do, 139-140
natureza do, 352,
no Antigo Testamento, 76-77, 389
oposição ao, 137-139
ou a cruz, 33-38
de sacerdotes, 91, 112, 387
promessas cumpridas na cruz, 198-199
redefinido pela cruz, 140-152
e redenção, 53, 60-61
e restauração da vice-regência humana, 184, 379
papel do Templo no, 153-154
de Satanás, 63, 136, 138, 139, 162, 171, 302
de servos, 126-128
forma de servo do, 356
à sombra da cruz, 132-140
pecador, 298

espiritual, 251
e sofrimento, 96
e o servo sofredor, 99-128
natureza télica de, 206
e teologia da cruz, 352-354
o tempo do, 64
como comunidade transnacional de amor, 254
pelo caminho da cruz, 166-167
e ira de Deus, 200-202
reino das trevas, 174-181
reino de glória, 356
reino do Filho, 171-174
reino do fim dos tempos, 53, 209, 215, 390
reino messiânico, 212
resgate, tema, 150-151, 155, 270, 273, 282, 374
resourcement, 23
responsabilidade corporativa, 267
restaurativa, justiça, 348
ressurreição, 149, 244-245
 e expiação, 333-334, 337-339
 conexão com cruz, 214-215, 227-228
 e a cruz, 166-167,
 e o fim dos tempos, 206-207
 e exaltação, 235-236
 e a primeira predição da Paixão, 142-149
 e nova criação, 337-339
 poder da, 380-382
 e a segunda predição da Paixão, 149
 e a terceira predição da Paixão, 149-152
retributiva, justiça, 267, 348,
revelação, divina, 355-357
revelação, teologia da, 353

S
sabedoria,
 s. divina paradoxal, 166-167
 e insensatez, 239-240
 humana, 219-220
sabedoria divina paradoxal, 166
sacerdotes,
 reino de, 91, 112, 387
 do Senhor, 125
sacrifício,
 expiatório, 238
 e reinado, 88
 no Novo Testamento, 186
 no Antigo Testamento, 75-97
 ritual, 87, 89
 substitutivo, 88
 e vitória, 75-97, 186, 195-197
 e adoração, 340-342
Salomão, 94

šālôm, 127, 349-350
salvação, 43-44, 118-119, 122-123, 303
    realizada pelo sofrimento, 242-243
    de acordo com Moltmann, 365-366
    antecipação da, 114-120
    e escravidão, 120-121
    diferentes doutrinas da, 43-44
    história, 48
    convite à, 121-125
    e o novo êxodo do livro de Isaías, 132
    e o Cântico do Servo Sofredor, 120-121
"sangue da aliança", 157
"sangue da cruz", 169-195, 389
    e reino das trevas, 174-181
    e o reino, 183-184
"sangue de Cristo", 190-193
Sansão, 92
Satanás, 136, 139-140, 145
    como acusador, 308-310, 324-326
    escravidão a, 299-305, 313-314
    a batalha dos cristãos contra, 289
    como portador da morte/ aquele que traz a morte, 310-311, 326-327
    como enganador, 308, 324
    reino de, 63, 83, 135, 138, 139, 162, 171, 302, 305
    esquemas de, 305
    como tentador, 307-308, 322-324
    vitória sobre, 21, 190-193, 255, 256, 263-267, 271, 282, 289-290, 291, 303, 312, 316, 319, 347, 392
    quem é ele, 306-3012
    obras de, 321-329
santos, 144, 191, 192, 193
"segredo do reino", 164
"segredo messiânico", tema, 143, 162
Segundo Adão, 225, 227, 238, 247, 273, 299, 315, 328, 329, 387
semente, 86, 160, 386-387, 393-394
    real, 89, 90, 93,
    sofrimento da, 84, 88, 96, 388
    vitória da, 81, 85, 96, 386
    da mulher, 81, 84, 86, 88, 90,
serpente, 196, 386-387
servo,
    real, 109-110

exaltação régia do, 104
triunfo do, 114, 121
de Yahweh, 100, 105, 106, 124
Servo Sofredor, 36, 52-53, 99-128, 145, 156, 197-198, 376-377
   argumentos que identificam, 99-100,
   como "o braço do Senhor", 105
   e o Rei Messiânico, 101-110
   e a nova criação, 125
   cântico (*veja* Cântico do Servo Sofredor)
   e Yahweh, 105
Sião, 58, 153
simultaneidade, cristológica, 239, 244, 245
Sinai, 91
"Sing my tongue [Cante, minha língua]" (hino), 231
sofrimento, 76-77, 127-128, 255, 240-241
   e avanço do reino, 95, 96
   expiatório, 52, 77, 84, 91, 96, 97, 99, 128, 195, 196, 204, 388
   e glória, 242, 382
   e reinado no Antigo Testamento, 95-96
   redentivo, 83, 85
   da semente, 83
   teologia do, 130
   e vitória, 83, 92-93, 146, 157
soteriologia, 44, 79, 270, 304, 366,
soteriologia escatológica, 44
soteriologia estaurológica, 44
substituição penal, 22, 41, 54, 70, 263-267, 342, 391-392
   e obediência ativa, 323-324
   e expiação, 295-350
   e *Christus Victor*, 288-293, 395-396, 297, 342-346, 347-350
   polêmica em torno da, 265
   problema central para, 300
   defensores da, 274
   defesas da, 265-266
   definição da, 264-265
   e poder explicativo, 346
   rejeição da, 276-277
   declarações das Escrituras sobre, 316-317
   e a estrutura trinitária, 266

T

tabernáculo, 89, 93-94
Targum de Isaías, 103
Te Deum, 231
telicidade, 79, 205-206, 386-387

Templo, 93-94, 388-389
   destruição do, 154, 163, 197-198, 207
   e interação reino-cruz, 197-198
   papel na vinda do reino de Deus, 153-155
tentações, 302
Tentador, 307-308, 322-323,
teodiceia, 358
teologia,
   abstrata, 203
   da expiação, 68, 69, 210, 264, 268, 269, 270, 275, 277, 278, 286, 292, 296, 322, 343,
   bíblica, 45-51, 73-220
   de responsabilidade corporativa, 267
   da cruz, 352-354, 381-383
   dialética, 259
   e ética, 253-255
   global, 278
   da glória, 130,
   e Evangelhos, 37
   liberal moderna, 285
   natural, 259
   liberal do século 19, 252-255
   reformada do século 19, 255-258
   da revelação, 353
   sistemática (*veja* teologia sistemática)
Teologia da esperança (Moltmann), 355
teologia liberal, 252-255, 285, 297
teologia ortodoxa, 50
teologia reformada, 68-71, 233-235, 244-245, 255-258, 283-284, 290, 328, 356
Teologia sistemática (Berkhof), 260
Teologia sistemática (Hodge), 256
teologia sociniana, 69-71
teoria da satisfação, 22, 270, 272, 273, 274, 290
teoria dos atos de fala, 306
teoria exemplarista, 270
"tirar os pecados", 319
tradição dos homens, 175
transfiguração, 147-149, 158, 236
transgressão, 305
trevas, 202, 207, 298, 300
trevas, reino das, 174-181
Trindade, 357, 360
Trindade e o reino, O (Moltmann), 358, 361, 365,
Trindade social, 361, 369
Triódio da Quaresmal, 230-231
troféu da cruz, 255
trono, 185-186

U

unção, 225, 226
união hipostática, 237, 331, 332, 337

V

"ver/crer", tema, 164
verdade e da falsidade, temas, 191
vergonha, 77, 240-241
véu, o rasgar do, 134, 163-164, 198, 207
Vexilla Regis, 229
vice-regência, 57, 59, 196, 255, 227, 248
Vinda do reino, A (Ridderbos), 38, 40, 62
violadores, 304
virada dos tempos/eras, escatológica, 70, 208-209,
visão caleidoscópica, 276
vítimas, 304
vitória,
    de Cristo e dos cristãos, 329, 330
    desenvolvimento da, 89
    no Novo Testamento, 186
    no Antigo Testamento, 75-97, 319-321
    sobre o mal, 61, 62, 177, 199, 205, 214, 376, 377,
    sobre Satanás, 21, 184, 190-193, 199, 250-251, 255-256, 263, 266, 282-283, 312-330, 340-342, 388-390, 391
    real, 52, 77, 84, 96, 97, 99, 196,
    da semente, 81-84, 386-387
    e sofrimento, 52, 76, 77, 83, 97, 196
    por meio do sacrifício, 75-97, 187, 195-197
    quando ela acontece decisivamente, 331-340
vitória, tema, 289-292
vocação, 253-254

Y

Yahweh,
    aliança de paz, 124
    como Rei divino, 104, 126
    onipotência de, 307
    vitória redentora de, 112
    servo de, 100, 105, 106, 124

Z

Zacarias, 96, 97
Zombaria/escárnio, 158, 160, 161, 164-165, 202, 216, 224, 230, 327

ÍNDICE ONOMÁSTICO

A

Abelardo, Pedro, 270, 273, 289, 336
Alexander, T. Desmond, 84, 86, 90, 101, 110
Allis, Oswald Thompson, 101
Anderson, Bernhard, 111
Anselmo, 22, 270, 271, 272, 284, 289, 297, 336, 375
Aquino, Tomás de, 46, 249, 272, 273, 284
Arnold, Clinton, 171, 172, 175, 176, 181, 307, 337
Atanásio, 284, 335
Agostinho, 39, 46, 67, 172, 189, 266, 271, 307, 313, 393
Aulén, Gustaf, 268, 269, 270, 290, 291, 292, 328, 341, 346

B

Baker, Mark, 265, 276, 278, 279, 286
Barnabas, 39
Barth, Karl, 71, 228, 234, 237, 238, 239, 240, 241, 242, 245, 259, 261, 300, 361, 375,
Bauckham, Richard, 170, 186, 191, 192, 193, 194, 225, 357, 366, 368, 369
Bavinck, Herman, 83, 234, 242, 247, 259, 305, 322, 323, 338
Beale, G. K. A., 78, 79, 82, 135, 191, 193, 198, 326
Beaton, Richard, 195
Becker, Jürgen, 43
Beilby, James, 41, 276, 283, 292, 313, 343, 345
Berkhof, Louis, 233, 234, 260, 288
Beuken, W. A. M, 125
Billings, J. Todd, 51, 355
Bird, Michael, 41, 42, 147, 164, 170
Blocher, Henri, 41, 65, 67, 84, 100, 120, 265, 267, 270, 279, 283, 287, 293, 295, 302, 307, 308, 342, 344
Block, Daniel, 83, 101, 102, 103

Boersma, Hans, 41, 69, 70, 84, 200, 265, 267, 279, 296, 323, 343, 344, 348, 349
Bolt, Peter, 137, 150, 152, 155, 201, 202, 203, 310, 312, 319
Bonhoeffer, Dietrich, 60
Boring, Eugene, 185, 187, 188
Boyd, Gregory, 41, 290, 292, 301, 303, 313, 343, 364
Bray, Gerald, 260, 261, 276
Bright, John, 56, 96, 113, 206, 208, 209, 372
Brower, Kent, 147
Bruce, A. B., 242
Brunner, Emil, 38, 259, 260, 305
Bucer, Martin, 249
Buchanan, George, 63
Bultmann, Rudolf, 36, 43, 129, 130

C

Caird, G. B., 186, 190, 191, 317
Calvino, João, 22, 40, 46, 179, 182, 235, 237, 238, 239, 240, 242, 243, 245, 246, 247, 249, 250, 251, 252, 253, 254, 255, 256, 257, 258, 259, 260, 261, 262, 266, 270, 273, 274, 293, 323, 336, 337, 355
Carroll, Daniel, 83, 101, 109, 110
Carry, Holly, 162
Carson, D. A., 169, 135, 144, 145, 150, 170, 200, 204, 348

Chatraw, Josh, 204
Chester, Tim, 357, 366, 382
Chrysostom, John, 182, 218
Ciampa, Roy, 59, 77, 90, 93
Coakley, Sarah, 237
Cole, Graham, 41, 49, 66, 68, 69, 84, 265, 296, 315, 342, 348
Creach, Jerome, 95
Cullmann, Oscar, 206, 209

D

Dalman, Gustaf, 59
Dembele, Youssouf, 290, 300, 301, 302
Dempster, Stephen, 58, 62, 78, 79, 81, 85, 86, 88, 89, 91, 101, 102, 127
Denney, James, 34, 274, 339
Deschner, John, 249
Dewey, Joanna, 138
Dodd, C. H., 64, 76, 277,
Donahue, S. J., 158
Duhm, Bernhard, 100
Dumbrell, William, 85, 86, 112, 127, 209
Dunn, James, 143, 172, 173, 176, 177

E

Eckardt, Burnell Jr., 358
Eddy, Paul, 41, 276, 283, 292, 313, 343, 345

Edmondson, Stephen, 274
Eller, Vernard, 189
Eusébio, 249

F
Farrow, Douglas, 247, 248, 340
Ferguson, Sinclair, 41, 288, 289, 292, 293, 295, 296, 314
Fishbane, Michael, 85
Forde, Gerhaard, 352, 353
Forsyth, P. T., 338
Fortunato, Venantius, 229
France, R. T., 57, 58, 137, 147, 209
Frei, Hans, 35

G
Gabler, J. P., 46
Gaffin, Richard, 68, 209, 289, 380, 381
Gentry, Peter, 62, 81, 87, 101, 103, 197, 206, 304, 361
Goldingay, John, 77, 105, 119, 373
Goldsworthy, Graeme, 63, 186
Gorman, Michael, 372, 376, 382
Green, Joel, 265, 276, 278, 279, 286
Gregório de Níssa, 66, 312, 331, 375
Gregório de Nazianzo, 340
Grudem, Wayne, 36, 232, 234
Gunton, Colin, 271, 272, 279, 280, 292, 329, 341, 342, 347, 349, 350

Gurtner, Daniel, 207, 208
Guttesen, Poul, 358, 360, 363, 366, 367, 368, 369, 371

H
Hamilton, James, 90, 93
Harnack, Adolf von, 255, 289, 290
Hart, Trevor, 280
Harvie, Timothy, 359
Hays, Richard, 37, 42, 44, 56, 164, 209, 219
Heidegger, Heinrich, 257
Hengel, Martin, 170, 201, 241, 242
Hengstenberg, Ernst Wilhelm, 101
Heppe, Heinrich, 256, 257, 356
Hodge, Charles, 255, 256, 257, 260, 288
Holmes, Stephen, 265, 266, 267, 271, 277, 292
Hoogland, Marvin, 233, 238, 239, 240, 245, 246
Hooker, Morna, 143, 144, 145, 174
Horton, Michael, 49, 63, 79, 226, 240, 261, 262, 264, 265, 309, 323, 324, 328, 329, 340, 356
Hugenberger, G., 101

I
Irineu de Lyon, 229

J
Jansen, John F., 249, 251, 255, 274

Jensen, Matthew, 318, 319
Joaquim de Fiore, 363
Johnson, Adam, 71, 273, 284
Justino Mártir, 39, 229, 230

K
Koester, Craig, 208, 217, 218, 316
Krodel, Gerhard, 185, 192, 326

L
Ladd, George Eldon, 34, 56, 57, 59, 60, 63, 64, 94, 186, 372, 379
Letham, Robert, 304, 343
Leung, Mavis, 41, 42, 169
Levenson, Jon, 76, 89, 90, 373
Lewis, C. S., 66
Loewenich, Walther von, 353
Lohse, Eduard, 173, 177, 178, 180
Long, Stephen, 67
Ludlow, Morwenna, 39
Lunde, Jonathan, 61, 206
Lutero, Martinho, 22, 39, 40, 55, 211, 273, 284, 309, 328, 352, 353, 354, 358, 383

M
Malbon, Elizabeth Struthers, 136
Mangina, Joseph, 189
Marcus, Joel, 96, 131, 132, 140, 141, 142, 148, 151, 154, 156, 158, 160, 161, 165, 170

Marshall, I. Howard, 206, 318, 319, 343
Matera, Frank, 159
McCulloh, Gerald, 254
McFague, Sallie, 364
McGrath, Alister, 51, 68, 69, 268, 352, 353, 355
McIntyre, John, 270, 286, 328
McKnight, Scot, 38, 40, 42, 66, 69, 130, 208, 278, 299, 335, 380
Moffit, David, 334
Moltmann, Jürgen, 36, 55, 351, 355, 356, 357, 358, 359, 360, 361, 362, 363, 364, 365, 366, 367, 368, 369, 370, 371, 375, 377, 378, 379, 383
Moo, Douglas J., 97, 145, 156, 164, 171, 172, 173, 174, 175, 177, 178, 182, 207, 208, 349
Moore, Russell, 35, 36
Morris, Leon, 37, 48, 65, 91, 170, 180, 269, 275, 277
Motyer, J. A., 101, 103, 106, 113, 115, 116, 117, 119, 120, 122, 124, 125
Mounce, Robert, 184, 185, 186, 189
Muilenburg, James, 123
Muller, Richard, 245, 286
Murray, John, 228, 297, 298, 322, 323

N

Newbigin, Leslie, 380
Ngewa, Samuel, 210
Niebuhr, H. Richard, 35

O

O'Brien, Kelli, 156,
O'Brien, Peter, 172, 173, 174, 175, 176, 177, 178, 179, 204
Oecumenius, 187, 188
Orígenes, 293
Oswalt, John, 106, 113, 117, 118, 120, 122, 123, 124
Otto, Randall, 365, 368
Ovey, Michael, 84, 265, 267, 277, 291, 292, 320, 321, 328, 342
Owen, John, 70

P

Packer, J. I., 70, 265, 274, 275, 314
Patterson, Richard, 111
Payne, David, 105
Pennington, Jonathan, 37, 57, 59
Peterson, Erik, 368,
Peterson, Robert, 49, 56, 83, 253, 261, 273, 274, 282, 337, 376
Plantinga, Cornelius, 299
Pobee, John, 297
Poythress, Vern, 50, 186

R

Rad, Gerhard von, 57, 58
Rahner, Karl, 361, 366, 367
Rauschebusch, Walter, 34, 35, 364
Ridderbos, Herman, 38, 40, 48, 62, 63, 78, 208, 209, 339, 377, 379
Ritschl, Albrecht, 35, 252, 253, 254, 255, 257, 269, 278, 285
Robertson, O. Palmer, 87
Russen, 257

S

Sanders, John, 34, 41, 292, 333, 349, 364
Sappington, Thomas, 172, 173, 180
Schick, Ludwig, 249
Schleiermacher, Friedrich, 35, 234, 252, 253, 254, 256, 257, 278, 285, 289
Schmidt, T. E., 131, 160
Schmiechen, Peter, 276, 277, 286
Schultz, Richard, 101, 102, 103, 104, 125
Schürmann, Heinz, 43, 44, 129
Schweizer, Eduard, 216, 217
Seifrid, Mark, 204
Sherman, Robert, 260, 301, 333
Shogren, G. S, 172
Sklar, Jay, 65, 170, 297
Smeaton, George, 302, 316, 317
Socinus, Faustus, 334
Soskice, Janet, 279

Spence, Alan, 264, 276, 277, 278, 279, 311, 329
Stendahl, Krister, 46
Stott, John, 85, 267, 275, 280, 299, 314, 342

T
Tanner, Kathryn, 34, 314, 332, 333
Tomlin, Graham, 216, 353, 354, 372
Torrance, Thomas, 69, 70, 228, 240, 300, 331, 332, 340, 375
Travers, Michael, 111
Turretin, 288
Tyndale, William, 64, 65

U
Uhlig, Torsten, 107, 108

V
Vanhoozer, Kevin, 36, 49, 65, 69, 265, 307, 367
Visser 't Hooft, Willem Adolph, 252, 253, 258, 259
Volf, Miroslav, 285
Vos, Geerhardus, 47, 83

W
Wagner, J. Ross, 114
Wainwright, Geoffrey, 249, 250
Waltke, Bruce, 82, 83
Warfield, B. B., 288

Watts, John, 213,
Watts, Rikki, 112, 127, 132, 133, 135, 144, 145, 150, 151, 153, 156, 195, 204
Weaver, J. Denny, 34, 70, 265, 292, 333, 334
Webster, John, 48, 49, 50, 225, 228, 243
Wellum, Stephen, 62, 81, 87, 103, 197, 206, 361
Wenham, Gordon, 78, 86, 101, 102, 103
Wesley, John, 46, 249
Westermann, Claus, 58, 122
Whitehead, Alfred North, 364
Williams, Garry, 265, 274, 277, 314, 315, 342
Williams, Thomas, 273
Williamson, Paul, 87, 88, 93
Wrede, William, 143
Wright, Christopher J. H., 86, 87, 91, 93, 200, 297, 298
Wright, N. T., 34, 37, 38, 39, 42, 43, 44, 45, 56, 69, 94, 130, 169, 171, 174, 176, 179, 200, 203, 204, 210, 215, 339, 343, 385, 386

Y
Yarbrough, Robert, 36, 67
Yeago, David, 39, 69
Young, Edward, 101

FIEL
MINISTÉRIO

O Ministério Fiel visa apoiar a igreja de Deus, fornecendo conteúdo fiel às Escrituras através de conferências, cursos teológicos, literatura, ministério Adote um Pastor e conteúdo online gratuito.

Disponibilizamos em nosso site centenas de recursos, como vídeos de pregações e conferências, artigos, e-books, audiolivros, blog e muito mais. Lá também é possível assinar nosso informativo e se tornar parte da comunidade Fiel, recebendo acesso a esses e outros materiais, além de promoções exclusivas.

Visite nosso site

www.ministeriofiel.com.br

Esta obra foi composta em Arno Pro Regular 12.8, e impressa
na Promove Artes Gráficas sobre o papel Pólen Natural 70g/m²,
para Editora Fiel, em Setembro de 2022